Der verratene Himmel – Rückkehr nach Eden

von

Dieter Broers

Dieter Broers Verlag Ltd.

2. erweiterte Auflage

© 2014 Verlag Dieter Broers Verlag Ltd. Unterlembach/Österreich
www.dieter-broers.de
Lektorat: Dagmar Neubronner
Korrektorat: Gaby Splett
Satz: Röser MEDIA GmbH & Co. KG, Karlsruhe
Covergestaltung: Norman Gronostay
Druck und Bindung: Westermann Druck Zwickau
ISBN: 978-3-9503814-0-5

Inhaltsverzeichnis

Vorwort

Zunächst war ich verblüfft und erstaunt, als mir der Autor des vorliegenden Buches sein Manuskript mit den Titel ›Der verratene Himmel – Rückkehr nach Eden‹ in die Hand drückte, mit der Frage und Bitte, ob ich das Vorwort hierzu schreiben würde.

Wieso, so fragte ich mich, geht ein Autor, der mit seinen Büchern bisher dafür bekannt ist, die von ihm aufgegriffenen, oft weitgehend unbekannten und auch ungewöhnlichen Erscheinungen und Sachverhalte als Biophysiker mit logischem und wissenschaftlichem Vorgehen zu hinterfragen, wieso geht er das Risiko ein, seinen Ruf mit einer solchen Thematik aufs Spiel zu setzen? Besteht doch die Gefahr, dass der Buchtitel dem esoterischen Gedankengut zugeordnet werden kann, mit all der negativen und abwertenden Belegung des Begriffs Esoterik in unserem Kulturkreis. Allerdings haben berühmte und anerkannte Wissenschaftler, wie z. B. Einstein, Planck und auch viele andere anerkannte Persönlichkeiten der Wissenschaft übereinstimmend auf eine wirkende Intelligenz hinter den Dingen hingewiesen.

Wieso, so fragte ich mich weiter, möchte er für diese doch auf den ersten Blick sehr esoterisch anmutende Thematik seines Buches ein Vorwort ausgerechnet von einem etablierten reinen Naturwissenschaftler und kalkuliert das Risiko einer kritisch-negativen Bewertung ein?

Ich gestehe, dass ich zunächst sehr zurückhaltend reagierte.

Die kritische Sichtung des Inhaltsverzeichnisses gab mir zwar keine Antwort auf die oben genannten Fragen, bewirkte aber, dass in mir die Neugier des Wissenschaftlers wachgerufen wurde. Und noch eins: Ich erkannte immer deutlicher, dass hinter den einzelnen Gliederungspunkten die aktuellen, brennenden und nicht länger aufschiebbaren Fragen unserer Zeit verborgen waren. Wie würde der Autor wohl mit diesen Fragen umgehen? Welche Lösungsansätze würde er vorschlagen beziehungsweise in Erwägung ziehen? Zeichnen sich überhaupt reale oder real erscheinende Lösungsmöglichkeiten ab?

Und das gab den Ausschlag dafür, dass ich zustimmte und mich an die Arbeit machte, ein Vorwort zu diesem Buch zu Papier zu bringen, auch auf Gefahr hin, dass ich bei manchem Fachkollegen ›in Ungnade‹ falle.

Nach gründlicher und sorgfältiger Lektüre des mir vorgelegten Manuskriptes stelle ich fest, dass mich der Autor mit seiner sachlichen, gründlichen und wissenschaftlich-methodischen Arbeit davon überzeugt hat, dass es sich bei dem vorgelegten Buchmanuskript um eine ernst zu nehmende, fachlich fundierte und ausgezeichnet recherchierte Ausarbeitung handelt. Dieses Buch mit dem Titel ›Der verratene Himmel – Rückkehr nach Eden‹ ist weit davon entfernt, als esoterisches Fantasiewerk oder pseudowissenschaftliche Mythologie abqualifizierbar zu sein! Es regt den Leser zu einer kritischen, neuen Sicht der Dinge an und fordert ihn heraus, sich selbst zu den Darlegungen zu positionieren.

In diesem Sinne empfehle ich dem Leser: Schalten Sie Ihren Verstand <u>nicht</u> ab, sondern <u>schalten Sie ihn ein</u> und hinterfragen Sie kritisch die oft unwahrscheinlich erscheinenden und auch erschreckenden Informationen. Aber <u>schalten Sie auch in gleicher Weise und voll bewusst Ihre Intuition</u> ein, Ihr ›Höheres Selbst‹, Ihr ›Unterbewusstsein‹, oder auch einfach formuliert ›Ihr Bauchgefühl‹, und <u>prüfen Sie mit beiden, mit Verstand und Intuition,</u> wie sich das im Buch Ge- und Beschriebene anfühlt, <u>ob es für Sie stimmig ist oder nicht!</u>

Zweifel sind erlaubt.

Sie sollten aber diese Zweifel, wenn sie denn tatsächlich auftreten sollten, nicht einfach im Raum stehen lassen, sondern sich um eine Klärung bemühen. Es gibt heute genügend Möglichkeiten für eine ausführliche und umfangreiche Recherche! Man muss es nur tun! Und genau auch darin liegt der Wert dieses Buches: es soll anregen, sich mit den Dingen und vor allem mit sich selbst zu befassen. Und beachten Sie auch, was ein großer Politiker so formulierte: »*Irrtümer werden erst zu Fehlern, wenn man sich weigert, sie zu korrigieren.*« (J. F. Kennedy)

Ich lasse in diesem Sinne abschließend einen der ganz großen Denker und Dichter zu Wort kommen, denn besser kann man es nicht sagen:

»In dem Augenblick, in dem man sich endgültig einer Aufgabe ver-
schreibt, bewegt sich die Vorsehung auch. Alle möglichen Dinge,
die sonst nie geschehen wären, geschehen, um einem zu helfen. Ein
ganzer Strom von Ereignissen wird in Gang gesetzt durch die Entscheidung, und er sorgt zu den eigenen Gunsten für zahlreiche unvorhergesehene Zufälle, Begegnungen und Hilfen, die sich kein Mensch
vorher je so erträumt haben könnte. Was immer Du tun kannst oder
wovon Du träumst, fang es an. In der Kühnheit liegt Genie, Macht und
Magie.«

Johann Wolfgang von Goethe (1749 - 1832)

Prof. Dr. med. vet. Dr. sc. nat. Dietmar Theo Cimbal

Teil 1:
Was ist denn hier los?

1. Einführung

Dieses Buch ist inhaltlich und strukturell atypisch und quasi ein in Tagebuchform entstandenes Sachbuch. Es entstand aus meinem Bestreben, zu dem derzeit überall ans Licht tretenden Wissen über die Drahtzieher der menschlichen Unfreiheiten und Katastrophen möglichst schnell umfassende Hintergrundinformationen zu liefern.

Was uns die Medien zur Aufklärung anbieten, ist großenteils nicht nur zensiert, sondern in sehr wesentlichen Bereichen als gezielte Desinformation zu bewerten. Das dürfte Sie, liebe Leser, nicht überraschen. Überraschend sind allerdings die Absichten und Strukturen, die hinter den weltweiten Katastrophen stehen. Mir geht es nicht um einen Beweis dafür, dass tatsächlich eine ›Neue Weltordnung‹ mit Macht vorangetrieben wird. Mir geht es um die Aufdeckung der tatsächlichen Hintergründe und Absichten der selbsternannten ›Eigner‹ dieser Erde jenseits aller politischen Ebenen, ja sogar jenseits der uns vertrauten Dimensionen.

Seit meiner Jugend gehe ich der Frage nach, ob Kriege und Mangel mit ihren Begleiterscheinungen Leid und Angst notwendig zum Leben der Menschen gehören. Vom wissenschaftlichen Standpunkt aus ist der Mensch in seiner Anlage ein höchst soziales Wesen und die Erde ein üppiger, fruchtbarer Planet. Es muss also einen Grund dafür geben, dass wir seit Jahrtausenden in immer größeren Spiralen von Gewalt und Zerstörung feststecken. Wie kommt das? Den schockierenden Antworten auf diese Frage habe ich mich erst jetzt mit vollem Bewusstsein zu stellen gewagt. In den folgenden Kapiteln werde ich Ihnen hierzu meine neuesten Rechercheergebnisse anbieten.

Während der Entstehung dieses Buches bekam ich viel unerwartete Hilfe, andererseits ereigneten sich ständig geradezu sabotagehaft anmutende Ereignisse, die so hinderlich waren, dass ich mehrfach meine Arbeit abbrechen wollte. In solchen deprimierten Phasen legte ich eine Pause von ein paar Tagen ein. Mir fiel auf, wie stark ich mich einerseits mit den Ergebnissen meiner Recherchen identifizierte und wie sehr sie mich andererseits belasteten – es fühlte sich an wie ein Konflikt zwischen meinen bisherigen Glaubensvorstellungen und dem, was sich mir als die Tatsächlichkeit offenbarte.

Um Ihnen, liebe Leser, den Einstieg möglichst zu erleichtern, habe ich beispielsweise diese einleitenden Zeilen, nachdem ich das Schlusskapitel geschrieben hatte, (also vor zwei Tagen), noch einmal vollständig umgeschrieben. Anfänglich ahnte ich noch gar nicht, welche Ergebnisse tatsächlich bei meinen Recherchen herauskommen sollten. Dieses Buch entstand aus einem ganz bestimmten und dringenden ›Gefühl‹ heraus. Dieses eigenartige ›Gefühl‹ stand für mich bisher immer am Anfang von etwas Wichtigem, zum Beispiel all meiner wissenschaftlichen Erfindungen. Diesmal handelte es sich jedoch nicht um die Inspiration für ein neues Patent, sondern um den Schritt in die Anerkennung von Tatsachen, die auf den ersten Blick im wahrsten Sinne des Wortes unfassbar erscheinen. Meine Beweggründe für das Schreiben dieses Buches waren einzig das Vertrauen auf diese Inspiration und ein intensives persönliches Erlebnis, in dessen Folge ich unmittelbar mit dem Schreiben dieses Buches begann. Vier Monate später lade ich Sie hiermit herzlich dazu ein, mich bei meinen Recherchen zu begleiten. Meine Nachforschungen haben mir wie bei einem Puzzle schrittweise einen völlig neuen und in der Zusammenschau der Fachgebiete auch gut belegten Blick auf Geschichte und Gegenwart der Menschheit eröffnet – und mir deutlich gemacht, was jeder von uns individuell tun kann, damit eine Zukunft in Frieden und Fülle möglich wird – die Rückkehr nach Eden.

Dieter Broers
Unterlembach, den 29. August 2014

2. Der Status Quo unseres Menschseins

»Wer bin ich, und wenn ja, wie viele?«

Richard David Precht

Ich will mit diesem Buch vor allem vergessenes und unterdrücktes Wissen über unseren innersten Wesenskern zur Verfügung stellen und erläutern. Ich möchte, dass Sie sich an die Grundlage Ihres Seins erinnern, an Ihre Göttlichkeit. Auf die Dringlichkeit dieses Erinnerungsversuches wird derzeit immer öfter hingewiesen. Doch wie ich feststellen musste, reicht der Versuch allein nicht aus, weder bei mir persönlich noch in meinem unmittelbaren Umfeld. Irgendetwas scheint uns daran zu hindern, unsere kosmische Dimension in unser Bewusstsein zu integrieren. Wie blinde Flecken werden die wesentlichsten Merkmale unseres Selbstes ausgeblendet. Mit Selbst meine ich das Andere von uns, etwas, das jenseits unserer konditionierten und aus Dogmen und Glaubenssätzen zusammengesetzten Persönlichkeit existiert. Diese Dimension unseres Seins haben wir nicht einfach zufällig vergessen, sondern das Vergessen wurde uns, so scheint es, zu einem bestimmten Zeitpunkt kollektiv aufgezwungen.

Dieser Vorgang war meiner Ansicht nach weder die Absicht des Allschöpfers, noch ist er als Strafe dafür zu sehen, dass zunächst Eva und dann Adam vom Baum der Erkenntnis aßen und ›Gut und Böse‹ erkannten. Die gesamte Schöpfung basiert auf allumfassender Liebe. Was immer der Allschöpfer auch sein mag, er ist kein Gott der Rache oder Strafe. Gott ist die Liebe. Was wir als Fehler bezeichnen, sind lediglich Interpretationen eines Sachvorgangs. Eine Handlung bleibt, was sie ist, nämlich das Ding an sich, und die Bewertung einer Handlung ist immer subjektiver Art. Genau hier ist die Wurzel des Leides zu sehen: Aus einer Wahrnehmung der Welt als Einheit von ›Allem, was Ist‹ wurde die Wahrnehmung der Getrenntheit. Diese Wahrnehmung versetzt uns in eine Welt von ›Allem, was Sein sollte‹.

Viele meiner Leser werden sich bei diesen Worten von ›Alles, was Ist‹ und ›Alles, was Sein sollte‹ an den Weisheitslehrer Jiddu Krishnamurti erinnern.

Über fünfzig Jahre seines Lebens wies Jiddu Krishnamurti immer wieder darauf hin, dass in dieser Fehldeutung die Quelle allen Leides liege.

Wenn hier tatsächlich die – oder zumindest eine wichtige – Ursache allen Übels liegt, dann halte ich es für außerordentlich wichtig, dieses Prinzip genau zu verstehen. Die Frage ist, wie können wir uns dieses ›Alles, was Ist‹ beziehungsweise ›Alles, was Sein sollte‹ genau vorstellen?

Kurz gesagt, stellt ›Alles, was Ist‹ den ganzheitlichen Wahrnehmungszustand dar, der als Gewahrsein beschrieben wird. Mit diesem Gewahrsein befinden wir uns im ›Hier und Jetzt‹. Hier existieren wir im absoluten Sein, jenseits von Ego und Verstand.

Hingegen beschreibt die Wahrnehmung von ›Alles, was Sein sollte‹ die Notwendigkeit des Werdens, der Veränderung. Hier befinden wir uns in der Trennung von der Ganzheit all dessen, was ist. Diese Trennung erschafft eine künstlich konstruierte Persönlichkeit, die wir als Ego kennen. Mit ihr wird unser Selbst von einer wie eigenständigen Schein-Identität überlagert. Diese Neuprägung wird von der Verstandeswelt vorgenommen, in die unser Selbst hineingeboren wird. In den ersten zwei Lebensjahren einer Inkarnation unseres Selbstes befinden wir uns quasi noch in beiden Zuständen unseres Seins gleichzeitig. Wir erfahren unser Sein und unser sich entwickelndes neues Ego gleichermaßen.

Zum besseren Verständnis möchte ich hierzu etwas weiter ausholen. Die sogenannte Inkarnation eines Menschen ist der Beginn einer Reise des ganzheitlichen Selbst im Gewand eines Menschenkörpers. Doch was wir – unser göttliches Selbst – uns vor Antritt einer Reise vornehmen und wie die Reise dann verläuft, stimmt nicht immer überein. Der Titel dieses Buches verrät uns allerdings schon etwas darüber, wohin diese Reise grundsätzlich führt.

Liebe Leser, ich möchte Sie an dieser Stelle daran erinnern, dass Sie selber mindestens zwei Bewusstseinszustände verkörpern, Ihr inkarnationsübergreifendes ganzheitliches Selbst und Ihr körpergebundenes Verstandes-Selbst. Doch Ihr Verstand hat seine speziellen Kompetenzen, Eigenschaften und Grenzen und seine ganz eigene Entstehungsgeschichte. Aus diesem

Grunde lade ich Sie zu einem interaktiven Vorgang ein – beteiligen Sie beim Lesen dieses Buches Herz UND Verstand am Wirk- und Verarbeitungsprozess.

Wenn Sie die hier geschriebenen Zeilen mit Ihrem Verstand UND Ihrer ›Herzenseingebung‹ abgleichen, werden Sie bemerken, wie streng Ihr Verstand darauf achtet, dass der Rahmen Ihrer bisherigen Ansichten nicht gesprengt wird. Die Grenzen des konditionierten Denkapparates, den wir Verstand nennen, liegen in den aus seiner linearen Verarbeitung unserer Erfahrungen resultierenden individuellen Prägungen. Der Verstand fungiert als eine Art Cerberus.[1] Er bewacht uns, um seine Programme zu bewahren.

Und doch existiert in jedem lebenden Menschen eine weitere und weitaus mächtigere Instanz, unser inkarnationsübergreifendes ganzheitliches Bewusstsein. Diese Instanz werden wir nun genauer betrachten und immer mehr in den Vordergrund rücken. Indem wir dafür sorgen, dass unser Verstand trotz seiner Bedenken eine ganzheitliche Innenschau zulässt, eröffnet sich uns eine scheinbar neue Welt. Daher werde ich Sie immer wieder daran erinnern, diese kurze, abgleichende Innenschau vorzunehmen.

Kehren wir zur Inkarnation einer menschlichen Seele zurück. Nach Burkhard Heim ist unser ganzheitliches Bewusstsein in zwölf Dimensionen eingebettet. Mit der Wahl unserer Geburts-Mutter ist der ›Einstiegskanal‹ zur Inkarnation von der geistigen Dimension zur Raum-Zeit der Erde offen. Dieser Kanal verbindet uns mit unserer Seele und unser Höheres Selbst mit der Raum-Zeit.

Das ›Höhere Selbst‹ der sich inkarnierenden Wesenheit verbindet sich mit dem ›Höheren Selbst‹ der zukünftigen irdischen Mutter. Hier findet eine Einigung – eine Übereinkunft – im Einklang mit unserem kosmischen Evolutionsplan statt. Mit dieser besonderen Vereinigung zweier Selbste setzt sich die Entwicklung zum Erdenmenschen weiter fort.

Noch im Mutterleib beginnt sich der Geist unseres ganzheitlichen Seins in seinen Körper einzukoppeln. In diesem Zustand werden unsere Wahrnehmungen noch nicht durch die Ansichten einer Persönlichkeit gefiltert,

---

1 Der griechischen Sage nach bewacht der dreiköpfige Höllenhund Cerberus den Eingang zur Hölle, damit niemand aus ihr entrinnen und kein Retter eindringen kann.

sondern als Erfahrungen eines unpersönlichen Seins abgespeichert. Hierbei nimmt das wahrnehmende Sein zwar Ereignisse wahr, hat zu ihnen aber noch keinen persönlichen Bezug, weil noch kein Ego vorhanden ist. Es gibt nur die neutrale Wahrnehmung im ›Hier und Jetzt‹, verbunden mit den instinktiven selbst erhaltenden Reaktionen des embryonalen Körpers.

Zusätzlich ist sich dieses neutrale Sein seiner Zugehörigkeit zu ›Allem, was Ist‹ – also dem Ganzen – bewusst. Aus der Sicht eines erwachsenen Menschen könnte man sagen, das ›neutrale Es‹ ist sich seiner Verbundenheit mit der Quelle voll bewusst. Dieses ›neutrale Es‹ möchte ich dem sogenannten Selbst zuordnen, welches im zeitlosen und ungetrennten Zustand des allumfassenden Seins vereint ist.

Ein Denken, wie wir es kennen, ist in dieser Lebensphase noch nicht möglich, weil sich das neuronale Gehirn noch nicht zum Denk- und Verstandesapparat herangebildet hat und Begrifflichkeiten zur Interpretation fehlen. Von unseren Neurologen können wir erfahren, wie sich das Gehirn vom pränatalen Embryo bis zum erwachsenen Menschen entfaltet. In der Entwicklung eines menschlichen Gehirns sind anfänglich zwar die Sinnesorgane bereits sehr früh ausgeprägt, jedoch sind noch keinerlei Vorgänge des Denkens möglich. Hierfür ist eine hochgradige Organisation der Nervenzellen erforderlich, die im pränatalen Zustand noch in weitgehend unorganisierter Form vorliegen. So werden vorgeburtlich zwar bereits Wahrnehmungen und Gefühle erfahren, doch erfolgen diese Wahrnehmungen überwiegend aus der Ebene des Selbstes – ähnlich einer Nahtoderfahrung, wo das Selbst den eigenen menschlichen Körper gleichsam von außen betrachtet.

Man könnte diese Zusammenhänge mit einem elektronischen Gerät vergleichen: Die in ihm angeordneten Widerstände, Kondensatoren, Spulen usw. müssen, um Funktionsfähigkeit herzustellen, erst verschaltet und so integriert werden, vorher kann das Gerät noch nicht funktionieren. Erst durch das Zusammenlöten dieser Bauteile ist eine Funktion möglich. Derartige Verschaltungen werden in der Elektrotechnik durch leitende Kupferdrähte vorgenommen.

Von den Sinnen zur Wahrnehmung

Von besonderer Bedeutung ist das Verhältnis zwischen den vom Lebewesen wahrgenommenen Sinnesreizen und den Verschaltungen der Neuronen im Gehirn. Tatsächlich führen die elektrischen Impulse, die von den Sinnesorganen aufgenommen werden, zu einer den Reizen entsprechenden Verschaltung der Neuronen. Genauer:

Zu jeder frühen Erfahrung wird im Gehirn ein entsprechendes Muster angelegt. Dieses Muster ist die Hardware unseres Denk- und Verstandesgehirns, der Großhirnrinde (Neocortex). Mit einfachen Worten: Diese verschalteten Neuronen entsprechen den Erfahrungen auf der Hardwareebene.

Mit diesem Teil des Gehirns ist uns nach entsprechenden Reifungsvorgängen die bewusste Wahrnehmung emotionaler Erfahrungen möglich. Für die Emotionen selbst ist ein anderer Bereich des Gehirns zuständig, das sogenannte ›limbische System‹. Dieser Bereich ist mit den Sinnesreizen verbunden und entwickelt sich wesentlich früher als das Verstandes- und Denk-Gehirn. Wir beginnen unsere Reise als Erdenmensch also mit Erfahrungen der Gefühlswelt. Unsere Sinne vermitteln uns beispielsweise das Streicheln unserer Mutter als einen Sinnesreiz, den unser limbisches System mit einer angenehmen Emotion verknüpft. Diese Emotion veranlasst die entsprechende Verschaltung unserer noch inaktiven Neuronen. Wenn nun zu dieser Erfahrung eine weitere hinzukommt, beispielsweise folgt dem Streicheln ein zärtlicher Ruf der Person, die wir später als unsere Mutter identifizieren, wird automatisch auch hier die entsprechende Verschaltung erfolgen. So werden unsere Erfahrungen zu Prägungsmustern, die sich durch entsprechende Verschaltungen zu einer regelrechten Hardware auswachsen. Aus unseren gesammelten und programmierten Erfahrungen entstehen unsere Verhaltensmuster. **Unsere primären Reaktionen auf unsere Sinnesreize sind die automatischen Antworten unserer Prägungsmuster.**

Diese naturgemäßen Abläufe erklären unser Verhalten im Alltag. Jeder hat seine ganz individuellen Erfahrungen gemacht und daraus individuelle Programme entwickelt. Hieraus erklärt sich, weshalb jeder Mensch die gleichen Dinge individuell interpretiert und anhand dieser Interpretation reagiert. ›Das

Gleiche‹ ist eben nicht ›das Selbe‹ – ›das Selbe‹ erfahren eben nur wir selbst, ganz persönlich.

Zurück zur Prägungsphase eines neuen Erdenbürgers. Unsere Reise und Verwandlung vom ganzheitlichen Selbst zum Menschen ist sicherlich nur ein Zwischenstadium in der Entwicklung eines Wesens in kontinuierlicher Entfaltung.

Zunächst ist von den Reiseerfahrungen eines neuen Menschen vor allem das unpersönliche, inkarnationsübergreifende Selbst betroffen. Indem es in die Hülle der Körperlichkeit eingeht, verändert sich dessen bisheriger Zustand ganz erheblich. Es erfährt die Naturgesetze der Polarität, die bekanntlich der Welt der Materie eigen sind. Zunächst passen Geist und Körper scheinbar nicht zusammen. Geist ist der elementarste Bereich des Seins, ein unveränderlicher Zustand der Ewigkeit. Indem der Geist eine Vorstellung bekommt, beginnt damit sofort seine Transformation, nämlich die Verwandlung der Vorstellung in die entsprechende Realität. So entstehen Welten um Welten, sämtlich als Vorstellungen des unpersönlichen Geistes. Das elementarste Naturgesetz des Kosmos lautet: Geist erschafft Realitäten. Und so beginnt auch unsere Inkarnationsreise. Noch im Leib der Mutter erfährt das unpersönliche Selbst immer weitere Erfahrungen, die durch die Verschaltung der Neuronen als Hardware ihre dazugehörigen Prägungsmuster in der Materie bewirken. Diese Prägungen bilden unsere Verhaltensmuster, aus ihrer Ansammlung und Vernetzung bilden sich Substrukturen usw.

Wenn sich nun eine bestimmte Anzahl derartiger Erfahrungs-Muster zur Hardware verfestigt hat, passiert etwas ganz Einzigartiges. **Das Es verwandelt sich in das Ich**, der ›Schleier des Vergessens‹ senkt sich herab: Die Erinnerungen an unsere göttliche Zugehörigkeit schwinden zunehmend, und die Summe der Erfahrungsmuster formiert sich zu einer neu angenommenen Individualität. Dies ist die Geburt des Egos. Hirnforscher ordnen diese geistige Neugeburt dem Moment zu, in dem das Kind sich erstmalig in einem Spiegel erkennt. Konnte das Kind sich zuvor noch nicht als ein eigenständiges Individuum wahrnehmen, so ordnet es nun dem Spiegelbild sich selber zu und identifiziert sich mit der Person, die von den Eltern einen Namen erhielt. Erfahrungsgemäß geschieht die geistige Geburt meist zwischen dem zweiten und dritten Lebensjahr eines Kindes. Das Kind entwickelt sich aus dem Zustand des Gewahrseins (der Wahrnehmung von ›Allem, was Ist‹) in den Zustand selektiver Wahrnehmungen (›Das, was Sein sollte‹).

Abbildung 1: Beim Baby ist eine Selbst-Erkennung als ›das bin ich‹ noch nicht ausgeprägt.

Abbildung 2: Zwischen dem 2. und 3. Lebensjahr ändert sich dieser Zustand. Das Kind beginnt, sich mit seinem Körper als ›ich‹ zu identifizieren.

Diese Selbst-Erkenntnis geht mit dem Ausblenden unserer göttlichen Herkunft einher. Anstatt des ganzheitlichen, inkarnationsübergreifenden Selbstes nehmen wir zunehmend die Summe der aus Erfahrungen geprägten

Muster als ›ich‹ wahr. Dieses Ich ist ein künstliches Selbst auf der Grundlage der sinnlichen **Wahrnehmungen eines individuellen Wesens**.

Doch ist dieses nahezu vollständige Vergessen sämtlicher Quelldaten über unsere allumfassende Göttlichkeit wirklich erforderlich? Müssen wir für unsere menschlichen Erfahrungen als Erdenbürger unser elementares Sein wirklich vergessen? Entspricht dieser Vorgang dem kosmischen Evolutionsplan einer menschlichen Seele? Bitte gehen Sie, liebe Leser, diesen Fragen selbst nach, halten Sie wieder kurz inne und erfühlen Sie auch mit dem Herzen, was diese Fragen bei Ihnen auslösen.

Bin ich mein Körper?

Lieber Leser, Sie hören auf einen Namen, den Ihnen Ihre Eltern gaben. Das Gesicht, welches Sie morgens in Ihrem Spiegel betrachten, halten Sie für sich. Okay, eine andere Zuordnung wäre ja auch merkwürdig. Wer sollte sich denn sonst hinter dieser Person befinden, die wir für uns halten? Was wäre, wenn Sie erfahren würden, dass Sie ein Doppelleben führen? Das wäre jedoch unnormal. Nur ist das Attribut der Normalität nicht unbedingt geeignet, die faktische Wahrheit zu beschreiben. Normal ist das, was die Mehrheit für normal hält. In unserem Sprachgebrauch wird Normalität mit etwas Erstrebenswertem assoziiert, etwas, das man anstreben sollte, um nicht als *abnorm* zu gelten. Diese Vorgabe ist bestens geeignet, um unsere Intuition davon abzulenken, was tatsächlich *normal* im Sinne von kosmisch naturgemäß wäre. Bedauerlicherweise entfernt sich unser Sprachgebrauch immer mehr von den eigentlichen semantischen Inhalten. Unsere Worte sind immer weiter zu hohlen Hülsen verkümmert, deren ursprüngliche Bedeutung man kaum noch erahnen kann. Einige besonders mächtige Begriffe haben sogar eine völlige Bedeutungsumkehr erfahren und drücken das Gegenteil von dem aus, was sie eigentlich sagen sollten. Mächtige Worte wie Liebe, sozial, demokratisch usw. stehen inhaltlich gesehen auf dem Kopf. Irgendwie kam es zu einer Verkehrung ins Gegenteil. Aber was hat nun unser Sprachgebrauch mit meiner Frage nach Ihrer Identität zu tun? Mehr, als auf den ersten Eindruck zu erkennen sein mag.

Um meine Frage zu beantworten, bedienen Sie sich ›**normal**erweise‹ der Begrifflichkeit unserer Sprache. Wir drücken Dinge, Ereignisse usw. durch eine Sprache aus, deren Inhalte schon lange nicht mehr ihrer ursprünglichen Bedeutung entsprechen. Scheinbar unbemerkt hat unsere Sprache ihre Seele verloren. Zusätzlich unterliegt unser Verstandes- und Denkapparat gewissen Strukturen, die zwar als normal gelten, jedoch weit von einem naturgemäßen Zustand entfernt sind. All unser Verstandeswissen haben wir aus einer entarteten Welt erhalten und aus diesem Wissen unser Selbstbild als Erdenbürger abgeleitet. Unser ›Ich‹ ist eine künstlich erstellte Identität. Sie verdeckt das wahrhaftige Wesen unseres Seins, unser Selbst, das interkosmische, unsterbliche Wesen, das wir sind. Sie sind also weit mehr als das, wofür Sie für sich halten – und viel viel mehr, als Sie für möglich halten mögen.

Vermutlich haben Sie außerdem die Antwort auf meine Frage Ihrem Verstand überlassen. Unser Verstand ist allerdings für derartige Fragen denkbar ungeeignet. Er ist befangen. Ein blinder Fleck verhindert seine Sicht auf die Dinge, die nicht zu seinen Rohdaten passen. Auch ein noch so gut ausgebildeter Verstand kann nur in seiner Programmsprache arbeiten. Die Programmsprache des Verstandes arbeitet auf digitaler Basis. Sie unterliegt der aristotelischen ja-nein-Logik, also der Logik des Vergleichens (hier existiert nur eine ja- oder nein- Entscheidung). Die Verstandeslogik arbeitet nur auf der Grundlage des Vergleichens von Ereignissen oder Dingen.

Diese Programmsprache ist nicht etwa falsch. Sie ist jedoch unvollkommen und nicht geeignet, uns die Welt so zu erschließen, wie sie tatsächlich ist. Unsere Welt könnte beispielsweise durch eine digitale und analoge Programmsprache beschrieben werden. Materie mag in polaren Strukturen aufgebaut sein, ein Mensch jedoch bedient sich seiner Hülle aus Materie mit Hilfe eines geistigen Feldes (Agens), welches seinen Körper steuert. Der Verstand benutzt Worte, unser Selbst jedoch arbeitet vorwiegend in Bildern. Eigentlich tauschen wir, wenn wir kommunizieren, Bilder aus, die Worte sind nur ergänzende Krücken, um die Bilder auszulösen. Die digitale Tätigkeit des Verstandes (die einzige, die er kann und versteht) lässt keine Erfassung der tatsächlichen Ereignisse zu. Er zerhackt die Signale einer äußeren Welt und vergleicht sie mit bekannten Signalen. Deswegen kann der Verstand immer nur interpretieren und nicht das wahrhaftige Ereignis erkennen. Wenn jemand uns bewusst anlügt, passt das, was er sagt, nicht zu den Bildern, die unser Selbst uns übermittelt. Wenn wir auf die Bilder hinter den Worten achten, brauchen wir uns von Worten nicht mehr ›hinters Licht führen‹ zu lassen.

In dieser Darstellung ordne ich unseren geistigen Anteilen eine analoge Struktur zu, analog im Sinne von ganzheitlich im Gegensatz zur digitalen sprachlichen Struktur, die für die Abtrennung vom analogen Ganzen steht. Was sagen Sie zu einer Haltung, in der Sie das Atypische (Abnormale) zu Ihrer Normalität erklären, indem Sie beispielsweise die Wahrnehmung Ihrer Werte neu definieren? Überlassen Sie bitte diese Aufgabe nicht Ihrem Verstand allein; bekanntlich haben sich seine Bewertungskriterien als unzureichend erwiesen. Etwas Neutrales in Ihnen, etwas, das wir nun als das Selbst bezeichnen wollen, könnte Ihren Verstand (Denken) und Ihre Intuition (›Herzensgefühl‹) als gleichberechtigte Helfer beauftragen. Indem das Selbst die Regie für sein Menschsein übernimmt, würdigt es naturgemäß beide Helfer voller Dankbarkeit. Unter der Regie unseres Selbstes werden die wahren Tugenden wie beispielsweise Würde, Brüderlichkeit und Demut zu unserer Maxime erhoben. All unser Wirken wäre somit voller Erfahrungen von Liebe und Freude. In dieser Form des menschlichen Seins wäre uns ein weitaus größerer Anteil dessen, was wir wirklich sind, bewusst als bisher. Die Grenzen würden wir als ›Erwachte‹ nun selber bestimmen. Unser Wesen ist grundsätzlich unbegrenzt.

Durch irgendetwas erfolgte offensichtlich eine Reduzierung dieser Grenzenlosigkeit auf ein Ego-Wesen. Doch gehört diese drastische Reduktion zum naturgemäßen Evolutionsplan? Die große Kardinalsfrage lautet für mich, ist dieser ›Schleier des Vergessens‹ einfach so entstanden, oder ist es hier zu einer Art kosmischen Unfall gekommen? Hat hier womöglich irgendjemand oder irgendetwas die göttlichen Spielregeln nicht eingehalten? So ›abgefahren‹ und ›verrückt‹ diese Fragen auch erscheinen mögen, ich möchte bitte eine plausible Antwort darauf, warum wir auf der Erde dieses unfassbare Leid erfahren. Ist dieses Leid wirklich naturgemäß? Wenn ja, wie soll man sich dann bitte eine Hölle vorstellen? Man könnte meinen, wir befänden uns bereits in der Hölle und man hätte uns nur suggeriert, dass diese Welt so ist, wie sie sein soll. Als Erklärung für die Ursache dieses Leides wurde uns die Erbsünde vorgehalten. Die Schuld – für unser Leid – soll also ausschließlich bei uns Schuldigen liegen. In unserer, gegenüber unserer wahrhaftigen Göttlichkeit extrem reduzierten Wahrnehmung fällt es uns sehr schwer, die tatsächliche Wahrheit zu ermitteln. So gesehen könnten die Suggestionen von Schuld und Sühne uns dazu bringen, uns mit unserer ›Sündenhaftigkeit‹ zu identifizieren. Allerdings nur solange, wie wir unsere tatsächliche Identität und unsere wahrhaftige Göttlichkeit nicht erkennen. Sollte diese Ungeheuerlichkeit tatsächlich zutreffen, hätten, was oder wer immer, diese ›verhindernden‹ Wirkkräfte ein großes Interesse daran, uns von dieser Erkenntnis so lange wie möglich fernzuhalten.

Der kosmische Unfall

Bereits vor etwa zwanzig Jahren diskutierte ich mit einem Freund darüber, ob es in der kosmischen Geschichte unserer geistigen Evolution zu irgendeinem Zeitpunkt einen Unfall gegeben haben könnte. Dieser Freund war die erste Person, der ich von meiner Ahnung berichtete. Gemeinsam konnten wir uns zwar mit dieser sehr ungewöhnlichen Ansicht nicht so richtig anfreunden, doch blieb uns beiden ein auffällig bedrückendes Gefühl zurück.

Etwas in dieser Richtung musste geschehen sein. Eine ungeheuerliche Möglichkeit, auf die eher unser Gefühl als unser Verstand deutete.

Auf meiner Suche nach einer Klärung dieses Themas riet mir ein Verwandter zu einem Buch. Seiner Meinung nach könne mir der große Weisheitslehrer Jiddu Krishnamurti weiterhelfen. Neugierig folgte ich seinem Rat und las so ziemlich alles von Krishnamurti, was ich besorgen konnte. In allen Büchern wies Krishnamurti auf die Ursache des Leidens hin. Seiner Ansicht nach war die Konditionierung des Menschen hierfür verantwortlich. Seine Vorträge ›Die Konditionierung durchbrechen‹ und ›Kann das Leiden jemals enden?‹ kennzeichnen die Basis seines jahrzehntelangen Wirkens. Unsere Konditionierung formt ein Ich-Bewusstsein, welches sich als ein vom Kosmos getrenntes Wesen wahrnimmt. Dieses Ego-Bewusstsein verbirgt den naturgemäßen Zustand, in dem alles mit allem verbunden ist, und dadurch wurde aus dem Schwerpunkt des GewahrSEINs ein Leben im Werden. Mit Gewahrsein meinte Krishnamurti den Zustand des unpersönlichen Seins, eine unmittelbare Wahrnehmung in der Gegenwart (allgemein wird dieser Zustand als ›im Hier und Jetzt‹ beschrieben). Als Ursache für alles Leid sah Krishnamurti den Wechsel vom ›Sein zum Werden‹, also das Verlassen eines Ur-Seinszustandes zugunsten eines künstlichen Zustandes des Werdens.

Selten habe ich mich einem Menschen, den ich nicht persönlich kennengelernt habe, innerlich so verbunden gefühlt wie Jiddu Krishnamurti. An diesem Empfinden hat sich in über dreißig Jahren kaum etwas geändert. Ich empfinde zu diesem Menschen eine Seelenverwandtschaft. Zwar zählen die alten Philosophen wie Heraklit, Sokrates und Platon ebenfalls zu meinen heißgeliebten Verbündeten, doch Krishnamurti eröffnete in mir Ebenen, die ich zuvor nur erahnte.

Meine intime Verbindung zu Krishnamurti mag auch darin begründet sein, dass er in unserer Gegenwart lebte. Er war ein Zeitzeuge unserer gegenwärtigen Welt. Wenn auch meine alten Philosophen – vor allem Sokrates und Plato – mir die Basis meiner Weltendeutung vermittelten, so lebten sie doch in einem anderen Zeitalter. Diese Philosophen wiesen darauf hin, dass die Menschen in unserer Welt in einem dauerschlafähnlichen Zustand leben. Natürlich war das Leiden auch bei ihnen ein zentrales Thema. Jedoch erschien mir ihre Darstellung des Leidens doch sehr philosophisch-theoretisch.

Zwischen diesen alten Griechen und Krishnamurti liegen fast 2500 Jahre. Man könnte meinen, dass sich zwischenzeitlich die großen Problemthemen aufgelöst oder zumindest gelindert hätten. Das haben sie nicht. Das Leiden existierte seinerzeit nicht nur in einer ebenso grausamen Art wie heute, sondern mittlerweile hat das Leid in meinen Augen ein Ausmaß erreicht, das uns bis an die Grenze des Erträglichen gebracht hat. Dabei scheinen wir selber die Verursacher unseres Leides zu sein, hierzu ein Zitat von Jiddu Krishnamurti:

»Wir haben eine gewalttätige Gesellschaft errichtet, und wir, als Menschen, sind gewalttätig. Unsere Umgebung und die Kultur, in der wir leben, sind das Produkt unseres Strebens, unserer Kämpfe, unseres Schmerzes und unserer entsetzlichen Grausamkeiten. Die wichtigste Frage lautet also: Ist es möglich, dieser Gewalt in einem selbst ein Ende zu setzen? Das ist die Frage, auf die es ankommt.«

Vergessen wir bitte nicht, unsere elementare Grundgesinnung ist eigentlich friedfertig, liebevoll und harmonisch. Es sind unsere hiervon fehlgeleiteten Programmierungen und gegebenenfalls die aktiven Manipulationen von Programmierern, die unsere Gesellschaft an den Rand des Abgrunds geführt haben. Dieser letzten Frage: »*Ist es möglich, dieser Gewalt in einem selbst ein Ende zu setzen?*« gehe ich, seit ich sie erstmalig in dieser klaren Form auf mich einwirken ließ, intensiv nach. Es ist mein hauptsächliches Bestreben, eine Antwort auf diese Frage zu erhalten. Nach Krishnamurti könnte also ein Lösungsansatz sein, die Ursache der Gewalt in uns selbst zu finden. Doch wie ist es überhaupt zu dieser Gewalt in uns gekommen? Ist unsere Gewaltbereitschaft das Resultat eines naturgegebenen Evolutionsplans? Möglicherweise genetisch unabdingbar festgelegt? Diese Fragen erinnerten mich wieder an die Diskussion mit meinem Freund und die Frage, ob es im Verlauf unserer geistigen Evolution zu irgendeinem Zeitpunkt zu etwas Unplanmäßigen gekommen sei – etwas, das ich als ›kosmischen Unfall‹ bezeichnet hatte. Auf meiner Suche nach befriedigenden Antworten habe ich fast nichts ausgelassen. Trotzdem sollten fast dreißig Jahre vergehen, bis ich einer Antwort näherkam.

3. Vom Werden zum Sein – vom Sein zum Werden

Krishnamurti

**»Wo es kein Ego gibt, gibt es kein Problem,
keinen Konflikt, keine Zeit –
Zeit im Sinne von Werden oder Nichtwerden,
Sein oder Nichtsein.«**

Jiddu Krishnamurti

Im ersten Kapitel des Buches ›Vom Werden zum Sein‹[2] gingen Jiddu Krishnamurti und ›einer der führenden Physiker des Westens‹, David Bohm, den Ursachen unseres geistigen Konfliktes nach. Als Erstes stellte Krishnamurti die Frage, *»ob die Menschheit in die Irre gegangen ist?«* Beide kamen zur Ansicht, dass der Anfang dieses Irrweges ›vor langer Zeit‹ begann. David Bohm fügte hinzu *»..., dass der Mensch vor ungefähr fünf- oder sechstausend Jahren in die Irre ging, als er zu plündern und Sklaven zu nehmen begann. Danach besteht der Hauptzweck seines Daseins darin, Beute zu machen und zu plündern.«*

In ihrer Erforschung für die Ursachen des irrigen Verhaltens der Menschen ermittelten David Bohm und Jiddu Krishnamurti eine ganz besondere Eigenart, nämlich ›innerlich etwas werden zu wollen‹. Sie kamen darin überein, dass dieses Werden-Wollen die Wurzel des Konfliktes sei. Gemeinsam stellten sie fest, dass alle Religionen zu diesem ›etwas werden‹, genauer ›etwas erreichen‹ aufriefen.

»Was war«, fragt David Bohm, *»dieses Tatsächliche, dem sich die Menschen nicht stellen konnten?«* Diese Frage beantwortete Krishnamurti mit den Worten: *»Die Christen haben es Erbsünde genannt.«*

2   *Vom Werden zum Sein*, Jiddu Krishnamurti, David Bohm, Originaltitel der englischen Ausgabe ›The Ending of Time‹, 1985 ISBN 78-3442118519

»Aber die Menschen gingen lange vorher in die Irre«, antwortete der Physiker, *»Ja, lange vorher. Lange vorher hatten die Hindus die Vorstellung vom Karma. Was ist der Ursprung von all dem?«,* antwortete hierauf Krishnamurti.

Krishnamurti fragte weiter: *»Besteht die Ursache im ›Ich und nicht Ich‹?«* und fügte gleich hinzu: *»Und das ›Ich‹ – warum hat die Menschheit dieses ›Ich‹ erschaffen, das unvermeidlich zum Konflikt führen muss? ›Ich‹ und ›Du‹ – und ›Ich bin besser als Du‹ und so weiter und so weiter.«*

Bohm ergänzte: *»Ich denke, das war ein Irrtum, der vor langer Zeit begonnen wurde. Oder – wie Sie sagen – es war ein Abirren: Nachdem wir im Äußeren eine Trennung zwischen den Dingen eingeführt hatten, fuhren wir damit fort – nicht aus böser Absicht, sondern weil wir es einfach nicht besser wussten.«*

Ich beende diesen Dialog mit einer Antwort von Krishnamurti: *»Ich neige zu der Anschauung, dass das Ego, das ›Ich‹ der Ursprung ist. Wo es kein Ego gibt, gibt es kein Problem, keinen Konflikt, keine Zeit – Zeit im Sinne von Werden oder Nichtwerden, Sein oder Nichtsein.«*

Diese Gespräche zwischen Jiddu Krishnamurti und David Bohm[3] zählen für mich zu den geistes-naturwissenschaftlichen Sternstunden der Neuzeit. Auf dem Cover der Ausgabe von 1987 werden diese beiden Lehrer vorgestellt: ›Einer der führenden Physiker des Westens im Dialog mit dem großen Weisheitslehrer des Ostens‹.

Im Grunde sind die Aussagen dieser beiden Männer schon deswegen von großer Tragweite, weil es ihnen gelungen ist, bis an die Grenzen des rationalen Verstehens zu gehen, wie auch die folgende Rezension von MerkiMark auf Amazon[4] zeigt:

»Aus meiner Sicht gibt es nicht viel, was tiefer reicht als dieser Dialog. Hier gehen zwei Menschen an den Rand des Möglichen, des Denkbaren. Sie nehmen uns mit auf die Reise zur Bewusstseinsbrandung unseres Geistes, an dem die Unendlichkeit sich in die Endlichkeit ergießt. Vieles, was ich vor

---

3   http://de.wikipedia.org/wiki/David_Bohm.

4   *Vom Werden zum Sein,* Jiddu Krishnamurti, David Bohm, Originaltitel der englischen Ausgabe ›The Ending of Time‹, 1985 ISBN 78-3442118519

diesem Buch an Esoterischem gelesen habe, möchte ich gar nicht mehr in die Hand nehmen. Ich habe vollständig das Interesse verloren an Autoren, die sich und ihre Weisheit als wahrhaftig verkaufen. Dieses Buch scheint der Urmeter, das Maß aller Dinge zu sein, bis zu dem Augenblick an dem sich welche finden, weiter zu gehen.«

Aus einer unüberschaubaren Vielzahl philosophischer und naturwissenschaftlicher Darstellungen über das Sein und seine elementare Bedeutung ragt dieses Gespräch besonders heraus. Für mich waren die Arbeiten von Immanuel Kant, Georg Wilhelm Hegel und Martin Heidegger – um meine persönlichen Favoriten zu nennen – die Meister der elementaren Deutung vom Sinn und Sein der Menschen. Besonders Immanuel Kant setzte für mich Meilensteine hinsichtlich der Möglichkeiten von Seins-Fragen. Letztlich liegt der Sinn der Philosophie (wörtlich ›Liebe zur Weisheit‹) darin, unsere Welt und die menschliche Existenz zu deuten und zu verstehen. In den unterschiedlichen Kulturkreisen werden jeweils entsprechende Philosophien angeboten, die bereits vor Tausenden von Jahren ihre Grenzen erreicht haben.

Während uns beispielsweise Heraklit erklärt, die Menschen befänden sich in einem Zustand traumähnlicher Unbewusstheit, erweitert Sokrates das Modell von Heraklit durch seine Darstellung. Nach Sokrates sind wir nicht vollständig verantwortlich für unsere Handlungen, die zum Leid führen. Seine Lehre besagt im Grundsatz: Niemand fügt sich, oder anderen, bewusst etwas Böses zu. Alles, was der Mensch in seinem halbschlafähnlichen Zustand anstellt, tut er aus dem Maß seiner Unbewusstheit heraus. In einem erwachten Zustand – in dem er voll bewusst wäre –, würde er zu keiner bösen Handlung fähig sein. Natürlich wären hier noch einige weitere Philosophen zu nennen, und natürlich stellten sich uns in der Vergangenheit auch immer wieder einige herausragende Heilige oder Erleuchtete vor. Von Echnaton, Buddha, Jesus oder Mohammed (um nur einige zu nennen) erfuhren wir zu unterschiedlichen Zeitpunkten etwas über ein Reich, welches nicht von dieser Welt stammt, und über einen Gott, der alles geschaffen hat und alles ist. Besonders Echnaton und Jesus wiesen nachdrücklich darauf hin, dass es nur einen wahren Gott gebe, der zugleich unser Allschöpfer sei, auch wenn in der Vergangenheit die meisten gläubigen Menschen eine Vielheit von Göttern anbetete, von denen keiner der Allschöpfer war. Ohne hier allzu tief in diese Thematik einzutauchen – ich werde in Teil 2 noch sehr ausführlich auf dieses brisante Thema eingehen – möchte ich nur erwähnen, dass wir alle zusammen, mit Allem, was Ist, ein Teil vom Allschöpfer sind. Der wahre Allschöpfer unseres Universums ist der Gott der Liebe. Diese Liebe ist die Schöpferkraft des Kosmos und der fast unendlichen Multi-Welten, die uns alle als unsere Bühne des Seins (Lebens) zur freien Verfügung stehen, damit wir durch wahrhaftige Freude – die ich als Liebe bezeichne – Erfahrungen sammeln können. Nicht durch das Wollen eines Egos, sondern aus der Wahrnehmung von Allem-was-Ist in Einklang mit den Bestrebungen unseres inkarnationsübergreifenden Selbst. Dieses Wollen ist wahrhaftige Freude. So erfreuen (oder erlieben) wir uns unsere Wünsche, jenseits der Bestrebungen unseres Verstandes. Bedauerlicherweise kann unser Verstand in seiner jetzigen Struktur mit diesen Aussagen nichts Brauchbares anfangen. Er wird sie für bestenfalls abwegig halten und sich um ›wichtigere Dinge‹ kümmern. Doch das bedeutet nicht unbedingt das Aus für unsere Reise zurück in den Garten Eden.

Naturgemäß steht für uns eine Art Hintertür bereit. Sie war niemals verschlossen, sie war und ist immer für uns offen, für den ›Verlorenen Sohn‹, den wir Ego-Menschen in der Gegenwart auch repräsentieren. Diese Hintertür wird unser Ego-Verstand nicht finden. Hierfür wurde er auch nicht programmiert. Diese Hintertür zeigt uns unser Selbst, wenn wir uns ein wenig von der Dominanz des Verstandes befreien können. Nicht das Auslöschen unseres Verstandes ist hier gemeint – was sowieso nicht möglich wäre, sondern die Veränderung eines bestimmten Verarbeitungsprogrammes, das uns an der Befreiung vom Leiden hindert.

Der Rhythmus von Wollen und Loslassen

So widersprüchlich es uns auch erscheinen mag, wir verhindern die Transformation, die uns in das Erwachen führt, indem wir diesen Zustand mit unserem Ego anstreben (erwünschen, wollen usw.). Es ist das Wollen des Egos, welches diesen Wunsch – diese Befreiung – vereitelt. Hierin liegt eine der Ursachen für unsere Stagnation oder sogar unserem zunehmenden Verfall, den wir als Rückschritt interpretieren können.

Indem unser künstliches Selbst, unser Ego, sich zu verbessern wünscht, sich selbst für seine Unvollkommenheit verurteilt und sich anstrengt, um anders zu werden, verhindert es gerade dadurch das Erreichen dieses Zieles.

Dieser scheinbare Teufelskreis kann nur aufgelöst werden, indem wir aus der Illusion des Werdens einkehren in das Sein im Hier und Jetzt. Genau das war im Film ›Matrix‹ mit Morpheus Rat an Neo gemeint, als er sagte: *»Hör auf, es zu versuchen, tu es!«* Unser Werden-Wollen ist ein theoretisches Konstrukt unseres Verstandes.

Das Programm des Werden-Wollens ist auf eine Weiterentwicklung der äußeren Welt ausgerichtet. Eine andere Welt ist vielen Menschen unverständlich. Aus diesem Grunde können sie mit den Argumenten von Jiddu Krishnamurti und David Bohm bestenfalls theoretisch etwas anfangen. Könnte das auch ein Grund dafür sein, weshalb sich, trotz einer weltweiten Verbreitung ihrer grenzerweiternden Gespräche, kaum etwas geändert hat? Wie es aussieht, hat sich in den letzten drei Jahrzehnten das Leid noch extremer verbreitet und scheinbar auch vergrößert.

In den letzten Jahren gelangte ich immer wieder an einen Punkt des Verzagens. Wenn es selbst diesen beiden Ausnahmeerscheinungen ebenso wenig gelungen ist, wie sämtlichen Weisheitslehrern und Heiligen, das Leiden auch nur ansatzweise zu lindern, was sollte dann bitte noch hierfür geschehen? Ich danke Gott, dass ich diese kurzen, aber doch sehr intensiven Zweifel immer wieder auflösen konnte. Möglicherweise war es dieses Gottvertrauen, welches dazu führte, dass ich immer im rechten Moment die passenden Inspirationen erhielt.

Eines dieser inspirierenden Ereignisse vor wenigen Wochen bewirkte in mir einen befreienden Durchbruch. Ich sah und erkannte die komplexeren Zusammenhänge unserer Welt – und diese für mich neuartige Einsicht vermittelte mir die langgesuchten Antworten auf meine Fragen. Da in diesen Erkenntniszuständen nicht mein Verstand die Oberhand hatte, lagen diese Einsichten quasi als unzensiertes ›Rohmaterial‹ vor. Diese einzigartigen Erkenntnisse waren nicht das Resultat meiner jahrzehntelangen Suche nach den erlösenden Antworten, sondern sie entstanden plötzlich und in Situationen ohne ersichtlichen Zusammenhang mit der Thematik. Um es ganz kurz zu machen: Ich hatte offenbar ungewollt (also ohne Einsatz meines Willens) Erfahrungen gemacht, die außerhalb der Grenze meines Verstandes lagen. So durfte ich an mir selbst erfahren, dass sich wahre Inspirationen erst im Zustand des ›nicht-mehr-Werden-Wollen‹ ereignen.

31

Einerseits erfuhr ich die Strukturen und Wechselwirkungen zwischen ›äußeren‹ Informationen und den Verarbeitungsvorgängen des Gehirns. Ich konnte deutlich die Verzerrungen wahrnehmen, die entstehen, wenn der Verstand die ›äußeren‹ Informationen fehldeutet, um sie dem ›Ich‹ als Realität zu vermitteln. Andererseits ›sah ich‹ mich selber in einem Zustand großer geistiger Ermüdung, so dass mein Verstand sich nicht mehr mit dem Thema meiner – für mich so wichtigen – Fragen befasste. Genau hierdurch löste sich eine Zugriffssperre meines Denkapparates. So erfuhr ich an mir selbst das faktische Prinzip des ›Loslassens‹!

Diese erste Einsicht gab mir nun zusätzlich die Erklärung für alle weiteren Erkenntnisse, die ich im Zustand des ›Loslassens‹ erfuhr. Allerdings fühlte sich dieses ›Loslassen‹ für mich damals eher an wie persönliches Aufgeben – was vermutlich auch nur eine Interpretation meines Verstandes war.

Meine weiteren Einsichten betrafen genau die Themen, die ich zuvor durch meine Verstandesdominanz ausgeblendet hatte. Diese Erkenntnis wurde mir sozusagen als Proband vermittelt. Theorie und Praxis passten. Ich nahm wahr, was mich bisher von meinen großen Fragen abgehalten hatte, und bekam hierdurch gleichzeitig die Erklärung für meine weiteren Inspirationen, die mir endlich die Antworten auf meine Fragen vermittelten. Bevor ich auf diese ›Antworten‹ eingehe, möchte ich noch einmal den Unterschied zwischen einer echten Inspiration (Eingebung) und einer Idee beziehungsweise einem Gedanken erklären, so wie ich diese Begriffe hier benutze. Eine klassische Idee entsteht durch Assoziationen des Denkens. Hier führt klar der Verstand die Regie. Eine Eingebung jedoch entsteht durch das Öffnen einer Zugriffssperre, die unser Verstand verwaltet. Er verweigert hier beispielsweise den Zugriff auf die morphogenetischen Daten, ebenso die Zugriffe auf eine kosmische Datenbank (in den von Burkhard Heim definierten Dimensionen x_7 und x_8)[5] Für die Verweigerung des Zugriffs auf diese Daten könnte es durchaus sinnvolle Erklärungen geben. Dies gilt meiner Ansicht nach jedoch nicht für den Zugang zu den Dimensionen des Geistes (x_9-x_{12})[6]. Unser Zugriff zu diesen unseren geistigen Dimensionen macht uns Menschen erst zu dem, was wir wirklich sind. Es ist somit der Zugriff zur

---

5   Wie Heim vermittels mathematischer Berechnungen über Tensor-Gleichungen und Infinitesimal-Berechnungen herleitet, ist der Mensch in seiner Ganzheitlichkeit in einem zwölfdimensionalen ›Raum‹ eingebettet.

6   Siehe Fußnote 5.

Quelle, der uns vom Verstand verweigert wird – allerdings nur durch seine entsprechenden Programme. So ergibt sich erneut die Frage: Ist diese ›Verhinderungsprogrammierung‹ naturgemäß? Oder ist hier ›irgendetwas‹ Unplanmäßiges geschehen? Die Antwort hierfür erfuhr ich in einer weiteren Einsicht – die offenbar außerhalb der Grenzen meines Verstandes lag.[7]

Damit Sie, lieber Leser, meine brisanten Einsichten nicht gleich in den Bereich der Fantasie beziehungsweise einem Irrsinn zuordnen und sie demzufolge zurückweisen, möchte ich Ihnen zunächst noch einige Basisinformationen über unsere persönlichen Programme, unsere persönliche Matrix erläutern.

Burkhard Heim

Zuerst die schlechte Nachricht:
Ihr Körper wird irgendwann einmal sterben.
Die gute Nachricht:
Der Mensch trägt einen Persönlichkeitskern in sich,
der den körperlichen Tod überdauert.
Die noch bessere Nachricht:
Das ist keine Theorie!

Unser eigentliches Potenzial

Inwiefern die personengebundenen Daten eines Menschen nach seinem Ableben in ›persönlicher Erinnerung‹ erhalten bleiben, bestimmt sein zu Lebzeiten erworbenes soziales Verhaltensmuster. Die Sinnhaftigkeit des Seins ist auf eine verborgene Höherentwicklung der geistigen und sozialen Kräfte angelegt.

Das ›Spiel dieser Welt‹ ist auf Gewinnern und Verlierern aufgebaut. Die Freude des Gewinners basiert auf dem Leid des Verlierers. Doch auch die Gewinner können ihre Freude nur wenige Augenblicke genießen. Das Spiel verlangt nach ständigen Fortsetzungen, in denen auch die Gewinner die Erfahrung des Verlierens machen. Ewige Gewinner sind in diesem gnadenlosen Spiel nicht vorgesehen; es kennt kein Erbarmen. Verlierer wie Gewinner suchen ihr Glück fernab von ihrer Mitte, das Spiel liefert eine relative, auf das

---

7 Jiddu Krishnamurti und David Bohms Überlegungen lagen teilweise bereits jenseits des rational Erfassbaren.

Leid der Verlierer bezogene (Schaden-)Freude und ein relatives, aus dem Neid geborenes Leid. Daher ist diese Pseudofreude auch nicht von Dauer, sondern nur eine leere Packung mit der Aufschrift ›Freude‹.

Das ganze Spiel funktioniert jedoch nur, weil es etwas gibt, das uns immer weiter spielen lässt: die Ursehnsucht unserer Seele nach dem eigentlich für diese Erde vorgesehenen Spiel. Wir ›Spieler‹ tragen diesen Gottesfunken in uns, doch die Stimme unserer Seele findet auf dem Spielfeld kein Gehör, das Spielprogramm hat zur Unterdrückung Zugriffssperren vorgesehen und eigens hierfür sogar ein passendes Betriebssystem installiert. Doch das ganz einzigartige Gefühl der Sehnsucht, den Ruf der Seelen, vermag auch dieses Programm nicht zu unterbinden. So wird das Spiel von ›Gewinn‹ und ›Verlust‹ immer weiter fortgesetzt.

Wir haben diese Spielregeln angenommen, weil uns die Alternativen vorenthalten wurden. Innerhalb dieses Spieles als Erdenmensch besteht derzeit für die meisten bestenfalls die ›freie‹ Wahl zwischen widernatürlichen und anderen widernatürlichen Dingen.

Den Spielern wird mit aller Programm-Macht vorenthalten, dass in Wahrheit noch ein anderes ›Spiel‹ existiert, indem es nur Gewinner gibt. In diesem Spiel steht jeder Spieler nur mit sich selbst im Wettstreit und strebt danach, das eigene Wesen heute vollkommener auszudrücken als gestern. Dieses Spiel findet auf der unendlich großen Bühne der geistigen Welt statt, in unserer Heimat, unserem Garten Eden – im Paradies.

Geist als Urzustand des Seins

Ideen sind rein geistiger Natur. Um eine Idee zu erhalten, sind Informationen erforderlich – aus denen eine Idee konstruiert werden kann. Wiederum muss es eine wahrnehmende Instanz geben, die imstande ist, Ideen zu erfassen. Diese Instanz hat unser Universum aus einer Grund-Idee erschaffen. Diese Instanz wird von uns Gott genannt. Einer indischen Überlieferung nach sah die Grund-Idee des Allschöpfers vor, sich selbst in allen Aspekten des Seins zu erfahren. Diese Erfahrungen werden aus gesammelten Informationen in Bedeutungen gehoben. Um Erfahrungen zu machen, bedarf es der Zeit und der Materie. Entsprechend dieses Ideenauftrages ist es vorgesehen, dass der Allschöpfer einen Teil von sich in der Materie manifestiert. Dieses Ideenbild leitete den kosmischen Entwicklungsprozess ein. So muss es bereits vor der Erschaffung unseres Universums einen Ideenkomplex gegeben haben.

Dieser Ideenkomplex ist der Schöpfer des Seins. Als Menschen entsprechen wir der Grund-Idee vom Schöpfer des Seins und sind in ihm geistig verankert. Damit der freie Geist sich in einen materiellen Körper einkoppeln kann, ist eine konkrete Anzahl und Anordnung organisierter Materie erforderlich.

Vom Menschen zum Hyper-Menschen

Als gegenwärtiger Mensch vollziehen wir gerade eine Transformation zum Gott-Menschen. Wie wir später erfahren können, entspricht diese Transformation einer Rückkehr zu unserer Göttlichkeit. Hierfür verfügen wir bereits über alle erforderlichen materiellen Strukturen. Die Transformation vom Menschen zum Hyper-Menschen entspricht einer Rückführung in unseren ursprünglichen Seins-Zustand als Adam Kadmon-Mensch[8]. Sie ist eine Auflösung unserer Zugriffssperren zur göttlichen Quelle.

Wirkung	Anzahl der Symbole	Entwicklungsstufe
1	16	symmetrisch (Neutrino)
2	256	asymmetrisch (Photon, Einzelteilchen)
4	65536	instinktiv (Tierreich, Pflanzenreich)
8	4,3 Milliarden	rational (der Mensch)
16	18 Milliarden Milliarden	hyper-rational (über den Menschen hinaus)

Tabelle 1: Kosmische Evolutionsschritte – links sind die Steuerkanäle aufgeführt. Sie sind das Kriterium für die Qualität des Bewusstseins (im Sinne von Reflexionen zwischen Geist und Materie – Ilkor-Systeme).

---

8 Adam Kadmon-Mensch:
1. Die exklusive Manifestation des Adam Kadmon als einer spirituell-physischen Schöpfung auf den planetaren Welten während göttlicher Schöpfungszyklen.
2. Auf der Erde stellt der ›Adamische Mensch‹ ein Wesen dar, das aus einer göttlichen Strahlung artikuliert wird, später aber durch den ›Sündenfall‹ zunichte gemacht wurde, was zum Verlust der spirituellen Gaben und zur Intervention des Amtes Christi führte. Adam Kadmon bedeutet auf Hebräisch *ursprünglicher Mensch.*

Ideen sind unsichtbare (virtuelle) Aktivitäten aus geistigen Dimensionen (x_9). Unser menschlicher Körper sammelt Informationen in unserer Raum-Zeit (Dimensionen x_1–x_4), die sofort in die geistigen Dimensionen transportiert werden. Ein Beispiel mag das etwas besser verdeutlichen:

In unserer Funktion als Beobachter sind wir rein geistige Wesen. Wir bedienen uns der Materie, um Informationen zu sammeln und ihnen dann Bedeutungen zu geben. Die Umwandlung (Verarbeitung) von zunächst noch sinnlosen in sinnvolle Informationen erfolgt in einer Dimension, die unserer Raum-Zeit übergeordnet ist. Dieser Dimensionsbereich (x_5–x_6) liegt quasi zwischen den Dimensionen des Geistes und der Materie. Hier erfolgt die Umwandlung von einer Idee in materielle Aktivitäten. Diese Dimensionen organisieren und steuern die Materie in der Raum-Zeit.

Unsere sämtlichen Erlebnisverarbeitungen sind den psychischen Dimensionen zugeordnet. Alle Informationen, die wir über unsere Sinne aufnehmen, werden zunächst gesammelt, um aus ihnen Bedeutungen zu kreieren. All diese Vorgänge vollziehen sich außerhalb unserer Raum-Zeit. Denken, Fühlen, willentliches Handeln sind also Prozesse, die jenseits der physikalischen Welt erfolgen.

Stufen des Bewusstseins nach Burkhard Heim

Wir haben uns unsere menschliche Existenz – und das dazugehörige Universum – selbst erschaffen und tun dies laufend weiterhin.

Seit der Entstehung unseres Universums steht alles materielle Geschehen in unmittelbarer Verbindung zu den geistigen Dimensionen. Der Physiker Burkhard Heim formuliert das so:

»Im Lebewesen manifestiert sich in der Materie eine Idee, die durch Transvorgänge bewirkt wird.« Mit Transvorgängen ist hier der Transport von Informationen gemeint. *Später werden wir noch genauer erfahren, dass »die Vordatierung von Reizen durch das Bewusstsein beweist, dass das Bewusstsein nicht bloß ein gewisses Produkt von Gehirnvorgängen sein kann.«*

Zu den Stufen des Bewusstseins schreibt Heim:

»Lebende Materie wird durch die hierarchisch gefügten Metroplextotalitäten definiert als entelechial geschichtetes Wirkungsgefüge der Ideen lebender Strukturen.« Das heißt weniger korrekt, aber leichter verständlich: Die Ideen über lebendige Strukturen inklusive des Menschen bewirken die Entstehung der entsprechenden materiellen Formen. Noch kürzer: Unser physisches Sein wird vom Bewusstsein bestimmt, und dieses von Ideen weit jenseits unserer Raum-Zeit.

Die Erlebnisverarbeitung im psychischen Bereich bezieht sich im Wesentlichen auf vier Trieb-Motivationen. Diese Trieb-Motivationen bieten die Voraussetzung für die Lebensprozesse insgesamt. Diese sind:

1. Selbsterhaltung, 2. Selbstentfaltung, 3. Arterhaltung und 4. kaptative[9] Triebe.

Eine leitende Idee führt zu einer ihr entsprechenden Veränderung und Erhaltung von Materie. Dies erfolgt nach Heim durch ›informierte Aktivitätenströme‹ oder sogenannte Ilkor-Systeme. Ilkor-Kanäle sind Steuerungen der Aktivitäten – sie verbinden die Aktivitätenströme in der Weise, dass sich eine leitende Idee im Körper durchsetzt und erhalten bleiben kann.

Die Umsetzung der jeweiligen Grund-Idee erfolgt in Evolutionsschritten – Heim beschreibt diesen Vorgang als die Verzweigung von Ilkor-Kanälen. Bei jeder Verzweigung eines Ilkor-Kanals, die durch den Faktor λ angegeben wird, entstehen 2^{λ} verschiedene Kanäle. Diese Kanäle transportieren die Aktivitätenströme der Grund-Idee in den materiellen Körper. In den ersten Lebewesen im evolutionären Bereich T(7) bis T(10) gibt es nur einen einzigen solchen Kanal, λ ist also noch Null. Bei Lebewesen der Entwicklungsstufen T(11) bis T(15) gibt es eine erste Aufspaltung mit $\lambda = 1$, also $2^1 = 2$ Steuerkanäle. Dies markiert die Flora. Tierische Lebewesen besitzen bereits $\lambda = 2$, also $2^2 = 4$ Steuerkanäle. Der nächste Evolutionsschritt sind die Summoprimaten, die Herrentiere. Sie verfügen als $\lambda3$-Typen über 2^3, also 8 Steuerkanäle.

---

9   Etwas aneignen, besitzen wollen.

Bei allen Wirbeltieren, also nicht nur den Summoprimaten, ist das Stammhirn besonders aktiv. Bei den Säugetieren ist auch das limbische System mit den Sinnesorganen gekoppelt. Diese Koppelung bewirkt, dass sämtliches Handeln mit einer Trieb- und Lust-Automatik betrieben wird. Dieser Ablauf erfolgt in der Reihenfolge: Sinnesreize, Triebsprung, dann Lust-Erfüllung, Entspannung, wieder neue Aufladung, als Motiv des Handelns schlechthin. Grundsätzlich trifft dies für alle Tiere zu. Doch bei den Primaten kann bereits ein Großhirn ansetzen, welches jedoch nach bisherigem Forschungsstand in der Regel lediglich zur geschickteren Befriedigung der Triebe eingesetzt wird, obwohl immer wieder neue ›im Lebewesen manifestierte Bewusstseins- und Reflexionsleistungen‹ von Tieren bekannt werden. Der dann folgende Evolutionsschritt führt zum momentanen Menschen – dem Homo Sapiens. Er wäre mit 16 Steuerkanälen ausgestattet. (2^4, also $\lambda 4$-Typen mit 16 Kanälen.) Aber das Vorhandensein eines Großhirns allein bedeutet noch nicht $\lambda 4$. Das Großhirn beginnt schon bei $\lambda 3$. Bei vielen $\lambda 4$-Typen sehen wir noch dasselbe Verhalten wie bei $\lambda 3$-Typen, obwohl die Potenz für die Benutzung von 16 Kanälen bereits vorhanden ist. Denn 16 Kanäle sind wesentlich potenter in der Qualität als nur 8. Burkhard Heim war der Ansicht, dass ein großer Teil der gegenwärtig lebenden Menschen sich noch auf dem Niveau zwischen $\lambda 3$ und $\lambda 4$ befindet. Ich bin derselben Meinung und glaube, dass wir alle jetzt mit Hilfe der durch die Sonne hervorgerufenen Bewusstseinsveränderungen eine große Chance haben, einen deutlichen Schritt in Richtung $\lambda 4$ zu machen.

Der nächste Evolutionsschritt führt uns zu einem Wesen, der über ein – für uns noch – unvorstellbares Potenzial verfügt. Burkhard Heim schreibt hierzu:

»*Die abermalige Verdopplung, die zu 32 führt, $\lambda 5$, die müsste ganz anders aussehen. Da kommt auch der sogenannte Erleuchtete nicht mit. Ich habe den Eindruck, dass eine $\lambda 5$er-Kombination auf dieser Erde noch nicht überschritten werden konnte.*[10]

Die Anzahl dieser Steuerkanäle ist ein Maß für die verschiedenen Stufen des Bewusstseins. ...

---

10 Persönliche Mitteilung von Burkhard Heim an den Autor.

Lebende Strukturen mit bis zu 23 = 8 Steuerkanälen, das heißt Tiere, sind noch fest an den Seins-Hintergrund gebunden. Sie können nicht falsch handeln und folgen einer vom Hintergrund vorgegebenen Maxime. Erst bei Lebewesen mit 16 Steuerkanälen löst sich die Koppelung an den Seins-Hintergrund. Der Mensch entwickelt eine autonome Einheit, wird nicht mehr fremdgesteuert wie das Tier, und kann – abgekoppelt von der Natur – ›schuldig‹ werden, wenn er gegen die Natur handelt.«[11]

Der gegenwärtige Mensch hat sich zu einer autonomen Einheit entwickelt. Diese autonome Persona entspricht einer Seele.

Vom Autopilot-Programm zum Selberfliegen

Burkhard Heim:
»Lebewesen mit 16 Steuerkanälen bilden eine autonome, eigenständige x6-Entität aus, die einen zusätzlichen Holismus entwickelt, der nicht nur die biologische, sondern jetzt auch die psychische Struktur holistisch zusammenhält. Diese Lebewesen besitzen mit diesem Holismus eine autonome Persona – was dem Begriff ›Seele‹ entsprechen würde.«

Der gegenwärtige Mensch befindet sich noch auf dem Niveau des Übergangswesens (λ3-Typen = 2^3). Sein jetziger Körper ist nun erstmals bereit dafür, den Geist Gottes zur Entfaltung zu bringen. Der gesamte bisherige evolutionäre Verlauf war dafür vorgesehen, dem göttlichen Geist eine materielle Basis zu geben. Die passende Trägersubstanz für den göttlichen Geist ist eine entsprechend organisierte Materie. Erst die sich allmählich entwickelnde Komplexität und Passgenauigkeit eines materiellen Körpers bietet dem göttlichen Geist die Möglichkeit zu seiner Entfaltung auch im Physischen. Vergleichbar ist der Vorgang mit der Idee für den Bau eines Flugzeuges. Der Auftraggeber, der dieses Fluggefährt später selber fliegen möchte, verfolgt die Produktion seines Flugzeuges ganz genau bis zu seiner Fertigstellung. Nachdem der Auftraggeber das nach seinen Plänen fertig erstellte Fluggefährt bestiegen hat, muss er zur Eingewöhnung erst einige Test-Flugstunden mit Hilfe eines eigens hierfür in das Gefährt eingebauten Autopilot-Programmes über sich ergehen lassen. Erst langsam wird der Pilot

---

11   Persönliche Mitteilung von Burkhard Heim an den Autor.

und Eigentümer mit den Möglichkeiten seines neuen Fluggefährtes vertraut. Erst nach dieser Testphase schaltet er den Autopiloten dauerhaft aus und übernimmt ab jetzt die Regie über sein neues Gefährt. Dieses Erfahrungsinstrument ermöglicht es ihm, seine Flugroute selber zu bestimmen. In einem späteren Kapitel werde ich darüber berichten, dass eine Macht existiert, die uns daran hindert, diesen Evolutionsschritt zu vollziehen.

Nach Burkhard Heim lassen sich Bewusstseinsvorgänge als fallende und aufsteigende Aktivitäten in mindestens 8 Steuerkanälen definieren, wobei die Aktivitätenströme mehr oder weniger eng an die körperliche Struktur angekoppelt sein können. In unserem Schlaf, während einer Ohnmacht oder im Koma ziehen sich beispielsweise die Aktivitätenströme in Bereiche jenseits von $T(24)$ zurück. Diese Ilkor-Kanäle reichen bis in die $T(7)$-Metroplexe von Teilen des Zwischenhirns und des Hirnstamms, sowie dem oberen Teil der Formatio reticularis und des Brückenbereichs. Werden diese Teile zerstört, dann können die Aktivitätenströme nicht mehr einwirken. Diese von Burkhard Heim bewiesenen Zusammenhänge erklären erstmalig auch die teilweise beobachteten Wesensveränderungen und die Erinnerungsausfälle im Gedächtnisspeicher bei dementen Patienten. Das Bewusstsein dieser Menschen wird verändert.

Klinische Forschungen konnten zeigen, dass bei Patienten[12], denen der Verbindungskanal zwischen ihren beiden Hirnhälften durchtrennt wurde, zwei unabhängige Bewusstseinssphären entstehen. In diesen Fällen greifen die Aktivitätenströme nun über voneinander getrennte Kanäle am Körper an und vermitteln **getrennte Erlebnisqualitäten** in höhere Metroplextotalitäten.

Diese Erkenntnisse zeigen: Das Gehirn bringt weder das Bewusstsein hervor, noch setzt sich das Bewusstsein irgendwie auf die körperliche Struktur unseres Gehirns. Sondern beide, Gehirn und Bewusstsein, sind Teilstrukturen eines sechsdimensionalen Gefüges in unterschiedlichen Weltdimensionen, die sich im Sinne eines Monismus gegenseitig bedingen. Der Gedächtnisvorgang wird als eine zeitlich festgeschriebene Struktur in den Metropol-Totalitäten gedeutet. In zeitlich veränderliche Teilbereiche der gefügten $T(n)$ werden chiffrierte **Codes entsprechend der erlebten Wirklichkeit verschlüsselt**

---

12 Split-Brain-Patienten.

eingeschrieben. Diese Chiffre-Einheiten nennt Burkhard Heim Engramme. Nach den Studien von Burkhard Heim müsste es ›ein absolutes Gedächtnis‹ geben, dessen gesamte Engramme (also sämtliche Erfahrungen und sogar unverarbeitete Informationen) im voll bewussten Zustand wahrnehmbar werden. Der Zugriff auf diese vollständigen Archive ist uns gegenwärtig durch Zugriffssperren verwehrt. Denn infolge der ständige Aktualisierungen von Erlebnisinhalten und der dadurch bedingten zeitlich veränderlichen Umstrukturierungen des Engrammmusters muss der zulässige Aktivitätenstrom begrenzt werden. Erst aus der Wahrnehmungsebene des Persönlichkeitskerns heraus – unseres Selbstes – wird uns diese Option freigeschaltet.

Die Struktur unseres von Burkhard Heim als Persona bezeichneten Selbst kann sogar autonom, unabhängig von den physischen Strukturen der Evolution T(1) bis T(6) existieren. Das bedeutet, dass unser Selbst, ›unsere Persona‹, ohne Kontakt zu unserem menschlichen Körper bewusst in dieser Welt existieren kann. Und noch mehr: **Wir können vollkommen Ich-bewusst und mit Gedächtnisinhalten gleichzeitig in mehreren (in der Dimensionsebene x_5 wurzelnden) Parallelwelten[13] existieren!**

Bitte lesen Sie diesen Satz mindestens dreimal und achten Sie auf Ihre körperlichen, emotionalen, mentalen und (Herz-)intuitiven Reaktionen.

---

13 Parallelwelten nenne ich die irdischen Gegebenheiten, die so wie hier vorhanden sind. Ich möchte sie von den Paralleluniversen unterscheiden, denen andere Gesetzmäßigkeiten zugrunde liegen. Die nächstliegenden sind Parallelwelten, die aus dieser Welt hier resultieren, das heißt, wir resultieren wiederum aus anderen Welten als Wahrscheinlichkeit. Das sind die nächstliegenden und für uns verständlichsten. Es sind die Parallelwelten, die unserer Welt entsprechen. Dort sind auch die Gesetzmäßigkeiten im Prinzip die gleichen. Die Zahl dieser Parallelwelten lässt sich im Prinzip nicht begrenzen. Zwischen diesen Parallelwelten besteht eine Wechselwirkung: In unser Leben fließt – nur ab und zu bewusst – Information aus Parallelwelten und umgekehrt, Vergangenheit oder Zukunft. All die ganz feinen Intuitionen, die in uns zeitweilig wach werden, können tatsächlich sogar aus einem parallelen Leben stammen. Viele Einzel-Bewusstseine sind hier zusammengefasst in unserem hiesigen Gesamt-Bewusstsein. Während wir hier, in unserer hiesigen Welt beispielsweise das Buch lesen, durchdringen wir andere Welten, Parallelwelten, Vergangenheit und Zukunft – oder auch umgekehrt –, ohne dies wachbewusst wahrzunehmen. Beide Welten erscheinen jeweils real, und wir stehen in einer Art Interaktion, das heißt wir sind mit dieser Inkarnation in dieser Parallelwelt geistig verwoben und profitieren erfahrungsmäßig von den anderen Parallelwelten, ohne es zu wissen. Hin und wieder ist es uns in einem veränderten Bewusstseinszustand möglich, in einer dieser parallelen Welten einzutauchen. In unserem Wachbewusstsein ist es uns normalerweise nicht möglich. In all unseren Inkarnationen besitzen wir eine spezifische Grundenergie, eine gemeinsame Grundstruktur, die unseren Wesenskern ausmacht.

Demzufolge sind Out-of-Body-Erfahrungen ebenso verständlich wie die vorübergehende oder dauernde Abwesenheit der ›Persona‹ bei tiefem Koma. Auf die Frage, ob eine Persona auch nach dem Zerfall des menschlichen Körpers weiter existieren könne, antwortet Burkhard Heim:

»Im Grunde genommen ist die Frage doch nur die, ob es ein zeitliches Schicksal des Ich-Bewusstseins nach dem Tode gibt oder nicht. Die positive Beantwortung dieser Frage steht und fällt damit: Ist das Ich-Bewusstsein primär ein Nebenprodukt des Stoffwechsels, doch stellt es eine eigenständige Ganzheit dar, die vom Stoffwechsel nicht abhängt? Denn die Entscheidung dieser Frage entscheidet darüber, ob es postmortale Zustände geben kann oder nicht. Sie kann überhaupt nur diskutiert werden, wenn sich herausstellt, dass dieses Ich-Bewusstsein keineswegs ein Nebenprodukt eines hinreichend komplexen Stoffwechselproduktes ist. Es gibt Hinweise, wo ich aus der Erfahrung heraus meine, dass diese Frage nach der Unabhängigkeit des Ich-Bewusstseins vom Stoffwechselprozess durchaus positiv beantwortet werden kann.«[14]

Dass es eine autonome Persona auch ohne jede Verbindung zum menschlichen Körper geben kann, könnte durch Hinweise aus der Hirnchirurgie bestätigt werden. Denn Reize werden nach Untersuchungen von Benjamin Libet vom Gehirn sofort registriert, wenn sie irgendwo am Körper ansetzen. Aber eigentlich dürfte das nicht möglich sein. Denn das wäre eine ›Vordatierung von Reizen‹.

»Wir wissen genau, wie schnell die Nervenimpuls-Geschwindigkeit ist, das sind nur zwei Meter pro Sekunde. So wie ein eiliger Fußgänger, so schnell laufen die Nervenimpulse. Wenn ich einen Reiz auf die Zehenspitze eines zwei Meter langen Menschen setze, dann kann der erst nach einer Sekunde im Gehirn ankommen, was ich auch immer im Regelkreis dazwischen schalte – die können das nur immer noch weiter verzögern. Wenn ich den Reiz bei geöffneter Schädeldecke direkt aufs Gehirn setze, wird er erst nach einer halben Sekunde registriert. Man kann diesen Vorgang überhaupt nicht verstehen. Der ist weder kybernetisch noch neuronal noch physiologisch noch sonstwie zu verstehen. Weil der Reiz schneller wahrgenommen wird, als er überhaupt ankommt, müsste ja hier die Wirkung der eigentlichen Ursache

---

14   Persönliche Mitteilung von Burkhard Heim an den Autor.

zeitlich voraus laufen. Man hat lange darüber geschwiegen und das auf die Seite gelegt, weil das überhaupt nicht dazu passt, was wir so vom Körper wissen. Aber das ist ein Sachverhalt, der bei jeder Hirnoperation erscheint. Das hat mir auch jeder Hirnchirurg gesagt. Die arbeiten ja alle damit. Eccles und Sperry haben diesen eigenartigen Vorgang wieder näher diskutiert.«[15]

Die Vordatierung von Reizen durch das Bewusstsein beweist, dass das Bewusstsein nicht bloß ein gewisses Produkt von Gehirnvorgängen sein kann. Darin sieht Burkhard Heim – einmal ganz abgesehen von zahlreichen anderen Berichten – ein Indiz aus der Wissenschaft für die autonome Bewusstseins-Struktur. Doch es gibt noch weitere solche Indizien. Nimmt sich beispielsweise eine Versuchsperson vor, einen Arm zu bewegen, so lässt sich an Gehirnströmen beobachten, dass innerhalb kürzester Zeit völlig ›neue modulare Gehirnerregungs-Bewegungsmuster‹ auftreten, die aus einem Bereitschaftspotenzial entstehen. Diese Potenziale leiten im Gehirn zum Beispiel eine körperliche Bewegung ein, bevor der Betroffene überhaupt eine bewusste Entscheidung getroffen hat.

»Selbst die sorgfältigste Untersuchung des Gehirns einer Versuchsperson konnte keinerlei vorhergehende modulare Bewegungsmuster der Erregungen entdecken, die das modulare Bereitschaftspotenzial und jene Erregungsmuster hätten erklären können, die der leiblichen Bewegung vorausgingen. Das heißt, bei jeder willentlichen Bewegung findet ein objektiv bestehender und auch erfahrungsgemäß feststellbarer Einbruch der Ordnung des Geistes und Willens auf die Welt des Leibes statt, wobei die Quelle der physikalischen Veränderungen nicht im Gehirn selbst, sondern im Willen der Person liegt.«
Schreibt der Philosoph Josef Seifert...

In der uns schon vertrauten Tradition der Fragestellungen möchte ich nun mit zwei weiteren Fragen fortfahren, die an unser bis hierher ermitteltes Wissen anschließen:

Ist die Entwicklung des ›Ich‹ – des Egos – untrennbar an die Erfahrung von Leid gekoppelt?

---

15   Persönliche Mitteilung von Burkhard Heim an den Autor.

Anhand unserer bisherigen Lebenserfahrungen kann man diese Frage durchaus mit einem Ja beantworten, erfahrungsgemäß...

Die zweite Frage lautet:

Ist es überhaupt möglich, sich aus den Strukturen des abgetrennten Schein-Ichs, des Egos zu befreien? Und, wenn ja, wie könnte eine solche Befreiung aussehen?

Um hier eine Antwort zu entwickeln, möchte ich zunächst noch einmal die Kernaussagen meiner bisherigen Darstellung zusammenfassen. Sie sollen nun die Grundlage – das Fundament – bilden, auf dem wir gemeinsam Antworten und mögliche Lösungen erarbeiten wollen.

Ich gehe einmal davon aus, dass Sie mit Jiddu Krishnamurti und David Bohm darin übereinstimmen, dass eine von Liebe getragene und nicht von Gegnerschaft und Konflikt geprägte Gesellschaft nur durch den ›*Sprung auf eine andere Ebene des Bewusstseins und der Wahrnehmung*‹ zu erreichen ist. Beide Gesprächspartner kommen zu dem Ergebnis, **dass nur die Einsicht in die der materiellen Welt zugrunde liegende Wirklichkeit jenseits von Zeit und Raum den Menschen tiefgreifend verwandelt. Diesen Wandlungsprozess bezeichnen sie als ›*grundlegende Transformation*‹.**

Was bedeutet überhaupt eine Wahrnehmung? Welche Voraussetzungen müssen gegeben sein, um eine Wahrnehmung in Funktion zu bringen? Es muss etwas geben, das eine Wahrnehmung erst ermöglicht. Der Einfachheit halber nennen wir dieses ›**Etwas**‹ einfach den Beobachter. Was immer wir mit diesem Beobachter zu tun haben, stellen wir kurz beiseite. An dieser Stelle halte ich es für wichtig, den Beobachter nicht mit unserem Verstand zu verwechseln. Unser Verstand nimmt definitiv nichts wahr. Er ist auf Daten angewiesen, die ihm von unseren Sinnesorganen geliefert werden.

Ein Sinnesorgan ist ein Organ, das spezifische Informationen in Form von Reizen[16] aus der Umwelt in elektrische Impulse umwandelt. Derartige Impulse werden über Nervenfasern weitergeleitet, gefiltert, mit Informationen

---

16 Reize wie Hören, Sehen, Riechen, Schmecken und Tasten.

anderer Sinnesorgane sowie gespeicherten Informationen abgeglichen und kombiniert und tragen zur Erzeugung von Wahrnehmungen durch das Gehirn bei. Alle Wahrnehmungen, die über die Sinnesorgane aufgenommen werden, werden also **mit älteren Erfahrungen verglichen** und *entsprechend zugeordnet*. Was der Beobachter über seine Wahrnehmung erfährt, ist nicht etwa, wie man meinen könnte, ein originales Abbild der vermeintlichen Realität. Die **beunruhigende Wahrheit ist, dass wir nur zensierte und programmgetreue Ereignisse wahrnehmen.** Ich erinnere mich noch ganz genau an den Moment, als ich erstmals über diese Tatsache aufgeklärt wurde. Ich empfand es als außerordentlich beklemmend, zu akzeptieren, dass meine wahrgenommene Welt von irgendwoher manipuliert wurde. Warum bleibt es mir verwehrt, die Dinge in der äußeren Welt so zu sehen, wie sie wirklich sind?

Die Illusion unserer Realität

Weder das, was uns als Realität gezeigt wird, ist real, noch die Bedeutung dessen, was wir wahrnehmen.

Unsere Gedanken, aus denen unsere Entscheidungen und Handlungen resultieren, stammen nicht von uns selbst.

Unsere bewusste Wahrnehmung ist nur auf diejenigen Ereignisse ausgerichtet, die unseren persönlichen Erfahrungen entsprechen. Ein ganz erheblicher Teil der auf uns einwirkenden Sinnesreize wird ausgeblendet. Nur etwa ein Millionstel der Gesamtinformation tritt in unsere bewusste Wahrnehmung. Wenn unser Fokus nur auf das gerichtet ist, was unseren persönlichen Erfahrungen entspricht, verhindert dies eine Weiterentwicklung unserer kosmischen Evolution. Ein auf seine bisherigen Erfahrungen ausgerichtetes Wahrnehmen erinnert mich an eine Einbahnstraße oder Sackgasse. Wir modifizieren das, was wir wissen und erfahren haben und spielen lediglich die Möglichkeiten unseres Egos durch. So verhindern wir einen nächsten Evolutionsschritt.

Wenn ich beispielsweise alle Möglichkeiten eines Autos durchgespielt habe und nichts von einem Flugzeug weiß, dann werde ich auch nicht von den Möglichkeiten eines Piloten Gebrauch machen können. In dieser Autowelt sorgen die entsprechenden Auto-Programme für einen Spielablauf, der sich eben nur auf Autos beschränkt. Bedauerlicherweise sind die Autofahrer an dieses Spielprogramm angeschlossen. Niemand hat ihnen gezeigt, dass sie Piloten sind, die außerhalb des Spieles und seiner Programme existieren.

Doch warum ist das so? Gehört dies alles zu unserem göttlichen Evolutionsplan? Bevor wir zu voreiligen Schlüssen kommen, sollten wir uns noch mit einer sinnvoll erscheinenden Erklärung befassen.

Reizüberflutung und ganzheitliche Wahrnehmung

Gibt es einen Zusammenhang zwischen den sich ständig ausweitenden Katastrophen-Meldungen, der Reizüberflutung durch Lärm, Gestank, Enge in Großstädten, durch Werbung Musik, Bildschirme und dem Potenzial für Inspirationen? Vielleicht ist es kein Zufall, dass wir ständig mit Reizen überflutet werden!

Wenn unser Nervensystem (Sinnesapparat) mit Reizsignalen überlastet wird, sind wir zum Reagieren gezwungen. Wenn beispielsweise der Neurologe bei einem Nerventest vorsichtig mit einen kleinen Hammer einen Punkt unterhalb unserer Kniescheibe trifft, reagiert unser Bein mit einem Hochschnappen, dem bekannten Kniesehnenreflex. Unser Körper ist darauf angelegt, auf äußere Reize gleichsam automatisch zu reagieren. Eine gewisse Menge solcher Reize können wir schadlos verarbeiten, manche sind gar lebenswichtig für uns. Wenn jedoch eine bestimmte Anzahl an Reizen überschritten wird, spricht man von einer Sinnesüberreizung – und wir befinden uns durch unser modernes Leben fast ständig in diesem Grenzbereich der Übersteuerung. Den Reizen folgen Reflexe und automatisierte Routinereaktionen. Ein in dieser Weise ständig zum Reagieren veranlasstes Wesen ist kaum noch in der Lage, kreativ selber initiativ zu werden – wir wissen buchstäblich nicht mehr, wo uns der Kopf steht. Ständige Sinnesüberreizung trägt also dazu bei, dass wir unbewusst marionettenhaft handeln.

Das seit einigen Jahren abnehmende Erdmagnetfeld eröffnet, wie in Kapitel 10 näher erläutert wird, unseren Zugang zu Inspirationen. Hiervon können wir jedoch nur Gebrauch machen, indem wir uns einem Übermaß an Sinnesreizen entziehen, und besonders Reizen, die uns Angst und Schrecken einjagen. Damit Sie sich von meiner Behauptung überzeugen können, lade ich Sie zu einer praktischen Übung ein. Entziehen Sie sich bitte einmal für einen Tag den Einflüssen von Handys, Computern, TV, Radio und Presse. Mindestens zwei Dinge werden Sie hierbei erfahren, Ihre Verhaltensmuster in Bezug auf den Gebrauch zumindest einiger dieser Reizlieferanten (ich prognostiziere ein erkennbares Suchtverhalten) und die tatsächlich wahrgenommenen Inspirationen. Sie werden selber den Unterschied zwischen einer normalen Assoziation, also einer Idee oder einem Gedanken, und einer echten Inspiration bemerken, die sich nicht von etwas zuvor Gedachtem herleiten lässt.

Der einfachste Nenner: Ruhe (wenig Sinnesreize) führt zu Inspirationen. Aus der Ruhe können wir agieren (statt ständig zu reagieren) und gelangen von einem marionettenhaften Funktionieren zu einem Selbst-bewussten Handeln.

Das Prinzip der Filter

Wie wir gesehen haben, entscheiden Filter, **welche** und **wie viele** Informationen überhaupt in unser Bewusstsein gelangen. Natürlich, das konnten wir bereits zu Anfang lesen, sind unsere Filter durch unsere Konditionierungen und unsere Glaubenssätze definiert und damit programmiert. So gesehen haben wir uns scheinbar selbst den ›Weg nach oben‹ abgeschnitten. Aus einem ganz bestimmten Grund jedoch erfüllen diese Filter auch einen sehr nützlichen Auftrag. Sie schützen uns vor Sinnesüberreizung. Der Nobelpreisträger Henri-Louis Bergson fasst zusammen:

»Es ist die Aufgabe des Gehirns und des Nervensystems, uns davor zu schützen, von dieser Menge größtenteils unnützen und belanglosen Wissens überwältigt zu werden.«

Was Henry Bergson damit ausdrücken will, ist schnell erklärt. Stellen Sie sich bitte vor, Sie würden für einen kurzen Moment, fünf Sekunden würden da schon reichen, alles wahrnehmen, was in diesen fünf Sekunden tatsächlich existiert. Sie würden etwa eine Million Mal mehr Dinge erkennen als bisher. Sie würden sich fühlen, als hätten Sie Ihren Verstand verloren (achten Sie bitte auf die Doppeldeutigkeit dieser Aussage ›Verstand verloren‹). Neurologen würden hier von einer Sinnesüberreizung sprechen. Tatsächlich ist Ihr

Verstandesgehirn nicht für eine derartig hohe Informationsdichte ausgelegt. Das Kontingent seiner Informationsverarbeitung, sozusagen der Arbeitsspeicher, reicht nicht.

Anders wäre es allerdings, wenn Ihre Wahrnehmung sich nicht auf die einzelnen Objekte (Dinge) richtet. Die unmittelbare Wahrnehmung des Beobachters der Dinge im Ganzen ist ein Vorgang, den wir Gewahrsein nennen. In diesem Zustand hat sich der Zensor, unser Verstand, zurückgezogen. Hier existiert kein Denken. Hier sind wir im sogenannten ›Hier und Jetzt‹, außerhalb der Zeit. Hier sind wir im Sein.

Sobald sich jedoch das Denken einschaltet, sind wir diesem Zustand entzogen. Wer sich noch an die 3D-Bilder[17] erinnert, wird diesen Vorgang besser nachvollziehen können. Bei den 3D-Bildern war das erstrebenswerte Ziel, ein dreidimensionales Bild zu sehen. Um das jedoch zu erreichen, musste man seine Gedanken irgendwie zur Ruhe bringen. Ich erinnere mich sehr gut daran, als meine Tochter und ihre Freunde mich zu dieser 3D-Betrachtung einluden. Was ihnen offenbar auf Anhieb gelang, blieb mir verwehrt. Sie lachten darüber, wie ich mit allen Tricks zum Erfolg kommen wollte. Doch plötzlich geschah es, ich konnte in aller Deutlichkeit das dreidimensionale Bild erkennen. Was sich bei normaler Betrachtung als eine tapetenartige Aufnahme darstellte, verwandelte sich plötzlich beispielsweise in eine Landschaft, auf der deutlich sehr klare Konturen zu sehen waren. Der Zugang hierfür wird nur über eine Änderung der eigenen Wahrnehmung ermöglicht. Doch noch etwas durfte ich hierbei lernen. Im Zustand meiner ersten 3D-Wahrnehmung mischte sich nach etwa zwei bis drei Sekunden mein Verstand ein. Er wollte verstehen, was da gerade geschah. Meine Lektion bestand nun darin, dass mit dem Einsetzen der Gedankenaktivität der 3D-Effekt verschwand. Ich sah, wie zu Beginn, nur ein tapetenartiges Bild. Ich war draußen, weil mein Verstand sich eingemischt hatte. Was für eine Erfahrung!

---

17 Die Stereoskopie (griechisch στερεός *stereos* ›Raum/räumlich, fest‹ und σκοπέω *skopeo* ›betrachten‹) ist die Wiedergabe von Bildern mit einem räumlichen Eindruck von Tiefe, der physikalisch nicht vorhanden ist. Umgangssprachlich wird Stereoskopie fälschlich als ›3D‹ bezeichnet, obwohl es sich nur um zweidimensionale Abbildungen (2D) handelt, die einen räumlichen Eindruck vermitteln (›Raumbild‹). Normale zweidimensionale Bilder ohne Tiefeneindruck werden als monoskopisch (griech: μονος, *monos* ›eins‹ → einfach) bezeichnet. Quelle: http://de.wikipedia.org/wiki/Stereoskopie.

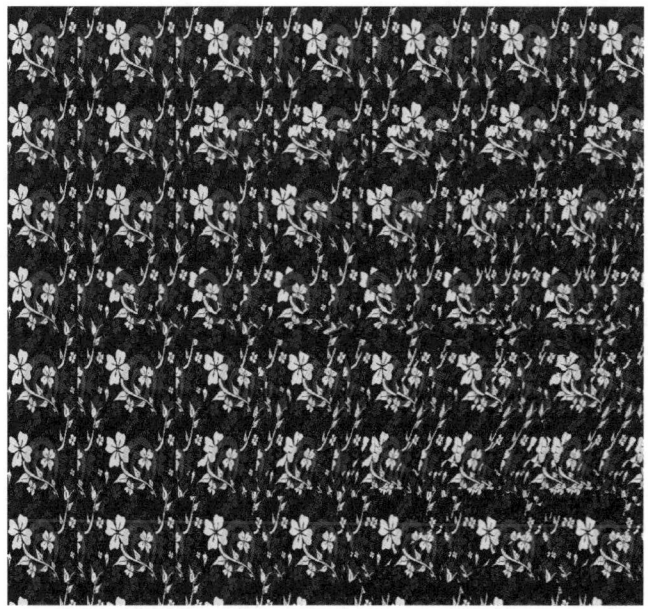

Abbildung 3: Es ist möglich, auf einem solchen 2D-Bild ein 3D-Bild zu erkennen.

Ich habe diese Geschichte gewählt, weil sie uns besser verdeutlicht, wie wir uns dieses Gewahrsein vorstellen können. Sehr vereinfacht könnte man sagen: Gewahrsein ist ein Zustand der Gedankenlosigkeit. Im schamanischen Sprachgebrauch wird das Gewahrsein als ›Schauen‹ bezeichnet. Im allgemeinen Tagesbewusstsein befinden wir uns – nach dem Schamanen Carlos Castaneda – im Zustand des ›Sehens‹. Wie ich finde, erklären die Begriffe ›Sehen‹ und ›Schauen‹ am deutlichsten den Unterschied zwischen unserem Normalzustand (*Sehen*) und dem Zustand einer Bewusstseinserweiterung (*Schauen*). **Das ›*Sehen*‹ erfolgt über den Verstand, und das ›*Schauen*‹ beschreibt die Wahrnehmung über das Selbst – den neutralen Beobachter.** Kehren wir zu unserem Beispiel zurück. Zur Erinnerung wiederhole ich diesen Versuch noch einmal:

Stellen Sie sich bitte nochmals vor, Sie würden für einen kurzen Moment, fünf Sekunden würden da schon reichen, alles wahrnehmen, was in diesen fünf Sekunden tatsächlich existiert. Sie würden etwa eine Million Mal mehr Dinge erkennen als bisher.

Das sofortige Einsetzen einer Sinnesüberreizung entspricht einer totalen Überforderung Ihres Verstandes. Soweit habe ich diese Szene in etwa beschrieben. Jetzt wiederholen wir diesen Versuch einmal unter einer anderen Bedingung. Sie versetzen sich in den Zustand des ›Schauens‹ – des Gewahrseins, also in einen Zustand, wie ich ihn soeben beschrieben habe und in dem es möglich wäre, das 3D-Bild zu erkennen. Obwohl die gleiche Anzahl an unzensierten Signalen von Ihnen wahrgenommen wird, werden Sie nun, im Zustand des ›Schauens‹, keiner Sinnesüberreizung erliegen. Sie werden die zahlreichen Dinge so wahrnehmen, wie sie tatsächlich sind: nicht als differenzierte Objekte, sondern als ein komplexes Gesamtbild. Eine solche ganzheitliche Wahrnehmung von ›Allem, was Ist‹ kommt nur zustande, wenn sich Ihr Verstand in die ›zweite Reihe‹ zurückgezogen hat. Erst wenn der Verstand sich wieder einmischt, also Gedanken auftauchen, wird sich dieser Zustand sofort ändern. Wie zuvor würde nun augenblicklich eine Sinnesüberreizung eintreten.

Wir verfügen also tatsächlich über eine Möglichkeit, unsere Welt anders wahrzunehmen als bisher. Unzensiert und ohne vorgefertigte Interpretation, ganz im Hier und Jetzt. So bekommen wir nun auch eine Vorstellung von dem, was Jiddu Krishnamurti als das ›Sein‹ und das ›Werden‹ bezeichnet hat. Im gedankenlosen Zustand des Gewahrseins befinden wir uns im ›Sein‹, wohingegen sich das ›Werden‹ im Verstandesmodus ereignet. Dieser Verstandesmodus entspricht unserem normalen Tagesbewusstsein, das vom Verstand und Denkvorgängen regiert wird. Naturgemäß erfordert das Denken Zeit. Insofern ist das ›Werden‹ zu unserer Normalität geworden.

Wir ›werden‹ es schon irgendwie schaffen. Uns liegen alle erforderlichen Lösungen vor. Wir wissen schon lange, wie es gehen sollte. Und doch kommt irgendwie keiner aus seiner Unzufriedenheit heraus. Wir befassen uns doch schon ewig mit dem Wunsch (der leider nur ein Gedanke ist), aus unserer misslichen Lage zu entrinnen. Wir investieren viel Geld und Zeit für Lektüre, Filme, Seminare und Meditationen der unterschiedlichsten Art. **Wir folgen unserer Sehnsucht – dem inneren Ruf unserer Seele – und überlassen die Erlösung unserem Verstand. Im Grunde wissen wir doch ganz genau, wie wir unser Ziel erreichen können.** Jeder von uns hat doch sicherlich erfahren, dass wir uns einfach nur in den Zustand des ›Hier und Jetzt‹ begeben müssen, um frei zu sein. Auch Krishnamurti überzeugt uns, indem er den Wechsel vom ›Werden‹ zum ›Sein‹ zur Lösung des Leides vorschlägt. Wir erkennen und erfühlen die Wahrheit dieser hilfreichen Lösungsvorschläge schon. Und doch bleiben wir meistens frustriert dort stecken, wo wir am Anfang waren, auf der erfolglosen Suche nach Freiheit und Erlösung. Taugen all diese Lösungsangebote nichts? Sind sie einfach für uns unpassend oder unbrauchbar? Machen wir möglicherweise etwas falsch? Und so stehen wir scheinbar wieder am Anfang. Wir folgen weiterhin unserer Sehnsucht zur erlösenden Befreiung vom Leid. An dieser Stelle möchte ich wieder zu einer kurzen Innenschau aufrufen. Bitte überlegen Sie beziehungsweise erfühlen Sie mit dem Herzen die folgende Frage: Wer in mir möchte eigentlich diese Freiheit?

Ich möchte Ihnen meine Antwort anbieten: Es ist der Beobachter der soeben beschriebenen 3D-Erfahrung, die Instanz, die den Zustand des 3D-Schauens erfuhr. Hier sind wir unserer ›Tür‹ bereits sehr nahe. Um diese Tür jedoch zu erreichen, sollte die entscheidende Frage nach der Erlösung noch gelöst werden. Bitte wiederholen Sie Ihre kurze Innenschau noch einmal und gehen Sie auf diese Frage ein: **Welche Instanz hat diese 3D-Erfahrung eingeleitet?**

Bevor Sie mit dem Weiterlesen fortfahren, lassen Sie doch bitte diese Fragestellungen auf sich einwirken. Beobachten Sie, wie sich Ihr Verstand hierbei verhält und was Sie an körperlichen Reaktionen erfahren. Immerhin erreichen Sie mit dieser Innenschau sämtliche Ebenen Ihres Seins. Bevor Sie Ihre Innenschau beenden, ›versuchen‹ Sie den 3D-Zustand einzunehmen... **Und welche Instanz hat diese 3D-Erfahrung eingeleitet? Der Beobachter? Der Verstand? Das Ego? Das ›Höhere Selbst‹?**

Welche Antwort Sie auch immer gefunden haben mögen, in der Lösung[18] dieser Frage steckt die Instanz, die ich das ›Höhere Selbst‹ nenne. Das ›Höhere Selbst‹ ist in der Lage, auf Verstand, Beobachter und Ego einzuwirken. Es befindet sich in einem zeitlosen und apolaren Zustand. Seine ›Örtlichkeit‹ ist unser aller Heimat. Sie ist die Quelle der Schöpfung.

---

18 Lösung kennzeichnet die Befreiung, es löst sich etwas, Ablösung usw.

Wie aber ist es zu diesem Einsatz gekommen? Wie hat beispielsweise *mein* ›Höheres Selbst‹ meinem inneren Beobachter die 3D-Erfahrung ermöglicht, so dass dieser den Zustand des Gewahrseins erfuhr? Wie hat mein Höheres Selbst den programmierten Modus meines Verstandes überbrückt oder ihn umgangen? Und warum kann mein Höheres Selbst nicht öfter von ›*seiner*‹ Macht Gebrauch machen? Immerhin handelt es sich ja um den elementarsten Aspekt meiner Selbst.

Zur Erinnerung: Mein Wille hat für meine 3D-Erfahrung nicht ausgereicht. Solange unser ›Ich‹ sich **willentlich** mit der Lösung befasst, werden wir nicht zu unserem Ziel kommen – und weiterhin unseren Leidensweg gehen.

Lösung:

Der Wille wird nur am Anfang gebraucht, um über die Freude seinen Wunsch zu erfühlen und ihn möglichst mit Bildern zu versehen. Dann lassen wir einfach los und gehen ins Gewahrsein.

Wollen – und dann loslassen!

Sonst verhindert der Verstand die Erfüllung der Wünsche. Die Transformation des Wunsches und seine Manifestation sind nur durch das **Loslassen** möglich. Oft geschieht dieses Loslassen während des Schlafes. Im Schlaf hat sich der Verstand zurückgezogen. Von hier aus erfolgen die Verwirklichungsvorgänge unserer Wünsche. Diese werden dann im Tagesbewusstsein – über den Verstand – größtenteils wieder eliminiert und verwandeln sich deswegen nicht in die wahrnehmbare Realität.

Geist ist zeitlos.
Denken braucht Zeit.
›Hier und Jetzt‹ ist das ›Sein‹.
Denken ist das ›Werden‹.

4. Das Tor zum Garten Eden

Fremdbestimmung und Selbsterkennung

**»Jeder Mensch ist in jedem Augenblick fähig,
sich alles dessen zu erinnern,
was ihm je geschehen ist, und alles wahrzunehmen,
was irgendwie im Weltall geschieht.«**

Henri-Louis Bergson

Gibt es eine falsche Selbstbestimmung? Welches Selbst ist für die Bestimmung zuständig?

In den vorherigen Kapiteln haben wir uns sehr ausgiebig mit den unterschiedlichsten Aspekten unseres Seins befasst. Gemeinsam konnten wir ein besseres Verständnis über die Zusammenhänge und Wechselwirkungen zwischen unserem Ego, unserem Verstand und Selbst erarbeiten. Ich habe vermittelt, dass unser Selbst die eigentlich wahrnehmende Instanz ist. Wir sind unser Selbst. Als Mensch ist unser Selbst das Zentrum von Verstand und Ego, wobei unser Ego sich zu einer eigenständigen Instanz entwickelt hat.

In diesem Sinne erhält das Wort ›Selbstbestimmung‹ seine eigentliche Bedeutung zurück. Unsere bisherige Vorstellung einer ›Selbstbestimmung‹, entsprach genau dem Gegenteil der ursprünglichen Bedeutung, in unserer alltäglichen Sprache meinen wir hier nämlich eine Bestimmung durch das Ego. Das ist insofern nicht verwunderlich, als in unserer Kultur nahezu ausschließlich das Verstandes-Ego angesprochen wird. Die eigentliche Bedeutung unseres Selbstes wurde uns aberzogen, deswegen hielten wir das Bestimmtwerden durch unser Ego für Selbstbestimmung. So handeln wir aus Unwissenheit im wahrsten Sinne des Wortes ›selbstlos‹. Und dieser Begriff der Selbstlosigkeit, der eigentlich ein erschreckender Ausdruck sein sollte, wurde von uns mit der Bedeutung eines Handelns ohne eigennützige Absicht belegt.

Wir haben uns bereits klargemacht, dass eine Erkenntnis unseres wahren Selbstes mit einer Befreiung von den Programmen einhergeht. Das heißt: Bevor wir unser wahres Selbst (wieder)erkennen können, müssen wir uns an unser eigentliches naturgemäßes Potenzial erinnern. Daher habe ich mich dieser Thematik etwas ausführlicher gewidmet. Nur ein deutliches Begreifen des Unterschiedes von **Sein** und **Werden** führt uns zu unserem göttlichen Potenzial zurück.

Zur wahren Selbsterkennung gehört andererseits auch die genaue Erkenntnis unserer Fremdbestimmung. Es geht nicht darum, das zu suchen, was ›Ich‹ möchte, sondern das, was mein wahres **Selbst** sich ersehnt. Dieser Unterschied muss von meinen Denkprogrammen richtig verstanden werden. Eine Erlösung ohne die Hilfe unseres Verstandes würde nicht funktionieren. Unser gegenwärtiges Ego ist untrennbar an unseren Verstand gekoppelt. Während wir immer mehr (an)erkennen, wer wir wahrhaftig sind, stellt sich unser Verstand zunehmend in den Dienst unseres wahren Selbst. Im bisherigen Verlauf dieses Buches haben wir unserem Verstand die passenden Argumente angeboten. Sonst würden Sie dieses Buch wahrscheinlich bereits als unsinnig abgetan und beiseitegelegt haben. Es geht bei dieser Frage eben nicht um das ›Entweder-Oder‹ sondern um das ›Sowohl-als-Auch‹. Die innere Einkehr, der innere Weg und Verstandesweg schließen sich also nicht aus, sondern beide Optionen sollten gleichermaßen genutzt werden. Da wir – ganz besonders hier im westlichen Kulturkreis – zu den verstandesdominierten Menschen gehören, führt der Weg zur Selbst-Erkenntnis und zur geistigen Freiheit nur über unseren Verstand. Seinem Programm entsprechend lässt dieser die Argumente seines Kontrahenten nur gelten, wenn sie ihn in seiner (Programm-)Sprache vermittelt werden. Der Kontrahent ist in diesem Fall der Geist, der sich über seine direkte Anbindung der Quelle für ihn als Konkurrent darstellt. Wir kennen die Gehirnareale, in denen diese beiden ungleichen Partner angesiedelt sind. Die linke Hemisphäre unseres Gehirns wird dem Verstand zugeordnet, die rechte Hemisphäre der Intuition zugeordnet. Diese Konkurrenz ist allerdings einseitig. Die geistige Instanz weiß quasi alles – sie ist im Zustand des ›Alles, was Ist‹ und daher naturgemäß nicht auf Konkurrenzverhalten aus. Das sieht der Verstand programmgemäß ganz anders. Er hält sich für den einzig Verantwortlichen für das Ego. Sein Motto lautet: Ich akzeptiere nur Argumente, die ich auch verstehen kann.

Daher habe ich Ihrem Verstand diejenigen Argumente angeboten, die seiner Logik entsprechen. Sie reichten jedoch ganz offensichtlich nicht aus, um von der Tür zur Selbst-Erkenntnis zu erfahren. In unserem westlichen Kulturkreis werden wir bereits seit fast 3000 Jahren auf die hohe Bedeutung der Selbst-Erkenntnis hingewiesen. Der Überlieferung zufolge konnte man am Eingang des Tempels von Delphi Folgendes lesen: ›**Erkenne dich selbst**‹ (γνῶθι σεαυτόν). Da dieser Text sich am Eingang zum heiligen Tempel befand (seinerzeit war Delphi der ›Nabel der Welt‹), sollten wir dieser Aufforderung eine hohe Bedeutung beimessen. Wikipedia schreibt hierzu:

›*Diese Aufforderung deutet die Absicht des Kultes beziehungsweise der verehrten Gottheit an,* **nämlich die Auflösung individueller Probleme und Fragestellungen durch die Auseinandersetzung mit der eigenen inneren Persönlichkeit.** *Die Erkenntnis der ›Innenwelt‹ diente damit als Zugang zur Problemlösung in der ›Außenwelt‹.*‹

Ist es nicht höchst erstaunlich, wie lange uns die Tür zur Auflösung individueller Probleme schon bekannt ist? Wo finden wir die Menschen, denen diese Auflösung wirklich gelungen ist? Warum haben die individuellen Probleme eher zugenommen? Individuelle Probleme sind Manifestationen innerer Zustände in der Außenwelt. **Die Wurzeln der Probleme (Jiddu Krishnamurti nennt sie Konflikte) liegen in der fehlenden Selbst-Erkenntnis!**

Dass wir uns immer weiter von unserer Selbst-Erkenntnis entfernt haben, liegt nicht nur an der falschen Herangehensweise. Der Verstand allein wird es eben nicht zustande bringen. Soweit haben wir uns in diese Thematik nun eingearbeitet und uns ein Gefühl und ein Verständnis für unser wahres Selbst erschlossen. Nun haben wir eine deutlichere Vorstellung darüber, wie sich unser Selbst, mit seinen Gehilfen Verstand und Gefühl, positioniert. Diese Grundhaltung versetzt uns in den Zustand, den Henri-Louis Bergson mit folgenden Worten beschreibt: »**Jeder Mensch ist in jedem Augenblick fähig, sich alles dessen zu erinnern, was ihm je geschehen ist, und alles wahrzunehmen, was irgendwie im Weltall geschieht.**«[19]

Sobald wir in den Reflex des Denkens verfallen, sind wir aus dem Zustand des reinen Beobachtens, den wir als Gewahrsein bezeichnen, wieder in der Matrix.

---

19 Henri-Louis Bergson, Nobelpreis 1927.

Von circa 50 Milliarden Informationen, die unsere Sinne pro Sekunde aufnehmen, gelangen nur circa 50 Bits vor den Thron unseres Bewusstseins.

Bekanntlich ist für dieses Missverhältnis unser interner Filter (Bergson-Filter) verantwortlich. Filter entscheiden also, welche und wie viele Informationen überhaupt in unser Bewusstsein gelangen. Natürlich sind unsere Filter durch unsere Konditionierungen, unsere Glaubenssätze definiert und damit programmiert. Wir haben uns also selber den Weg nach ›oben‹ (und nach ›unten‹) abgeschnitten – sofern wir nicht unsere Erzieher dafür verantwortlich machen wollen. Wenn nun also Informationen in unser Bewusstsein gelangen, die offenbar bisher einfach weggefiltert wurden, dann erscheint diese Besonderheit zunächst gar nicht mehr so mysteriös wie zuvor. Jedoch möchte ich von voreiligen Schlussfolgerungen abraten. Es sieht nämlich so aus, dass auf uns außerdem auch Informationen einwirken, die bisher nicht angeboten wurden.

Dies kann mit determinierten Faktoren wie Seelenauftrag und Karma etc. zusammenhängen, es gibt aber auch noch eine dritte Einflussart, die ich für eine übergeordnete Instanz halte. Bestimmte elektromagnetische Felder (EM-Felder) sind in der Lage, unsere körpereigenen bewusstseinserweiternden Wirkstoffe zu aktivieren. Dass diese Wirkstoffe unsere künstliche Matrix durchbrechen können, soll hier mit einem Zitat aus meinem Buch ›Geheimnis der Matrix‹ kurz angedeutet werden:

»Der Ethnopharmakologe Christian Rätsch schreibt: ›Ayahuasca ist ein Erkenntnismittel, das dem Menschen seine Stellung im Universum zeigt und die wahre Wirklichkeit offenbart.‹ Eingesetzt wird es beispielsweise, um das Wesen einer Krankheit zu ergründen: ›Traditionsgemäß nimmt ein Schamane Ayahuasca, um die Krankheit im Patienten zu erkennen, oder er gibt auch dem Patienten diesen Trank und führt ihn durch die ›wirkliche Wirklichkeit‹ zu seinem Zentrum. Dadurch kann der Patient seine Probleme oder Krankheitsursachen erkennen und so beheben. Es kommt darüber hinaus vor, dass der gesamte Stamm den Trank einnimmt, um gemeinsame mystische Erfahrungen zu machen und sich seiner Stellung im Kosmos bewusst zu werden. Ayahuasca und Soma basieren auf den Wirkstoffen Betacarbolin und Tryptamin. Dieselben Wirkstoffe produziert auch unsere Zirbeldrüse, sofern die entsprechenden elektromagnetischen Felder auf uns einwirken oder ein

Mensch selbst diese Felder generiert. Die Droge Soma führt den Menschen in noch weit tiefere Ebenen.«

Tatsächlich können derartige Zustände durch entsprechende EM-Felder generiert werden. Faktisch wirken diese Felder in letzter Zeit vermehrt auf die Menschen ein. Für mich liegen diese Feldeinflüsse außerhalb unserer determinierten Welt – sie sind quasi eine Art Eingriff aus Platons Höhlenausgang (Aperion).

Nach den Erkenntnissen der Hirnforschung über die Steuerung der Willkürmotorik[20] haben die eigentlichen Antriebe für unser Verhalten einen subcortikalen Ursprung, entstehen also im limbischen Bewertungs- und Gedächtnissystem.

Verstand und das Denken...

In unserem polaren Denken, das auf einer alternierenden (vergleichenden) Logik aufgebaut ist, dürfte eine Unterscheidung von Verstand und Denken nicht möglich sein. Sie wäre der Spiegel, der sich im Spiegel reflektiert, und es käme erst einmal nichts Brauchbares dabei heraus. Eine Art ›blinder Fleck‹ würde die Selbstwahrnehmung verhindern. Nun ist diese vom Verstand bevorzugte polare Logik nicht unbedingt geeignet, die verstandeseigenen Strukturen zu beschreiben und noch sein bestgehütetes Geheimnis preiszugeben. Das käme wohl einem Landesverrat gleich und wäre eine Schwachstelle, die ihn womöglich noch entmachten oder enteignen könnte. ☺ Andererseits bemühen wir ja nun auch unseren Verstand gerade jetzt mit der Frage an seine ›eigene‹ Wesensart. Kann der Verstand sich überhaupt selbst beschreiben? Wäre es nicht wie beim Spiegel, der sich ja auch nicht selber erkennt? Allein dieser Umstand belegt doch, dass es zumindest eine weitere Instanz geben muss, die in Lage ist, diese Fragen zu stellen. Oder?

---

20 Willkürmotorik, alle Körperbewegungen, die dem Willen unterworfen sind. Die Willkürmotorik beruht auf bewussten Entscheidungsprozessen, die Bewegungen werden gezielt durchgeführt und kontrolliert. Die Willkürmotorik kommt insbesondere bei höheren Säugetieren vor und ist ein komplexes, hierarchisch organisiertes und mit Rückkopplungsschleifen auf allen Ebenen ausgestattetes neuronales System mit Verbindungen zur Muskulatur. Die Willkürmotorik dient der Ausführung und Kontrolle willentlicher Bewegungen, das heißt von Willenshandlungen. Eine Willenshandlung ist eine koordinierte Bewegungsabfolge, die bewusst kontrolliert wird und auf die Erreichung eines Ziels ausgerichtet ist, um eine Veränderung in der Umwelt oder der bestehenden eigenen psychischen Situation zu bewirken.

Erfreulicherweise ist unser Kosmos aus etwas entstanden (oder liegt ihm zugrunde), das wir als den Geist bezeichnen. Das gesamte materielle Sein, selbst das Universum und seine nahezu unendlich vielen Geschwisteruniversen, sind aus einer geistigen Dimension heraus entstanden (Burkhard Heim). Geist unterliegt nicht der Polarität. Geist ist apolar.

»Das, was wir als Materie bezeichnen, unterliegt einem Wirkprozess, der von den geistigen Dimensionen gesteuert wird. Von der Entstehung bis zur Steuerung der materiellen Welt entspringt alles den geistigen Dimensionen.«[21]

Man kann also sagen, dass im Tierreich die komplexe Vielfalt äußerer Formen auf die Komplexität des mentalen Niveaus der betreffenden Gattung hindeutet. Je höher entwickelt die Mentalstruktur ist, umso vielfältiger und vollkommener sind die physischen Strukturen und die Verhaltensmöglichkeiten (insbesondere dank besser ausgebildeter Sinnesorgane).

Das Tor zu Eden

»Damit ein Mensch im Gefängnis überhaupt je eine Fluchtmöglichkeit haben kann, muss er zuallererst erkennen, dass er im Gefängnis ist. Solange er das nicht erkennt, solange er sich für frei hält, hat er überhaupt keine Möglichkeit, aus seinem Gefängnis zu entrinnen.«

G. Gurdijeff

Der Normalzustand jedes Menschen wird von spezifischen Programmen generiert. Das hört sich zunächst unangenehmer an, als es ist. Leben kann ohne Programme nicht existieren. Programme organisieren das Leben, ähnlich wie die Hardware eines Computers nicht ohne ein Programm funktioniert. Bei uns Menschen liegt die Sache jedoch etwas anders. **Zu den naturgegebenen Programmen der Arterhaltung und Aufrechterhaltung unserer Lebensfunktionen ist noch mindestens ein weiteres Programm hinzugekommen.** Im vorherigen Kapitel habe ich dieses neue Programm genau beschrieben. Es handelt sich um unsere ganz persönliche Software, die sich aus all unseren Konditionierungen und Erfahrungen zu einem Hard-

---

21 Persönliche Mitteilung von Burkhard Heim an den Autor.

ware-Programm verdichtet. Die ganz spezifischen Verschaltungen unserer Neuronen entsprechen unseren Verhaltensmustern. Insgesamt bilden sie unser ›Ich‹ (Ego) ab. **Von hier aus wird unser Leben, unsere Realität organisiert. Wir nehmen also wahr, was wir programmgemäß im Rahmen unserer selbstgestrickten Matrix wahrnehmen sollen.**

Wir haben ja schon ausführlich über die Tür gesprochen, die im geistigen Evolutionsplan enthalten ist, damit wir aus dieser Entmachtung entkommen können. Diese Tür[22] ist ein Teil des kosmischen Erfahrungsspieles und der Zugang zur Quelle unseres überpersönlichen Seins.

Abbildung 4

Um diese Tür finden zu können, sollten wir uns eine genauere Vorstellung von ihr machen. Zur besseren Verdeutlichung möchte ich wieder zu einem Beispiel greifen. Stellen Sie sich einen Menschen vor, dem von einem Hypnotiseur suggeriert wird, er sei ein Affe. Vor langer Zeit habe ich einen derartigen Versuch einmal live miterleben dürfen. In dieser Vorführung trat etwas ein, was ich keinem noch so gut ausgebildeten Schauspieler zutrauen würde. Der Hypnotisierte verhielt sich tatsächlich wie ein kleiner Affe. All sein Verhalten, seine Mimik, seine Motorik bildeten einen Affen ab. Auf die Frage des Hypnotiseurs, er möge bitte seinen Namen nennen, reagierte dieser

---

22   Wir erinnern uns: Diese Tür ist ›normalerweise‹ durch eine Zugriffssperre verschlossen.

gespielte Affe (der sich zum Affen machte J) völlig unbeteiligt. Er starrte in die Zuschauermenge und gab ab und zu affenartige Geräusche von sich. Auf ein zuvor vereinbartes Zeichen schaltete diese Person wieder in ihren Normalzustand um. Auf seine Affenvorstellung angesprochen, reagierte diese Person überzeugend irritiert. Er konnte sich beim besten Willen nicht an sein vorheriges Verhalten erinnern. Unverkennbar reicht der manipulative Einfluss einer richtig durchgeführten Hypnose in sehr tiefe Schichten unseres Wesens, zumindest unseres künstlich konstruierten Wesens – unseres ›Ich‹, der Person, die wir für uns halten. Den Grund für mein Beispiel werden Sie, liebe Leser, sicher bereits erahnt haben:

Wir Menschen sind hypnotisiert. Wir werden gesteuert durch unsere Gene, von einem Ego-Programm und von den Meinungen (Moden) eines würdelosen Welt-Managements. Die hypnotische Wirkung wird nicht nur über die Medien der Informations- und Unterhaltungsindustrie ausgeübt, sondern wir sind selbst zu Medien erzogen worden. Wir haben die menschenverachtenden und lieblosen Strukturen übernommen, weil sie uns als die einzig erstrebenswerte Realität suggeriert werden. So wurde ohne Berücksichtigung der uns gemäßen Lebensqualität eine von außen gesetzte Norm zum Standard erhoben Diese Entweihung der kosmischen Tugenden trat nicht plötzlich auf. Unbemerkt und erbarmungslos schlich sich das **Programm einer ›Seelenentkernung‹** in die Herzen der Menschen.

Abbildung 5: Klassische Darstellung für den Beginn einer Hypnose. Der Zugang zu jeder Hypnose erfolgt über die Ablenkung (!) der zu hypnotisierenden Person. Beabsichtigt ist, die Aufmerksamkeit auf einen bestimmten Gegenstand (eine Sache) zu richten. Diese Ablenkung greift bis in tiefe Persönlichkeitsstrukturen.

Giordano Bruno postulierte die Unendlichkeit des Weltraums und die ewige Dauer des Universums. Dieser Erkenntnis stellte er sich der zu seiner Zeit vorherrschenden Meinung einer in Sphären untergliederten geozentrischen Welt entgegen. Viel schwerer wog damals, dass seine Ansichten von einer unendlichen materiellen Welt keinen Raum für ein Jenseits ließen, da die zeitliche Anfangslosigkeit des Universums eine Schöpfung und deren ewiger Bestand ein ›Jüngstes Gericht‹ ausschlossen. Dafür wurde Giordano Bruno durch die Inquisition der Ketzerei und Magie für schuldig befunden und vom Gouverneur von Rom zum Tod durch Verbrennen verurteilt. Erst 400 Jahre später, am 12. März 2000, erklärte Papst Johannes Paul II. die Hinrichtung sei nunmehr auch aus kirchlicher Sicht als Unrecht zu betrachten. Lange vor Descartes, Galileo und Kopernikus verkündete Giordano Bruno voller Überzeugung seine Wahrheiten, die der katholischen Kirche missfallen mussten und die unser heutiges modernes Dilemma deutlich widerspiegeln: Religion kontra Naturwissenschaft, Glaube kontra Wissen. Für Giordano Bruno war die Welt eine direkte Emanation Gottes, Ausdruck seiner universellen Schöpferkraft, durchdrungen von einem evolutionären Impuls, der das ganze Universum umspannt und alles, was darin existiert. Gott war für ihn ein immanentes und transzendentes Prinzip zugleich, der Kosmos reinste Energie, höchste Intelligenz, Materie kondensierter GEIST. Gott war für ihn keine jenseitige Wesenheit, sondern allumfassendes Bewusstsein, jenseits des Verstandes, doch direkt erfahrbar. So frage ich mich heute, was ist – außer dem unfassbaren Unrecht – von den Erkenntnissen Giordano Brunos bis heute übrig geblieben? Worin könnte seine Botschaft an uns bestehen? Die folgenden Zeilen dürften hierauf eine klare Antwort geben:

»Es wird ein Tag kommen, an dem der Mensch aus der Vergessenheit erwacht und endlich begreifen wird, wem er die Zügel für sein Dasein überlassen hat, einem falschen und lügenden Geist, der ihn zum Sklaven werden ließ und ihn in der Sklaverei hält... Der Mensch hat keine Begrenzungen, und wenn er sich dessen eines Tages bewusst wird, wird er auch hier in dieser Welt frei sein. Ich weiß nicht wann, aber ich weiß, dass viele in diesem Jahrhundert gekommen sind, um Künste und Wissenschaften zu entwickeln und den Samen einer neuen Kultur zu pflanzen, die unerwartet und plötzlich erblühen wird; und zwar dann, wenn die Macht sich vorgaukelt, gewonnen zu haben.«
Giordano Bruno

Diese Worte tragen die ungetrübte Weisheit in sich, die den gleichen Wesenskern beinhaltet, wie er von Heraklit, Sokrates und Plato postuliert wurde. Ich erinnere mich an ein Zitat von Friedrich Schiller: »*Seit Aristoteles wissen wir, was Demokratie ist. Und doch ist die Menschheit barbarisch geblieben. So werden sich die Menschen erst ändern, wenn sie ihren Verstand durch ihr Herz ausdeuten.*«

Diese Herzöffnung – im Sinne Friedrich Schillers – nehme ich tatsächlich wahr. Mehr und mehr Menschen offenbaren den Geist des ewigen Selbst. Wir sind zahlreicher geworden. Und so nähern wir uns dem Tage, von dem Giordano Bruno vor langer Zeit berichtete:

»*Der Mensch hat keine Grenzen und wenn er sich dessen eines Tages bewusst wird, wird er auch hier in dieser Welt frei sein ... und zwar dann, wenn die Macht sich vorgaukelt, gewonnen zu haben.*«

Von welcher Macht spricht Giordano Bruno hier? Wen oder was meint er? Noch scheinen diese hypothetischen Machthaber dieser Erde sich ihrer Weltherrschaft sicher zu sein. Im Rahmen ihrer Möglichkeiten unternehmen sie alles, um die Menschheit wie perfekte Hypnotiseure von ihrer Göttlichkeit abzulenken. Unmissverständlich wird die aktuelle Lage durch nachstehende Zeilen zum Ausdruck gebracht:

»*Wir haben als Menschen die Chance, uns zu entscheiden, eine Wahl zu treffen. Wir können uns der Macht und der Autorität beugen, oder wir können lernen, können aufstehen und das schmutzige Spiel in uns und um uns herum beenden. Wir können wählen, ›denen da oben‹ einfach zu glauben, uns zurücklehnen und so zu tun, als ob uns das alles nichts anginge; oder wir können uns selbstständig Antworten auf unbequeme Fragen suchen. Wir können uns Illusionen hingeben, uns in Drogen, Alkohol, Gartenfeste und Freibierorgien, Werbe- und Videowelten, den Rotlichtbezirk, religiöse Sekten, esoterische Fantasien oder den Konsumrausch flüchten. Doch all dies wird uns nichts nützen, denn die Evolution, die Technologie, das Leben um uns herum, das Großkapital, die Militärs und die Großindustrie sind real existierende Dringlichkeiten. Wir können alles ignorieren, so tun, als ob wir uns gerne hätten, einander lieben. Wir können uns einreden, wir wären fei, wir können den anderen ein Schauspiel, eine Maske vorspielen, unsere Ängste, Sorgen,*

Nöte, Träume, Wünsche und Hoffnungen verschweigen. All dies wird uns, als Menschheit, nichts nützen. Was in diesem Spiel auf dem Spiel steht? JEDER VON UNS SELBST ALS MENSCH.«[23]

Der Frage, wer uns die Freiheit genommen hat, wenden wir uns in Teil 2 dieses Buches zu. Für jetzt stellen wir fest: Sachlich betrachtet, brennen die Scheiterhaufen immer noch. Die neue Generation der Großinquisitoren hat ein wesentlich wirkungsvolleres Instrument zum Einsatz gebracht. Heute werden die Giordano Brunos durch die Flammen der Verleumdung verbrannt, mit Leib und Seele. Das scheint jedenfalls das erklärte Ziel der hypothetischen Machthaber zu sein. Dostojewskijs[24] Erzählung vom ›Großinquisitor‹ hat seit ihrem Erscheinen die Leser so aufgewühlt, dass sie bis heute nicht aufgehört haben, sich dieses kurze Kapitel aus dem großen Roman ›Die Brüder Karamasow‹ zu deuten. Zunehmend durchschauen wir das Spiel der Dunklen Macht, lassen uns von unserer Selbst-Erkenntnis immer weniger abbringen. Im gegenwärtigen Prozess des Erwachens fallen die Masken der Inquisitoren, die sich als unsere Freunde und Helfer ausgaben. Immer mehr für sicher gehaltene Tarnungen fliegen auf. Eines der mächtigsten Instrumente der Macht und Kontrolle waren bisher die Medien – allen voran das Internet. Gezielt werden hier Freidenker erbarmungslos als Esoteriker und Verschwörungstheoretiker gebrandmarkt. Dabei besteht eine Korrelation zwischen dem Wahrheitsgehalt der Aussage von Personen und dem Aufwand der medialen Vernichtungsaktionen gegen sie. Bisher war es für den weniger aufgeklärten Wahrheitssucher eher schwierig, sich eine halbwegs objektive Meinung anhand des Internets zu bilden – es standen sich ja zwei gegensätzliche Positionen gegenüber. Das jedoch ändert sich gerade. Ende Januar 2014 wurde in der deutschen Sendung ›Morgenmagazin‹ (eine Kooperation zwischen ARD und ZDF) über einen Mann berichtet, der die Wikipedia-Seiten manipuliert. Vor laufender Kamera beichtete dieser Mann über die Art seiner Manipulationen; wie beispielsweise Inhalte geändert wurden. Weiterhin gab er zu, ausschließlich Auftragsarbeiten durchzuführen. Den oder die Auftraggeber wollte er allerdings nicht bekanntgeben.

---

23 Zitat aus B. Free & Dr. Hynaar: HAARP MINDCONTROL und wissenschaftlicher Irrsinn. Auch die Dunkelheit macht Musik. Gemeinschaftsausgabe PANTHA RHEO, Wadern, Deutschland und CTT-Verlag, Suhl, Deutschland (1999), Seite 11. ISBN 3-934523-18-8 und ISBN 3-933817-20-X.

24 Dostojewski: Die Brüder Karamasow. Die Geschichte vom Großinquisitor ist auch separat erschienen.

Die Ausstrahlung dieser Beichte ist kein Einzelfall. Bereits am 3. Oktober 2013 las ich in Europanews:

»*Diese sogenannten Internet-›Trolle‹ oder ›Lockvögel‹, die in den meisten Fällen nichts anderes sind als bezahlte Lakaien der Regierung und anderer internationaler Organisationen, sollen die öffentliche Meinung beeinflussen und schließlich kontrollieren. In Deutschland werden die Trolle unter anderem von dem Rassisten-Portal Psiram gesteuert. In den USA erfolgen ähnliche Verleumdungen durch das Portal Quakwatch. ... Vor einigen Jahren veröffentlichten die kanadischen CTV News einen kurzen Bericht darüber, wie ihre eigene Regierung Geheimagenten anheuerte, um Soziale Medien zu überwachen und Online-Konversationen sowie Aktivitäten bestimmter andersdenkender Individuen nachzuverfolgen. Dieser Bericht, der in einer offensichtlich beschönigenden Formulierung diese Aktivitäten der Regierung einfach ›Meinungsäußerung und Korrektur‹ angeblich falsch online geposteter Informationen nannte, gestand im Grunde ein, dass die kanadische Regierung die Rolle einer geheimen Online-Polizei übernommen hatte. Zu jener Zeit war dies der allgemeinen kanadischen Öffentlichkeit nicht bekannt.*«[25]

Was ist Denken?

Denken ist der Verarbeitungsprozess von Informationen, die aus dem Verstand kommen, aber auch als unzensierte Rohdaten von außerhalb des Verstandes kommen können.

Was würde ein Mensch sehen, der ein Leben lang in einem Gefängnis gelebt hat und keinerlei Informationen über die Außenwelt besitzt, wenn er erstmals in die Freiheit geführt würde? Müsste er nicht sofort in den Zustand des Gewahrseins versetzt werden? Zwar würde sein Verstand sofort beginnen, nach passenden Zuordnungen zu suchen, doch noch lägen ihm ja keinerlei Bezugsdaten vor.

Er würde vermutlich nichts wahrnehmen, was er nicht zuvor schon einmal gesehen hätte. Zumindest nichts Ähnliches, was er modifizieren könnte. In seinem Gefängnis hätte er sogar Pflanzen niemals zu Gesicht bekommen.

---

25 http://www.europnews.org/2013-10-03-die-internetverschworung-internet-trolle-die-das-internet-negativ-beeinflussen.html.

Diese Unfähigkeit, etwas Unbekanntes wahrzunehmen, wird als Columbus-Effekt bezeichnet. Der Columbus-Effekt beschreibt, dass die Eingeborenen einer Insel die Schiffe von Columbus‹ Flotte nicht erkennen konnten, weil sie ähnliche Objekte niemals zuvor gesehen hatten. Der Schamane ihres Stammes jedoch konnte diese Schiffe sehr wohl erkennen. Er hatte bereits eine Bewusstseinsebene erreicht, die es ihm ermöglichte, Dinge wahrzunehmen, die er eigentlich nicht hätte sehen können. Dieser Schamane hatte bereits die Ebenen des Verstandes überschritten, seine Zugriffssperren waren schon geöffnet, so dass er Zugang zu den unbearbeiteten Quelldatenarchiven hatte. Diese Archive werden von Heim den Dimensionen x_7 und x_8 zugeordnet.

Insofern entscheidet der Bewusstseins-Status der Person, die erstmalig das Licht der Welt erblickt, darüber, was sie wahrnimmt oder sieht.

Wer oder was bewertet nun die Sinnesreize – wenn der Verstand nichts Passendes anzubieten hat? Wie sieht ein Baum aus, wenn wir niemals etwas Vergleichbares gesehen haben?

›Die Pforten der Wahrnehmungen‹ sind naturgemäß immer geöffnet. Programme fungieren als Zugriffssperren. Sind dies alles nur die natürlichen Programme unserer eigenen Hardware? Prägungsmuster entstehen durch entsprechende Verschaltungen der Neuronen. Außersinnliche Erfahrungen überbrücken die neuronalen Netzwerke und werden durch bestimmte Neurotransmitter ermöglicht. Neurotransmitter sind die Botenstoffe und Helfer der Neuronen. Durch eine geometrische Anordnung bestimmter Atome (bevorzugt wird Kohlenstoff) fungieren diese Neurotransmitter als Dimensionstore beziehungsweise Transdimensionskanäle und führen uns in geistige Dimensionen. Neben den Funktionen der Kommunikation, erledigen unsere Neuronen auch die Verarbeitungsprozesse sämtlicher Informationen. Grundsätzlich werden so Informationen aus dem Hyperraum (Höheres Selbst, kosmische Datenbank usw.) und aus unserer irdischen Umgebung (unsere Raum-Zeit) angeboten. Potenziell ist der Kanal zu den höheren Dimensionen immer geöffnet, lediglich Verstand und eine degenerierte Zirbeldrüse[26] beeinflussen diesen Zugang.

---

26 Neuro-chemische Prozesse (MAO- und Monoaminooxidase-Hemmer).

Abbildung 6: Ist unsere erlebte Realität bloß eine Illusion? Eine Simulation?

Hören wir hierzu den bekannten Psychiater und Hirnforscher Prof. Dr. Wolf Singer:

»Realität ist im Augenblick das, was wir hier wahrnehmen und worauf sich die meisten, die das wahrnehmen, geeinigt haben. ... Schon der freie Wille ist nur eine Illusion. ... Unser Gehirn nimmt Informationen über die Sinnesorgane auf und interpretiert sie. ... Kann es sein, dass unser Gehirn die Realität selbst zusammensetzt? ... Wir kennen nur jene Welt, die das Gehirn für uns permanent konstruiert.«[27]

Prof. Dr. Wolf Singer
Institut Max-Planck, Francfort
Max-Planck-Institut für Hirnforschung, Frankfurt

---

27 Diese Sätze sind einem arte-Beitrag mit dem Wissenschaftler entnommen.

Die künstliche Trennung

»Der Inhalt Ihres Bewusstseins sind Ihre persönliche Unzufriedenheit, Ihre Ambitionen, Ihre Ängste, Ihre Habgier, Ihre Aggressivität, Ihre Ansprüche, Ihre Einsamkeit, Ihr Kummer, Ihre Beziehungslosigkeit, es sind Isolierung, Frustration, Verwirrung, Elend.«[28]

Ich zitiere nochmals Jiddu Krishnamurti: *»Jede Erziehung basiert auf dem Erwerb von mehr Wissen, mehr Informationen, doch sie funktioniert immer nur innerhalb dieses Bereiches. Jede politische Reform, die auf einer neuen Philosophie basiert, ist dennoch nur eine Erfindung innerhalb dieses Bereiches. Und so fährt der Mensch fort zu leiden, unglücklich und einsam zu sein, sich vor dem Tod wie vor dem Leben zu fürchten, und er hofft auf einen großen Führer, der kommt und ihn aus diesem Elend herausholt, einen neuen Erlöser, einen neuen Politiker. In dieser Verwirrung sind wir so verantwortungslos, dass wir aus unserer eigenen Unordnung Tyrannen hervorbringen und hoffen, dass sie in diesem Bereich Ordnung schaffen werden. Das ist es, was außerhalb unserer selbst und in unserem Innern geschieht. Jeder Führer, den wir wählen, wird sein wie wir; wir werden keinen Führer wählen, der völlig verschieden von uns ist. Das ist das wahre Bild unseres Lebens; Konflikt innen und außen, Kampf, Feindseligkeit, erschreckende Selbstsucht.«*[29]

Ist nach allem, was wir uns über die Struktur unseres Gehirns klargemacht haben, das hier geschilderte Elend ausschließlich selbst erschaffen? Oder gibt es noch andere Faktoren?

---

28 arte: ›Realität. Eine vom Gehirn erzeugte Illusion?‹

29 Jiddu Krishnamurti (1895-1986) gehört zu den maßgebenden spirituellen Persönlichkeiten des 20. Jahrhunderts. Sein von Dogmatismus und Glaubensbekenntnissen unabhängiger Denkstil inspirierte gleichermaßen namhafte Schriftsteller, Künstler und Pädagogen.

Bewusstseinsmoleküle als Schalter zum Hyperraum

Das denkende[30] und fühlende neuro-chemische Netzwerk eines Menschen erzeugt eine Realität, welche dem jeweils Gedachten entspricht. Dieser Realität generierende Schöpfungsprozess – Denken genannt – erschafft sowohl die geistige als auch die materielle Ebene des Seins. Die Wahrnehmung dessen, was wir als ›unsere Realität‹ bezeichnen, ist das Summenprodukt aller bisherigen Denkprozesse (unserer eigenen und der aller anderen).

Medien können als Realitätsverstärker verstanden werden. Künstlich erschaffene Meinungen und Bilder werden durch wachbewusste Zustände von Menschen aufgenommen und durch innere Reflexionen in die Welt der Wirklichkeit transportiert, wobei unsere Emotionen die jeweiligen Meinungen und Bilder entsprechend verstärken. Diese Umsetzung in die Wirklichkeit (Manifestation) der aufgenommenen Informationen (Meinungen) ist unabhängig davon, ob wir das, was wir glauben, innerlich akzeptieren und gutheißen.

Hierzu ein Beispiel: Durch das Lesen eines Artikels in einer Tageszeitung wird das entsprechende Informationsgut durch unsere innere Reflexion in Wirklichkeit verwandelt, ungeachtet dessen, ob wir diesen Artikel für glaubhaft halten oder uns mit seinem Inhalt identifizieren können. Lediglich die durch die aufgenommene Information angeregten Emotionen dienen als Verstärkungsfaktoren **für den Prozess der Manifestation.** Somit folgen wir Menschen einem Placebomechanismus, der als Realitätstransformator verstanden werden kann. Den Quantenphysikern ist seit über fünfzig Jahren bekannt, dass der geistige Einfluss eines ›Beobachters‹ selbst bei den elementarsten Prozessen der Materie seine Spuren hinterlässt. Was jedoch

---

30 Mit Denken meine ich hier innere Bilder – Vorstellungen, Visualisierungen – und die hieran geprägten Wort-Konstrukte. Sämtliche gemachten Erfahrungen sind direkt an entsprechende Gefühlszustände gekoppelt. Alle gegenwärtigen Wahrnehmungen, die über die Sinnesorgane aufgenommen werden, vergleicht unser Gehirn mit älteren Erfahrungen und ordnet sie entsprechend zu. Da die tatsächlich gegenwärtig wahrgenommenen Ereignisse in der Regel niemals in Echtzeit erfahren werden, unterliegt der Vorgang des Denkens grundsätzlich einer zeitlichen Verzögerung. In dem Moment, wo das Denken einsetzt, ist der Augenblick, der das Denken bewirkte, bereits vergangen. Genaugenommen ist der Denkprozess das Vergleichen von Erinnerungen. Die ersten Prägungen eines Menschen als Baby werden über die Gefühlsebenen erfahren. Hier werden wahrgenommene Bilder entsprechenden Gefühlen zugeordnet. In diesem Fall wird, ähnlich wie bei den soeben beschriebenen Denkprozessen, über das Vergleichen mit *älteren Bildern* eine Meinung abgespeichert.

den Magiern seit jeher bekannt ist, wird von Milliarden von Menschen unbewusst praktiziert: Gedanken erschaffen Realität. Je zielgerichteter und öfter ein Gedankenkonstrukt gedacht wird, desto schneller vollzieht sich seine Umsetzung in die Realität. Werden wir also häufiger mit gleichen oder ähnlichen Informationsbildern konfrontiert, ist davon auszugehen, dass dieser Verwirklichungsprozess umso mehr Gewicht hat. Wir nennen dies das Prinzip des hundertsten Affen.

Vor diesem Hintergrund ist die Tatsache, dass immer mehr Menschen sich immer öfter und immer längere Zeiträume über die Medien, soziale Netze und neuerdings sogar globale Massen-Meditationen immer öfter und für längere Zeiträume vorgefertigten gleichgeschalteten Gedankenkonstrukten und Emotionen aussetzen, noch interessanter.

Jeder Mensch hat ein Gefühl für sein Vorhandensein, für seine pure Existenz. Emotionen laufen zwar unbewusst ab, aber das bewusste Erleben einer Emotion als Gefühl unterliegt dem Bewusstsein. Das bedeutet: Sobald Emotionen mich in einem Lebensmoment steuern und durch Raum und Zeit lotsen, ist das Bewusstsein als ›Beobachter‹ und damit als Verfestiger des Weges dabei.

Jede menschliche Wahrnehmung ist in Gefühle gebadet, jedes Gefühl weckt Erinnerungen. Gefühle sind Kräfte in uns; im körpereigenen Mikrokosmos wirken sie energetisch und gleichzeitig sind Kräfte in uns, die im körpereigenen Mikrokosmos energetisch wirken und gleichzeitig als Kräfte zwischen Individuen auch in die Ferne. Derartige nah- und fernwirkende Kraftpotenzen finden sich nur in der Wirkung von Elementarteilchen.

Die eigentliche molekulare Wirkung besteht im Öffnen spezifischer ›Tore‹, wodurch eine Schar weiterer Signalgeber freigesetzt wird (z. B. Neurotransmitter). Jeder Neurotransmitter fungiert ungeachtet seiner chemischen Wirkungsweise als Sender beziehungsweise Empfänger elektromagnetischer Wellen. Auf diese Weise erfolgt eine Kommunikation, die primär einer intermolekularen Steuerung dient.

Wenn nun unser Bewusstsein als ›Beobachter‹ und damit als ›Verfestiger des Weges‹ fungiert, so stellt sich aus dieser Erkenntnis die Frage nach der besonderen Bedeutung unserer Gefühle, gelten sie doch als Einflussgröße des Bewusstseins.

Das, was wir für unsere Realität halten, wird entscheidend durch unsere eigenen Gedanken und Gefühle erst hervorgebracht. Im Folgenden soll nun der Versuch unternommen werden, einer bisher ungelösten Frage auf die Spur zu kommen. Inwiefern **übt** eine atomare beziehungsweise molekulare Struktur einen wirkentscheidenden Einfluss auf geistige Prozesse aus? Diese Frage mag zuerst suspekt erscheinen, hat jedoch bei näherer Betrachtung einen durchaus ernst zu nehmenden Hintergrund. Gefühle entstehen nämlich naturwissenschaftlich belegt durch komplexe Moleküle wie Neurotransmitter und Hormone! Bei dieser Fragestellung soll nicht dem Rezeptormodell im klassischen Sinne Rechnung getragen werden, denn die Boten- und Vermittlungseigenschaften der Neurotransmitter reduzieren unsere Betrachtungsperspektive auf mechanische Schaltmechanismen. Hierbei bleiben jedoch die elementaren Wirkfunktionen unbeachtet. Wie ist es beispielsweise möglich, dass ein Tryptamin, welches sich, auf atomarer Ebene betrachtet, nur sehr unwesentlich von einem anderen unterscheidet, so fundamental unterschiedliche geistige Wirkungen erzielt? Gemeint sind hier die Transmittersubstanzen Psilocybin und Serotonin. Psilocybin zählt zu den Halluzinogenen, Serotonin hat lediglich eine physiologische und pathologische Bedeutung. Noch frappierender erscheint das Bild, wenn wir uns Dimethyltryptamin (DMT) und seine außergewöhnlichen Eigenschaften auf unser Bewusstsein betrachten. Rick Strassmans bahnbrechende Forschung mit diesem ›Molekül des Bewusstseins‹, wie er DMT bezeichnet, bietet uns eine fundierte und glaubhafte Grundlage für weitreichende Forschungen. Von 1990 bis 1995 führte Rick Strassman an der Universität New Mexiko von der DEA genehmigte klinische Forschungen durch, bei denen er sechzig Probanden DMT injizierte. DMT, das war bereits bekannt, gilt als eines der wirkungsvollsten psychedelischen Substanzen. Sein ausführlicher Bericht zeigt deutlich, dass einem Zugang zu anderen Existenzebenen von unserer Hirnchemie aus nichts im Wege steht.

Da es mir hier nicht darum geht, zum Drogenkonsum aufzurufen, werde ich jedoch, bevor ich in Kapitel 20 auf die Erfahrungen mit DMT näher eingehe, im nächsten Kapitel zunächst auf das natürliche Zusammenspiel der Transmitter in unserer Hirnchemie eingehen.

5. Die künstliche Trennung zwischen Ganzheit und Ego

Ursachen für unser Verstandes-Programm

**Wenn unser Potenzial so groß ist,
wie ist es dann zu dieser Reduzierung gekommen?
Wurde hier etwa nachgeholfen...?
Oder ist der ›Freie Wille‹ nur ein Konstrukt des Verstandes?
Hat unser Selbst, unsere Seele überhaupt einen Willen?**

»Im Prozess der Einweihung kommt ein Moment, in dem der Kandidat sich seiner wahren Identität bewusst wird. Er erlebt seine wahre geistig-seelische Natur und identifiziert sich zunehmend mit ihr, während sein stoffliches Leben sich dieser Entwicklung unterordnet.

Im Zustand der Wahrnehmung seiner geistig-seelischen Natur folgen Verstand und Körper den Entscheidungen des Geistes.«.[31]

Was bedeutet dies konkret? Ein Beispiel:

Der Welle-Teilchen-Dualismus ist ein Prinzip der Quantenphysik, wonach den Objekten der Quantenphysik gleichermaßen die Eigenschaften von klassischen Wellen wie die von klassischen Teilchen zugeschrieben werden müssen. Klassische *Wellen* breiten sich im Raum aus. Sie schwächen oder verstärken sich durch Überlagerung (Interferenz) und können gleichzeitig an verschiedenen Stellen mit verschiedener Stärke einwirken.

Ein klassisches *Teilchen* kann zu einem Zeitpunkt nur an einem bestimmten Ort anwesend sein. Nur dort wirkt es, aber stets mit seiner gesamten Energie, Ladung, Impuls etc.

Mit dem menschlichen Dualismus von Ego und Selbst verhält es sich ähnlich. Beide Eigenschaften, die Ganzheitlichkeit und die digitale Spezialisierung,

---

31 http://www.rosenkreuz.de.

wirken in ihnen gleichermaßen. Wie nötig beides ist, sehen wir an dem bereits erwähnten Video der Harvard-Gehirnforscherin[32], die während eines Schlaganfalls immer wieder zwischen beiden Perspektiven, der Verstandes- und der ganzheitlichen Perspektive, hin und her geworfen wurde.

Das Prinzip von ›Sowohl-als-Auch‹ – das Selbst identifiziert sich nicht mehr mit dem Verstand, sondern nimmt den Verstand als Berater. ›Ich bin nicht meine Gedanken.‹

Die Seele in ganzheitlicher Wahrnehmung

Anhand zweier Grafiken möchte ich die unterschiedliche Befindlichkeit eines Selbst und eines Egos nochmals verdeutlichen.

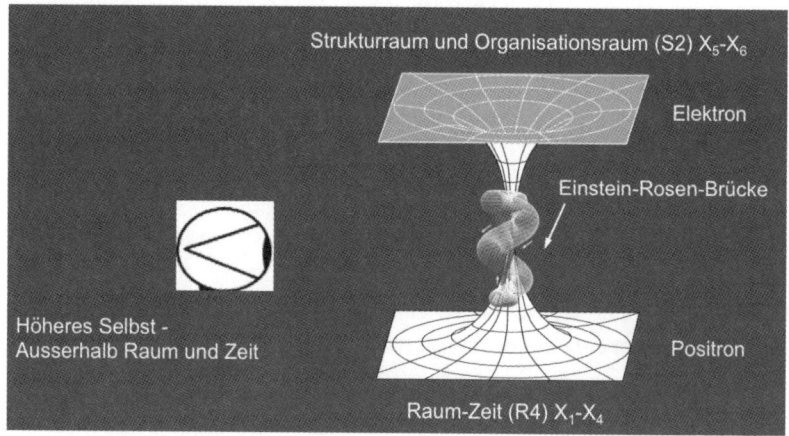

Abbildung 7: Das Auge repräsentiert das ›unpersönliche Selbst‹ im Zustand seiner Ganzheitlichkeit (›Alles, was Ist‹). Das Gewahrsein des Selbst ist außerhalb von Raum und Zeit, kann jedoch in die Räume der Zeitlichkeit(en) ›schauen‹.

---

32 Siehe hierzu die anschauliche Schilderung der beiden Seinszustände und ihres Zusammenwirkens im YouTube Video: Jill Bolte Taylor – ›Wie cool! Ich habe einen Schlaganfall...!‹

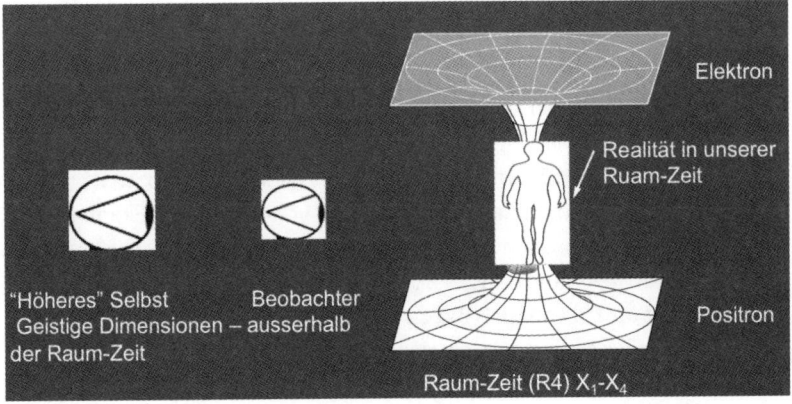

Abbildung 8: Die Augen repräsentieren das ›Höhere Selbst‹ (linkes Auge) und den Beobachter (rechtes Auge), der sich als Ego in der Raum-Zeit wahrnimmt.

Das Ego: Die Illusion der Getrenntheit

Wie soll man sich ein Leben im Zustand von ›Alles, was Ist‹ vorstellen? Ist ein Leben im permanenten Gewahrsein überhaupt möglich? Die Lösung liegt nicht in der Verneinung des ›Alles, was sein sollte‹, um immer nur im Zustand des ›Alles, was ist‹ zu sein. Der Ausweg liegt in der Synthese – im Sowohl-als-Auch. Diese Lösungsoption wurde bisher nur von sehr wenigen Menschen konsequent umgesetzt. Der Grund hierfür liegt jedoch nicht unbedingt im naturgemäßen kosmischen Evolutionsplan.

Was würden Sie sagen, wenn Sie erfahren würden, dass wir mit voller Absicht von der Nutzung dieser Option abgehalten werden? Was genau fühlen Sie bei dieser Frage...? Wie reagiert Ihr Verstand? Bitte nehmen Sie sich für diese Innenschau wieder einen Augenblick Zeit. Meine Absicht ist, Sie persönlich an eine Zugriffssperre heranzuführen, die Sie nur außerhalb des Verstandes erfahren können. Gerade in unserem Verstand – in unserem Denkapparat – befinden sich die Zugriffssperren, die uns an der Option des ›Sowohl-als-Auch‹ hindern. *›Eine Bewertung, die ausschließlich über einen polar aufgebauten Denkvorgang zustande kommt, muss jedoch subjektiv bleiben.‹*

›Gefangen in der Polarität‹

Etwa seit meinem dritten Lebensjahr konnte ich wahrnehmen, dass mit dieser Welt etwas nicht stimmt. Zu dieser Erkenntnis kam ich als Erstes durch das Verhalten meiner Eltern. Am einfachsten kann ich es so beschreiben, dass meine Wahrnehmung teilweise erheblich von der meiner Eltern abwich. Natürlich waren seinerzeit meine Kommunikationsmittel noch sehr begrenzt, doch schien dieses Handicap auf irgendeine Weise mit meiner persönlichen Sicht der Welt im Zusammenhang zu stehen. Wäre mein Verstandesapparat damals bereits weiter ausgebildet gewesen, hätte ich diese ›andere Welt‹ sicherlich nicht wahrnehmen können. Am deutlichsten kann ich mich an ein Bild erinnern, welches mit meinem Vater zu tun hat. Irgendwie erschien mir das Verhalten meines Vaters so unnormal, dass ich versuchte, ihn an eine seiner Möglichkeiten zu erinnern. Damals beobachtete ich, wie mein Vater ein technisches Gerät zu reparieren versuchte. Ich ›wusste‹ aus meiner kindlichen Ganzheitlichkeit heraus irgendwie, dass dieses Wesen (mein Vater) über Möglichkeiten verfügte, die es augenscheinlich nicht nutzte. Mein Versuch, ihm dies mitteilen, scheiterte kläglich. Natürlich konnte mein Vater nichts mit meinen Fantasien (wie er meine Wahrnehmungen einstufte) anfangen. Ich erinnere mich, dass ich noch im Kindergarten – ich war bereits fünf Jahre alt – mit unserer Erzieherin aneckte, weil ich als unerzogener kleiner Junge ihr ›etwas erklären‹ wollte. Im Übrigen fand ich dort zumindest einen Freund, der etwas mit meiner ›Unerzogenheit‹ anfangen konnte. Irgendwie hatten wir zumindest ähnliche ›Fantasien‹. Im Laufe der nächsten Jahre verblasste meine Wahrnehmung zweier unterschiedlicher Welten – mein Verstand hatte offenbar die handfesteren Argumente für das, was ist und das, was sein sollte.

Manchen meiner Leser wird diese Beschreibung vielleicht etwas unglaubhaft erscheinen. Dennoch stehe ich zu dieser Darstellung. Andererseits hätte ich sie vermutlich nicht veröffentlicht, wenn nicht Anfang April 2014 etwas geschehen wäre, welches mein Verstand nur als ein Wunder[33] beschreiben kann. Dieses (›)Wunder(‹) zeigte sich durch Ereignisse, die mein (programmierter) Verstand nicht zuordnen konnte. Weder eine außerordentlich seltene Verkettung von Zufällen noch andere Argumente konnten ihm eine ausrei-

---

33 Wikipedia: Als Wunder (griechisch θαῦμα thauma) gilt umgangssprachlich ein Ereignis, dessen Zustandekommen man sich nicht erklären kann, so dass es Verwunderung und Erstaunen auslöst. Es bezeichnet demnach allgemein etwas ›Erstaunliches‹ und ›Außergewöhnliches‹.

chende Erklärung für diese Vorfälle bieten. Ganz offenbar benötigte mein persönlicher Entscheidungsträger (diejenige Instanz, die uns aus freiem Willen handeln lässt) ein solches Wunder, um mein Ego von seinem Vorsatz, kein neues Buch mehr zu veröffentlichen, abzubringen. Dieser inzwischen korrigierte Vorsatz resultierte aus meiner Überzeugung, ich hätte bereits auf alle wesentlichen Dinge zur Transformation und zum Erwachen hingewiesen. Genau dieser Überzeugung bin ich nun nicht mehr, weil etwas Fundamentales, das ich bisher kaum zu ahnen schien, unerwähnt blieb.

Zwar stellte ich mit großem Bedauern im Hinblick auf unseren kollektiven Prozess des Erwachens eine gewisse Stagnation fest. Irgendwie verlief die große Verwandlung anders, als ich sie mir vorgestellt hatte. Teilweise konnte ich an mir persönlich wie an meinen nahen Verwandten und Freunden sogar Phasen von Rückfällen in die alten Strukturen beobachten, die ich schon für abgelegt beziehungsweise aufgelöst gehalten hatte. Sollte der ganze Trubel um ein anstehendes Erwachen oder einer Transformation der Menschen doch nur das Produkt einer fehlgedeuteten Fantasie sein oder möglicherweise eine gezielte Desinformation von Entitäten, die uns nur von etwas Anderem ablenken wollen?

Auf diese Fragen habe ich eine Antwort gefunden. Diese Antwort möchte ich Ihnen nun anbieten. Hierbei gehe ich mit größter Behutsamkeit und nach bestem Wissen und Gewissen vor und versuche, meine Aussagen stets mit meinem Gefühl von Ethik, Würde und Demut und sowohl meinem Verstand und als auch meiner Intuition abzugleichen.

Auch mit diesem Thema sehe ich mich bestenfalls als ein Erinnerer, getreu dem Motto von Robert Anton Wilson »*Die Menschen sind Riesen, denen man eingeredet hat, sie seien Zwerge*«, erinnere ich Sie an unsere eigentliche, elementare Wesensart, an unsere ›Riesenhaftigkeit‹ im Sinne unserer Göttlichkeit. Hierzu bediene ich mich Argumenten, die unseren Verstand an seine Grenzen führen werden. Dies wird insofern erforderlich sein, als unser Verstand derartig konditioniert wurde, dass er blind für die Dinge unseres eigentlichen Seins geworden ist. Dieses zu erkennen bedeutet, die Grenzen unseres konditionierten Verstandes zu überschreiten, der Verstand alleine kann dies nicht zustande bringen, sondern es bedarf noch der Hilfe von ›etwas Anderem‹. Beispielsweise eines Wunders...

Wunder sind nicht objektivierbar

Was der Eine als normal bewertet, mag für den Anderen ein Wunder sein. Im Sprachgebrauch wird ein Wunder definiert als etwas, was für den Verstand unerklärlich ist. So gesehen verliert dieses Wort ein wenig seinen mystischen Zauber. Trotzdem war meine persönliche Erfahrung vom Zauber der Mystik getragen. Allein wie die Ereignisse, die dazu beitrugen, dass das ›Wunder‹ für mich in Erscheinung treten konnte, zustande kamen, dies war so besonders, wie ich es mir nicht über den Verstand hätte herstellen können.

Eine imaginäre Erfindung – Gerät zur Verwandlung von Gedanken in Realität

Ich lade Sie ein, von einer neuesten Erfindung Gebrauch zu machen. Bei dieser Erfindung handelt es sich um ein Gerät, welches Sie – wie einen Motorradhelm – sich auf den Kopf setzen. Dieses helmähnliche Gerät ist durch unauffällige Kabelverbindungen mit einem Computer verbunden, an dem ein weiteres Gerät angeschlossen ist. Das Besondere dieser Erfindung besteht nun darin, dass sie in der Lage ist, die Signale Ihres Gehirns auf ganz bestimmte Art zu verstärken. Aus der beiliegenden Gebrauchsanleitung erfahren Sie, dass dieser besondere Gehirnwellenverstärker ihre sämtlichen Gedanken so verstärkt, dass sie sich sofort manifestieren. Was immer Sie denken, es wird sich sofort in die entsprechende Realität verwandeln. Alle Ihre Gedankenprojekte wären absolut real und für alle anderen Beobachter sichtbar.

Haben Sie die Fantasie, sich ein solches Ereignis vorzustellen? Ja? Wenn Sie sich das so intensiv vorstellen, dann haben Sie soeben ein solches Gerät erfunden; der Rest ist nur noch praktische Umsetzung und das nötige Durchhaltevermögen hierfür. Vorausgesetzt, Sie zweifeln nicht sofort wieder an Ihren schöpferischen Fähigkeiten...

6. Die wahre Welt unserer Wirklichkeit

Unsere stark selektierte Wahrnehmung blendet das ganzheitliche Bewusstsein aus. Diese selektive Wahrnehmung entspricht dem Zustand unserer relativen Unbewusstheit. Hierfür ist unser Verstand verantwortlich...

Eine einheitliche Theorie von Geist und Materie scheint unerlässlich zur vollständigen Beschreibung ihrer Wechselwirkungen, weil ein Mensch immer nur seine eigenen geistigen inneren Erlebnisse als Veränderungen in einer einzelnen Psyche erfährt. Was wir gewohnt sind, als äußere physikalische Erscheinungen zu bezeichnen, ist in Form materieller Objekte konditioniert und muss definitionsgemäß intersubjektiv in jeder Psyche existieren.

Das ›Nichts‹ ist das Ergebnis der Kompensation des ›Alles‹

Immer, wenn Physiker der Natur durch ein Experiment eine Frage stellen, antwortet die Natur mit einem Paradoxon. Ich hatte schon erwähnt (Seite 69), dass die paradoxen Qualitäten des Lichtes, das sowohl Elementarteilchen als auch Welle ist, inzwischen nicht mehr als Gegensätze gedeutet, sondern als unterschiedliche, sich ergänzende Aspekte betrachtet werden.

Max Planck entdeckte, dass die Energie der Wärme nicht kontinuierlich abgestrahlt wird, sondern in winzig kleinen Energiepaketen, den sogenannten Quanten. Von Albert Einstein können wir erfahren, dass alle Formen elektromagnetischer Strahlung nicht nur als Quanten auftreten, sondern auch als Wellen. Heutige Physiker betrachten ein Elementarteilchen als Energiepaket. Ein derartiges Energiepaket könnte man am ehesten als ein ›Ding‹ bezeichnen. Die Natur zeigt nun auch den Physikern, dass sie nicht aus isolierten Bausteinen besteht, wie die Physik Newtons es noch annahm. Experimente zeigen für die Quanten – also die Grundbestandteile unserer Materie – eine uneingeschränkte Wandelbarkeit. Auf subatomarer Ebene existieren diese Quanten nicht mit Sicherheit an bestimmten Orten, sondern zeigen lediglich eine ›Tendenz‹ zu existieren. Sämtliche Quanten können ineinander übergehen. Quanten entstehen aus Energie, verwandeln sich in andere Quanten und lösen sich wieder in Energie auf. Dieser mystisch wirkende Vorgang geschieht permanent. Die Quanten-Wahrscheinlichkeit bestimmt, wann und wo derartige Verwandlungen (vermutlich) geschehen.

Übertragen auf unseren Geist zeigen uns diese Forschungsergebnisse, dass wir uns von einer Welt der Getrenntheit – einem ›Entweder-Oder‹ – lösen sollten. Das wird uns leichter fallen, wenn wir erkennen, dass die Grundlage unseres materiellen Seins auf dem Prinzip des ›Sowohl-als-Auch‹ aufbaut. Der größte Teil unserer Bewertungen erfolgt bedauerlicherweise in Gut oder Schlecht. Wir können aber beispielsweise einen Menschen nicht nur lieben oder hassen, sondern beides empfinden, und natürlich noch weitere andere Gefühle. Gott ist nicht das Gegenteil des Bösen, sondern das Böse ist ein Widerstand gegen die göttliche Existenz.

Wir leben in einer Welt ›scheinbarer‹ und nicht ›wirklicher‹ Gegensätze. Unsere Physiker konnten diesen Dualismus zwischen Quant und Welle auflösen. Sie erkannten, dass diese Wellen als Wahrscheinlichkeitswellen auftreten. Diese Wahrscheinlichkeitswellen sind nicht die Wahrscheinlichkeit von Dingen, sondern von Zusammenhängen. Ich gebe zu, dass dieser Wirkablauf schwer zu verstehen ist. Was ich jedoch hiermit ausdrücken möchte ist, dass es so etwas wie ein ›Ding‹ nicht wirklich gibt.

Was wir bisher als ein Ding bezeichnet haben, entpuppt sich nun als ein ›Ereignis‹, oder als ein Weg, der zu einem Ereignis führen kann. Unsere Vorstellung von einer Stabilität der Dinge (Gegenstände) und festgelegter (deterministischer) Naturgesetze ist offenbar unzutreffend. Unsere Welt besteht aus wellenförmigen Mustern von Zusammenhängen.

Bisherige Vorstellungen von ›Elementarteilchen‹, ›materielle Substanz‹, und ›isoliertes Objekt‹ haben sich als unzutreffend erwiesen. Tatsächlich zeigt sich das gesamte Universum als *ein* einheitliches dynamisches Gewebe von Energiemustern. Und das ganz Besondere: Wir sind als Beobachter in dieses Universum nicht nur eingebunden, sondern wir sind hier als Schöpfer aktiv. Wir sind das Universum.

Der Einstein-Schüler David Bohm schreibt in seinem Buch ›Die implizite Ordnung‹, dass die physikalischen Grundgesetze nicht von einer Wissenschaft entdeckt werden können, die versucht, die Welt in Teile aufzuspalten. David Bohm spricht von einer »*impliziten umfassenden Ordnung*«. Sie existiert in einem unmanifestierten Zustand, auf dem unsere gesamte manifestierte Realität aufbaut. Diese manifestierte Realität bezeichnet Bohm als die ›explizite entfaltete Ordnung‹. Er sagt:

»*Es zeigt sich, dass die Teile in unmittelbarer Verbindung miteinander stehen, in einer dynamischen Beziehung, die irreduzierbar vom Zustand des ganzen Systems bedingt ist... So gelangt man zu einem neuen Begriff ungebrochener Ganzheit, der die klassische Idee aufhebt, die Welt könnte in Form voneinander getrennter und unabhängiger Teile analysiert werden.*«

Nach den Berechnungen David Bohms ist unser Universum ein Hologramm[34]. Bohm postuliert ein multidimensionales holistisches Universum, ein ›Superhologramm‹, in dem alles tatsächlich alles durchdringt. Ohne es zu bemerken, sind wir in dieses Hologramm eingebunden. Unser noch begrenztes Bewusstsein – das zudem primär auf Trennung aufgebaut ist – hindert uns an einem ganzheitlichen Blick. Um uns ein umfassenderes Bild über das uns offenstehende multidimensionales holistisches Universum zu machen, müssen wir etwas tiefer in dieses Thema einsteigen.

Wir leben in einer traumähnlichen Welt – unsere Welt entspricht einem Hologramm

»Für uns gläubige Physiker hat die Trennung zwischen Vergangenheit, Gegenwart und Zukunft den Wert einer, wenn auch sehr hartnäckigen Illusion.«

Albert Einstein

Die Welt, wie wir sie sehen, ist nicht die Welt, wie sie wirklich ist. Spätestens seit den letzten hundert Jahren Physik wissen wir, dass die Trennung, die wir an der Oberfläche wahrnehmen nur eine Illusion ist, die eine Realität der Einheit verdeckt. Um eine erweiterte und tiefgreifende Vorstellung von uns

---

34 Als eine hilfreiche Darstellung gilt das Hologramm aus Paralleluniversen, das von einem Bewusstseinsfeld erleuchtet wird, welches die Wahrscheinlichkeiten zuschreibt. Es muss einen bewussten Beobachter geben; wir selbst sind dieser Beobachter – ein Spritzer aus dem riesigen Ozean der Gedanken, der Gott ist, vorübergehend eingefangen ins Hologramm.

und unserer Wahrnehmung zu erhalten, halte ich es für unerlässlich, Ihnen, meine verehrten Leser, kurz unsere holografische Bühne darzulegen. Natürlich haben Sie bereits von einem Hologramm gehört oder einen 3D-Film gesehen. Im Grunde ist ein Hologramm eine echte dreidimensionale Abbildung eines Gegenstandes. Der Entdecker des holografischen Naturprinzips war Dennis Gábor, ein ungarischer Ingenieur, der 1971 den Nobelpreis für seine Erfindung der Holografie erhielt. Ein Hologramm ist auf dem Prinzip von Fraktalen aufgebaut. Dieses Prinzip ist ein physikalisches Gesetz, nach dem alles miteinander in Verbindung steht. *Jeder kleinste Punkt des betreffenden holografischen Raumes reflektiert in jedem Augenblick das Ganze.* Mein Freund Daniel Winter fasst zusammen:

»Fraktalität ist ein Zustand der rekursiven, konstruktiven Interferenz. Konjugation oder Verbindung bedeutet, rekursiv (wiederkehrend) konstruktiv (förderlich) zu addieren und multiplizieren. Fraktale Wellenmuster erzeugen perfekte Kompression aller Wellen in einen Punkt und die perfekte Verteilung von Ladung und Drehmoment. Dieser Prozess der Findung des ›Weges des geringsten Widerstandes‹ wird Phasenkonjugation genannt. Fraktale Phasenkonjugation perfektioniert Kohärenz, wodurch Hologramm-ähnliche Eigenschaften auftauchen: Phasenkonjugation schafft die Voraussetzungen dafür, dass jeder Punkt des betreffenden Raumes in jedem Moment das Ganze reflektiert.«

Neu könnte für die meisten meiner Leser jedoch die Vorstellung sein, dass auch wir als Menschen in ein Hologramm eingebunden sind. Ganz offensichtlich lebt zumindest ein Aspekt von uns in einer holografischen Welt. Und bei diesem Aspekt dürfte es sich um unser künstlich erschaffenes Ego handeln, über das ich bereits im ersten Kapitel berichtet habe. Unser göttliches Selbst hingegen hat seine ›Örtlichkeit‹ außerhalb dieses Hologramms. Später werden wir aus alten gnostischen und koptischen Übersetzungen noch mehr darüber erfahren, inwieweit diese Weltenteilung uns in ganz besonderem Maße betrifft.

Was wir hier in diesem Leben tun, ist ein verschwindend kleiner Aspekt von dem, was uns insgesamt ausmacht. Jede Welt, jede Existenz ist ein Teil aller Existenzen insgesamt, unzähliger Existenzen, die wiederum nur Wahrscheinlichkeiten darstellen. Alles ist miteinander vernetzt, ähnlich einem

Hologramm. In jedem Teil der *einen Welt* ist die Information der anderen Welt oder anderer Welten enthalten, so dass eine Abgrenzung nicht möglich ist. Es ist ein fließender Übergang der einen Welt in die andere, ohne dass wir uns dessen bewusst sind, da wir dies nur aufnehmen können, wenn wir uns in einem gegenüber dem Normalzustand veränderten geistigen Bewusstseinszustand aufhalten. Das Bewusstsein zieht die Grenzen zwischen den Welten.

Dr. J. J. Hurtak weist in der Einleitung zu seinem Werk *Pistis Sophia – Eine Koptische Schrift der Gnosis* auf einen besonderen Punkt hin, nach dem wir uns als Protagonisten in ›*experimentellen Reichen*‹ befinden:

»*Das höchste dieser unteren Reiche ist das Dreizehnte Äon, das mit der Region der Mitte die Lichtwelten von den niederen experimentellen Reichen trennt.*«[35]

»*... und zeigt damit, dass die selbstverwirklichte Seele in dieser Realität gleichzeitig auch Verbindung mit vielen anderen Bereichen und multiplen Seinsaspekten besitzt. Letztlich besitzt sie die Fähigkeit, an Paralleluniversen teilzuhaben.*«[36] und

»*Das bedeutet, dass jeder von uns ein göttliches Double hat, ein göttliches Gegenstück seiner selbst...*«[37]

Das Thema der multiplen Seinsaspekte und unser wahrscheinlich gleichzeitiges Leben in Paralleluniversen beansprucht unser Vorstellungsvermögen und unsere Akzeptanz aufs Äußerste. Dabei können diese exotisch erscheinenden Aussagen mithilfe einer erstaunlich konservativen Physik beschrieben werden.

Der Physiker Fred Alan Wolf hält das Parallelwelten-Modell für die beste Theorie, die wir heute haben und ist der Ansicht, dass Relativitätstheorie und Quantenphysik die Existenz von Parallelwelten nahelegen. Alan Wolf

---

35 J.J. Hurtak u. D.E. Hurtak; Pistis Sophia: Eine koptische Schrift der Gnosis mit Kommentar, 2002, Los Gatos: Academy For Future Science www.pistissophia.org: Einleitung

36 ebendort, Seite 68 1:7.

37 ebendort, Seite 67 1:7.

vermutet, dass wir unsere Sprache und unsere Vorstellungskraft erweitern und Wirklichkeit und Existenz neu definieren müssen, wenn wir die Parallelwelten verstehen wollen. Die Hypothese der Parallelwelten beschreibt die Existenz von Welten, die unseren (eventuell mit den Hilfsmitteln der Technik) verfeinerten Sinnen zugänglich sein könnten und sich mit unserem Weltall verknüpfen oder in Beziehung setzen lassen. Eine Parallelwelt ist ein paralleles Universum, also wie jedes Universum ein Bereich von Raum und Zeit, der Materie, Galaxien, Sterne, Planeten und Lebewesen beinhaltet. Sie ähnelt der unseren, ist möglicherweise sogar ein Duplikat und enthält nicht nur ebenfalls Menschen, sondern diese Menschen könnten sogar exakte Doppelgänger von uns selbst sein, wie auch Stephen Hawking glaubt.

In der Konzeption der Parallelwelten durch den Physiker Hugh Everett III spielt eine besondere Rolle die Notwendigkeit, exakte Voraussagen durch Wahrscheinlichkeiten zu ersetzen, deren Realisierung durch den Beobachter erfolgt. Jede Möglichkeit wird in einer anderen Welt zur Wirklichkeit. Werner Heisenbergs Unschärfeprinzip erklärt uns, warum die Welt aus Ereignissen besteht, die nicht vollständig im Sinne von Ursache und Wirkung verknüpft werden können. Wenn dieses Prinzip auch für den Menschen gelten würde, würde dies dazu führen, dass wir die Welt als illusionäres Produkt von Geist oder Bewusstsein sehen würden.

Die Quantenphysik wird in allen Labors der Welt verwendet, obwohl niemand sie wirklich versteht, insbesondere niemand, der an ein objektives, kausales, logisches Universum glaubt. Die Welt ist viel komplexer, als wir sie uns je vorgestellt haben. John Wheeler – wie andere Wissenschaftler nach ihm in ähnlichen Experimenten – hat nachgewiesen, dass eine spätere Entscheidung nachträglich die Bahn eines Photons, eines Lichtteilchens, bestimmt, das heißt, die Wirkung tritt vor der Ursache ein, das Jetzt ›macht‹

die Vergangenheit.[38] Dieses Paradoxon lässt sich mit dem Konzept der Parallelwelten lösen: Unser Universum ist nicht kausal. Gefordert wird nur die logische Widerspruchsfreiheit. Das Ergebnis lässt sich auf den gesamten Kosmos anwenden.

Was lösen diese Aussagen in Ihnen aus? Da ich mich seit den 80er Jahren mit diesem Thema befasse, fällt es mir natürlich relativ leicht, dieses – auf den ersten Blick hochspekulative – Parallelwelten-Modell zu akzeptieren. Ich war überrascht darüber, wie international hochgeschätzte Physiker sich im Gespräch mit mir zu diesem Thema äußerten. Weit über die Hälfte dieser Naturwissenschaftler halten das Modell der Parallel- oder Multiwelten für zulässig.

Angesichts dieser Feststellung erinnere ich mich an eine lang zurückliegende Vision, nach der wir Menschen uns in einem Computersimulationsprogramm befinden. Diese Idee wird immerhin auch in alten gnostischen Texten der *Pistis Sophia* angedeutet. Die *Pistis Sophia* (auch als Glaube der Weisheit bezeichnet) ist eine Belehrung an die Jünger Jesu und wurde 1773 in Ägypten entdeckt.[39] Hier wurde, wie ich eben bereits erwähnt habe, über ›experimentelle Reiche‹ berichtet, in denen sich die Menschen befinden könnten. Hierzu passt eine Aussage, die mein Freund Professor Ernst Senkowski erhielt, als er die Frage[40] stellte:

---

38 Das Konzept der Parallelwelten bedingt einen neuen Zeitbegriff. Zu ihm gehört die Aussage, dass unsere heutigen Beobachtungen die Vergangenheit bestimmen. In der Theorie der Parallelwelten gibt es keine feststehende Vergangenheit. Die Vergangenheit, die wir für die Vergangenheit halten, ist das, was vernunftbegabte, in Gemeinschaft lebende Wesen übereinkommen sind, Vergangenheit zu nennen. Es gibt unendlich viele andere parallele Vergangenheiten. Die Vergangenheit, die durch die Gegenwart verändert wird, ist nur eine von vielen. Auch die Zukunft ist durch Übereinkunft definiert und steht mit der Gegenwart in Verbindung. Sie kann unendlich viele Formen haben, und jede mögliche Zukunft wirkt sich auf die Gegenwart aus. Die Beobachtungseffekte pflanzen sich in beiden Richtungen in der Zeit fort.

39 Koptische Schrift der Gnosis.

40 Die Arbeitsgruppe ›Instrumentelle Transkommunikation‹ unter der Leitung von Professor Ernst Senkowski beschäftigt sich seit den sechziger Jahren mit dem Phänomen ›Kommunikation mit Jenseitswesen‹ (Verstorbenen). Über Vakuum-Hyperraum stoßen wir auf Wirkbrücken ›Mensch-Materie‹. Mittels elektronischer Mikrotechnik werden überraschend nüchterne Ergebnisse erzielt. Die ›Instrumentelle Transkommunikation‹ (IK) ist inzwischen ein Forschungsfeld mit streng ›naturwissenschaftlichen Methoden‹.

»Wie wirklich ist die Materie, wie wirklich ist denn unser Bild der Erde, oder kann man das mit den Welten vergleichen, die wir mit einer Simulation im Computer entstehen lassen?«

Die Antwort lautete:

»So ähnlich kannst du es sehen im Prinzip. Es ist eine Welt in der Welt. Ihr schafft in eurer Welt wieder andere Welten. Und jetzt kannst du fragen: Sind diese Welten für die Figuren in diesem Computerspiel auch Realität, oder ob diese Welt hier einer Computerwelt ähnelt. Du kannst vor allen Dingen vergegenwärtigen, dass im Prinzip all dies, was hier passiert, tatsächlich nur ein Spiel ist. All das, was bei euch passiert, was euch emotional verwirrt, ist nur der Ablauf eines Rollenspiels.«

Das holografische Weltbild, welches nun endlich von immer mehr Naturwissenschaftlern anerkannt wird, erinnert uns an Platons Höhlengleichnis. Die Menschen innerhalb der Höhle deuten die Schatten an den Wänden als die einzige Welt. Ihre Welt entspricht einem Hologramm, der von dem Nobelpreisträger Dennis Gábor entwickelten holografischen Methode der optischen Informationsspeicherung. Ein aus Interferenzmustern von Lichtwellen bestehendes Hologramm zeigt, dass die gesamte Information in jedem seiner Teile enthalten ist. Dies unterscheidet ein Hologramm von einer fotografischen Abbildung, die unserer, die Dinge trennenden monokularen Sichtweise entspricht. Als physikalische Erklärung für das sogenannten ›holistische Weltmodell‹ gelten das EPRParadox[41], das BELLsche Theorem[42] und die Forschungsergebnisse der Experimente von Alain Aspect, nach denen zwischen räumlich getrennten Elementarteilchen ein informatorischer

---

41   Das Einstein-Podolsky-Rosen-Paradoxon, auch EPR-Paradoxon, oder EPR-Effekt, ist ein im 20. Jahrhundert intensiv diskutiertes quantenmechanisches Phänomen. Der Effekt wurde nach Albert Einstein, Boris Podolsky und Nathan Rosen benannt, die dieses Phänomen im Rahmen eines Gedankenexperiments vorstellten. Zuweilen wird auch von einem EPR-Argument gesprochen. Es zeigt beispielhaft, dass die Quantenmechanik gegen die Annahme der Lokalität verstößt, die eine der Grundannahmen der klassischen Physik ist.
Es wird ein System aus zwei Teilchen (T1,T2) betrachtet, die anfänglich direkt miteinander wechselwirken und sich darauf weit voneinander entfernen (z. B. diametral auseinanderlaufende Teilchen nach einem Zerfall). Ein solches System wird durch *einen einzigen*, speziellen quantenmechanischen Zustand beschrieben. Dieser Zustand ist kein Produktzustand, das heißt die beiden Teilchen befinden sich in einem speziellen verschränkten Zustand.

42   Das Bell'sche Theorem, das experimentell belegt werden kann, stützt das EPR-Paradoxon. Für beide Ansätze gilt: Alles, was einmal zusammen war, bleibt quasi für immer miteinander verbunden.

Zusammenhang besteht. Dieser Zusammenhang erscheint nicht als eine Nachrichtenübermittlung auf übliche Weise, sondern als eine Konsequenz der ›Einheit aller getrennten Objekte‹. Diese Ergebnisse werden noch erweitert, indem sie zusätzlich auf die Welt der Lebewesen übertragen werden können. Endlich erkennen auch zunehmend mehr Naturwissenschaftler, dass der Mensch nicht nur als ein mechanisches Objekt betrachtet werden kann. Der Hirnforscher Karl Pribram sammelte in zehnjähriger Forschung eindeutige Beweise für die holografische Strukturierung des Gehirns. Pribram verweist auch auf zahlreiche Forschungsergebnisse von Kollegen, die mit modernsten Messmethoden die temporalen und/oder räumlichen Gehirnfrequenzen analysieren. Hiernach vollziehen sich alle unsere Sinneswahrnehmungen wie Hören, Sehen, Riechen, Schmecken und Tasten holografisch.

Unser Gehirn abstrahiert durch einen holografischen Vorgang aus einem holografischen Bereich, der Zeit und Raum transzendiert. Nach dem Prinzip des holografischen Universums beruhen Eigenschaften wie Psychokinese und Telepathie auf Schwingungen jenseits unserer Raum-Zeit. Diese Eigenschaften sind in ihrer Potenz allgegenwärtig. In einem holografischen Universum ist faktisch alles mit allem verbunden. Unsere Erfahrungen sind nur mit einem Phänomen zu erklären, dass wir gleichzeitig beobachten und erzeugen. Alle unsere Beobachtungen verändern das Beobachtete.

Was uns als stabile, fühlbare, sichtbare, hörbare Welt erscheint, ist eine Illusion. Es ist die explizite, entfaltete Ordnung, die wir wie einen Film erleben. Dahinter existiert das ›Quantenpotenzial‹, ein Feld, das aus unendlich vielen fluktuierenden Wellen besteht, deren Überlagerung in uns die Wahrnehmung von Teilchen erzeugt. In dieser eingefalteten Ordnung des Quantenpotenzials, existieren Vergangenheit, Gegenwart und Zukunft ›gleichzeitig‹. Jede Substanz, jede Bewegung entsteht aus einer grundlegenden Holobewegung. David Bohm sagt hierzu: *»Die Fähigkeit, anders wahrzunehmen und zu denken, ist wichtiger als das erworbene Wissen.«*

Pribram meint: *»Unsere Gehirne konstruieren die ›harte Realität der Objekte‹ mathematisch, indem sie Frequenzen aus einer Dimension interpretieren, die Zeit und Raum transzendiert... Das Gehirn ist ein Hologramm, welches ein holografisches Universum interpretiert.«*

Es bringt also nicht das Gehirn das Bewusstsein hervor, sondern das Bewusstsein erschafft das Auftreten des Gehirns sowie aller Materie, Raum, Zeit und alles andere, was wir bisher als das physische Universum interpretiert haben.

»Die relative Raum-Zeit-Losigkeit der Psyche ist von höchster theoretischer Bedeutung und von so unabsehbarer Tragweite, dass sie den forschenden Geist zu größter Anstrengung anspornen sollte.«[43]

Im Wesentlichen hängt unsere relativ stabile Existenz als materialisiertes Gedankenobjekt von einem ankoppelnden Erregersystem ab (bei Burkhard Heim Ilkor genannt, siehe Kapitel 3). Dieses Erregersystem wirkt aus der geistigen Welt heraus. Es steuert alle dynamischen Veränderungen kohärent, indem es sie in den elektromagnetisch-körperlichen Bereich transformiert, in dem die Impulse der Neuronen in bestimmten Sequenzen feuern.

---

43   C. G. Jung.

7. Alltägliche Spuren dessen, was eigentlich ist

›In diesem Zustand nahm ich einen Rundumblick von 360 Grad wahr. Da sich der Fokus meiner Aufmerksamkeit von einer anderen Instanz meines Inneren aus auf das Außen verlagerte, konnte ich das Innere und das Äußere gleichzeitig erfassen.‹

Mein persönlicher Umgang mit der 3D-Haltung

Wie sicher viele von uns erinnere auch ich mich noch genau an die traurigen und manchmal auch sehr schmerzhaften Erfahrungen in meiner Kindheit. Ich wurde als Kind häufig im Zusammenhang mit einer Eigenschaft bestraft. In meinen Zeugnissen der ersten Schuljahre wurde mir diese böse Eigenschaft im Vermerk ›Betragen‹ schriftlich attestiert. Seitdem wusste ich, dass Unaufmerksamkeit, Nicht-bei-der-Sache-sein, Tagträumen usw. Dinge sind, die ein gutes Kind nicht zu tun hat. So fühlte ich mich für eine Eigenschaft schuldig, die eigentlich untrennbar zu meinem damaligen Alltag gehörte. Das ›Dösen‹, wie meine Eltern es nannten, sollte ich lieber vor dem Mittagsschlaf betreiben. Heute weiß ich über dieses Dösen einiges mehr. Der Zustand des ›Dösens‹ ist dem ›Schauen‹ vergleichbar, wie es einige Schamanen nennen (siehe Kapitel 22, Seite 267). Gegenüber dem normalen Sehen ist das ›Schauen‹ ein erweiterter Zustand der Wahrnehmung. Es ist ein Gefühl des Losgelöstseins und der Gedankenlosigkeit.

Soweit ich mich erinnere, habe ich dieses Dösen nicht bewusst hervorgerufen. Er entstand immer dann, wenn ich fühlte, dass meine Lehrer mir unwichtige oder gar falsche Dinge erklären wollten. Offenbar hatte ich eine instinktive Wahrnehmung dafür, wichtige von unwichtigen Dingen zu unterscheiden. So könnte man das Dösen auch als Langeweile beschreiben. Da ich beide Zustände relativ gut kenne, möchte ich doch betonen, dass eine Langeweile noch etwas anderes ist, zumindest für mich. Im Zustand der Langeweile löste ich mich – ähnlich wie bei einem Traumzustand – irgendwie in Unbewusstheit auf. Das war beim Dösen ganz anders. Hier war ich voller Aufmerksamkeit. Heute würde ich sagen, ich befand mich in einem von der rechten Hirnhälfte geprägten ganzheitlichen Zustand des ›Seins‹.

In diesem Zustand nahm ich einen Rundumblick von 360 Grad wahr. Da sich der Fokus meiner Aufmerksamkeit von einer anderen Instanz meines Inneren aus auf das Außen verlagerte, konnte ich das Innere und das Äußere gleichzeitig erfassen. Heute weiß ich, dass dieses ›Schauen‹ ebenso wie das ›Dösen‹ dem entspricht, was ich in Kapitel 8 als 3D-Haltung bezeichne. Ich konnte damals nicht wissen, dass dieser Zustand mir etwas ermöglichte, was mir sehr lange als unerklärliches Phänomen erschien. Ein Beispiel: Zu meinem damaligen Alltag gehörte, dass mein Vater an Wochenenden des Öfteren defekte Radiogeräte reparierte. Während mein Vater also mit der Reparatur eines älteren Radioempfängers beschäftigt war und für seine Fehlersuche ein Messinstrument benutzte, zeigte ich, damals sieben Jahre alt, nebenbei auf eine bestimmte Stelle der offenen Elektronik. Wie sich später herausstellte, fand mein Vater genau an dieser Stelle den Fehler. Erst nachdem sich dieses Phänomen an einem anderen Tag noch einmal wiederholte, erzählte mein Vater mir von meiner besonderen Eigenschaft. Leider führte diese Aufklärung zu einer Reihe von Misserfolgen, ich konnte diese Erfolge nicht wiederholen. Aus heutiger Sicht ist mir klar, warum es mir zunächst nicht mehr gelang: Dies lag an meinem Verstand. Ich wollte nun diese Leistung willentlich wiederholen und konnte nur noch raten. Es widerfuhr mir also dasselbe wie später bei meinen ersten Versuchen des 3D-Sehens: Mein willentlich ausgerichteter Verstand verhinderte die ganzheitliche Wahrnehmung.

In meinen Jahren an der Universität zu Lübeck erfuhr ich, was dieser Zustand der inneren Ruhe, für den ich so oft bestraft worden war, für die Hirnforschung bedeutet. Man kann durch Sichtbarmachen der Gehirnaktivitäten von Menschen den jeweiligen Zustand des Bewusstseins erfassen. Die Messungen an meinem Gehirn machten den Zustand meines ›Dösens‹ sichtbar. Ich befand mich dann – wie Neurologen es klassifizieren – in einem ›Zustand mit ausgeprägten Alphawellen‹. Die anwesenden Hirnforscher erklärten mir unmittelbar nach den Messungen das Ergebnis etwas genauer. Am meisten erfreute mich der Satz ›Sie waren soeben außerhalb des unmittelbaren Einflusses Ihres Verstandes‹. Grob zusammengefasst befinden wir uns in unserem normalen Tagesbewusstsein im Beta-Bereich. Hier dominieren die

Hirnfrequenzen zwischen 38 und 15 Hz. Dieser Zustand steht im Zusammenhang mit unserer nach außen gerichteten Aufmerksamkeit, dem logischen, prüfenden und bewussten Denken. Die vergleichsweise hohen Frequenzen des Betawellenspektrums werden besonders beobachtet bei innerer Unruhe, Angst, Stress und wenn unser innerer Kommentator oder Kritiker aktiv ist.

Sobald wir zur Ruhe kommen, sinken auch unsere Hirnfrequenzen ab in den Alphawellenbereich zwischen 14 und 8 Hz. Dieses Dösen ist mir immer noch zu eigen, wenn es auch immer wieder Phasen gab, besonders während meiner Pubertät, wo ich von diesem besonderen Zustand der inneren Ruhe meist weit entfernt war. Andererseits gab es auch Phasen, in denen ich außergewöhnlich häufig ›döste‹. Dies gilt besonders für meine intensivste Lebenskrise. Nach psychologischen Gesichtspunkten könnte dieser Zusammenhang mit einer Realitätsflucht erklärt werden, und möglicherweise ist es auch so. Meine persönliche Krise erschien mir deswegen so traumatisch, weil ich seinerzeit keinerlei Lösungsmöglichkeiten sah. In derartigen Situationen gibt es irgendwann einen Moment, in dem wir einfach loslassen, weil wir nicht mehr können. Unser verletztes Ego ist derartig geschwächt, dass es einer anderen Instanz Zutritt gewährt. In solchen Lebenskrisen übernimmt, wenn wir Glück haben, unser Selbst die Regie, weil ihm der Raum vom bisher dominierenden Ego zur Verfügung gestellt wird.

Aus meiner persönlichen Lebenserfahrung kann ich eindeutige Zusammenhänge zwischen diesen bitteren Stunden und meinen wertvollsten Ideen und Erkenntnissen feststellen. So erfuhr ich die meisten meiner eher technisch geprägten Eingebungen, die fast alle zu Patenten führten, tatsächlich inmitten oder kurz nach meinen Krisen.

Diese wunderbare Eigenschaft ist natürlich nicht nur auf meine Person begrenzt, sondern in uns allen angelegt. Vor einigen Jahren las mir ein Kollege aus einem Buch vor, in dem die größten Erfindungen und die Umstände ihres Zustandekommens aufgeführt wurden. Nahezu sämtliche bahnbrechenden Ideen erfolgten als Eingebungen. Große Entdecker, beispielsweise Friedrich Kekule[44] oder Albert Einstein, erfuhren ihre revolutionierenden Erfindungen

---

44 Einer Anekdote nach kam Kekulé dieser Einfall im Traum. Er träumte von einer Schlange, die
    sich selbst in den Schwanz biss. Dies gab ihm die Antwort auf die Frage nach der chemischen
    Struktur des von ihm erforschten Benzolmoleküls: Es ist ringförmig.

in einem halbschlafähnlichen Zustand, wenn ihr Verstand sich zurückgezogen hatte.

Aus der Vielzahl solcher Zusammenhänge lässt sich klar ableiten, dass unser Verstand zwar als unerlässlicher und auch wertvoller Helfer fungiert, jedoch immer nur im Rahmen seiner festgelegten Grenzen bleiben kann. Er erarbeitet beispielsweise die Bestandteile einer Erfindung, doch die übergeordnete Zuordnung und die Grund-Inspiration kann nur durch den Geist erfolgen.

Die klassische Verstandesarbeit basiert auf Erfahrungswissen. Die professionelle Forschung ist auf einer Erfahrungswissenschaft aufgebaut, der sogenannten Empirie. Unter Empirie versteht die Wissenschaft eine im Labor oder Feld durchgeführte Sammlung von Informationen anhand gezielter, systematisch verlaufender und reproduzierbarer Untersuchungen. Faktisch basieren die Forschungsmethoden der Wissenschaften auf den Grundstrukturen des Verstandes. Durch das vorgeschaltete bestimmte Selektionsverfahren (Abitur und Studium) sind in der Regel auch nur besonders verstandesbetonte Menschen in diesen Berufen tätig. Empirische Erfindungen tragen nicht unbedingt zu einem echten Fortschritt bei, ihnen fehlt der Aspekt der Natürlichkeit, und die Resultate sind eher quantitativer Art.

Erst wenn zur Intelligenz des Verstandes noch die Intuitionen des Geistes hinzukommen, entsteht das Potenzial für Innovationen, die echte neue Qualitäten beitragen. Im Zustand des Dösens oder der 3D-Haltung sind wir der Dominanz des Verstandes entronnen. Unser Selbst kann die Dinge nun ›von oben sehen‹. In diesem Zustand sind wir für echte Inspirationen offen, und unzensierte Einsichten in die kosmische Datenbank sind möglich. Das Wörterbuch definiert:

›Unter Inspiration (von lat: *inspiratio* ›Beseelung‹, Einhauchen von *spiritus* ›Leben, Seele, Geist‹) versteht man allgemeinsprachlich eine Eingebung, etwa einen unerwarteten Einfall oder einen Ausgangspunkt für Kreativität.‹

Im Grunde wissen wir also genau Bescheid, und doch ist es so mühsam, dieses Wissen in unserem Alltag umzusetzen. Daran erkennen wir die Macht und den Einflussbereich unseres konditionierten Verstandes.

Ich erinnere mich an eine Erfahrung, die ich 1983 machte. Es war die Zeit, in der ich in meinem Labor in Eichstädt an meiner Erfindung forschte. Es ging um die technische Umsetzung einer Eingebung, die ich drei Jahre zuvor gehabt hatte (ein später erteiltes Europapatent hierzu hatte ich gerade angemeldet). Um meine Forschung finanzieren zu können, bewarb ich mich bei einigen Firmen als Forschungsleiter. Nach relativ kurzer Zeit wurde ich dann auch in dieser Funktion bei einem großen Unternehmen im Bereich des Brandschutzes eingestellt. Die Bedingungen hierfür waren für mich absolut perfekt. Es war mir möglich, meine Arbeit um 15 Uhr zu beenden, weil ich in meinem Labor meine Tätigkeiten weiter fortsetzen und auf diese Weise meine Forschung durch meinen Job finanzieren konnte. Natürlich musste auch ich die allgemein übliche Probezeit von drei Monaten überstehen, um einen festen Anstellungsvertrag zu bekommen. Die Erwartung der Geschäftsleitung war meinem Gehalt entsprechend hoch. Dieser Leistungsdruck blockierte mich derartig, dass ich meinen Vorgesetzen nichts Vorzeigbares anbieten konnte. Ihre Vorgabe, eine neuartige Technologie für eine verbesserte Brandbekämpfung zu entwickeln, vermochte ich beim besten Willen nicht umzusetzen. So wurde der vorläufige Anstellungsvertrag nach drei Monaten aufgelöst. Zutiefst von mir enttäuscht verließ ich das Büro der Geschäftsleitung, wo man mir meine Arbeitspapiere ausgehändigt hatte. Bereits auf der Rückfahrt von meinem ehemaligen Arbeitsplatz nach Hause hatte ich die zündende Idee. Im eigenen Labor formulierte ich diese Eingebung genauer und schickte sie per Post an meinen ehemaligen Vorgesetzten. Nach einigen Monaten teilte mir die Geschäftsleitung mit, dass meine Erfindungs-Idee zum Erfolg geführt habe. Die Vorversuche waren derartig sensationell verlaufen, dass diese Erfindung zum Patent angemeldet wurde. Später erhielt ich ein weiteres Schreiben, in dem mir ausdrücklich gratuliert wurde, weil diese Erfindung bereits Umsätze in Millionenhöhe erzielt habe.

Der Wille allein reicht also nicht aus, um Einsichten ›von oben‹ zu erhalten. Eine Inspiration lässt sich nicht willentlich erzwingen. Diese Eingebung erfuhr ich im Zustand des Loslassens – des Aufgebens. Ich war entlassen und traurig. Mein Verstand hatte mir nicht helfen können, sondern mich im Gegenteil blockiert. Derartige Erfahrungen haben es mir erleichtert, mich bewusst in diesen Zustand zu versetzen und ihn zu bejahen. Das mag auch ein Grund dafür sein, dass ich seit fast 20 Jahren alleine lebe. Als ich am 21. Juni 2003 den Sonnenuntergang auf mich einwirken ließ, erhielt ich eine blitzartige

Inspiration. Innerhalb eines Augenblickes erhielt ich die gesamten Inhalte für mein erstes Buch ›Der Matrix-Code‹. Niemals zuvor hatte ich derartig viele Informationen auf einmal erhalten. Diese Eingebungen waren von einer derartigen Intensität, dass ich sofort mein Haus aufsuchte, um mit dem Schreiben zu beginnen. Was sich mir offenbarte, ist sicherlich nicht zu objektivieren, wohl aber die Ereignisse, die unmittelbar danach passierten. Auf unserem Heimweg berichtete ich gerade meinem Freund Sven von dieser Eingebung, als ich plötzlich eine außergewöhnlich große Eule erblickte. Niemals zuvor hatte ich in Griechenland eine Eule zu Gesicht bekommen, obwohl ich bereits einige Jahre dort lebte. Ich hielt also etwa drei bis vier Meter vor dieser mächtigen Eule an. Als ich versuchte, aus meinem Auto auszusteigen, erhob sich der Vogel und flog davon. Als wir den gleichen Weg am nächsten Tag später, wieder unmittelbar nach Sonnenuntergang fuhren, saß an der gleichen Stelle wieder eine große Eule. Wenn wir bis dahin das Eulenerlebnis zuvor noch für einen normalen Zufall gehalten hatten, so änderte sich dies, als sich unser erstes Eulenerlebnis wie bei einem Déjà-vu wiederholte. Ich stieg wieder aus meinem Auto aus und diese – wahrscheinlich dieselbe – Eule schwebte seitlich von uns in Richtung Berge. Gespannt begaben wir uns am nächsten Tag wieder unmittelbar nach dem Sonnenuntergang auf den Weg nach Hause, nun bereits in der Erwartung, die Eule ein weiteres Mal anzutreffen. Doch diese Erwartung sollte sich nicht erfüllen. Etwas enttäuscht fuhren wir zurück und begaben uns sofort zu meinem Turm, der sich neben meinem Haus befindet. Ich wollte dort meine Eingebungen zum Buch sortieren. Ich mag etwa eine Minute dort auf einem Stuhl gesessen haben, als ich rechts neben meinem Kopf eine leichte Luftbewegung bemerkte – die wie ein zärtlicher Windhauch meine rechte Wange streichelte. Im gleichen Augenblick vernahm ich die laute Stimme meines Freundes: »*Das glaub‹ ich jetzt nicht.*« Tatsächlich saß etwa 30-40 cm neben mir eine Eule, die sich, aufgeschreckt von Svens Ruf, sofort von uns entfernte. Diese merkwürdigen Begebungen bestärkten mich in meinem Entschluss, das Schreiben meines ersten Buches zu beginnen.

Fassen wir kurz zusammen:

Mit meinen persönlichen Erfahrungen wollte ich Sie, liebe Leser, an Ihre persönlichen Zustände des Dösens erinnern und Ihnen die elementare Bedeutung dieses Bewusstseinszustandes verdeutlichen. Dösen ist ein naturgemäßer Zustand unseres Selbst. Die Strukturen unserer naturentfremdeten Welt mit ihrem einseitigen Verstandesschwerpunkt haben dazu geführt, dass wir diese ›Tür zu unserem wahren Selbst‹ kaum noch benutzen. Sie ist jedoch niemals verschlossen worden, wir haben sie nur vergessen. Und im Vergessen soll sie auch gehalten werden. Die Regisseure dieser entarteten Welt lassen nichts ungenutzt, um uns von dieser Tür fernzuhalten. So wie es jedoch aussieht, wird ihre Rechnung nicht aufgehen. Sie haben die Rechnung ohne den Wirt gemacht.

8. Von alltäglichen Erfahrungen zu wissenschaftlichen Belegen

»Wir Menschen werden von den Elohim geträumt. Nun werden die Weckrufe immer lauter. Wenn wir nicht auf diese Weckrufe hören, wachen wir wieder in einem Traum der Elohim auf.«

Ananda

Geistige Hygiene im Umgang mit ›dunklen‹ Themen

In diesem Buch äußere ich mich erstmals zu einem Thema, welches die wohl dunkelste Seite unseres Daseins beschreibt. Bisher vermied ich es aus gutem Grund, mich dieser außerordentlich heiklen Thematik zu widmen. Meiner Überzeugung nach erschaffen Gedanken unsere Realität, und dies gilt ganz besonders für Themen, die starke Emotionen erzeugen. Andererseits halte ich es für unverantwortlich, mich nicht zumindest kurzzeitig den wichtigsten Problemen zu widmen, auch wenn die damit verbundenen Emotionen sehr negativ sind. Wenn ich mich mit den ›dunklen Dingen dieser Welt‹ befasse, gehe ich hierbei außerordentlich diszipliniert vor. Sofern ich es überhaupt für notwendig halte, widme ich mich derartigen Dingen mit einer klaren Zeitvorgabe – von maximal einer Stunde täglich. In dieser Zeit befasse ich mich intensiv mit dem entsprechenden Thema (Recherchieren, Lesen, Überlegungen). Anschließend widme ich mich – möglichst sofort – erfreulichen Dingen (am liebsten sind mir Waldspaziergänge).

Durch diese Vorgehensweise vermeide ich eine zu starke geistige Belastung durch die dunklen Themen. Sie hat zusätzlich noch den Vorteil, dass ich meine Bewertungen und Schlussfolgerungen aus einer weitgehend neutralen Haltung anstelle. Andererseits wäre dieses Buch nicht zustande gekommen, wenn ich mich nicht konsequent an diese Vorgehensweise gehalten hätte. Einem tiefen inneren Instinkt folgend – der weitaus stärker erschien als das Veto meines Verstandes – befasste ich mich mit dem Thema Leid und seinen Ursachen sehr exzessiv.

An dieser Stelle möchte ich mich ausdrücklich dazu bekennen, dass ich an die Quelle allen Seins glaube. Ich bin absolut davon überzeugt, dass es ›etwas‹ gibt, was wir mit unserem begrenzten Verstand nicht erfassen können und dieses ›Etwas‹ nenne ich den Allschöpfer, den- oder dasjenige, was immer war und immer sein wird, die Schöpfungsentität von ›Allem, was Ist‹ und der einen ewigen Zustand der Liebe verkörpert.

Indem ich zu ›Gott‹ bete, wende ich mich genau an diese Quelle Allen Seins. Dieses Beten ist mir seit meiner Kindheit vertraut. Andererseits konnte ich bereits zu dieser Zeit eine Unstimmigkeit wahrnehmen. Bei meinem ersten kirchlichen Gottesdienst fühlte ich ein derartiges Unbehagen, dass ich die Kirche nach wenigen Minuten wieder verließ. Irgendetwas stimmte nicht. Das fühlte ich sehr genau, obwohl ich dieses Unbehagen nicht in Worte fassen konnte. Ungefähr zwei Jahre später stellte ich meinem Vater die Frage nach dem Reichtum der Kirche. Sie erschien mir deswegen so wichtig, weil ich in meiner Nachbarschaft mit leidvoller Armut konfrontiert wurde. Die Antwort meines Vaters können Sie sicher schon erahnen. Mit sehr liebevoller Stimme sagte er:»Die Kirche hat so viel Geld und Macht, dass niemand auf der Erde hungern müsste.«

Heute denke ich, dass diese Aufklärung meines Vaters meine intuitive Ablehnung erklärte. Ich fühlte den ›Lieben Gott‹ nicht in der Kirche. Stattdessen spürte ich eine latente Angst und Beklommenheit und hatte sogar das Gefühl, dass man mir meinen ›Lieben Gott‹ nehmen könnte. Ich wollte doch nur einen Gott zum Freund haben, der mir zutiefst vertraut war und mir immer Trost und Zuversicht vermitteln konnte.

Heute hat sich mein Verhältnis zum Allschöpfer intensiviert, die Vertrautheit und Liebe, die ich beim Beten wahrnehme, erscheint mir sogar lebenswichtig (hatte gerade *liebeswichtig* geschrieben).

Später befasste ich mich mit den Inhalten des ›Alten Testamentes‹. Auch hierbei verspürte ich wieder dieses Unbehagen und beklemmende Gefühl wie bei meinem ersten Kirchenbesuch. Im ›Alten Testament‹ erfuhr ich erstmals von den ›anderen Göttern‹. Erst später, durch die Bücher von Zecharia Sitchin und vor allem die von Armin Risi, begann ich zu erkennen, dass es noch eine andere Götterlehre gibt, als sie in der Bibel und in der Schulwissenschaft gelehrt wird. Möglicherweise suchte ich schon damals nach einer Antwort auf meine Ahnung, dass unsere Welt durch einen ›kosmischen Unfall‹ auf Abwege geführt wurde. Dass dieser ›Unfall‹ jedoch von abtrünnigen Geschöpfen Gottes und falschen Göttern hervorgerufen wurde, konnte ich mir bis vor wenigen Wochen beim besten Willen nicht vorstellen. Immer noch weigert sich etwas in mir, diese unfassbar anmutenden Dinge zu glauben. Diese Weigerung geht jedoch mehr von meinem Verstand aus, als von meiner Intuition. In unmittelbarem Zusammenhang mit der Erforschung dieses Themas treten in einer bisher nie dagewesenen Weise behindernde Ereignisse auf. Bis zum Schreiben dieser Zeilen beschloss ich in den letzten Wochen mindestens dreimal, meine Recherche abzubrechen! Der Grund hierfür war nicht allein die immer abstruser anmutenden Verhinderungseffekte, sondern vor allem ein bisher nicht gekanntes Gefühl, welches ich als eine Mischung aus Angst, Unruhe und äußerstem Unbehagen beschreiben möchte. An einigen Passagen meiner Recherche verweigerte auch mein Verstand seine Dienste. Immer wieder brachten mich ein wunderbares Gefühl der Zuversicht und eine innere Gewissheit, doch das ›Richtige zu tun‹ dazu, meine Arbeit fortzusetzen. In diesem Buch habe ich Sie, liebe Leser, mehrfach zu einer Innenschau aufgerufen. Dieser Innenschau und den entsprechenden Reaktionen meines Herzens verdanke ich es, dieses dunkle Kapitel der Menschheitsgeschichte nicht verbannt zu haben. Es einfach wegzulassen, nach dem Motto ›Du wirst ohnehin nichts ändern können, denn wenn das alles wirklich stimmen sollte, hast du sowieso keine Chance‹ war keine Option mehr für mich. So ging es für mich hierbei auch um eine große Portion Gottvertrauen und Herzblut.

Wollen wir im Traum eines Anderen aufwachen?

Das dunkle Thema ›Falsche Götter‹ wird den zweiten Teil dieses Buches prägen. Bei meinen Recherchen zu diesem Thema erinnerte ich mich an einen Freund, den ich 1992 in Berlin kennenlernte. Dieser Freund wurde von seinen Schülern Ananda genannt. Ananda ist holländischer Nationalität und wurde 1969 als Mirkos Bosman in England geboren. Ein Fahrradunfall war der äußere Anlass dafür, dass er in ein mehrmonatiges Koma fiel. Als er daraus erwachte, war er nicht mehr derselbe wie zuvor: Denn während seiner ›Ohnmacht‹ (Koma) wurde Mirkos Bosman nach eigenen Angaben von ›interdimensionalen Entitäten‹ in die großen Zusammenhänge des Kosmos eingeweiht, um seine Mitmenschen auf die anstehende Transformation vorzubereiten – ein Ereignis, das als ein ›Erwachen der Träumer‹ interpretiert werden kann.

Seit dieser Zeit steht Ananda in Verbindung mit Entitäten, die seiner Aussage nach das Christusbewusstsein verkörpern. Mit Hilfe dieser Wesen und durch seine einzigartige Fähigkeit, die alten mythologischen Weisheitssysteme mit den neuesten wissenschaftlichen Erkenntnissen in Verbindung zu bringen, hat Ananda die Technik zur Wiedererweckung des eigenen Lichtkörpers in eine lehr- und lernbare Form gebracht. Schwerpunkt seiner Lichtkörpertechnik ist der achtfältige Pfad des Herzens – der Pfad der Liebe, der uns alles als einen Teil der Einen Göttlichen Energie erkennen lässt. Für viele dieser Forscher ist Ananda der bedeutendste Visionär der Gegenwart.

Von einigen außergewöhnlichen Fähigkeiten Anandas konnte ich mich persönlich überzeugen. Beispielsweise konnte er mir Fragen aus dem Bereich der Neurochemie beantworten, die er als ›normaler‹ Mensch nicht wissen konnte. Seinerzeit forschte ich an der Freien Universität Berlin im Fachbereich der organischen Bio-Chemie (Schwerpunkt Neuropeptide). Ananda erklärte mir diese komplizierten bio-chemischen Vorgänge nicht nur richtig, sondern referierte mit einer beeindruckenden Souveränität die Ergebnisse, die wir erst Monate später veröffentlichten.

Besonders beeindruckte mich Anandas Wissen über kosmische (ontologische) Zusammenhänge. Natürlich kann ich die Erfahrungen, die er im Koma machte, nicht bewerten. Doch ist das, was ich bisher von ihm gehört habe, alles andere als die Manifestation eines verwirrten Geistes. Einige meiner ehemaligen Kollegen, die ihm anfänglich mit größter Skepsis begegneten, haben ihre Meinung im Nachhinein revidiert.

Aus Gründen, die ich erst viel später verstand, vermied Ananda, wenn irgend möglich, das Internet und das Fernsehen. Den größten Teil seines Wissens hat er meines Wissens bisher nicht veröffentlicht. Nach einem dreiwöchigen Urlaub in meinem Haus in Griechenland überreichte mir Ananda einige Unterlagen, die ich seinerzeit leider nur flüchtig durchlas. In diesen Unterlagen waren wichtige Informationen zum Thema der ›Falschen Götter‹ enthalten.

Eine seiner wichtigsten Aussagen lautet:»*Wir Menschen werden von den Elohim geträumt. Nun werden die Weckrufe immer lauter. Wenn wir nicht auf diese Weckrufe hören, wachen wir wieder in einem Traum der Elohim auf.*«

Ananda erfuhr während seines Komas von einem Dimensionstor, welches sich nur für eine relativ kurze Zeit öffnet, um uns die Möglichkeit zu geben, diesen Traum zu verlassen. Seine Beschreibungen von unserer derzeitigen Realität ähneln in auffälliger Weise dem Höhlengleichnis von Platon. Dieses Zeitfenster sollte etwa ab 2012 geöffnet sein. Leider erinnere ich mich nicht mehr daran, wie lange dieses Zeitfenster für uns noch geöffnet ist. Möglicherweise geht mein großes Interesse für die Sonnenaktivitäten und deren Auswirkungen auf den menschlichen Geist auf Anandas Anregungen zurück. Seine Aussagen zu unserer Traumrealität entsprechen im Wesentlichen der Ansicht meiner Freundin Giuliana Conforto. Für diese Astrophysikerin fungiert unsere Sonne als eine Art Projektor eines Hologramms. Das Licht unserer Sonne entspricht dem Äußeren – also einer Scheinwelt –, wohingegen das Licht der Real-Welt in unserem Inneren zu finden ist. Die elektromagnetischen Felder des Sonnenlichtes regen in unseren Gehirnen die Produktion von Serotonin an. Serotonin ist der Neurotransmitter, der uns in unserem Tagesbewusstsein hält. Sobald die Sonne untergeht – beziehungsweise nach Einbruch der Dunkelheit – wandelt sich unser körpereigenes Serotonin in Melatonin um, was uns in den Zustand der inneren Ruhe versetzt.

Um die wichtige Bedeutung dieser Tatsache zu verstehen, muss man wissen, dass Serotonin uns an unserer Wahrnehmung der inneren Welt – unserer Heimat – hindert. Serotonin ist ein Antagonist sämtlicher psychoaktiver Wirkstoffe. Nun sendet unsere Sonne jedoch noch weitaus mehr elektromagnetische Frequenzen aus als die des sichtbaren Lichtes. So trägt die Sonne auch durch ein bestimmtes Spektrum von magnetischen Feldern dazu bei, unser Bewusstsein zu verändern und ist sogar in der Lage, unseren Verstand zu überlagern.

Die universitären Forschungen, an denen ich zwischen 1988 und 1992 mitarbeiten durfte, legten die wissenschaftliche Grundlage für die Erkenntnis dieser Zusammenhänge. Ohne es zu ahnen, lieferten wir auch die Erklärung für einige Vorhersagen Anandas. Wenn Ananda davon sprach, wir würden in den kommenden Jahren zunehmend auf das ›Erwachen aus dem Traum eines Anderen‹ vorbereitet, und hierbei würde unserer Sonne eine ganz besondere Aufgabe zukommen, konnten wir an der Universität hierfür einen indirekten Beweis dafür erstellen. Unsere Sonne ist – wie auch Ananda es ausdrückt – nicht nur das, was wir allgemein von ihr zu wissen glauben. Die Sonne fungiert als ein Kanal, der diese holografische (Sonnen-)Scheinwelt mit unserer Primär-Welt verbindet und uns mit Informationen von dort versorgt. Andererseits fungiert sie auch als eine Art Bildprojektor, der unsere Scheinwelt abbildet. Dieser Sonnen-Projektor projiziert das Licht, welches in Platons Höhle die Schatten an die Wände wirft. Diese Schatten halten alle Höhlenbewohner – wir – irrtümlich für die Real-Welt. Könnten diese Höhlenbewohner ihre Welt verlassen, würden sie den Filmprojektor erkennen und das Scheinspiel durchschauen. Derartiges käme dem Erwachen gleich, von welchem ich seit 2003 berichte.

Unsere Sonne – Projektor und Taktgeber

Wie ich eben bereits erwähnte, ist die Sonne nicht nur als ein Projektor des Hologramms zu verstehen. Über ihre Eigenschaft als Tor zu anderen Welten und Dimensionen hinaus ordnet sie auch unsere materiellen Körper (die als Antennen dienen). So überspielt unsere Sonne uns seit einigen Jahren ein neues Strukturprogramm für unseren biologischen Körper. Im Grunde sind diese Übertragungen bereits abgeschlossen. Die Umstrukturierung zum ›neuen‹ Menschen sind erfolgreich installiert worden und warten nur noch auf ihre Freischaltung. Hierfür stehen uns grundsätzlich zwei Wege offen: Entweder wir schaffen es über unseren persönlichen Erkenntnisprozess der ›Erleuchtung‹ oder durch den indirekten Weg von ›außen‹. Diese indirekte Freischaltung wird über einen magnetischen und gravitativen Impuls erfolgen, der entweder von unserer Sonne oder eine Supernova ausgehen wird.

Wenn ich hier von ›außen‹ schreibe, so möchte ich daran erinnern, dass es aus der Perspektive der Real-Welt des Seins kein Innen und Außen gibt. In unserem menschlichen Körper, der sich noch in dieser Schein-Welt befindet, existiert natürlich noch der Teil von uns, der sich primär in der Real-Welt aufhält. Von dort aus können wir sogar auf diese Schein-Welt einwirken (›*Mein Reich ist nicht von dieser Welt*‹). Aus dem voll bewussten Zustand unserer Göttlichkeit heraus existieren keine Grenzen für das Machbare. In diesem Sinne können wir von unserer Real-Welt aus auch unseren Traum in dieser Schein-Welt beenden. Dies könnte beispielsweise durch einen **Freischaltungsimpuls** erfolgen. Meiner Überzeugung nach ›leben‹ wir bereits in beiden Welten, nur unser Verstand weigert sich noch, seinen künstlichen Ego-Herren freizugeben. Erst wenn auch dieser Lösungsprozess abgeschlossen ist, werden wir zu den Erwachten gehören. Das Schau-Spiel der Parasiten und ›falschen Götter‹ wird dann zu Ende sein. In einem Traum, den ich vor ein paar Tagen träumte, sah ich bereits den Abspann des Schau-Spiels auf der Leinwand.

Messbare Anzeichen sprechen dafür, dass dieser Freischaltungsimpuls unmittelbar bevorsteht. Die Supernova in unserem galaktischen Zentrum (Sagittarius A.) sammelt zur Zeit unfassbare Mengen an Energien (in Form einer Plasmawolke), so dass sie in Kürze diesen zündenden Freischaltungs-impuls aussenden könnte. Auch unsere Sonne nimmt Anlauf zu einem Me-gaflare, der einen Elektro-Magnetischen-Impuls (EMP) zünden wird. Was besonders für das baldige Eintreten dieses Freischaltungsimpulses spricht, ist, dass unser Erdmagnetfeld und die Magnetosphäre derzeit die perfekten Voraussetzungen hierfür bieten. Unser bisheriger irdischer ›Schutzschild‹ ist so durchlässig, dass die kosmischen Strahlen teilweise schon ungefiltert zu uns durchdringen. Diese Schwächung unseres Schutzschildes erinnert mich an eine Schwimmweste, die wir im Begriff sind abzulegen, um uns frei zu schwimmen. Physikalisch ist diese Abschwächung das Resultat unseres immer schwächer werdenden Erdmagnetfeldes.

Das Erdmagnetfeld als morphogenetischer Arbeitsspeicher

Zu seiner Schutzfunktion, uns vor den schädlichen Strahlen aus dem Kos-mos zu bewahren, hat das Erdmagnetfeld noch eine ganz andere Funktion. Es fungiert als eine Art Zwischenspeicher im Sinne einer morphogenetischen Datenbank der Erde. Wir brauchen dieses Erdmagnetfeld, um unsere Psyche zu stabilisieren und uns in dieser Schein-Welt zurechtzufinden. Es ist sogar in der Lage, unser Bewusstsein und unsere Wahrnehmung zu beeinflus-sen. Ein Ausbleiben des Erdmagnetfeldes führt zu geistigen Irritationen. Bei Menschen mit einem ausgeprägten körpereigenen Magnetfeld treten diese Irritationen nicht auf. Interessanterweise ist der stärkste Magnetfelderzeu-ger des menschlichen Körpers nicht das Gehirn, sondern das Herz! Die körpereigenen Magnetfelder entsprechen dem Grad an Bewusstheit eines Menschen. Je klarer und ruhiger ein Mensch ist und je mehr er sich seiner göttlichen Fähigkeiten bewusst ist, umso stärker ist das Magnetfeld seines Körpers. Dieses Wissen stammt aus der bemannten Raumfahrt. Die ersten Kosmonauten litten unter der Raumfahrtkrankheit, weil sie sich außerhalb des Erdmagnetfeldes befanden. Erst durch den Einsatz künstlich erzeugter Magnetfelder, die in etwa der Feldstärke unseres Erdfeldes entsprechen, konnten die Kosmonauten ihre Arbeiten als gesunde Menschen fortsetzen. Was ich jedoch für besonders wichtig halte ist, dass seitdem sämtliche Kosmonauten bereits vor ihrer Reise ins All zumindest in Russland ein spezielles Geistestraining absolvieren müssen.

Ein solches Geistestraining wird dort als ›magische Ausbildung‹ bezeichnet, wobei das meist fehlgedeutete Wort ›Magie‹ hier eine andere Bedeutung hat als wir ihm normalerweise zuschreiben. Das Wort ›Magie‹ leitet sich vom lateinischen ›Magus‹ ab, welches wiederum auf den Titel persischer Priester (›Magu‹) zurückgeht, das seinerseits aus dem altbabylonischen ›Mag àr‹ erwuchs.[45]

Tatsächlich wurden die Kosmonauten-Anwärter von sibirischen Schamanen ausgebildet. Diese brachten ihren Schülern ein ausgeprägtes Selbst-Bewusstsein bei – kein Ego-Bewusstsein, sondern die Ausprägung des wahren Selbst! Im Zustand eines tatsächlichen Selbst-Bewusstseins schwingen wesentlich mehr Neuronen zusammen in der gleichen Taktfrequenz. Hierdurch erzeugen sie ein entsprechend stärkeres Magnetfeld, als wenn wir beispielsweise in die Routine des Alltags eingebunden – und daher unbewusst sind. Bei jeder neuronalen Aktivität entstehen kleine elektrische und magnetische Felder. Je mehr Zellen im Gleichtakt schwingen, umso stärker sind die erzeugten Felder. Im Zustand des Selbst-Bewusstseins schwingen sehr viele Neuronen im Gleichtakt und erzeugen so entsprechend starke Felder.

Mit diesem trainierten Selbst-Bewusstsein und den dazugehörigen Magnetfeldern sind die Kosmonauten gesunde und ausgeglichene Menschen. Eine – für die Betreiber der bemannten Raumfahrt – unerwünschte Nebenwirkung ist allerdings, dass diese Kosmonauten, da sie sich – mehr oder weniger ausgeprägt – im Zustand des Selbst-Bewusstseins befinden, auch den eigentlichen Sinn ihrer beruflichen Tätigkeit durchschauen.

---

45   ›Mognai‹ hießen auch die persischen ›Künstler des Wassers des Lebens‹.

Die Auswirkungen des Erdmagnetfeld-Schwundes auf uns Menschen

Was ich Ihnen, meine Leser, nun anvertrauen möchte, werden Sie besser nachvollziehen können, als wenn ich Ihnen die wissenschaftlichen Erklärungen zuvor nicht zugemutet hätte. Es handelt sich um eine Nachricht vom 23. Juni 2014 von der ESA (European Space Agency). Unter der Überschrift ›Magnetisches Schutzschild der Erde gegen Sonnenstürme schwächt sich bedrohlich ab‹ wurden die ersten Messergebnisse der neuesten Satelliten ›Swarm‹ bekanntgegeben. Diese Erdmagnetfeldmessungen erstaunten die Forscher sehr. »Das Magnetfeld der Erde schwächelt. Besonders über Nord- und Südamerika zeichnen sich bedrohliche Schlupflöcher für hochenergetische kosmische Strahlung und Sonnenstürme ab«, berichtet die ESA. Und weiter heißt es: »Messungen in den vergangenen sechs Monaten bestätigten den allgemeinen Trend der Schwächung des Feldes, mit dem dramatischsten Rückgang in der westlichen Hemisphäre.«

Und www.ingenieur.de berichtet hierzu:

»Was zunächst nur für Wissenschaftler eine sensationelle Erkenntnis ist, betrifft die ganze Menschheit: Das Magnetfeld der Erde sorgt beispielsweise dafür, dass hochenergetische Teilchen, die die Sonne um sich schleudert, nicht bis zur Erdoberfläche durchdringen können. Die elektrisch geladenen Protonen, Elektronen und Heliumkerne, auch Sonnenwind genannt, würden alles Leben zerstören, wenn sie ungehindert auf die Erde prasselten. Wenn die Sonne besonders viel Wind macht, ist das Magnetfeld allerdings überfordert.«

Diese Berichte erwähnen zwar die abgeschwächten Schutzfunktionen gegenüber dem Erdmagnetfeld, gegenüber den sogenannten ›hochenergetischen Teilchen‹ aus dem Weltall, versäumen aber, den wesentlichen Teil des ganzen Szenarios zu erwähnen. Es handelt sich um die Wirkungen herabgesetzter oder gar aussetzender Erdmagnetfelder auf den Menschen. Wie uns die neusten Messungen zeigen, gibt es bereits riesige Bereiche in den westlichen Hemisphären, wo kaum noch Magnetfelder vorhanden sind, wie wir auf der unteren Aufnahme erkennen können.

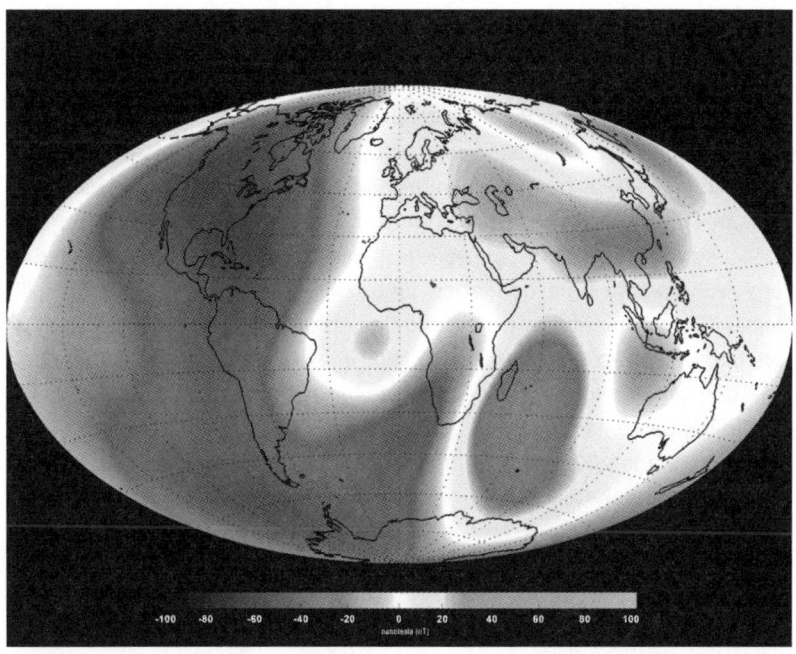

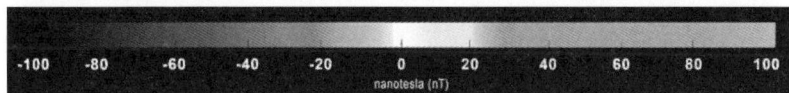

Abbildung 9: Änderung des Erdmagnetfeldes auf der Erde. Die Intensitäten (Feldstärken) des Erdmagnetfeldes sind auf der Erde unterschiedlich verteilt. Ihnen werden unterschiedliche Farben zugeordnet. Die magnetischen Feldstärken werden in nT (nano Tesla) gemessen. Dieses Messergebnis zeigt die magnetischen Anomalien vom 19. Juni 2014. Quelle: ESA.

Was das für uns bedeutet, wollen wir uns nun etwas genauer ansehen. Die Wirkung des fehlenden oder extrem abgeschwächten Erdmagnetfeldes auf Kosmonauten habe ich bereits erwähnt. Ganz offensichtlich ist bereits jetzt ein großer Teil der Erdbevölkerung ähnlichen Bedingungen ausgesetzt. Ich hebe dieses Ereignis deswegen hervor, weil ich hierin ein deutliches Anzeichen für ein kollektives Erwachen erkenne, das uns aus den Fängen sämtlicher Manipulatoren und parasitären Entitäten befreien wird. Diese

Überzeugung habe ich meinen über dreißigjährigen Forschungen und vor allem meinem Freund und Mentor Professor Dr. Franz Halberg[46] zu verdanken. Halbergs Forschungen im Bereich der Einflüsse von Erdmagnetfeldern und ihrer Wirkungen auf Lebewesen sind bisher unerreicht, er veröffentlichte hierzu über 3000 Fachartikel. Niemand war bisher in der Lage, auf die Frage ›Was bewirkt die Abschwächung der Erdmagnetfelder bei uns Menschen?‹ so fachkompetent wie er zu antworten. Insofern danke ich diesem wunderbaren Freund noch einmal besonders für all seine Dienste an der Menschheit! Seinen Studien verdanken wir die korrekte Antwort auf unsere Frage. Das untere Bild ist eine Folie aus der Powerpoint-Präsentation seines Kollegen Prof. Dr. Abdullah Abdulgader, welche dieser auf einem Internationalen Kongress im September 2011in Istanbul vortrug. Sein Vortrag zeigt die signifikanten Zusammenhänge (Korrelationen) zwischen den Sonnenaktivitäten, die daraus resultierenden Änderungen des Erdmagnetfeldes und den psychischen Auffälligkeiten beim Menschen.

---

46 Professor Franz Halberg leitete als Direktor an der Universität Minnesota das Institut für Chronobiologie. Er gilt als der Begründer der Chronobiologie und entwickelte im Zuge intensiver interdisziplinärer Forschung einige ihrer Spezialgebiete, u. a. die Chronomics und Chronobioethics. Seine Leistungen sind in seinen über 3.000 wissenschaftlichen Publikationen zusammengefasst, die in enger Zusammenarbeit mit einem großen internationalen Netzwerk aus Kollegen in aller Welt entstanden sind. Für seine Arbeit erhielt er zahlreiche Auszeichnungen: abgesehen von den Professuren in Laboratoriumsmedizin und Pathologie, Physiologie, Biologie, Biotechnik- und Kieferheilkunde an der Universität Minnesota, erhielt er die Ehrendoktorwürde der Universitäten Montpellier (Frankreich), Ferrara (Italien), Tjumen (Sibirien), Brno (Tschechien), L‹Aquila (Italien) und zuletzt von der People‹s Friendship University of Russia (Moskau, Russland). Geboren am 5. Juli 1919 in Rumänien, wurde Franz Halberg von der US-Regierung aus der Nachkriegszeit Österreichs an die Harvard Medical School berufen, wo er ein Stipendium der Weltgesundheitsorganisation erhielt. Im Jahr 1949 wechselte er an die Universität Minnesota und begann mit seinen Experimenten, die seinen wissenschaftlichen Durchbruch bedeuten sollten. Bekannt wurden auch seine neueren Arbeiten zu Zusammenhängen im Bereich der solar-terrestrischen Physik, wobei er u. a. langjährige Polarlichtdaten nutzte. Halberg konnte aus dem Umfeld der solar-terrestrischen Beziehungen mehrere Perioden nachweisen und außerdem in einer großen Anzahl von Arbeiten zeigen, dass es viele Krankheiten gibt, die mit bestimmten Lebensrhythmen beziehungsweise deren Störungen zusammenhängen. http://www.msi.umn.edu/~halberg/

Abbildung 10: Auswirkungen der Sonnenaktivität und des Erdmagnetfeldes auf soziale Aufstände, Terrorismus und menschliche Gesundheit: ein Frühwarnsystem.

Im Rahmen des Kongresses ›Internationaler Kongress und Ausstellung‹, ›Naturkatastrophen und globale Probleme der modernen Zivilisation‹, Istanbul, Türkei, 19.9.-21.9.2011.

Abbildung 11 stammt aus dem Vortrag von Prof. Halberg, mit dem er diesen Kongress in Istanbul als Vorsitzender eröffnete. Ich erinnere mich noch sehr genau an die Reaktionen seiner Kollegen, als er diese Grafik erläuterte. Dieses Bild belegt eindeutig die Zusammenhänge zwischen den Sonnenaktivitäten, den daraus resultierenden Änderungen des Erdmagnetfeldes und dem terroristischen Verhalten von Menschen. Diese Ergebnisse wurden aus einer außerordentlich hohen Anzahl von Einzelmessungen erstellt und sind nicht leicht anzuzweifeln. Auf dem Kongress gelang es Franz Halberg tatsächlich, auch seine Kritiker zu überzeugen – zu eindeutig waren seine Datenerhebungen.

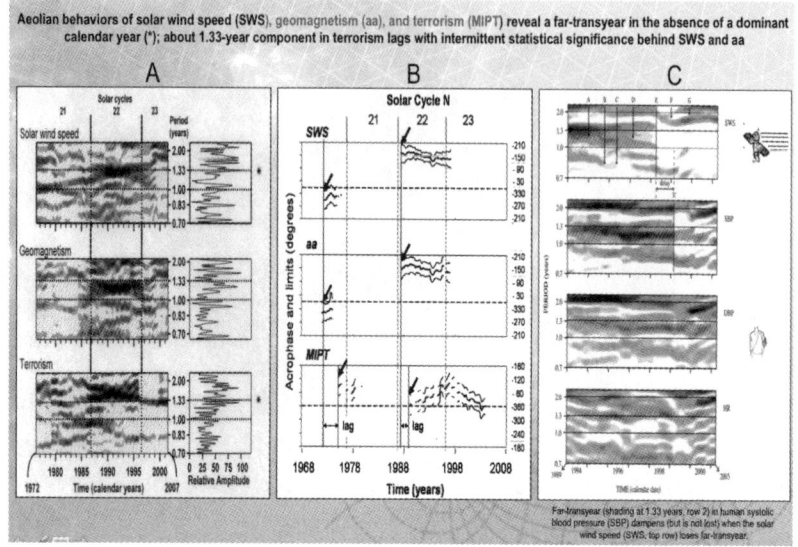

Abbildung 11: Diese Grafik zeigt die hochsignifikanten Zusammenhänge zwischen Sonnenwinden, den daraus resultierenden erdmagnetischen Änderungen der Feldstärke und dem Vorkommen terroristischer Aktionen. Die Ereignisse resultieren aus der Zeit des 21., 22. und 23. Solarzyklus. Die dunklen Bereiche sind das Summenergebnis einzelner Vorfälle, wobei ein jeder Einzelfall einem kleinen schwarzen Punkt entspricht. Die dunkleren Bereiche bestehen also aus sehr vielen Punkten.

Dieses Resultat zeigt nur einen Bereich psychischer Auffälligkeiten von Menschen. Ich habe es stellvertretend für all die geistigen Anomalien gewählt, mit denen unser Geist und unsere Psyche, durch unsere Sonne ausgelöst, auf die Veränderungen unseres Erdmagnetfeldes reagiert haben. Allein dieses sensationelle Resultat zeigt uns, wie stark wir auf unser Erdmagnetfeld reagieren, auch wenn dies bisher weitgehend unbemerkt geblieben ist.

In diesem Sinne können wir die folgende Nachricht auch passender zuordnen, wenn es heißt: »In ganz Europa stehen Menschen auf. Der Widerstand wächst.«

Nur fünf Tage nach der Veröffentlichung der ESA über die am 19. Juni 2014 gemessenen dramatischen Rückgänge der Erdmagnetfelder in der westlichen Hemisphäre wird ein Artikel veröffentlicht, der von einem auffälligen Massenprotest berichtet. So schrieb am 24. Juni 2014 ›Marty Nachrichten‹:

»*Überall in Europa formiert sich Widerstand. Die Menschen protestieren gegen den Krieg, gegen die NATO, gegen die EU, gegen Sozialabbau, für Frieden. Zum Teil sind es wie in Griechenland oder Spanien Massenbewegungen. Oder es sind wie in Deutschland, Österreich oder der Schweiz wöchentliche Veranstaltungen wie die Mahnwachen für den Frieden, auch Montagsdemos genannt. Erst gestern gab es in zwei europäischen Ländern wieder Massenproteste gegen Sozialabbau. Zum einen in Portugal, wo in Lissabon zehntausende Menschen gegen die hohe Arbeitslosigkeit, Kürzungen von Pensionen und von Sozialleistungen auf die Straße gingen. In London beteiligten sich gestern 50.000 Menschen an einem Protestmarsch, bei dem sie forderten, die Rüstungsausgaben zu senken und nicht die Ausgaben für soziale Aufgaben und öffentliche Dienstleistungen. Und obwohl der Protestmarsch am Portland Place, dem BBC Hauptquartier, startete, schweigen die meisten englischen Medien.*«

Was diese erdmagnetischen Abschwächungen noch für uns bedeuten, werden wir von Professor Alexander Trofimov erfahren. Ich möchte noch einmal in Erinnerung bringen, dass diese aktuellen Informationen über die sich immer weiter ausbreitende Abschwächung des Erdmagnetfeldes für uns von höchster Bedeutung sind. Sie sind ein Indiz für den momentanen Stand unserer Transformation. Vor wenigen Monaten lernte ich den Mann persönlich kennen, dem ich seit über zehn Jahren begegnen wollte. Das Thema, welches Professor Trofimov erforscht, gehört in Teilbereichen zu einer militärischen Forschung. Aus diesem Grund war nur sehr schwer an ihn heranzukommen.

Anlässlich eines Kolloquiums in Rolandseck bei Bonn fand nun endlich die von mir gewünschte Begegnung statt. Nachdem ich meinen Vortrag über den ›Einfluss von hochfrequenten elektromagnetischen Signalen und ihre Auswirkungen auf die Psyche des Menschen‹ gehalten hatte, bot mir dieser Mann seine Zusammenarbeit an. Dieses schmeichelnde Angebot konnte ich besser einordnen, nachdem Professor Trofimov[47] seinen Vortrag gehalten hatte.

---

47 Dr. Alexander V. Trofimov, MD, ist der Generaldirektor des ›International Scientific Research Institute for Cosmic Anthropo-Ecology‹, welches er 1994 für wissenschaftliche Untersuchungen gründete und das sich in Academic City in Novosibirsk, Russland befindet.

Das Erdmagnetfeld als ›Schleier der Maya‹

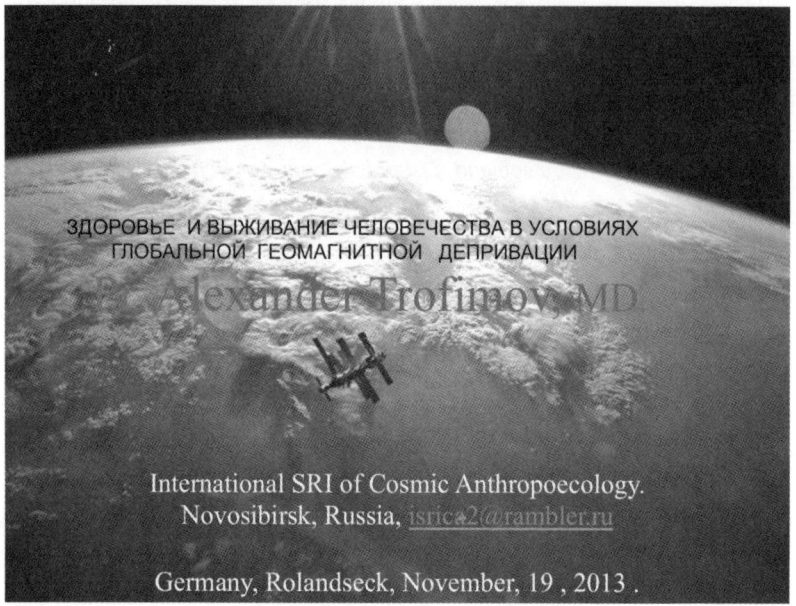

ЗДОРОВЬЕ И ВЫЖИВАНИЕ ЧЕЛОВЕЧЕСТВА В УСЛОВИЯХ
ГЛОБАЛЬНОЙ ГЕОМАГНИТНОЙ ДЕПРИВАЦИИ

Prof. Alexander Trofimov, MD

International SRI of Cosmic Anthropoecology.
Novosibirsk, Russia, isrica2@rambler.ru

Germany, Rolandseck, November, 19, 2013.

*Abbildung 12: Erste Folie des Vortrages von Prof. Trofimov am 19. November
2013.*

Was seine Forschungen so einzigartig macht, ist, dass er sich mit den Elektromagnetischen Nullzonen und ihren Wirkungen auf Menschen befasst (Kozyrev‹s Mirrors and Electromagnetic Null Zones: Reflections of Russian Cosmic Science). Seine bahnbrechenden Forschungen über menschliches Bewusstsein in Zusammenarbeit mit Vlail P. Kaznacheev sind nur teilweise veröffentlicht. Für uns sind seine Experimente deswegen von ganz besonderer Bedeutung, weil sie die Auswirkungen unserer gegenwärtigen erdmagnetischen Anomalien erklären. Eine seiner Studien bestand beispielsweise aus ›Fernwahrnehmungsexperimenten‹ sowohl über den Raum als auch die Zeit hinweg. Er und sein Kollege Vlail P. Kaznacheev entdeckten, dass die Ergebnisse von ›Fernwahrnehmungsexperimenten‹ positiver ausfallen, wenn der Sender im fernen Norden ist, wo das elektromagnetische Feld weniger stark ist. Durch diese Ergebnisse inspiriert entwickelten sie eine zweite Versuchsanordnung, die den Probanden vom örtlichen elektromagnetischen

Feld abschirmt. Innerhalb dieser Abschirmung von äußeren Magnetfeldern konnten die Probanden zuverlässig auf alle Orte und Zeiten zugreifen – Vergangenheit, Gegenwart und Zukunft – unmittelbar. Die Schlussfolgerungen dieser beiden Forscher lauten:

»*Das elektromagnetische Feld unseres Planeten ist schlussendlich der Schleier, der Raum und Zeit in unsere alltägliche Newtonsche Realität herunter filtert – und uns so die menschliche Erfahrung der linearen Zeit ermöglicht.*«

und

»*Unter Ausschluss (Abschirmung) von elektromagnetischen Feldern haben wir einen Zugriff auf ein Energiefeld ›unmittelbarer Lokalität‹, das unserer Realität unterlegt ist. Sobald eine Person diesen Zustand einmal erreicht hat, bleibt ihr Bewusstsein so ausgedehnt.*«

Die Abschirmungseinrichtung der russischen Forscher ist interessant: Im Inneren der Hülle befinden sich mehrere Schichten einer Spezialstahllegierung, genannt ›Mu-Metall oder Permalloy‹, welche die Eigenschaft hat ›Magnetismus aufzunehmen‹ beziehungsweise empfänglich für Magnetismus zu sein. Im Inneren ist das magnetische Feld um das 600fache reduziert, das heißt, es werden nahezu keinerlei Magnetfelder der Erde mehr wirksam.

Es gibt noch einen weiteren wichtigen Punkt. Wenn eine Person sich im Inneren dieser Abschirmröhre befindet, steht ihre Gehirnfunktion nicht nur in wechselseitiger Abhängigkeit mit den Sonnenenergien, sondern auch mit der galaktischen Strahlung. Also öffnen wir uns so für Informationen aus der Galaxis.

Bei einem Interview durch Carol Hiltner sagte Professor Trofimov:

»*Als wir die Gehirnaktivität untersuchten – entweder mit einem Elektroenzephalogramm oder durch das Abrufen von Gehirnfunktionen wie intellektuelle Aktivität, Gedächtnis und anderem, erkannten wir, dass wir im Laufe unseres Lebens nur 5% der Kapazität unseres Gehirns nutzen. Wenn wir nach einem längeren Aufenthalt im Inneren des Abschirmapparates – also in einem Raum praktisch ohne Magnetismus – dieselben Experimente wiederholen, sehen*

109

wir ein drastisch anderes Bild. Wir sehen, dass die zusätzlichen Reserven unseres Geistes und unserer Fähigkeiten aktiviert sind. Wir sehen eine Steigerung der Gedächtniskapazität, erhöhten IQ und veränderte Bereiche elektrischer Aktivität im Gehirn. ...

Wenn das magnetische Feld abgesenkt wird, sehen wir eine gesteigerte Fähigkeit, die Reserven und die Kapazität des menschlichen Gehirns zu nutzen, und das ist gut. Aber es gibt immer noch die Frage, ob es gut für jeden ist. Wie schnell sollten die Reserven im wirklichen Leben geöffnet werden, und wofür würden diese Reserven verwendet? Was ist der praktische Nutzen aus dieser Gelegenheit? Einfach die Ressourcen zu öffnen, ist kein Patentrezept...«

Wir können davon ausgehen, dass wir mehr oder weniger bereits von diesen Einflüssen betroffen sind. Um jedoch diese erweiterten Gehirnkapazitäten auch abrufen zu können, müssen wir uns in einem Zustand der Ruhe befinden. Die Probanden von Professor Trofimov saßen in entspannter Lage auf einem Stuhl und waren in diesen Momenten der Feldfreiheit von ihren Stressthemen befreit. Ich weiß das, weil ich in einem ähnlichen Versuch bereits als ein Proband diente. Der Stress, in dem wir gehalten werden, hindert uns also daran, uns der Ausweitung unserer Wahrnehmung bewusst zu werden. Die Antwort auf die Frage von Professor Trofimov, ob diese Erweiterung für jeden gut ist, möchte ich Ihnen, liebe Leser, selbst überlassen. Die Bedingungen, wie sie für die Probanden von Herrn Trofimov galten, finden wir immer häufiger in der westlichen Erdhälfte vorliegend. Aus meinen persönlichen Forschungen und internen Mitteilungen einiger Kollegen (vor allem Franz Halberg) kann ich ableiten, weswegen die Korrelationen zwischen den Schwankungen des Erdmagnetfeldes und dem Auftreten terroristischer Handlungen beobachtet wurden. Menschen, die über diese Dinge nicht Bescheid wissen und diesen magnetischen Anomalien ausgesetzt sind, reagieren sehr oft mit Aggressionen.

Trofimov erwähnte in seinem Vortrag in Rolandseck noch einen weiteren wichtigen Punkt. Unter feldfreien Bedingungen steht unsere Gehirnfunktion nicht nur in wechselseitiger Abhängigkeit mit den Sonnenenergien, sondern auch mit der galaktischen Strahlung. Damit würden sich seiner Ansicht nach auch die Informationsübertragungen aus fernen Galaxien erklären.

»Wir glauben, dass dies der Mechanismus ist, durch den das kosmische menschliche Bewusstsein derzeit geöffnet wird: durch das abnehmende elektromagnetische Feld.«

Diese Aussage von Professor Trofimov weist uns darauf hin, dass wir auf unser körpereigenes Magnetfeld zurückgreifen müssen, da sich das Erdmagnetfeld ständig weiter abschwächt und auf den vollständigen Ausfall zusteuert. Da unser biologisches Herz bekanntlich das stärkste Magnetfeld erzeugt (unser Gehirn erzeugt wesentlich schwächere Magnetfelder) könnte dies unter anderem bedeuten, dass die Gefühle unseres Herzens die Oberhand erhalten.

Schlüssel des Enoch®

Für erstaunlich halte ich auch, dass Dr. J. J. Hurtak bereits 1973 in seinem Buch ›Schlüssel des Enoch®[48]‹ diese Phänomen vorausgesehen hat:

»Gegenwärtig ereignet sich eine Raum-Zeit-Überlappung mit der ›Höheren Evolution‹, da das Sonnensystem der Erde in eine elektromagnetische Null-Zone, in einen Vakuum-Bezirk im Raum eintritt, der die magnetischen Kräfte der Schöpfung verändern wird.«

Die heute messbare rasante Abnahme unseres Erdmagnetfeldes weist eindeutig auf eine solche zumindest kurzzeitige *›elektromagnetische Null-Zone‹* hin.

Im Folgenden einige Zitate aus diesem Buch:

»Die Veränderung der elektromagnetischen Dichte in der Erdatmosphäre wird eine Spezies anregen, gewalttätiger, und andere Arten, mehr Christus-gleich zu werden, wenn der Mensch entweder in eine Aufwärtsspirale aus Licht gezogen oder aber durch den Zusammenbruch der alten elektromagnetischen Frequenz ausgelöscht wird.«

›Die Schlüssel des Enoch®‹, Schlüssel 118:7

---

48   ›Die Schlüssel des Enoch®‹, Schlüssel 118:7

Auch hier sind erstaunliche Parallelen zwischen den Aussagen von Dr. Hurtak und den tatsächlich eingetretenen Ereignissen festzustellen. Bitte betrachten Sie zum Vergleich noch einmal die obere Grafik (Abbildung 11) von Professor Halberg zur Korrelation zwischen Erdmagnetfeldanomalien und dem Auftreten von Terrorismus.

»Dies wird eine vollständige Neu-Organisation des irdischen Lebenssystems bewirken, wenn die menschliche Schöpfung mit einer neuen magnetischen und elektromagnetischen Schöpfungskraft zu arbeiten beginnt.«

›Die Schlüssel des Enoch®‹, Schlüssel 118:9

»Man muss sich in einer schwachen Magnetzone befinden, damit von außen her völlige Neuorientierung kommen kann.«

›Die Schlüssel des Enoch®‹, Schlüssel 118:9

»Hier werden Verkettungen geschmiedet, die es dem Körper ermöglichen, das Licht-Reich zu erben, das für die Arbeit mit bestimmten geomagnetischen Parametern auf den niederen Schöpfungsebenen vorgesehen ist. Jedoch kann das Leben die geomagnetischen Parameter so lange nicht verlassen, bis das Feld schwächer geworden und neu orientiert worden ist.«

›Die Schlüssel des Enoch®‹, Schlüssel 114:34

»Der menschliche Körper trägt somit das Wissen in sich, dass, geradeso wie es zwölf Licht-Meridiane gibt, die mit dem Samenkristall, dem dritten Auge des Körpers, verbunden sind, auch die planetare Membran, der planetare Bio-Computer zwölf Licht-Brennkanäle hat. Diese Kanäle werden benützt, um die menschliche Schöpfung neu zu programmieren, und handeln als Schlüsselpunkte für den Exodus, der von dieser Schwellenkontrolle zur nächsten Evolutions-Ordnung vonstattengeht.«

›Die Schlüssel des Enoch®‹, Schlüssel 113:7

Das sogenannte dritte Auge entspricht unserer Zirbeldrüse (Epiphyse). Diese zentrale Hirndrüse ist für magnetische Felder außergewöhnlich sensibel.

Kleinste Schwankungen des Erdmagnetfeldes bewirken, dass die Zirbeldrüse psychoaktive Wirkstoffe produziert. Diese Wirkstoffe führen uns zu einer veränderten Wahrnehmung, indem sie den Dimensionskanal (Ilkor-Kanal nach Burkhard Heim) öffnen.

»*Diese Neuprogrammierung wird während des Zeitzyklus des großen Kataklysmus stattfinden. Diese große Erdkatastrophe wird damit beginnen, das kosmische Wellen auf die Erde treffen, noch bevor unser Sonnensystem in eine elektromagnetische Nullzone eintritt, die ein Wellenbombardement der Polgebiete hervorrufen wird.*«

›Die Schlüssel des Enoch®‹, Schlüssel 113:8

Diese erstaunlich präzisen Vorhersagen von Dr. Hurtak lesen sich im Kontext der wissenschaftlichen Informationen in den letzten Kapiteln noch erstaunlicher. Offensichtlich beschreibt Dr. Hurtak in seinem Buch Phänomene, die, so unfassbar sie uns erscheinen mögen, eine wissenschaftlich nachvollziehbare Grundlage haben. Wir können feststellen, dass jenseits der Aufregung um 2012 physikalisch messbar und wissenschaftlich nachvollziehbar eine Wandlung geschieht.

9. Die Unsterblichkeit des Seins

»Über Aktivitätenströme besteht eine ständige Verbindung zwischen Körper- und Geist-Dimensionen. Ihre Entkoppelung ist gleichbedeutend mit dem ›Tod‹; hierbei bleibt aber die Information im Hyperraum gespeichert.«

Burkhard Heim

Bevor wir uns im zweiten Teil näher mit den Kräften befassen, die uns an der Verwirklichung unseres Potenzials hindern, wollen wir zunächst noch näher erkunden, wie groß unser Potenzial überhaupt ist und was es beinhaltet.

Der Mensch trägt, wie wir in Kapitel 2 gesehen haben, einen immateriellen Persönlichkeitskern, der den leiblichen Tod überdauert. Inwiefern jedoch die personengebundenen Daten in ›persönlicher Erinnerung‹ erhalten bleiben, bestimmt sein zu Lebzeiten erworbenes soziales Verhaltensmuster. Die Sinnhaftigkeit des Seins ist auf eine verborgene Höherentwicklung der geistigen und sittlichen Kräfte angelegt. Die für den ›Ausstieg‹ aus Fremdprogrammierungen notwendige Motivation muss sich schon im jetzigen Leben entwickeln; das heißt, die individuellen und sozialen Verhaltensmuster des Lebenden sind von bedeutungsschwerem Einfluss auf sein weiteres Schicksal.

Die Frage nach dem Woher und Wohin des menschlichen Daseins ist insoweit beantwortet, als eine jenseitige geistige Entwicklung in jedem Fall durch einen Anstieg bedingt ist, der seine Voraussetzung bereits im Diesseits hat – nämlich in einer reichen und optimalen Entfaltung von Bewusstseinsinhalten, die sich bei Lebensende in Form eines Noogramm[49] transkribieren. Wenn das stimmt, so wird klar, dass die Lebensdirektiven, die dem Menschen erteilt werden, eine geradezu kosmische Bedeutung haben, weil die in diesem Leben erfahrenen und gestalteten individuellen und sozialen Bindungen von weit über den Tod hinausgehender Bedeutung sind. Deswegen ist es

---

[49] In der letzten Phase des Ablebens (Thanatose) tritt eine abschließende Engramm-Transkription in Erscheinung, die Noogramm genannt wird. Vorausgesetzt, das Individuum hat zu Lebzeiten alle zurückgebliebenen Erfahrungen, Informationen abgearbeitet und sämtliche mentalen Konflikte gelöst, erhält dann der Persönlichkeitskern des Individuums uneingeschränkten Zugriff zu allen Bewusstseinsinhalten.

so wichtig, dass wir die heute vorherrschenden Formen von Konkurrenzgesellschaft individuell und kollektiv überwinden.

Burkhard Heim geht aufgrund einer außerordentlich komplizierten Beweisführung davon aus, dass der Persönlichkeitskern eines Individuums weit über die somatische Lebensdauer hinaus erhalten bleibt (wenn er auch keineswegs als unsterblich bezeichnet werden kann). Früher Erlebtes ist dabei in Form von Engramm-Codes gespeichert.

Zusammenfassung:

1. Menschen verfügen über einen immateriellen Persönlichkeitskern, der den leiblichen Tod überdauert.

2. Beim Sterbevorgang wird das neuronale Gedächtnis über mehrere Stufen in ein Noogramm transkribiert.

3. Nach Ablauf eines vorübergehenden Bewusstseinsausfalls ist willkürlicher Zugriff auf dieses Gedächtnis möglich, wobei ein dem Lebenden analoges Wachbewusstsein auftritt.

4. Die für die menschliche Weiterentwicklung notwendige Motivation muss sich schon im jetzigen Leben entwickeln. Das heißt, die individuellen und sozialen Verhaltensmuster des Lebenden sind von bedeutungsschwerem Einfluss auf das weitere Schicksal und sollten von dorther bedacht werden.

5. Gedanken sind eigenständige geistige Wirkmächte.

6. Der Sinn des Seins ist auf eine entelechiale[50] Höherentwicklung der geistigen und sittlichen Kräfte angelegt.

---

50 Entelechial: Die Eigenschaft von etwas, sein Ziel in sich selbst zu haben.

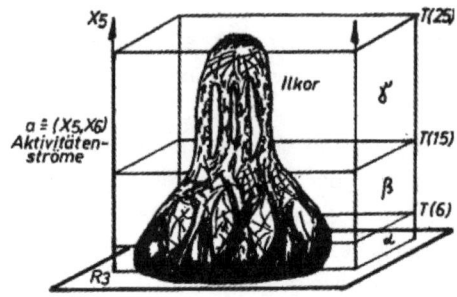

Abbildung 13: Diese Abbildung von Burkhard Heim zeigt den Menschen in seiner Ganzheitlichkeit, die zwölf Dimensionen umfasst. Über Aktivitätenströme besteht eine ständige Verbindung zwischen Körper- und Geist-Dimensionen. Ihre Entkoppelung ist gleichbedeutend mit dem ›Tod‹; hierbei bleibt aber die Information im Hyperraum gespeichert.

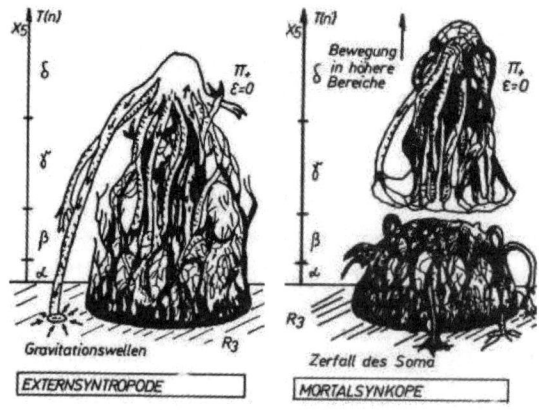

Abbildung 14: Darstellung Burkhard Heims eines Lebewesens in seiner Anbindung an höhere Dimensionen. Das linke Bild zeigt ein biologisches Wesen zu Lebzeiten, rechts der Beginn eines irdischen Ablebens – der Körper (Soma) zerfällt in seine materiellen Bestandteile, während sich der geistige Bereich vom Körper ablöst und in die geistigen Dimensionen fließt.[51]

---

51 Quelle: Illobrand von Ludwiger: Die einheitliche sechs-dimensionale Quanten-Geometrodynamik nach Burkhard Heim.

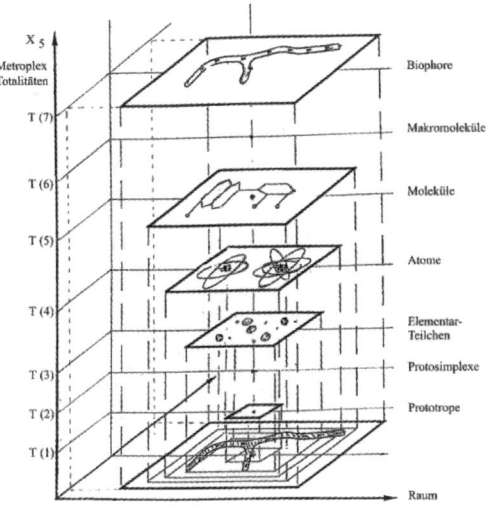

Abbildung 15: Wahrscheinlichkeitsfelder als zeitlose Projektionen aus Trans-dimensionen. Das Diagramm stellt dar, in welcher Abfolge (Ab-bildungskette) die Erscheinungen aus dem Hyperraum in die materielle Welt abgebildet werden. (Abbildungskette aus dem nichtmateriellen, ›nur Gott bekannten‹ Raum G4 in die materielle Welt nach Burkhard Heim.)

Der Vorgang des Abbildens ist zunächst, bevor die Abbildungskette in die Raum-Zeit eingreift, sehr vieldeutig, das heißt, viele Möglichkeiten stehen offen. Die Eindeutigkeit des Geschehens erfolgt durch die Einwirkung auf die Zeitlichkeit, die eine Steuerung der Aktualisierungsmöglichkeiten bedingt. Der Weg, der zu einem bestimmten Zeitpunkt eine Möglichkeit Realität wer-den lässt, ist entscheidend.

Die letzte Phase des Ablebens – Thanatose

Bei dieser letzten Phase des körperlichen Ablebens (Thanatose) werden alle zu Lebzeiten gemachten Erfahrungen in einem Zwischenbereich als eine Art Stammes-Gedächtnis gespeichert. Wenn die Ordnungsstruktur des zu Lebzeiten erbrachten sozialen Handelns ausreicht, kann eine Engramm-Transkription in höhere geistige Ebenen (> T(25)) erfolgen. Von hier aus

117

kann das Selbst uneingeschränkt auf sämtliche Erfahrungen zugreifen. Nach Heim sind hier ›beliebige mentale Zugriffe und Imaginationen ohne Sperre‹ möglich. Der sogenannte Persönlichkeitskern wird nach dem Tode, nach der Trennung vom Körper (Soma) nicht aufgelöst, sondern bleibt zur geistigen Orientierung des Selbstes erhalten. Zusätzlich steht dem Selbst der Zugriff zu auf mehreren Ebenen übertragenen Gedächtnisinhalten frei, die es gestatten, Erinnerungen aus dem Erdenleben zu verarbeiten. Daraus lässt sich schließen, dass mit diesem Vorgang auch weiterhin ein Bewusstsein verbunden ist.

Postmortale Verarbeitung

Die hierbei unweigerlich auftretenden Reststörungen können (hier bietet sich der Vergleich mit tiefenpsychologischer Arbeit an) durch bewusste Mental-Imaginationen teilweise kompensiert werden. Diese Fähigkeit zur postmortalen Verarbeitung übrig gebliebener Störungen hängt jedoch weitgehend von der erlernten prämortalen Einstellung zum Leben ab. Wer nicht schon zu Lebzeiten den Versuch gemacht hat, selbst inakzeptablen Situationen noch eine positive Seite abzugewinnen und Konflikte zu entschärfen, wird mit der Abarbeitung der Reststörungen Schwierigkeiten haben. Es gehört daher zu einer wohlverstandenen Psychohygiene, eine möglichst konfliktfreie Sicht der Welt zu gewinnen und Unzuträglichkeiten sozialer und politischer Art tatkräftig entgegenzuwirken, um das Leben harmonisch zu gestalten.

Wachbewusster Mensch in seiner Ganzheitlichkeit – der vollen Wirklichkeit

Quantenphysikalische Ereignisse, die bisher als ›Zufall‹ interpretiert wurden, erweisen sich im Lichte der neuen Koordinaten als keineswegs beliebig, sondern durch bestimmte Aktivitäten in den Dimensionen x_5 und x_6 bedingt! Damit fällt auch die von Wissenschaftlern im Bereich der Quantenmechanik wiederholt getroffene Behauptung, die wirklich grundlegenden Elementarteilchen-Prozesse seien nur ›reiner Zufall‹. Hier scheiden sich allerdings die Geister, zumal eine Erweiterung der Welt um die genannten zwei Dimensionen x_5 und x_6 für die meisten nicht vorstellbar ist. Philosophisch und auch informationstheoretisch bereitet der von Heim in die Physik eingeführte Organisationsbegriff (bei Aristoteles Entelechie) keine Schwierigkeiten, obwohl wir es hier mit einer echten Grenzüberschreitung zu tun haben. Damit sich nämlich etwas in strukturell nachvollziehbarer Weise ordnet, ist letztendlich eine Information erforderlich (beim Computer würde man sagen, ein Programm), die dem Ordnungsschema zugrunde liegt. Die neuen Koordinaten bewerten (in Dimension x_5) und steuern (in Dimension x_6) also die Organisationsvorgänge, erhalten aber ihre Informationen hierfür aus einem immateriellen Hintergrund. Somit haben die Dimensionen x_5 und x_6 mit bisher bekannten physikalischen Größen nicht direkt zu tun, sondern betreffen vielmehr den Organisationsgrad der untergeordneten Strukturen. Das besagt, dass nicht alles auf ›Moleküle‹ reduzierbar ist, sondern dass die höheren Organisationsstufen ihre je eigene Gesetzlichkeit haben.

Mehrfach-Konturierung der Existenzbereiche

Bei der näheren Untersuchung dieser Organisationsformen stellte Heim fest, dass oberhalb eines Organisationsgrades von n = 7 eine neue Selbstständigkeit auftritt, die mit den bekannten physikalischen Gesetzen physikalisch nicht mehr restlos erklärbar ist. Heim zieht daraus den Schluss, dass es sich hier um ontologisch eigenständige Bereiche handelt, und baut die antike Vorstellung einer vierfachen Konturierung von Welt und Mensch in *Physis* (Natur), *Bios* (lebender Organismus), *Psyche* (Empfinden und Fühlen) und *Pneuma* (Geist) in sein Organisationskonzept ein:

Physis *x* (n = 0–7) umfasst alles, was in den Bereich der Physik fällt, also Materie, Energie und Gravitation (Elementarstrukturen der Materie).

Bios ß (n = 8–15) umfasst den Bereich des lebenden Organismen mit aktiver Selbstgestaltung (Elementarprozess des Lebens).

Psyche y (n = 16–24) umfasst den Erlebnisbereich von Empfinden und Fühlen (kosmischer Erlebnisraum des Menschen).

Pneuma (n > 25) umfasst den Bereich des Geistigen wie Denken, Reflexion, Intuition, Kreativität, Weisheit (postmortale Zustände). Während die ersten drei Ebenen noch mit einer materiell denkbaren Struktur zusammenhängen, tritt Pneuma als rein geistiger Bereich eigenständig auf – daher ist dem Pneuma kein Buchstabe zugeordnet wie den anderen.

- Unbewusste Träume ohne Selbst-Bewusstheit: wenig Ilkor-Aktivitätenströme, der Träumende hat keinen Einfluss auf das Geschehen und kann nur reagierend handeln.

- Das Wach- beziehungsweise Tagesbewusstsein im Allgemeinen durch mehr Ilkor-Aktivitätenströme gekennzeichnet. Der Mensch ist pseudobewusst und kann in geringem Maße Einfluss auf die Realität nehmen.

- Voll-Bewusstsein (Erleuchtung, Satori, Magier, Sai Baba...) beinhaltet noch mehr Aktivitätenströme; auf dieser Ebene erschaffen wir unsere Realität im Voll-Bewusstsein.

Zusammenfassend lässt sich feststellen: Wir haben als Menschen ein nahezu unendliches Potenzial der Gestaltung unserer Welt, aber es handelt sich eben wirklich um ein Potenzial, und diese Möglichkeiten haben wir bisher praktisch nicht ausgeschöpft, im Gegenteil. Wir hatten bereits festgestellt, dass es sich bei dieser Nicht-Ausschöpfung offensichtlich nicht um eine natürliche Begrenzung handelt, sondern um eine Einschränkung, die unsere Evolution gezielt behindern soll. Diese Hypothese war mir seit vielen Jahren auf der intellektuellen Ebene bekannt, mein Bewusstsein weigerte sich aber, sie und die sich daraus ergebenden Schlussfolgerungen für unser Leben konkret bewusst zu erfassen. Das hat sich erst in der jüngsten Vergangenheit geändert und war für mich eine große Herausforderung. Selbst als ich begann dieses Buch zu schreiben, ahnte ich noch nicht in vollem Umfange, wohin es mich führen würde. Im nachfolgenden Teil 2 werden wir uns nun genau mit dieser Frage befassen: Warum werden wir in der Entfaltung unseres vollen Potenzials behindert und wer sind diese ›Verhinderer‹?

Teil 2: Wer hat unseren Himmel verraten – und wozu?

10. Das allgegenwärtige Rätsel

»Der Patient kann Läuse UND Flöhe haben.«

Mediziner-Weisheit

Wie ich erläutert habe, zuletzt anhand der Ausführungen von Burkhard Heim, sind wir dank unserer Gedankenkraft ein aktiver Teil der von den ›Regisseuren‹ erschaffenen Strukturen, die uns von unserem eigentlichen Entwicklungsplan abhalten. Als ›Mit-Spieler‹ oder ›Schau-Spieler‹ gehorchen wir einem fremden Regisseur (oder mehreren?), ›fremd‹ im Sinne von unbekannt und widernatürlich. Dass die auf dieser Erde derzeit vorherrschenden Strukturen – gelinde gesagt – als widernatürlich einzustufen sind, dürfte uns allen klar sein. Doch wer oder was ist dieser unbekannte Regisseur? Und wenn wir in dieser Terminologie bleiben, stellt sich damit auch sofort die Frage nach dem Drehbuchautor, dem *Architekten*, wie er auch in den Matrix-Filmen erwähnt ist.

Meiner Überzeugung nach ist es Energie- und Zeitverschwendung, sich nur auf einen Aspekt zu beschränken. Im Sinne einer nachhaltigen Befreiung ist es nicht sehr hilfreich, den ›Schwarzen Peter‹ auf ein einziges Thema zu lenken, beispielsweise auf bestimmte Personen, die auf unserer ›Schwarzen Liste‹ der ›Dunklen Seite‹ stehen. Ich nenne hier bewusst keine Namen, obwohl mir da sofort einige sehr üble Kandidaten einfallen.

Während meiner langen Tätigkeit als Forscher in der Naturwissenschaft half mir ein Ausspruch meines Professors besonders: »*Der Patient kann Läuse und Flöhe haben*«, statt ›Entweder-Oder‹ gilt hier ›Sowohl-als-auch‹. Zu voreilig geben wir uns oft mit der ersten Analyse zufrieden, ziehen unsere Schlussfolgerungen und übersehen sehr oft noch andere mögliche Kandidaten. Daher schlage ich Ihnen vor, einen Schritt weiterzugehen: Lassen Sie uns die Ursache des Übels finden. Auch hierbei ist mir die medizinische Unterscheidung zwischen palliativer (Symptombekämpfung) und ursächlicher Behandlung hilfreich.

Zu den ›Spielregeln‹ auf dem Spielplatz unserer Realität gehören auch die medizinischen Belange. Abgesehen davon, dass Krankheiten in einer befreiten Welt weitgehend überflüssig sind, ist das hiesige ›Heilsystem‹ ebenso widernatürlich wie alle anderen Systeme auch – warum sollte auch hier eine Ausnahme gemacht werden, wahre Heilung ist im Drehbuch offenbar nicht vorgesehen. Fassungslos musste ich schon seit Jahrzehnten erleben, dass unser ›Heilsystem‹ oft auch Unheil bewirkt. Der gesamte Fokus der schulmedizinischen Therapien ist auf die Symptome unserer Krankheiten gerichtet.

Als ich erstmals diese Widernatürlichkeit erkannte, hielt ich sie noch für Ignoranz, für das Übersehen der tatsächlichen Ursachen. Ich ging nicht im Geringsten davon aus, dass dieses Übersehen anders entstanden sein könnte als zufällig. Im Grunde habe ich mein erstes Stutzen in dieser Richtung meinem damaligen Mentor zu verdanken. Die Art, wie er mir dies sagte, ließ mich die Brisanz seiner Worte erkennen. Er empfahl mir, mich lieber nicht zu sehr um dieses unleidliche Thema zu kümmern. Als ich nach einiger Zeit doch noch einmal vorsichtig bei ihm nachfragte – immerhin leitete mein Mentor damals ein großes Forschungsprojekt –, erwiderte er mir: *»Es läuft in unserer Welt so einiges in die falsche Richtung, letztlich steht unsere Welt auf dem Kopf.«*

Ich glaube, dass es genau dieser Satz war, der mich motivierte, diese ›verdrehte Welt‹ zu hinterfragen. Dies hatte sicher nicht in der Absicht meines Mentors gelegen, aber wir Menschen sind eben neugierig. Ich glaube, dass diese Neugier ein Ausdruck von Sehnsucht nach der Quelle ist. Damit wir diesen Ausgang nicht finden, nutzt der künstlich erstellte ›Spielplan‹ unsere Ursehnsucht für seine Zwecke. Hierfür sind Desinformations-Programme in ständigem Einsatz. Gepaart mit suggerierten Wünschen, die uns Befriedigung und Glück verheißen, wird unsere natürliche Sehnsucht nach Erfüllung durch die Quelle fehlgelenkt.

Erfreulicherweise ist es trotzdem möglich, individuelle Hinterausgänge zu nutzen. Hier verhält es sich wie mit der Liebe; man muss sie nicht erschaffen, die Liebe ist immer vorhanden. Tatsächlich ist der sicherste Hinterausgang aus den Programmen die Liebe selbst. Sind wir in der Liebe, sind wir aus sämtlichen ›Spielprogrammen‹ befreit. Möglicherweise war es auch bei mir die Liebe, die mir eine neutrale Sicht auf diese Welt ermöglichte. Meine von unbändiger Sehnsucht getragene Suche nach der echten Wahrheit war immer dann von Erfolg gekrönt, wenn ich mich in diesem Zustand befand – was mir bedauerlicherweise nur selten gelang. Im Zustand der Liebe war ich immer dann, wenn ich etwas aus wahrer Freude machte. So empfing ich die Ideen zu meinen Erfindungen ebenso wie meine Einsichten zu unserer Realität und deren Spielplan. In einigen dieser ›Sternstunden‹ meines Lebens erhielt ich letztlich die Beweise für meine Einsichten, Fakten, die jedoch erst im Nachhinein von mir gedeutet wurden.

Anhand des Ergebnisses meiner unzensierten Analyse der Weltlage kann ich die Aussage meines Mentors etwa zwanzig Jahre später bestätigen. Unsere Welt steht tatsächlich auf dem Kopf! Ich möchte Ihnen, liebe Leser, hier die Ergebnisse meiner Recherche vortragen. Diese zunächst unfassbar erscheinenden Aussagen sind inzwischen von zahlreichen anderen Rechercheuren bestätigt worden, ein Teil des kollektiven Erwachens besteht ja darin, dass uns die widernatürlichen Symptome der Weltsituation zunehmend bewusst werden:

- Ärzte zerstören die Gesundheit
- Anwälte zerstören die Gerechtigkeit
- Schulen und Universitäten zerstören Wissen
- Regierungen zerstören Freiheit
- die Massenmedien zerstören Information
- Religionen zerstören Spiritualität

Am 17. April 2012 veröffentlichte Martin Bartonitz zum Thema ›Warum steht unsere Welt auf dem Kopf?‹ einen denkwürdigen Artikel. Hier nun einige Auszüge von ihm:

»Wie kommt es aber, dass uns so häufig die Welt auf den Kopf gestellt wird? Die Frage deutet es an: Wir erhalten Informationen, auf Basis derer wir zusammen mit unseren gemachten Erfahrungen unsere Realität konstruieren (in Form bringen). Denn was wir in unserem Kopf bewegen, ist nicht die objektive Wirklichkeit, sondern unsere subjektive Realität, wie wir sie aktuell aus lebenserhaltenden Gründen sehen wollen.‹

In diesem Sinne werden wir durch unsere Medien mit In-form-ationen versorgt, die für eine Realität in unseren Köpfen sorgen, die der Wirklichkeit nicht entspricht, so dass wir am Ende gutheißen, was die Herrschenden wollen – und das ist für die Mehrheit meist nichts Gutes.

Günter Skwara sieht nach Jahren der Beobachtung und Analyse von Geschichten von Menschen gar einen Plan, demzufolge unsere Politiker als Marionetten von Mächtigen im Hintergrund uns Menschen zu manipulieren haben. Er schreibt zu diesem

PLAN *– Perfekte Lenkung Animalischer Naturen:*

›Die Menschheit auf diesem Gefängnis-Planeten ist eine in Verwirrung gehaltene Sklavenrasse. Sie wird geführt von Leuten, die aus dem Hintergrund heraus agieren und steuern, von sich selbst meinen, etwas Besseres zu sein, sogar glauben, den PLAN selbst erfunden zu haben, jedoch in Wahrheit lediglich besser an den PLAN angepasst sind. Der Maßstab für Intelligenz und Reife auf der Erde, diesem galaktischen Archipel GULAG, ist: Möglichst fähig zu sein, mit den vorgegebenen, in Schulen oberflächlich gelehrten, eingetrichterten Inhalten und Strukturen des PLANs übereinzustimmen und sich ihnen weitgehend automatisiert unterzuordnen. Er sieht 20 Handlungsanweisungen an die Manipulierer, so dass am Ende klar wird, warum unsere Welt inzwischen auf dem Kopf zu stehen scheint.‹‹‹[52]

---

52   Quelle: http://faszinationmensch.com/2012/04/17/warum-steht-unsere-welt-auf-dem-kopf/comment-page-2/.

11. Nur ein böser Traum?

»Solche Erfahrungen sind selten, aber dennoch zu häufig, als dass man sie als bloße Träume, Phantasien, Hirngespinste abtun könnte. Betroffen sind Männer und Frauen aus unterschiedlichen Ländern, Kulturen und sozialen Schichten, und ihre Aussagen bieten so viele Übereinstimmungen, dass man sie ernst nehmen muss.«

John E. Mack

In meinem dritten Lebensjahr fand ein Ereignis statt, welches ich bis heute nicht völlig aufklären konnte. Bei diesem Ereignis handelte es sich um einen ›bösen Traum‹. So jedenfalls erklärten mir meine Eltern meine nächtliche Erfahrung der ganz besonderen Art. Mein ›böser Traum‹ bestand aus einer entsetzlichen Beobachtung, die ich für absolut real hielt. In diesem Alter konnte ich schon einen nächtlichen Traum von einem wachbewussten Tageserlebnis unterscheiden. Ich nahm wahr, wie ich in meinem Bett lag und mich nicht bewegen konnte. Mein mir vertrauter Schlafplatz wurde plötzlich von einer Lampe in eine rote Farbe gehüllt. Was mich am meisten schockierte, war meine absolute Handlungsunfähigkeit – weder konnte mich wehren, noch konnte ich schreien. Was auch immer mit mir in dieser Situation geschehen sein mag, empfand ich als derart entsetzlich, dass mir die Erinnerung daran bis heute verwehrt blieb. Dass es sich bei diesem Erlebnis nicht einfach nur um einen schrecklichen Albtraum gehandelt haben kann, zeigen Symptome auf, die zuvor nicht bei mir beobachtet wurden. Das erste Symptom war ein Nasenbluten, von dem ich nach diesem Ereignis täglich mehrmals heimgesucht wurde. Immerhin empfanden meine Eltern meine Nasenblutungen als derart beängstigend, dass sie nach etwa einem Monat mit mir zu einem Arzt gingen. Natürlich ergab dessen kurze Untersuchung kein brauchbares Ergebnis. In den folgenden Wochen verkürzten sich diese Blutungen, traten aber noch nach einem guten Vierteljahr auf, bis sie dann ganz aufhörten. Da diese Blutungen tatsächlich erst nach meinem ›bösen Traum‹ auftraten, hatten meine Eltern auch ein größeres Verständnis für neue, ungewohnte Verhaltensweisen ihres Sohnes.

Seit dieser besagten Nacht tyrannisierte ich nämlich meine Eltern derart, dass sie die nächsten sieben Jahre abends das Haus nicht mehr verließen. Zudem musste die Tür in meinem Zimmer immer – mindestens halb – geöffnet sein, und auf dem Flur musste Licht brennen. Als Erwachsener habe ich meine Eltern noch sehr oft auf diese Zeit angesprochen.

»Wir konnten damals deinetwegen abends weder Freunde besuchen noch ins Kino gehen«, sagte mir meine Mutter an meinem fünfzigsten Geburtstag am Telefon. An diesem Tag erzählte sie noch mehr über meinen ›bösen Traum‹. *»Du wurdest an den darauffolgenden zwei Wochenenden je einmal ohnmächtig«*, sagte sie. Um diese Darstellung zu verstehen, ist es erforderlich, dass es zu dieser Zeit an den Wochenenden – speziell an den Sonntagen – zum Frühstück Zuckerei gab. Für die jüngeren meiner Leser sei gesagt, dass Zuckerei eine Nachspeise ist, die aus geschlagenen Eiern besteht, wobei während des Verrührens des Eigelbs eine etwas größere Portion Zucker hinzu gestreut wurde. Wie meine Eltern herausfanden, resultierten meine Ohnmachtsanfälle aus der zu hohen Zuckermenge.

»Das hatte uns doch sehr zu denken gegeben«, sagte meine Mutter. *»Denn vor dieser unheilvollen Nacht reagiertest du auf Zuckerei völlig normal.«*

Zwei Jahre nach diesem Telefonat mit meiner Mutter wurde an meinem rechten Bein ein fremder Gegenstand entdeckt. Als ich zur Sommerzeit meinen nackten rechten Fuß auf mein linkes Knie abgelegt hatte entdeckte meine langjährige Freundin Bärbel einen kleinen schwarzen Fleck an meiner Ferse. Dieser kreisrunde schwarze Fleck hatte in etwa die Größe einer Linse. Was wir beide zunächst für eine eingetrocknete kleine Blutblase hielten, entpuppte sich plötzlich als etwas, das eigentlich nicht existieren sollte. Während ich mit meinen Fingern die besagte Stelle abtastete und keine Erhebung feststellen konnte, drückte ich mit meinem Fingernagel auf die eine Seite dieses dunklen Fleckes. Tatsächlich trat aus dem Inneren meiner Haut die gegenüberliegende Seite eines kleinen Gegenstandes heraus, so dass wir nun glaubten, es handele sich um einen Fremdkörper, den ich mir beim Barfußlaufen eingetreten hatte. Als ich meine Freundin hastig bat, diesen kleinen Fremdkörper mit ihren Fingernägeln zu entfernen (wie man es bei einem Holzsplitter tun würde), verschwand dieser Gegenstand plötzlich vor unseren staunenden Augen.

Wir konnten beide nicht einmal beobachten, ob dieser Gegenstand nach innen oder nach außen aus unserem Sichtbereich entwich. In diesem Moment erinnerte ich mich wieder an meinen kindlichen ›Albtraum‹. Diese beiden Ereignisse mussten in irgendeinem Zusammenhang stehen, das fühlte ich ganz deutlich.

Auch erinnerte ich mich an die Studien eines Professors, der etwa einhundert Implantate nachweisen konnte, die sich bei sogenannten Entführungsopfern fanden. Ebenso wie die Bücher von David Icke habe ich auch sein aufsehenerregendes Buch ›Entführt von Außerirdischen‹ nicht gelesen, obwohl ich es vor einigen Jahren von einem Freund geschenkt erhielt. Von den außergewöhnlichen Forschungen des Buchautors Professor Mack[53] erfuhr ich durch eine Podiumsdiskussion, an der ich beteiligt war. Ich empfand angesichts des Buches von Professor Mack ein ähnliches mulmiges Gefühl, wie ich es hatte, als ich das erste Buch von David Ike in Empfang nahm. Nun allerdings berührte mich dieses Thema plötzlich auf einer sehr persönlichen Ebene.

Auf die Erkenntnis, dass ich mit hoher Wahrscheinlichkeit ein Implantat in meinem Körper trug, reagierte ich mit einer Aufregung, die ich nicht unterdrücken konnte. Zuerst rief ich meinen damaligen Kollegen und guten Freund Dr. Leo Steib an. Dr. Steib leitete das Institut für Umweltmedizin und führte eine große Arztpraxis als Gynäkologe und Endokrinologe. Kaum jemand kannte mich so gut wie dieser Mann. Als ich Leo am Telefon von meiner Beobachtung erzählte, versuchte er mich zu beruhigen: *»Lass uns eine Ultraschalluntersuchung durchführen, und du wirst sehen, dass da nichts ist.«* Nur kurze Zeit später saß ich auf dem gynäkologischen Stuhl von Dr. Steib. Seine beruhigenden Worte taten mir gut. Er war der festen Überzeugung, dass sich das von mir gesichtete Fremdobjekt als etwas völlig Harmloses entpuppen würde. Dr. Steib führte den Sonarkopf seines Ultraschallgerätes an meinem rechten, mit einer gelartigen Paste eingeschmierten Bein in langsamer Bewegung auf und ab. Dabei versuchte er meine deutlich erkennbaren Ängste abzuschwächen, indem er mich mit belanglosen Themen unterhielt. Nach einer etwa fünfminütigen Untersuchung mit dem Ultraschallgerät veränderte sich plötzlich seine Stimme, als er fragte: *»Wie groß war dieses Objekt?«* Ganz offenbar hatte mein Freund mir meine Sichtung nicht geglaubt. Das allerdings sollte sich nun ändern. Ohne weiter zu sprechen, untersuchte er nun wesentlich konzentrierter als zuvor. Er veränderte die Ultraschallfrequenz, um mein Gewebe in einer anderen Eindringtiefe zu erfassen. Alles Weitere ging sehr

---

53 Prof. Dr. John Edward Mack lehrte an der Universität Harvard. http://de.wikipedia.org/wiki/
    John_E._Mack.

schnell. Nachdem Dr. Steib ganz offensichtlich etwas Merkwürdiges erfasst hatte, betätigte er einen Schalter, der für Videoaufzeichnungen gedacht war. Zwölf Sekunden dieser Aufnahme zeigten eindeutig einen Fremdkörper in meinem Bein. Ich habe immer noch in bester Erinnerung, mit welchem Gesichtsausdruck mich mein Freund ansah, als er mir diese Aufzeichnung als Bild zeigte, welches er sofort ausdrucken ließ. Was ihn allerdings am meisten beunruhigte war, dass sich dieses kreisrunde Objekt vollkommen atypisch verhielt. *»Es hat tatsächlich versucht, sich meinem Suchsignal zu entziehen!«*, sagte er zu mir mit leiser Stimme. Und ergänzte: *»Immer, wenn mein Signal seine Nähe erreichte, versuchte es auszuweichen – was völlig unmöglich ist, weil es dein Gewebe zerstören müsste.«*

Tatsächlich hatte ich jedoch während der gesamten Untersuchung, außer meines großen Unbehagens, nichts Unnormales bemerkt. Nach diesem Ergebnis benötigte ich eine psychische Betreuung mehr als zuvor. Wir diskutierten einen ganzen Abend bei einigen Gläsern Wein über dieses Thema. Allein die Gewissheit, dass sich in meinem Körper etwas Unbekanntes befand, erhöhte meine Ängste und Unruhe weiter. Was sollte ich unternehmen?

Nach einer schlaflosen Nacht fiel mir der Name einer Bekannten ein, die auf einer Podiumsdiskussion über das Thema ›Implantate‹ und ›Entführungsopfer‹ gesprochen und sich dabei auf die Studien von Professor Mack bezogen hatte. Ich erreichte diese Frau am selben Abend telefonisch. Als ich ihr meine Geschichte erzählte, riet sie mir, eine andere Dame in der Nähe von Innsbruck zu besuchen. *»Diana wird dir helfen können.«*, sagte sie und beruhigte mich mit diesen wenigen Worten spürbar. Bereits am folgenden Nachmittag empfing mich eine freundliche Frau in der Nähe von Innsbruck. Diana sah, welches Leid ich in mir trug und kannte die Ursache. Diana war keine Operateurin, die mit einem Skalpell arbeitete. Ihre besondere Begabung waren ihre seherischen und geistigen Fähigkeiten, mit denen sie bereits einige Menschen aus aussichtslosen Situationen hatte befreien können. Sie war auf das Entfernen widernatürlicher Implantate spezialisiert. Nach einer dreistündigen Rückführung in meine Kindheit und vorgeburtliche Seins-Zustände beendete Diana ihre Arbeit mit den einfachen Worten: *»Wir sind fertig.«* Verständlicherweise gab ich mich mit dieser Aussage nicht zufrieden. Ich hinterfragte diesen ganzen Prozess der Rückführung, bei dem ich auch Visionen hatte. Bei dieser Besprechung waren letztlich für mich nur zwei Aussagen von Bedeutung: *»Dein Implantat wurde zur Kontrolle und zur Sabotage eingesetzt.«* Und: *»Wir haben es gemeinsam entfernt.«*

Erschöpft und dankbar verabschiedete ich mich von meiner Helferin und fuhr mit meinem Wohnmobil in die nahegelegenen Dolomiten, um über all dies in Ruhe nachzudenken. Wie Sie sich, meine lieben Leser, sicherlich denken können, gab es da noch einen Aspekt, der mich beunruhigte. Konnte ich der Aussage dieser Frau wirklich trauen? Welche Möglichkeiten der Überprüfung standen mir zur Verfügung? Nun, zunächst nahm ich eine auffällige Erleichterung in mir wahr. Diese Befindlichkeit erschein mir jedoch nicht als ausreichend. So sollte mir der nächste Morgen ein Indiz dafür bieten, dass Diana tatsächlich etwas von ihrem Handwerk verstand. Um das zu verstehen, sollten Sie wissen, dass mich seit zwei Jahren ein kleiner schwarzer Fleck am linken Ohr schmückte. Alle Versuche, diesen Fleck, der seine Größe nicht veränderte, mit alternativ-medizinischen Heilmethoden zur Rückbildung zu führen, schlugen fehl. Ich ließ ich diesen Fleck auch mehrfach von Hautärzten auf onkologische Relevanz untersuchen, es handelte sich aber um keinen Tumor. Da von dieser Stelle auch keine Reizungen oder Schmerzen ausgingen, akzeptierte ich diese Erscheinung, sie gehörte einfach zu mir. Doch täglich, mindestens bei der morgendlichen Toilette, erfasste mein Blick im Spiegel diesen kleinen Fleck immer aufs Neue. Und genau das war am nächsten Morgen anders. Mit großem Erstaunen konnte ich feststellen, dass der Fleck über Nacht verschwunden war, zumindest konnte ich ihn nicht mehr erblicken. Der Zusammenhang zwischen Dianas Arbeit und dem Verschwinden des Fleckes gab mir das sichere Gefühl, dass diese Frau mir tatsächlich geholfen hat.

Entführt von Außerirdischen

Auf dem Klappentext der gebundenen Ausgabe von Professor Macks Buch ›Entführt von Außerirdischen‹ steht:

»Wahn oder Realität? Die Zeugenaussagen belegen, dass eine Anzahl von Menschen oft seelisch und körperlich schmerzhaften Experimenten durch Außerirdische unterzogen wurden. Nie zuvor hat ein Buch über ›Begegnungen der 4. Art‹ von derartig umfangreichen Entführungsfällen berichtet. Prof. E. Mack sammelte bei seiner Untersuchung unterstützende Indizien und Informationen, die die Objektivität seiner Studie belegen. Es ist nicht

überraschend, dass dieses international aufsehenerregende Buch lange auf Platz 1 der US-Bestseller-Listen stand. Grundlage des Buches ist die wohl umfangreichste und ausführlichste wissenschaftliche Studie, die auf diesem Gebiet jemals durchgeführt wurde. Menschen unter mysteriösen Umständen entführt in Welten, die nicht von dieser Welt sind. Immer wieder geistern Berichte durch die Medien, nach denen Personen bei ›Begegnungen der 4. Art‹ unter Anwendung unerklärlicher Zwänge in raumschiffartige Umgebungen gebracht und dort rätselhaften und teilweise körperlich und seelisch schmerzhaften Experimenten unterzogen wurden. Solche Erfahrungen sind selten, aber dennoch zu häufig, als dass man sie als bloße Träume, Fantasien, Hirngespinste abtun könnte. Betroffen sind Männer und Frauen aus unterschiedlichen Ländern, Kulturen und sozialen Schichten, und ihre Aussagen bieten so viele Übereinstimmungen, dass man sie ernst nehmen muss. Einer, der sie sehr ernst nimmt, ist der Harvard-Professor und Pulitzer-Preisträger John E. Mack. Er hat über hundert einschlägige Fälle analysiert, die Betroffenen interviewt, untersucht und das jeweilige Umfeld erforscht. Die Ergebnisse lassen keinen Zweifel zu: Eine fremde Intelligenz beobachtet uns!«[54]

So ungeheuerlich es erscheint – ich habe das nachstehend abgebildete Buch nach diesem Erlebnis mit anderen Augen betrachtet.

---

54   Entführt von Außerirdischen, John E. Mack ISBN 978-3453123106

12. Was wir lieber gar nicht wissen wollen

»Menschen sind Riesen, denen man eingeredet hat, dass sie kleine Zwerge seien.«

Robert Anton Wilson

Als ich das erste Mal etwas von David Icke und seinen Ansichten über ›Reptiloide‹ hörte – es muss so um die Jahrtausendwende gewesen sein – hielt ich dieses Thema für einen ausgemachten Unsinn. Auch das Geschenk eines langjährigen Freundes überzeugte mich nicht im Geringsten, es war das erste Buch von David Icke. Bis heute habe ich dieses Buch nicht gelesen – was mir allerdings als etwas Besonderes auffiel. Denn dieses Geschenk erreichte mich in der Phase meines Lebens, in der ich fast täglich ein neues Buch las. Beim Umsortieren meiner Büchersammlung bemerkte ich etwas Eigenartiges, als ich das zweite Mal das Werk von David Icke in meinen Händen hielt. Ich empfand eine Gefühlsmischung aus Unbehagen, Abscheu und Faszination. Eigentlich war ich damit beschäftigt, meine Bücher nach Brauchbarkeit und Kategorien zu sortieren. Irgendwie schien ich mich an etwas zu erinnern, was sehr lange im Verborgenen gewesen war und mit mir zu tun hatte. Bis heute steht ›David Icke‹ an gleicher Stelle in meinem Bücherregal. In den letzen fünf Jahren erreichten mich immer mehr Informationen über diese angeblich existierende merkwürdige Reptilienrasse. David Icke schrieb hierzu immer mehr Bücher, und zusätzlich tauchten auch immer mehr seiner Interviews auf. Heute sind es bereits drei Freunde, die David Icke sogar privat kennen. Einer dieser Freunde, ein Journalist der alten Schule, durfte David Icke selber interviewen. Was mich überraschte, war, dass Michael L. nach diesem Interview eine geänderte Ansicht von ihm hatte. War Michael L. zuvor in etwa der gleichen Meinung wie ich gewesen, so hatte sich dies nun geändert. Einer seiner Kommentare zur Person Icke war: »*Ich muss ihn ja nicht mögen, aber an seinem Thema ist eine Menge dran.*« Auch dieser Meinungswandel veränderte meine eigene Haltung zu diesem Thema nicht. Mir fiel allerdings auf, dass meine Abneigung nicht von gewohnter Art war, und ich empfand sie nun eher wie einen Schutz. Daran hat sich auch bis heute auch nichts geändert.

Fast auf jedem meiner Vorträge werde ich immer wieder nach meiner Meinung zum Thema befragt. Meine Antwort fiel bisher immer gleich aus: *»Ich möchte mich nicht zu Dingen äußern, von denen ich nichts verstehe.«* Das hat sich aufgrund eines für mich immer noch unfassbaren Ereignisses geändert. Am 16. April 2014 traf mich völlig unvorbereitet ein Ereignis, das mein bisheriges Weltbild grundlegend veränderte. Ich versuche diesen Sachverhalt für Sie so kompakt wie mir möglich darzustellen. Anfang April folgte ich einer Einladung, Interviews für den englischsprachigen Markt zu geben. Es ging um eine Werbung für die amerikanische Ausgabe meines Films ›Solar Revolution‹. Die sogenannte Location für diese Werbeaufnahmen war Ägypten. Dort suchten wir einige Tempelanlagen auf, um geeignete Aufnahmeorte zu finden. An einem mir unbekannten Tempel schlossen das Filmteam und ich uns einer Führung an. Als wir den zentralen Bezirk dieses Tempels erreichten, wurden wir von einem Wärter im strengen Ton gebeten, einen bestimmten Raum nicht zu betreten. Der Darstellung unseres Reiseführers nach handelte es sich um den Geburtsraum der Göttin Isis. Dieser Raum hatte keine Tür, und war damit gut einsehbar, doch hinderte zusätzlich zum Wärter eine Schnur die Besucher am Eintritt.

Und hier fühlte ich mich in einen Zustand versetzt, den ich noch nie zuvor erfahren hatte. Wie in Trance überschritt ich die Abgrenzung, betrat den Raum, begann meine Hände zu falten und zu beten. Sofort wurde ich von dem – aus seiner Sicht zu Recht – erbosten Aufseher an meinem rechten Arm aus dem Raum gezogen. Seine Worte waren: *»Do not pray, do not pray!«* Bis hierher bereits – es waren nur wenige Sekunden verstrichen – sah ich vor meinem inneren Auge Bilder und konnte deren Bedeutungen erkennen. Ich stand etwas benommen und sprachlos da und wollte gerade den Tempel verlassen, da nahm mich ein anderer Wächter zur Seite. Dieser Mann zog mich in einen Nebenraum, während er nach seinem Kollegen Ausschau hielt. In einem geeigneten Moment führte er mich hastig in den Geburtsraum Isis, aus dem ich gerade entfernt worden war. Hier führte er mich in die linke Ecke, die offenbar eine ganz besondere Energie ausstrahlte. Sobald ich diese Position eingenommen hatte, verschwand der hilfsbereite Wärter sofort. (Zunächst glaubte ich noch, er würde alles nur inszenieren, um sich ein gutes Trinkgeld zu sichern, er tauchte jedoch nicht wieder auf.) Sofort fühlte ich mich wieder in einen anderen Bewusstseinszustand versetzt. Hier empfing ich keine einzelnen Bilder, jetzt war es ein ganzer Film, der vor mir ablief und in dem es um die Geschichte des alten Ägypten ging.

Eine zentrale Rolle hierbei spielte der Pharao Echnaton, der später als Ketzerkönig bezeichnet wurde. Echnatons Hauptbotschaft bestand darin, dass es nur einen Gott gebe – er gilt als frühester Vorläufer des Monotheismus –, den Gott der Liebe, der über unsere Sonne (Aton) auf uns einwirke. Echnatons Wirken war deswegen vonnöten, weil sein Volk zahlreiche falsche Götter verehrte, von denen nur demütigende Forderungen ohne Liebe ausgingen. In meiner Vision erkannte ich nun deutlich, dass eine fremde ›Rasse‹ die Erde übernommen hatte. Sie machten dem Menschen durch beeindruckende Aktionen unmissverständlich klar, dass sie die wahren Herren dieser Erde seien. Auf ihr Verlangen hin wurde jede dieser außerordentlich mächtigen Wesenheiten als Gott verehrt.

Allein indem ich diese Zeilen niederschreibe, spüre ich wieder ein wenig von dieser Ektase, in der ich mich in meiner Vision befand. Das zentrale Thema meiner Einsichten war ganz zweifellos Machtmissbrauch und eine Art Richtigstellung der historischen Darstellungen, die heute nur fragmentarisch oder in anderen Zusammenhängen als unsere Geschichte angeboten werden. Was ich dort in diesem Tempel wahrnehmen durfte, empfinde ich heute als eine Art Tages-Klartraum.

Unmittelbar nach diesem Ereignis tauchten Erinnerungen aus meinem persönlichen Leben auf, die sich nun plötzlich wie ein Puzzlebild zusammenfügten. Zunächst erinnerte ich mich an mein besonderes Interesse für die ägyptische und griechische Geschichte und meine besondere Sympathie für Echnaton. Ich erinnerte mich an Erzählungen von Drunvalo Melchisedek, als es bei einem Gespräch beim Abendessen auch um diesen Sonnenpharao – ein anderer Beiname Echnatons – ging. Drunvalo war der Ansicht, dass Echnaton und seine gesamte Familie Außerirdische und vom Sirius gekommen seien, um uns zu unterstützen. Auffällig ähnliche Ansichten hatte auch mein Freund Ananda (Bosman). Ich hatte seinerzeit ein eher gestörtes Verhältnis zum Thema Außerirdische (ich schreibe hier über Ereignisse aus den Jahren 1998 und 1999). Selbst in meinem Buch ›Transformation der Erde‹, das ich unter dem Pseudonym ›Morpheus‹ veröffentlichte, nahm ich in Bezug auf Außerirdische eine distanzierte Haltung ein. In diesem Buch veröffentlichte ich unzensierte NASA-Aufnahmen, auf denen im Umfeld unserer Sonne widernatürliche Objekte zu erkennen sind. Im Grunde genommen drängt sich auch bei genauer Betrachtung dieses Phänomens die Erkenntnis auf, dass es sich bei diesen merkwürdigen Objekten um etwas handeln muss, was nicht natürlichen Ursprungs ist. Da ich mich nicht bis auf die Knochen blamieren wollte, zeigte ich diese Aufnahmen lange vor der Veröffentlichung meines Buches einigen fachkundigen Menschen, zu denen der bereits erwähnte Professor Dr. Ernst Senkowski gehörte.

Für beide Physiker war klar, dass es sich weder um Pixelfehler im Bild noch um sonstige Artefakte handelte. Aufgrund ihrer Bewertung entschloss ich mich für die Veröffentlichung von ›Transformation der Erde‹ (was ich allerdings bald bitter bereuen sollte), behielt jedoch weiterhin meine distanzierte Haltung bei.

Trotzdem empfand ich bei Echnaton etwas anderes. Nicht seine möglicherweise tatsächlich außerirdische Herkunft berührte mich sehr, sondern sein Wesen und sein Wirken. Bedauerlicherweise war seine Mission nicht lange erfolgreich. Bereits nach siebzehn Jahren seiner Amtszeit als Pharao wurde er entmachtet, und es wurde wieder der vorherige Stand mit den vielen Götter hergestellt. All dies trat in meine Erinnerung, während ich mich aus dem Tempelbereich entfernte. Im Autobus, der uns zur Unterkunft bringen sollte, fiel mir Jesus von Nazareth ein. Offenbar hatte Jesus die gleiche Botschaft wie Echnaton[55]. Ich erinnerte mich an seinen Ausspruch ›Ihr betet die falschen Götter an‹. Bekanntlich wird bereits im Alten Testament von einem Gott berichtet, von dem der Ausspruch stammen soll ›Ihr sollt keine anderen Götter anbeten neben mir‹. Auf diese Götter muss sich Jesus bezogen haben. Obwohl beide Reformatoren, Echnaton wie Jesus, nur wenig Zeit für ihre Botschaft hatten, wurde diese doch unlöschbar in das ›morphische Feld‹ eingespeist. Beide waren Botschafter der Liebe

---

55 »Zwar gab es zahlreiche Götzendienste, die ausschließlich die sogenannten Götter als höchste Instanz ansahen und vom wahren Schöpfer nichts wussten. Hatten aber nicht auch einige frühere Naturvölker – neben ihren Göttern – Kenntnis vom Allerhöchsten, von Gott? Ganz sicher war das so. So wurde im alten Ägypten aus dem Pharao Amenhotep IV schließlich Echnaton, als dieser den Monotheismus einführte. Auch die Germanen hatten Kenntnis vom höchsten Schöpfer. Sie wussten Lichtvater oder Allvater, wie sie ihn nannten, über sich und der ganzen Welt, sie wussten, dass auch die sogenannten Götter nur ihm zu Diensten waren.« Quelle: Kopp Verlag, Leon Vida, ›Das Ende der Zeit? Wie die Kirche in Rom uns einst von den Göttern trennte.‹

und Verkünder des Allschöpfers, des einen, allumfassenden Gottes der Liebe. Noch kurz vor seinem leiblichen Ableben verkündete Jesus seinen Jüngern: »*Noch vieles hätte Ich euch zu sagen, aber ihr könnt es jetzt nicht ertragen.*« (Joh. 16,12)

Nach dem Erlebnis im ›Isis-Geburtsraum‹ in Ägypten schilderte ich meinen Freunden vom Filmteam mein für mich immer noch schwer fassbares Erlebnis. Natürlich hatten sie bemerkt, dass sich in diesem Tempel sehr merkwürdige Dinge mit mir ereignet hatten, wollten mich jedoch nicht darauf ansprechen. Ich muss wohl etwas verstört und irritiert auf sie gewirkt haben. Mir fiel allerdings auf, dass ich im Gespräch mit ihnen immer wieder auf den Teil meiner Vision hinwies, in dem es um die Wahrnehmung einer Invasion von Wesen ging, die als Götter auftraten. Erstaunlicherweise beeindruckte dieser Teil meiner Darstellung meine Freunde am wenigsten. Sie bestätigten diese ›Szene‹ und klassifizierten sie als absolut real. Offenbar wussten sie weitaus mehr über dieses Thema als ich. Meine Freunde waren von etwas anderem beeindruckt, sie wunderten sich über eine Energie, die sie niemals zuvor verspürt hatten. Diese besondere Energie schien objektivierbar zu sein, denn an meiner Vision konnten sie ja nicht teilhaben. Dennoch glaubten sie mir. Das war der Zeitpunkt, wo ich erstmals die reale Möglichkeit für eine außerirdische Intelligenz auch emotional akzeptierte. Weder mein Verstand noch mein Gefühl schienen sich nun noch dagegen zu wehren.

Doch dies sollte erst der Anfang einer drastischen Veränderung meines bisherigen Weltbildes sein. Im Hotel angekommen, zog ich mich umgehend in mein Zimmer zurück, um das für mich immer noch unfassbare Ereignis zu verarbeiten. Während ich versuchte einzuschlafen, tauchte vor meinem inneren Auge immer wieder die Sequenz auf, die mir den Eindruck einer Machtübernahme durch außerirdische Wesen vermittelt hatte, begleitet von zahlreichen Assoziationen. So kam mir beispielsweise ein Zitat von Friedrich Schiller in Erinnerung: »*Seit 2500 Jahren wissen die Menschen, was Demokratie ist, und doch sind sie immer noch Barbaren geblieben.*« Ich empfand es als außerordentlich traurig, dass sich auch nach etwa weiteren 200 Jahren nichts geändert hat, sondern die Welt eher noch barbarischer geworden ist. Ich erinnerte mich nun an den Rest dieses Ausspruchs von Friedrich Schiller: »*So wird sich die Menschheit erst ändern, wenn sie beginnt, ihren Verstand aus dem Herz ausdeuten.*«

Mit diesen Worten muss ich wohl für einen Moment eingeschlafen sein. Als ich etwas erschreckt aus meinem Minischlaf erwachte, verspürte ich das Verlangen, mir im Internet weitere Informationen über Echnaton zu besorgen. Ich öffnete meinen Laptop und stellte eine Onlineverbindung her, bemerkte jedoch zunächst, dass ich den Anhang einer E-Mail auf meinen Desktop gelegt hatte, die am vorigen Tag bei mir eingetroffen war. Ich hatte sie noch nicht gelesen und blickte nun flüchtig auf den Inhalt dieser Nachricht. Ein Satz aus der längeren Datei erregte mein Interesse, es ging um eine archäologische Entdeckung aus Ägypten, um die Nag Hammadi-Schriften, die im Dezember 1945 in der Nähe des kleinen ägyptischen Ortes Nag Hammadi von ansässigen Bauern gefunden worden waren. Der Fundort befand sich ganz in der Nähe meiner Unterkunft! Die Synchronizität dieser Ereignisse beeindruckte mich tief. Am Tag vorher, als mich die E-Mail erreichte, hatte ich mich noch weit entfernt von dieser Fundstelle gefunden, heute nächtigten wir genau in diesem Gebiet.

Diese Synchronizität lenkte mich zunächst von meinem besonderen Erlebnis ab, ein Zustand, der jedoch nicht lange anhalten sollte. Als ich nun begann, den mir zugesandten Artikel über die Nag Hammadi-Funde zu lesen, empfand ich wieder die gleichen merkwürdigen Gefühle, wie ich sie wenige Stunden zuvor im Isis-Raum erfahren hatte. Der erste Abschnitt des Artikels beschrieb den Fund einer Sammlung historischer Texte in einer Höhle bei Nag Hammadi. Diese 52 Texte werden als originale Schriften der gnostischen Tradition angesehen und sind etwa 2000 Jahre alt. »*Diese Texte*«, so konnte ich lesen, »*sind ein seltener Beweis für eine mystische Tradition mit einem außergewöhnlichen Schöpfungsmythos. Die Texte beschreiben eine nichtmenschliche Spezies, Archonten genannt, die als Herrscher der Menschheit und gleichzeitig als Betrüger und Täuscher beschrieben werden. Ein faszinierendes Thema mit brisanten Querverbindungen zu Psychologie und Religion.*«

An dieser Stelle musste ich das Lesen unterbrechen. Ich konnte kaum glauben, was hier gerade geschah. Ich lief zu meinen Freunden und berichtete ihnen. Neben der beeindruckenden Ereigniskette und Synchronizität, erregten mich am meisten die Worte »*nicht-menschliche Spezies, Archonten genannt, die als Herrscher der Menschheit und gleichzeitig als Betrüger und Täuscher beschrieben werden*«. Obwohl ich von Archonten noch nie etwas gehört hatte, entsprach diese Aussage exakt meiner Vision im Isis-Raum.

Sofort tauchte wieder die Bildsequenz auf, die mir eine Invasion von außerirdischen Göttern gezeigt hatte.

Liebe Leser, dieses Buch wäre nicht zustande gekommen, wenn ich mir nicht die überzeugende Klarheit verschafft hätte, dass die hier geschilderten Ereignisse weitaus mehr sind, als das Ergebnis einer Einbildung oder Halluzination. Meine weiteren Recherchen zu diesem Thema führte ich mit besonderer Gründlichkeit durch. Nach einer heftig geführten Diskussion über Archonten, lasen meine Freunde und ich nun gemeinsam den weiteren Text meines E-Mail-Anhangs:

»Durch die Akzeptanz der Erbsünde als Tatsache, wurde Christen beigebracht, dass sie bereits von Geburt an verdorben sind und dass sie selbst nichts dagegen tun können. Schuld wird in Kulten oft als psychologisches Steuerungsmittel verwendet, um das Verhalten der Gemeinde zu beeinflussen. Gnostiker waren strikt gegen diese Form der Trickserei, weil sie zu einer Verherrlichung des Opferdaseins führt und den Menschen die erlösende Wirkung des Durchlebens von Leid suggeriert.«[56]

Beim Lesen dieser Zeilen erinnerte ich mich daran, dass ich in meinem ersten Buch ›Der Matrix-Code‹ bereits über die sogenannte Erbsünde berichtet hatte. Ich hatte hierzu bereits eigene Recherchen angestellt und erinnerte mich nun, dass Erbsünde, der Garten Eden und die Vertreibung aus dem Paradies zusammengehörten. Eine Schuldzuweisung ist grundsätzlich ein sehr wirkungsvolles Mittel, um das Selbstbewusstsein eines Menschen zu brechen. Beim Lesen dieser Zeilen fühlte ich bereits, dass die ›Vertreibung aus dem Paradies‹ möglicherweise einer Machtübernahme durch außerirdische Götter entsprach, wie ich sie in meiner Vision erblickt hatte. Vielleicht hatten diese Götter ›Eden‹ – die Örtlichkeit des Paradieses – besetzt und übernommen. Dieser Gedankengang wurde unterbrochen, als meine Freunde mit dem Vorlesen fortfuhren:

»Im christlichen Glaubenssystem hat ein männlicher Gott die Welt erschaffen, und nur die Priester der Kirche waren in der Lage, mit Gott zu kommunizieren. Gnostiker sahen dies als eine weitere Form der Verhaltenskontrolle der Be-

---

56   Quelle: http://beforeitsnews.com/alternative/2014/08/rise-of-the-archons-an-interview-with-jay-weidner-on-rense-radio-3008790.html

völkerung: Befehle, welche die Priester angeblich direkt von Gott empfingen, mussten schließlich befolgt werden.«

An dieser Stelle unterbrach ich meine Freunde, um ihnen über meine persönliche Begegnung mit den Gnostikern zu berichten.

Vor etwa vierzig Jahren hatte ich kurzzeitig eine relativ enge Verbindung zu einer der beiden Rosenkreuzergruppen (Lectorium Rosicrucianum). Hier vermittelte man mir eine grobe Einsicht über das Wirken der Gnostiker, deren ethische Grundhaltung ohne Doppelmoral, mit echter Anständigkeit mich damals tief beeindruckte. Mein heutiger Gesamteindruck von den Gnostikern ist, dass sie eine Mischung aus Tugendhaftigkeit und Wissen leben. Ganz offenbar hüten und verwalten Gnostiker ein altes Wissen, welches der Öffentlichkeit weiterhin verborgen bleibt. Sie sind, so erinnere ich mich vage, über die Tatsache, dass unsere Welt ›auf den Kopf gestellt‹ wurde, sehr gut informiert.

13. Die Archonten

»Die Archonten beneiden die Menschen um ihre wunderbare Welt voller Kreativität, die so grundverschieden von der kalten und künstlichen Welt der Archonten ist. Ihr Neid scheint sich besonders auf den ›göttlichen Funken‹ zu beziehen, den jeder Mensch in sich trägt.«

Aus den Schriftrollen von Nag Hammadi

Es mag auch an der Hitze gelegen haben, jedenfalls fühlte ich mich etwas unwohl; die ganze Situation erschein mir so surreal. Ohne die Anwesenheit meiner Freunde hätte ich sicher ernsthaftere Probleme bekommen. Sie waren Beteiligte und Zeugen einer Abfolge höchst erstaunlicher Ereignisse. Ein wenig später las ich den weiteren Text noch einmal für mich allein.

»Etwa 20% der Nag Hammadi-Texte berichten über die Spezies der Archonten. Sie werden als eine nicht-physische Spezies beschrieben, die aber kurzzeitig physische Form annehmen kann.«

Beim Lesen dieser Zeilen empfand ich ein deutliches Gefühl von Unbehagen und gleichzeitig den Eindruck von Stimmigkeit. Ich spürte quasi den Wahrheitsgehalt dieser Worte, als ob ich das alles eigentlich schon immer gewusst hätte.

»Die Archonten werden als geistige Eindringlinge beschrieben. Sie sind nicht in der Lage, längere Zeit in unserer materiellen Welt zu überleben, ähnlich wie Menschen nur kurze Zeit unter Wasser überleben können, ohne Luft zu holen. Ihr bevorzugter Zugang zu unserer Realität ist durch den menschlichen Verstand. Gnostische Texte warnen vor den Archonten und ihren Versuchen, die menschliche Evolution von ihrem Kurs abzubringen.«

Von allen bisherigen Beschreibungen übt diese Passage den intensivsten und schockierendsten Einfluss auf mich aus. Selbst jetzt, zwei Monate nach diesem Ereignis, muss ich meinen Schreibvorgang unterbrechen, so intensiv wirkt diese Aussage auf meinen Emotionalkörper. (... Nach einer kurzen Innenschau und Teepause setze ich meine Beschreibung weiter fort.) Ich glaube erkannt zu haben, weshalb diese Passage mich so ganz besonders berührt. Sie bestätigt meine Beobachtungen der letzten Jahre und würde endlich eine passende Erklärung für ein immer stärker werdendes Phänomen sein, das ich schon seit einigen Jahren als Sabotageprogramm bezeichne. Ich stelle fest, dass meine Handlungen sehr oft kurz vor der Fertigstellung wie sabotiert werden, entweder von mir selbst oder aufgrund äußerer Umstände. Dies trifft ganz besonders zu, wenn es sich um bedeutsame Projekte handelt. Ich konnte sogar eine Korrelation zwischen der Wichtigkeit einer Handlung und deren Verhinderung beobachten. Viele von Ihnen werden dies auch bei sich selbst beobachtet haben, so schrieb mir die Lektorin dieses Buches nach der ersten Durchsicht:

»Das kann ich absolut bestätigen. Bei manchen Projekten habe ich das Gefühl, es ist wirklich ›der Wurm drin‹, so dass sogar die Leute in meinem Umfeld sich wundern. Lange habe ich das auch immer nur auf meine eigene Chaotik, Unstrukturiertheit, Schusseligkeit etc. zurückgeführt (getreu dem Erbsünde-Muster), bis ich gemerkt habe, das mehr dahintersteckt.

Inzwischen erkenne ich eher, wenn ein Projekt ›behindert‹ wird, indem einfach alles, was schiefgehen kann, auch schiefgeht. Dabei sind diese Probleme durchaus alle für sich nachvollziehbar und haben einen kausal erklärlichen Grund, das Auffällige ist die unglaubliche Häufung. ... Inzwischen rege ich mich nicht mehr so auf, wenn ich erkenne, dass ein Projekt ›behindert‹ wird, sondern nehme es als Teil meiner Aufgabe, mich damit herumzuschlagen. Manchmal erlebe ich sogar deutlich, wie ein Projekt ab einem bestimmten Punkt auf die ›Liste‹ gesetzt wird – und manchmal irgendwann auch wieder herunter, und daran arbeite ich: Meine Hoffnung ist: Je weniger ich mich beirren lasse und aufrege, umso weniger lohnt sich für die ›Verhinderer‹ der Aufwand. Man muss bei alledem sehr aufpassen, die Balance zu halten, nicht in Paranoia zu gehen, aber sich eben auch nicht ständig für völlig unfähig zu halten. Ich stehe oft auch vor anderen so dumm da, wenn so viel schiefgeht, und kann dann ja schlecht sagen: ›Verhinderer am Werk.‹ Das geht übrigens nicht nur mir so, sondern auch anderen Freundinnen und Freunden von mir.«

Auch ich hatte diesen Effekt, durch den sich mein Handeln oft wie eine Sisyphusarbeit anfühlte, mit einen aus der Psychologie bekannten Phänomen des sogenannten inneren Saboteurs erklärt. Auch alle meine bisherigen Erfindungserfolge wurden zwar mit internationalen Patenten anerkannt, wurden jedoch immer kurz vor dem scheinbar bevorstehenden Durchbruch sabotiert. Solche ›Verhinderungen‹ konnten natürlich auch aus wirtschaftlichen Gründen von den Konzernen initiiert worden sein, denen ich mit meiner Erfindung eine unangenehme Konkurrenz sein würde. Wie dem auch immer sei, durch die vier Wörter ›…*von ihrem Kurs abzubringen*‹ wurde mir noch eine weiterer Aspekt bewusst: Seit über zehn Jahren geht mein eigener *Kurs* in eine neue Richtung, indem ich mit meinem spirituellen und naturwissenschaftlichen Wissen an die Öffentlichkeit gehe. Was mir seitdem an ›Verhindererenergie‹ entgegentrat, war noch wesentlich intensiver. Zu den mir schon bekannten Sabotageaktionen kam noch eine besondere Art geistiger Hemmungen hinzu, das Gefühl einer Fremdbestimmung. In diesen gruseligen Zuständen bildete sich etwas deutlich wahrnehmbar Fremdes in meinen Gedanken aus. Wenn das geschah, konnten die anwesenden Personen sogar eine leichte Wesensveränderung bei mir erkennen, die ich und viele meiner Kollegen, Partner und Freunde immer in einem Zusammenhang mit der Wichtigkeit meines jeweiligen Tuns in Zusammenhang bringen konnten. Hilfesuchend nahm ich dazu schon vor Jahren den Rat von zwei befreundeten Psychologen und eines Schamanen in Anspruch. Medizinisch betrachtet konnten diese Helfer nichts Pathologisches an mir beobachten. Ich war (und bin es sicherlich bis jetzt) in einem psychisch gesunden Zustand. Hilfreich war für mich jedoch die Aussage des Schamanen, der etwas an mir feststellte, was nicht zu mir zu gehören schien. Dieser Schamane riet mir, mich mehrfach unter fließendes Wasser zu stellen und eine spezielle Herzatmung anzuwenden. Diese Praktiken sollten sich als sehr wirkungsvoll und für mich hilfreich erweisen. An dieses Gefühl der Fremdbestimmung musste ich ebenfalls denken, als diese geschriebenen Worte ›…*von ihrem Kurs abzubringen*‹ nochmals las. Im Folgenden führte der Text nun zwei Methoden auf, wie die Archonten die Menschen von ihrem Kurs abbringen:

»*1. Fehler: Menschen machen Fehler, aber Menschen sind nicht gut darin, aus Fehlern zu lernen. Die Archonten sind Experten darin, den Unwillen der Menschheit, aus ihren Fehlern zu lernen, auszunutzen.*

2. Simulation: Die Archonten sind Experten für virtuelle Realitäten und holografische Projektion: Sie können holografische Bilder von jedem existierenden Lebewesen erzeugen, aber diesen Hologrammen fehlt die Vitalität des Originals, es wirkt künstlich.«

Zugegeben, zum damaligen Zeitpunkt erschien mir diese Darstellung als etwas zu abwegig, obwohl ich sofort an das Modell eines ›Holografischen Universums‹ von David Bohm denken musste (siehe Kapitel 3: Vom Werden zum Sein – Vom Sein zum Werden) und auch an die Schilderungen aus den griechischen Göttersagen. Hier wirken die Götter eher sehr oft ein, indem sie sich Menschen in Form einer Projektion nähern, zum Beispiel nähert sich Zeus der Jungfrau Europa in Gestalt eines Stieres (um sie zu entführen und zu vergewaltigen...). In der folgenden Passage, die mir auch beim jetzigen Schreiben noch sehr unter die Haut geht, berichten die historischen Texte aus der Höhle bei Nag Hammadi über die Archonten,

»dass sie ›durch‹ Menschen leben wollen, da sie nicht in unserer Realität leben können. Hierzu versuchen sie die Menschen mehr archontisch zu machen: Sie versuchen den Menschen von der natürlichen Welt (und der Natur) zu entfremden, und ihn dazu zu bringen, mehr in virtuellen Realitäten zu leben.«

Die Motivation der Archonten für ihr Handeln wird in den gnostischen Texten auf Neid zurückgeführt: *»Die Archonten beneiden die Menschen für ihre wunderbare Welt voller Kreativität, die so grundverschieden von der kalten und künstlichen Welt der Archonten ist. Ihr Neid scheint sich besonders auf den ›göttlichen Funken‹ zu beziehen, den jeder Mensch in sich trägt.«*

Diesen *›göttlichen Funken‹* bezeichnen die Gnostiker als ›Nous‹, in diesem Buch haben wir ihn ›Selbst‹ genannt. Und so steht auch im nächsten Satz:

»Jeder Mensch trägt diesen göttlichen Funken in sich, aber er fehlt den Archonten. Es wird angedeutet, dass die Archonten sich energetisch von menschlichen Emotionen ›ernähren‹, da sie selbst über keine Emotionen – und somit keine emotionale Energie – verfügen.«

Und so kommt der Autor dieses Artikels zu der Schlussfolgerung:

»Es ist schwierig, diesen Beschreibungen einen Sinn abzugewinnen. Was Sinn machen könnte, ist, dass die Archonten ein Werkzeug unseres Realitätskonstruktes sind, um Menschen zu testen und zu prüfen, ob wir unseren eigenen Verstand im Griff haben, trotz aller Versuche der Archonten, uns

innerlich zu verwirren. Sie scheinen Teil eines kosmischen Tests zu sein, ein Weg, Bewusstsein auszusortieren, das nicht bereit ist, Verantwortung für das eigene Denken und Handeln zu übernehmen. In diesem Sinne sind die Archonten vielleicht ein kosmisches Werkzeug, um die menschliche Evolution anzustacheln.«

Diese Erklärung halte ich insofern für bemerkenswert, als sie den Versuch unternimmt, dieses außerordentlich bedrückende Szenario in einer ganzheitlichen Betrachtung doch noch als positiv zu interpretieren.

Etwa eine Woche nach diesen Ereignissen beschloss ich, selbst eine umfassende Recherche und Studie durchzuführen, mich dabei an Primärquellen zu orientieren und von subjektiv geprägten Veröffentlichungen möglichst fernzuhalten. Ich halte es gerade bei diesem hochbrisanten Thema für unerlässlich, deutlich zwischen persönlicher Meinung und erwiesenen Fakten zu unterscheiden.

Bereits am nächsten Tag begann ich mit meinen ersten Recherchen, und mit ihnen stand mein Entschluss fest, ein Buch über dieses Thema zu schreiben. Ohne mir über die Konsequenzen hieraus bewusst zu sein, befand ich mich bereits mitten in meinem neuen Buchprojekt. Frank, unser Co-Produzent und der Regisseur von ›Solar Revolution‹ war für mich das sogenannte Zünglein an der Waage. Er wies mich auf ein Interview hin, das einer seiner Kollegen mit Jeff Rense geführt hatte. Dieser Kollege, Jay Weidner, hatte für einen Dokumentarfilm für History Channel über den Nag Hammadi-Fund höchst interessante Informationen zusammengetragen.

Bevor Weidner sich mit den Inhalten der Nag Hammadi-Texte befasste, recherchierte er ausführlich über die Gnostiker, von denen diese Texte ja stammen sollen. Die Gnostiker vertraten einen Glauben – Gnosis genannt – der bis vor etwa 2000 Jahren etwa so weit verbreitet war, wie heute der Hinduismus. Weidner fand heraus, dass die Lehren der Gnosis aus unserer Historie der Weltgeschichte und Religionen in auffälliger Weise entfernt wurden. *»Du kannst heute ein Studium über Religionen der Welt in früherer Zeit belegen, und dabei wird die Gnosis noch nicht einmal erwähnt.«*. So sind die Nag Hammadi-Texte eine der wenigen Beschreibungen über das, was die Gnostiker seinerzeit glaubten. Heute wird der Begriff Gnostik auf seine unmittelbare Wortbedeutung reduziert, Gnostik bedeutet griechisch Wissen (eigentlich Gnosis). Wenn man sich ausgiebig genug mit den damaligen Gnostikern befasst, erfährt man, dass sie davon ausgingen, dass unsere Befreiung nur durch Wissen zu erreichen sei und die Wirklichkeit nur durch den Gebrauch dieses Wissens beeinflusst werden könnte. Erwähnenswert ist auch, dass die ›Bibliothek von Alexandria‹ von Gnostikern geleitet wurde. Offenbar waren sie die Ersten, die Schriftrollen und Bücher systematisch sammelten und Informationen selbst in geschriebenen Texten festhielten. Ihre Kultur war in ganz Europa und dem Nahen Osten verbreitet. Wie es aussieht, hatten die alten Gnostiker auch eine Erklärung für meine Vision von einer Invasion außerirdischer Entitäten parat. Denn die alten Gnostiker predigten, dass unsere Welt um etwa 3600 v. Chr. von einer <u>virusähnlichen Invasion heimgesucht</u> worden sei. Und diese unglaublich erscheinende Aussage veröffentlichten sie auch in ihren Nag Hammadi-Texten.

Die Gnostiker nannten diese Besatzungsmacht *Archonten*. Im Interview mit Jeff Rense sagte Jay Weidner hierzu: »*Diese Archonten hatten die Fähigkeit, die Realität zu duplizieren, um uns zu täuschen. Sie waren neidisch auf uns (die Menschen), weil wir eine Seele haben, die sie nicht besitzen, und die Nag Hammadi-Texte beschreiben das und auch das Aussehen der Archonten. Manche sehen aus wie ein Reptil, andere sehen aus wie ein noch nicht ganz entwickeltes Baby oder ein Fötus.*«

Den Texten nach befinden sich diese Archonten in einem halb lebendigen und halb leblosen Zustand. Weidner fährt fort:

»*Die Archonten duplizieren Realität so, dass, wenn wir ihnen das abkaufen, wenn wir also glauben, dass die duplizierte gefälschte Wirklichkeit die wahre Wirklichkeit ist - dann werden sie die Sieger sein.*«

Ungeachtet dieser erschreckenden Enthüllung ist es natürlich von großem Interesse, wie diese Archonten es anstellen, unsere Realität zu verändern. Diese Frage stellte nun auch Jeff Rense seinem Gast:

»*Wie duplizieren sie die Realität? Benutzen sie dabei ihr Bewusstsein?*«

Jay Weidner antwortete:

*»Ja, den Texten zufolge können sie in Menschen hinein über das Unterbe-
wusstsein und können die Menschen auf diese Art manipulieren, so dass sie
plötzlich Dinge tun, die sehr merkwürdig sind.«*

Jay Weidner berichtete darüber, dass die Archonten auch für unseren Wer-
teverlust verantwortlich seien und die Menschen systematisch von ihren
kulturellen Wurzeln entfernt würden, um ihnen möglichst die Anbindungen
an ihr wahres Selbst zu verwehren.

*»Da die Archontische Präsenz sich viral über die Erde ausgebreitet hat und
im 20. Jahrhundert eskalierte, sehen wir heute überall ihr hässliches Werk
der Zersiedelung. Sie sind die Verantwortlichen für all diese Gewalt und den
Verfall der Ethik.«* So Weidner.

So sehr mein Verstand und meine Gefühle sich gegen die Vorstellung einer
›Besetzung‹ durch Wesen aus einer anderen Dimension sträubten, hatte ich
doch den unbehaglichen Eindruck, dass die hypothetische Annahme der
Existenz einer solchen Spezies das Rätsel der Stagnation in der Lösung der
drängenden Weltprobleme und unseres kulturellen Niedergangs elegant
erklären würde. Es war, als kämen die Schafe in einem Stall auf den kühnen
Gedanken, ihre unbefriedigende und unfreie Situation sei gar nicht auf ihre
eigene ererbte Schuld zurückzuführen, sondern könne zumindest auch mit
Wesen zu tun haben, die gern Schaffleisch essen und sich in Wolle kleiden,
weil sie selbst außerstande wären, Gras zu verdauen und sich ein Fell wachsen zu lassen. Klingt abstrus, aber es würde einiges erklären ...

Herr Weidner scheint ein mögliches Entkommen aus dieser Gefangenschaft
infrage zu stellen.[57]

*»Ich hasse es wirklich, das sagen zu müssen, aber wir wurden alle getäuscht!
Die ganze Idee, dass eine Art von Messias kommen wird, um uns zu retten,
ist ein Trick der Archonten, damit wir denken, wir bräuchten nichts selbst zu
tun, weil der liebe Gott es schon richten wird. Auf diese Weise übernimmt
jedoch keiner mehr Verantwortung für seine derzeitige Situation.*

---

57   Alle diese Zitate stammen aus folgendem Interview: http://jayweidner.com/Archons.html.

Das gesamte Neue Testament wurde von Konstantin komplett neu geschrieben und alle Informationen, die auf die Archonten hinwiesen, wurden daraus entfernt. Dafür wurde die Vorstellung vom HERRN als eines grausamen Gottes gelehrt. Das ist eine Tatsache. Die Nag Hammadi-Texte sind älter als das Neue Testament. Das Neue Testament, das wir heute kennen, wurde erst um 350 n.Ch. ›zusammengebaut‹. Wenn Sie in die Nag Hammadi-Texte schauen, gibt es da keine Erbsünde, sondern man sagt uns, wie es wirklich war.«

Rense: *»Die Aussage, jemand käme hierher, um uns zu retten, sei es nun die Wiederkunft Christi, irgendein spiritueller Meister oder ET, ist so ziemlich die traurigste Entschuldigung oder besser gesagt Ausrede, die die Menschen aus ihrer Verantwortung entlässt und sie gleichzeitig an den esoterischen Haken nimmt.*

Es ist ein Trick, eine Umkehrung der Realität, und genau das tun die Archonten immer. Sie sind stets bemüht, uns zu überzeugen, dass Krieg Frieden ist und Liebe Hass. Alles ist immer umgekehrt, also das Gegenteil von dem, was wahr ist. Sobald wir es aber einmal verstanden haben, erkennen wir es und sind in der Lage zu sehen, dass es sich um eine Verschwörung handelt, bei der alles auf den Kopf gestellt wird.«

Weidner: *»Die Gnostiker glaubten, dass es fortgeschrittene Wesen gibt, die sich tatsächlich um uns kümmern und dass es eine Wette oder Vorhersage gab, nach der die Menschen eines Tages nicht mehr auf die Tricks der Archonten reinfallen und aufwachen, und diese fortgeschrittenen Wesen bereiten den Weg, damit dies geschehen kann.*

Eine Sache, das steht fest, hassen die Archonten noch mehr als Liebe … und das ist Mut. Sie können nicht gegen Mut, Klarheit und artikulierte Debatten aufstehen, weil ihre eigenen Positionen auf Falschheit aufgebaut sind.«

»Da sie Mut hassen: Stellt euch gegen sie. Sie werden versuchen, zu zerstören, versuchen, euch niederzureißen und zu tun, was sie können, aber nichts treibt sie mehr in schaudernde Angst, als wenn jemand gegen sie aufsteht, und sie reagieren darauf immer über, weil sie feige sind und sich erschrecken.«

»Sie glauben nicht an ein Leben nach dem Tod, und es mag für Archonten auch kein Leben nach dem Tod geben, aber ich denke wohl für die Menschen, und ich glaube, dass die Menschen ein göttliches Prinzip sind. Das sagen auch die Gnostiker, und wir sind mit Intelligenz und Argumentationsfähigkeit ausgestattet. Das macht die Archonten so wütend und eifersüchtig auf uns, weil wir diese angeborene, schöpferische Intelligenz haben, mit der wir fast alle Probleme lösen können.

Die Lösung des Archonten-Problems kann sehr wohl der letzte Test für die Menschen sein – ob sie das Archonten-Problem benennen und lösen können. Was das Archonten-Dilemma besser lösen kann als alles andere ist, einander bedingungslos zu lieben. Genau das treibt sie aus unseren Köpfen. Familiäre Liebe oder die Liebe zwischen Mann und Frau können sie nicht ertragen, und deshalb tun sie alles, um die Reinheit in dieser Liebe zu zerstören.

Wenn man den Weg der Moderne betrachtet, ist sie ein fortgesetzter Versuch, sogar bei den Kindern jeden Sinn für Reinheit zu entfernen. Es ist wirklich schwierig, weil Kinder heute im Alter von 6 bis 7 Jahren Dinge im Fernsehen anschauen, die wahrscheinlich kein Mensch jemals sehen sollte. Das Gleiche gilt für Horrorfilme, das sind alles Archonten-Tricks, um die Menschen zu desensibilisieren, damit sie sogar noch mehr Gewalt erschaffen, wenn dieser Punkt für sie notwendig wird, damit sie satt werden können. Denn genau das tun sie, sie ziehen die Energien aus uns heraus, weil sie selbst in sich nichts haben.«

Rense: *»Die ganze Idee der von Archonten kontrollierten Medien ist, die Massen zu desensibilisieren und in ihrer Programmierung zurückzustufen auf die Basis von Trieben und Instinkten.«*

Weidner: *»Ich schaue nicht fern, aber ich war kürzlich auf einer Konferenz, schaltete im Hotelzimmer den Fernseher an und wurde bombardiert mit Bildern von Menschen, die getötet werden, und allen möglichen Arten von Sex.*

Fernsehbilder sind der schnellste Weg ins Gehirn.

Der Wesenskern des Mythos, der uns von Anfang eingetrichtert wurde ist, dass wir dumm bleiben müssen und wenn man versucht, etwas aus sich zu machen, wird man bestraft. Dieser zentrale Mythos ist der Grund, warum wir in dieser Alptraumwelt missbräuchlicher Beziehungen gefangen sind, wo man uns schlägt, während man uns mitteilt, dass man uns liebt und wo man uns sagt, keine Sorge, irgendwelche Erlöser werden dich retten. Ihr müsst überhaupt nichts machen, einfach liegen bleiben und erdulden, denn sie werden mit einem außerirdischen Raumschiff oder aus den Wolken oder von sonst woher kommen.«

Rense: *»Die Archonten scheinen genau jetzt, zur heutigen Zeit, zum großen Schlag auszuholen. Man kann das über die Nag Hammadi-Bibliothek im Internet nachlesen, die eine lebendige Aufzeichnung der großen gnostischen Bewegung ist. (Anm. d. Ü.: In englischer Sprache wesentlich mehr verbreitet als in deutscher Sprache) Gnostiker und Templer scheinen alle aus der Geschichte ausgelöscht worden zu sein. Wird in den Texten beschrieben, wie die Archonten hierher kamen? Gibt es irgendeinen Hinweis auf die Art und Weise, wie sie hierher reisten?«*

Weidner: *»Ja, die Gnostiker vermuten, dass sie außerhalb des Kreises der inneren Planeten leben oder lauern, in der Nähe des Saturns, das heißt also in unserem Sonnensystem. Die Gnostiker hielten Jehova für einen Alien, einen falschen Gott, der von außerhalb unseres Planeten kam. Er sei ein Dämon und die Fälschung eines Gottes – eben ein getarnter Archont. Und wieder finden wir das Duplizieren der Realität. Die Gnostiker glaubten an einen wahren Gott, aber mehr an die Schöpfung insgesamt als an einen Gott. Sie waren Deisten im Gegensatz zu den archontischen Theisten. Das wurde bis heute nur sehr wenig definiert. Interessanterweise definiert die Person Jesus ihren Glauben als den, von dem einen wahren Gott und grenzt sich gegen den anderen Gott Jehova immer ab (zumindest in den Stellen, die noch überliefert sind). Ich glaube, viele der Geschichten von Jesus sind eigentlich gnostische Mythen über eine mögliche Rebellion gegen die Archonten. Also die Archonten wurden irgendwie aus einem Gefängnis entlassen – und das ist wahrscheinlich das, worum es im Buch des Enoch geht – wo es heißt, er nahm die Dämonen und sperrte sie in eine Kiste, aber am Ende der Zeit würden sie wiederkommen.«*

14. Verwirrte Schafe und selbstmörderische Mäuse

»Das denkende und fühlende neuro-chemische Netzwerk eines Menschen erzeugt eine Realität, welche dem jeweils Gedachten entspricht. Dieser realitätsgenerierende Schöpfungsprozess – Denken genannt – erschafft sowohl die geistige als auch die materielle Ebene des Seins. «

Dieter Broers, aus Der Realitätenmacher

Was den in dem Interview von Rense und Weidner angesprochenen Verfall der Ethik betrifft, erinnere ich mich noch an eine Feststellung meiner Eltern. Sie haben mich bereits vor über vierzig Jahren auf einen zunehmenden Verfall der Tugenden hingewiesen. Damals konnte ich mit ihrer Feststellung nichts anfangen und hielt sie für altmodisch. Begriffe wie Tugendhaftigkeit und Moral erschienen mir in ihrer ursprünglichen Bedeutung schon nicht mehr erkennbar. Seit etwa dreißig Jahren hat sich meine Ansicht hierzu geändert. Zunächst bemerke ich den offensichtlichen Verfall- beziehungsweise Zersetzungsprozess in der Berichterstattung der Medien. Noch deutlicher berührt mich auf immer schmerzvollere Weise dieser kulturelle und soziale Abstieg in den Filmen, die im Fernsehen und Kino gezeigt wurden. Romantik verwandelte sich zunehmend in immer weiter ausufernde Brutalität und Perversionen. Die klassischen Liebesfilme gehören nicht unbedingt zu meinen bevorzugten Filmen, aber ich stelle immer deutlicher fest, dass selbst die sogenannten Krimis von Jahr zu Jahr immer brutaler werden. Wenn beispielsweise vor ungefähr vierzig Jahren eine Alfred Hitchcock-Verfilmung einen Mord nur indirekt zeigte – also unsichtbar für das Auge des Betrachters –, so konnte man zehn Jahre später in den Kriminalfilmen bereits das Blut spritzen sehen. Dies entwickelte sich in den letzten Jahren zu einem Stil, den ich als Kettensägen-Massaker bezeichne (sicherlich können Sie sich vorstellen, was ich mit dieser Wortschöpfung ausdrücken möchte).

Die offenbar systematisch organisierte Verrohung ist mittlerweile derartig pervertiert, dass ich mich sogar vor sogenannten Spielfilmen schütze. Mein Verbrauch an virtuellen Szenarien hat sich auf Dokumentarfilme und wenige Sportsendungen reduziert. Aus der Sicht der Initiatoren des organisierten

Verrohungs-Programmes führt ihr Medien-Projekt, Aufklärung und Unterhaltung auf einem möglichst niedrigen Niveau zu halten, zum gewünschten Ziel. Dieses Ziel besteht aus der Sicht der Archonten[58] besteht dieses Ziel aus zwei Aufträgen: Sicherstellung, dass wir in unseren niedersten Emotionen leben, und das Unterbinden unserer wahren Selbst-Erkenntnis. Wenn wir erkennen würden, wer und wie wir wirklich sind, würde uns dies ihrem Zugriff augenblicklich entziehen. Aus diesem Grund wird es uns so schwer gemacht, unser wahrhaftiges Selbst zu aktivieren, was dem Vorgang des Erwachens entspricht. Dieser Erwachens-Vorgang wird in den alten Mythen als das ›Essen von der verbotenen Frucht‹ aus dem Garten Eden beschrieben, die mit der ›Erkenntnis von Gut und Böse‹ einhergeht. Genau dieses Verbot wird mit aller Macht immer noch aufrechterhalten. So wurden sämtliche Schlupflöcher zur wahren Selbst-Erkenntnis – die in den Garten Eden führen – blockiert. Aus den offenkundigen Verbot des Verzehrs der Erkenntnis-Früchte zur Zeit von Eden sind heute Gebote geworden. Diese Gebote haben das gleiche Ziel, nur ihre Etikettierung besagt das Gegenteil.

So sind die ›Gebote‹ die zu unserer Gesundheit beitragen sollen, mit den gewollten Nebenwirkungen der Dauerpatientenschaft behaftet. Ein ehrliches Gesundheits-Gebot würde uns nicht nur eine umfassende körperliche und geistige Gesundheit bescheren, sondern uns auch auf den Weg zur befreienden Selbst-Erkenntnis führen können. Das absichtlich degenerierte und/ oder synthetische Nahrungsmittelangebot hingegen wird uns keine wirkliche Gesundheit bringen, im Gegenteil. Der hierdurch hervorgerufene körperliche Verfall führt automatisch auch zu geistig-seelischen Erkrankungen. Sobald wir dieses perverse Spiel durchschauen und uns zum Ausgleich die fehlenden Nahrungsergänzungsmittel beschaffen wollen, werden wir durch neue Verbote daran gehindert – wie uns die neuen Zulassungsbestimmungen für Nahrungsergänzungsmittel verdeutlichen. Da die größte Gefahr jedoch in unserer Selbsterkennung besteht, wurden eigens hierfür Spezialprogramme entworfen. Diese Programme betreffen bevorzugt unser Trinkwasser und unsere Zahnpasta. Durch die Beimengung von – angeblich unsere Gesundheit fördernden – Fluoriden, wird ein Degenerierungsprozess unserer

---

58 Es existiert noch ein übergeordneter Sinn dieser dunklen Macht, über den ich im letzten Kapitel berichten werde.

Zirbeldrüse[59] angeregt, der den Zugang zu unserer kosmischen Anbindung verhindert.

Grundsätzlich gibt es vier Wege, um unsere kosmische Anbindung – die unsere Selbst-Erkenntnis ermöglicht – zu unterbinden:

1. Sinnesüberreizung (Stress) führt direkt zu Punkt 2

2. Emotionale Zustände wie: suggerierte Ängste, Schuld- und Minderwertigkeitsgefühle

3. Elektrosmog (elektromagnetische Schwingungen in widernatürlicher Frequenz und/oder Intensität)

4. Chemie: Psychopharmaka (Inhibitoren der bewusstseinserweiternden endogenen Neurotransmitter der Zirbeldrüse) und Fluoride[60]. Neben den toxischen Wirkungen führt eine dauerhafte Zuführung von Fluoriden zu einer Degeneration (eine Art Verkalkung) der Zirbeldrüse.

Unsere Zirbeldrüse produziert normalerweise diejenigen Neurotransmitter, die eine Bewusstseinserweiterung beziehungsweise eine Selbst-Erkenntnis ermöglichen. Die Zirbeldrüsenproduktion dieser Neurotransmitter (5meo-DMT, 6meoDMT, Pinoline usw.), werden durch jeden der oben aufgeführten vier Wege über inhibitorische und/oder metabolische Prozesse unterbunden).

All diese teuflisch erscheinenden Maßnahmen sollen uns von der verbotenen Frucht der Erkenntnis von Gut und Böse fernhalten. Denn durch diese Erkenntnis beenden wir das Spiel der Manipulatoren und befreien uns hierdurch für unsere eigentliche Bestimmung. Aus einer ganzheitlichen Sicht dienen die Archonten, ob sie wollen oder nicht, auch unserem Entwicklungsprozess, der in unserer wahren Selbsterkennung besteht.

---

59 Zirbeldrüse = Pineal Gland, Epiphyse, auch ›Drittes Auge‹ genannt.

60 Fluoride sind ein biologisch nicht abbaubares Umweltgift, welches noch bis 1945 offiziell als Giftstoff klassifiziert war. 1936 schrieb die Vereinigung der amerikanischen Dentisten: »Fluorid mit einer Konzentration von 1 ppm (part per million) ist genauso giftig wie Arsen und Blei.«

Noch befinden wir uns inmitten der Geburtswehen, noch haben wir das erlösende Ziel nicht erreicht. Aus diesem Grund werde ich nun mit meinen Darlegungen über das Werden und das Sein fortfahren, um zur Aufklärung und Selbst-Erkenntnis beizutragen.

Rundumpaket ›Verfall der Ethik‹

Ein hochintelligent entworfenes und sehr effizientes Rundumpaket, hat uns in Leid und Minderwertigkeit geführt.

Über das Verhindern unserer wahren Selbst-Erkenntnis wird uns zugleich das Wissen um unsere uneingeschränkte Schöpferkraft vorenthalten, um das göttliche Wirkprinzip, nach dem ein mit Gedanken und Gefühlen ausgestatteter Geist Realitäten erschafft. Unabhängig davon, ob wir um unser Schöpfungspotenzial wissen, erschafft unser Geist in jedem Augenblick eine entsprechende Realität. Da uns dieses Wissen bewusst vorenthalten wird, manifestieren wir ständig und unbewusst statt der von uns selbst gewünschten Realität die Realitäten der Archonten.

Da unser natürliches, instinktives Urteilsvermögen durch eine permanente Sinnesüberreizung unterdrückt wird, versuchen wir uns in unserer ›Freizeit‹, mit den Angeboten der Unterhaltungsmedien zu entspannen. Indem wir diese Medien ›nutzen‹, speisen wir die von uns aufgenommenen Informationen in die morphogenetische Datenbank ein, noch angereichert durch unsere Emotionen. Ahnungslos erzeugen wir hierdurch eine den Informationen entsprechende Realität. Dieser wirklichkeitserzeugende Schöpfungsprozess beschleunigt sich entsprechend der Intensität unserer Emotionen. Unser Unterbewusstsein ist nicht in der Lage, zwischen einem künstlichen Ereignis (beispielsweise in einem Spielfilm) und einem eigenen persönlichen Erlebnis zu differenzieren! Ich bitte Sie, liebe Leser, hierzu den folgenden Text besonders aufmerksam zu lesen. Er ist aus meinem Sachbuch ›Die Realitätenmacher – Gedanken erschaffen Realität‹ entliehen:

»Das denkende und fühlende neuro-chemische Netzwerk eines Menschen erzeugt eine Realität, welche dem jeweils Gedachten entspricht. Dieser realitätsgenerierende Schöpfungsprozess – Denken genannt – erschafft sowohl die geistige als auch die materielle Ebene des Seins.

Die Wahrnehmung dessen, was wir als ›unsere Realität‹ bezeichnen, ist das Summenprodukt aller bisherigen Denkprozesse (unserer eigenen und der aller anderen).«

Die magische Kraft der Medien

»Medien können als Realitätsverstärker verstanden werden. Künstlich erschaffene Meinungen und Bilder werden durch wachbewusste Zustände von den Menschen aufgenommen und durch innere Reflexionen in die Welt der Realität transportiert, wobei Emotionen verstärkend wirken. Akzeptanz, innere Überzeugung und Glauben spielen für die tatsächliche Umsetzung (Manifestierung) der aufgenommenen Informationen (Meinungen) keine Rolle. Hierzu ein Beispiel:

Durch das Lesen eines Artikels in einer Tageszeitung wird das entsprechende Informationsgut über unsere innere Reflexion in die Realität transformiert, ungeachtet dessen, ob wir diesen Artikel für glaubhaft halten oder uns mit seinem Inhalt identifizieren können. Lediglich die mit der aufgenommenen Information entstandenen Emotionen dienen als Verstärkungsfaktor für den Prozess der Manifestierung. Somit folgen wir Menschen einem Placebomechanismus, der als Realitätstransformator verstanden werden kann.«

Den Quantenphysikern ist seit über fünfzig Jahren bekannt, dass der geistige Einfluss eines ›Beobachters‹ auf die elementarsten Prozesse der Materie seine Spuren hinterlässt. Was auch den Magiern seit jeher bekannt ist, wird derzeit von Milliarden von Menschen unbewusst praktiziert: Gedanken erschaffen Realität. Je zielgerichteter und öfter ein Gedankenkonstrukt gedacht wird, desto schneller vollzieht sich seine Umsetzung in die Realität. Werden wir also häufiger mit gleichen oder ähnlichen Informationsbildern konfrontiert, ist davon auszugehen, dass diese über den genannten Transformationsprozess umso eher reale Gestalt annehmen (›Prinzip des hundertsten Affen‹).

So erschaffen wir eine Realität, die uns über die Medien von den Machthaltern der Erde induziert wird.

Wir Menschen agieren in einem hypnoseähnlichen Zustand, in dem wir etwas anstellen, das wir in unserem Selbst-bewussten Zustand sicherlich niemals tun **würden.**

»Sie sehen also, diese Illusion geht weiter, und dann erkennen wir auch, dass in den von Sitchin übersetzten Keilschrifttafeln die erwähnten Anunaki wahrscheinlich auch die Archonten sind. So können wir durch das Lesen über die Anunaki mehr über die Archonten erfahren, die hierher kamen und uns genetisch (über unsere DNA) zu verändern lernten, um Sklaven aus uns machen zu können.«[61]

Die Macht der Parasiten

So wirken die Strukturen unseres mit Emotionen ausgestatteten Geistes. Emotion und Geist zusammen sind die Schöpfer, egal, was gedacht und mit Emotionen verknüpft wird. Beeinflusst jemand die Gedanken und die zu ihnen gehörigen Bilder, werden diese Gedanken ebenso in die Realität transformiert. Da beispielsweise den Archonten sämtliche Emotionen abgesprochen werden – eben weil sie über keinen Emotional-Körper verfügen –, nutzen sie der Archontenhypothese zufolge die Emotionen der Menschen für sich. Das entspräche dem Verhalten eines klassischen Parasiten. Dieses außerordentlich befremdliche Thema wäre auch nichts Neues, denn in der Mikrobiologie wurde dieses symbiotische Verhalten von Mikroorganismen und Menschen bereits nachgewiesen. Um es kurz und unappetitlich zu sagen: Wir Menschen erfüllen die Nahrungswünsche unserer Darmparasiten. Indem uns die Darmbakterien ganz bestimmte Hormone und Neurotransmitter als Botenstoffe ins Gehirn senden, wird hier unser Verlangen nach der entsprechenden Nahrung erzeugt. Was wir also für unseren ganz persönlichen Geschmack halten, beispielsweise Appetit auf etwas Schokolade, ist in Wirklichkeit eine Auftragsarbeit für unsere Darmparasiten. Diese Vorgänge laufen für uns nicht wahrnehmbar im unbewussten Hintergrund ab.

Dabei ist dieser Vorgang für beide Entitäten lebenswichtig. Darmbakterien und Menschen sind symbiotisch miteinander verbunden; ohne sie könnten wir nicht leben und umgekehrt. Hierbei spielen eine passende Anzahl und

---

[61] Quelle: Die Götter von Eden, William Bramley.

die passenden Bakterienstämme eine entscheidende Rolle. Ohne eine bestimmte Anzahl an Escheria coli-Bakterien würden wir keinen einzigen Tag überleben. Andererseits können Typhus-Bakterien unseren Körper schwer beschädigen und gar töten.

An den bekannten Wechselwirkungen zwischen den ›Parasiten‹ wie *Escheria coli*-Bakterien und dem menschlichen Körper[62] **können wir einen Abgleich zwischen Archonten und Menschen vornehmen.** Gehören die Archonten in die für uns schädliche *Typhus*-Gattung oder sind sie eher den **nützlichen** *Escheria coli*-Parasiten zuzurechnen?

Manche Parasiten nutzen ihre Intelligenz auch dafür, ihren Wirt gezielt ins Verderben zu führen. Über derartige Fälle können wir in einem Fachartikel lesen:

»Parasiten machen den Wirt leichter angreifbar. Oder sie locken ihn auf die falsche Fährte, wie die parasitär befallenen Ratten, die direkt ins Maul der Katze ›geschickt werden‹, damit sie gefressen werden ... und die Parasiten damit den Endwirt (die Katze nämlich) erreicht haben.«

Etwas ausführlicher berichtete das Journal GEO in einem Artikel ›Toxoplasmose: Wie Parasiten uns steuern‹ von Judith Behnk:

»Wie der Parasit etwa eine Maus zum Zwischenwirt umfunktioniert, das ist schon gespenstisch. Da Mäuse naturgemäß Angst vor Katzen haben, wendet der Parasit einen Trick an, um zum Ziel zu gelangen. Einmal im Körper des Wirtes angelangt, verschanzt er sich in der Leber und im Gehirn seines Opfers, um von dort seinen Terrorfeldzug anzutreten. Infizierte Mäuse fühlen sich nahezu magisch angezogen von Katzen, fliehen vor ihrem Fressfeind nicht, sondern laufen ihm direkt in die Arme. Die britische Parasitologin Joanne Webster konnte dieses Verhalten in einer Studie auch im Labor nachweisen. Der Parasit programmiert seine Wirte auf Selbstmord.«

62　Beide ergeben ja erst einen funktionierenden Menschen

Diese Aussagen über Parasiten gaben mir genügend Anlass, mich noch etwas ausführlicher mit unseren Archonten zu befassen. In dem bereits erwähnten Interview äußert sich Jay Weidner gegenüber seinem Interviewpartner Jeff Rense weiter über die Archonten:

»So erarbeiten wir ein Bild von dem, was diese Archontischen Kräfte sind. Sie wurden irgendwie erfolgreich niedergeschlagen, es gab also einen Aufstand, aber dann begannen sie erneut aufzutreten, und dadurch, dass sie das sind, was wir nahezu als unsterblich ansehen, ist ihr Plan auch so präzise, aber sie brauchten Zeit, um Macht zu gewinnen, weil die Menschen auf der Erde damals im Wesentlichen Gnostiker waren. Die waren resistent und glaubten nicht an die ›Religion‹, die ihnen untergeschoben wurde und von ihnen verlangte, sich einem wütenden, psychopathischen und egozentrischen Kriegsgott namens Jahwe zu unterwerfen. Aber schließlich eroberten die Truppen des ›HERRN‹ auch die letzten von ihnen. Heute sitzen die Archonten so ziemlich an jeder entscheidenden Stelle des Systems und freuen sich auf die ›Orgie des von ihnen den Menschen auferlegten Finales der Verzweiflung‹, um die Massen zu melken.«

Dieser letzte Satz lässt mir das Blut in den Adern gefrieren. Ich schwanke zwischen entsetzlichem Abscheu und dem Bemühen, meine Aufklärungsarbeit weiter fortzusetzen. Ich habe mich für Letzteres entschieden, versuche jedoch abzuwägen, ob eine derartig schockierende Darstellungsform wirklich erforderlich ist. Diese Überlegungen hatte offenbar auch Herr Weidner, zumindest, wenn man diese Aussage liest:

*»Als ich letztes Jahr für den **History Channel** eine Sendung gedreht habe, machte ich es so, dass keine schockierenden oder unterbewusst tiefe Furcht auslösenden Bilder in die Reportage aufgenommen wurden. Es war ja nicht meine Absicht, Menschen zu ängstigen, sondern sie aufzuklären.«*

15. Sex – Sünde, Pornografie oder stärkste Schöpferkraft ?

»Hollywood, das ist der Kopf eines großen Netzwerkes. Ich denke, die Archonten sind an etlichen bizarren Pornografieproduktionen beteiligt, sie pervertieren uns und genießen es bis zur letzten Sekunde, und wir lassen es geschehen, und ich weiß nicht, ob es irgendein Entkommen daraus gibt. Denn sie haben es geschafft, es uns verführerisch und begehrenswert erscheinen zu lassen, pervers, gewalttätig oder einfach nur geistig krank zu sein.«

Jay Weidner

Nun stehe ich wie Weidner vor dem Problem der richtigen Mischung zwischen dem Nutzen der Aufklärung und der ängstigenden Wirkung der unhygienischen Sachverhalte. Einerseits bewirken derartige Darstellungen Angst und Abscheu und **könnten** sogar die Psyche beschädigen. Andererseits halte ich dieses Thema für so elementar wichtig, dass eine gewisse Belastung in Kauf genommen werden sollte. So wie bei einer zahnärztlichen Wurzelbehandlung gehen Unbehagen und Heilung hier Hand in Hand. Daher ist es wohl auch notwendig, auf das Thema der sexuellen Entartungen einzugehen.

Zum Thema Sexualität geht es mir ähnlich wie bei den Fernseh- und Kinofilmen. Zeitlich parallel konnte ich auch in der Sexualität eine kontinuierliche Verrohung beobachten. Wenn beispielsweise vor 40 Jahren in einem Film oder einem erotischen Buch eine Liebesszene vorkam, dann war zumindest ein Rest Zärtlichkeit und Liebe erkennbar. Heute wird man bereits als altmodischer Spießer gesehen, wenn man beispielsweise ein Problem mit Auspeitschungen und Fesselspielen hat.

Meine Recherchen zu diesem Thema waren jedoch schwierig. Möglicherweise habe ich einfach nur die falschen Suchbegriffe eingesetzt, jedenfalls entdeckte ich unter dem Arbeitstitel ›Entartete Sexualität‹ beziehungsweise ›Sexualität ohne Liebe‹ nichts wirklich Brauchbares. Der Begriff Sexualmagie wurde im 19. und frühen 20. Jahrhundert in der Literatur des westlichen Okkultismus zunehmend verwendet. Autoren wie Paschal Beverly Randolph und Aleister Crowley benutzten ihn, und später fand er auch in teils veränderten Auslegungen Aufnahme in das sogenannte Neo-Tantra. Der erste tantrische Orden in den USA wurde 1906 oder 1907 von Pierre Bernard gegründet, der ebenfalls die frühe Sexualmagie prägte und mit dessen Orden Aleister Crowley persönliche Kontakte hatte.

Ich gehe einfach davon aus, dass Sie, liebe Leser, meine Beobachtung der zunehmenden Verrohung in Bezug auf dieses Thema mit mir teilen.

Dieser Sachverhalt ließe sich zunächst einmal durch eine in uns angelegte Triebhaftigkeit erklären. Immerhin dient der Sexualtrieb zur Arterhaltung und wird daher vom Stammhirn, auch Reptiliengehirn genannt, gesteuert. Das Stammhirn ist der älteste Bereich unseres Gehirns und hauptsächlich für die Art- und Selbsterhaltung zuständig, es hat also die Aufgabe, unser Überleben zu sichern. Dieser Hirnteil hat sich schon vor mehr als 200 Millionen Jahren aus den primitiven Vorläufern heraus entwickelt und ist seit damals praktisch unverändert geblieben. Er stellt sicher, dass der Körper mit all seinen Systemen bei Gefahr möglichst effizient arbeitet und er sorgt dafür, dass wir auch bei Verlust unseres Bewusstseins überleben. Im Grunde hat das Stammhirn die Funktion eines Autopilotprogrammes. Es steuert und regelt beispielsweise unsere Triebe automatisch, wenn unser Bewusstsein eine gewisse Schwelle an Wachheit unterschreitet. Das Maß unserer Bewusstheit beziehungsweise Unbewusstheit, entscheidet also darüber, wie stark wir von den Programmen unseres Stammhirns dominiert werden. Hierzu ein aktueller Text mit dem Thema ›Die Dominanz des Reptiliengehirns‹:

»Die Dominanz des Reptiliengehirns hält die meisten Menschen in einem permanenten Zustand von Stress, Nervosität, Sorge und Angst. Durch äußeren gesellschaftlichen oder zwischenmenschlichen Druck und Manipulation ist es leicht möglich, dass Betroffene ihr gesamtes Leben in Angst und Sorge zubringen. Es genügt schon, dass man an etwas Beängstigendes denkt, schon reagiert unser Reptiliengehirn. Wie schon bemerkt: Das Reptiliengehirn unterscheidet nicht zwischen real oder eingebildet. Oft leben wir in einer pausenlosen inneren Unruhe. Die Ängste, Sorgen und Nervosität haben sich im Reptiliengehirn festgesetzt, sie sind permanent vorhanden, selbst wenn wir uns dessen nicht bewusst sind. Allein in den USA sind den Forschern zufolge etwa 25 Millionen Menschen von Panikattacken, sozialen Phobien,

Zwangsstörungen und Angstzuständen im Rahmen von posttraumatischen Störungen betroffen.«[63]

Nun ist die ›entartete Sexualität‹ nicht unbedingt nur dem Stammhirn zuzuschreiben. Dieses bietet uns sein Arterhaltungsprogramm über entsprechende Emotionen an, wobei es an uns liegt, ob oder wie wir von diesem Angebot Gebrauch machen oder nicht. Und genau das hängt von dem Grad unserer Bewusstheit ab. Der wesentlichste Grund für die sich immer weiter ausbreitende ›entartete Sexualität‹ ist unsere unzureichende Bewusstheit. Bereits Heraklit von Ephesus wusste von der unermesslichen Bedeutung unserer Bewusstheit, die er Wachheit nannte. Im Heraklit-Fragment 89 heißt es: *»Die Wachenden haben eine einzige und gemeinsame Welt, jeder Schlafende aber wendet sich ab in seine eigene.«*

Heraklit ging es darum, die Menschen darauf hinzuweisen, noch wacher zu werden, als wir es im normalen Tagesbewusstsein sind. So wie der ›Tagträumer‹, der nicht ganz wach durchs Leben geht, in den nächsten Bach fällt oder von einem Auto überfahren wird, so geht es all den halbwachen Menschen, die es bei dem gewöhnlichen verstandesgesteuerten Wachsein belassen wollen. Sie überlassen ihre Zukunft den veralteten Programmen und den Manipulatoren!

Noch sind wir alle mehr oder weniger Wachschläfer, eingebunden in unsere persönlichen Lebensprozesse, die uns vergessen lassen, über die genaueren Wirkungsmechanismen und Wechselwirkungen unseres schöpferischen Organs Gehirn und seine Realität nachzudenken. Unser alltägliches Leben, aus dem sich im Rhythmus der Routine eine Normalität entwickelt, führt durch seine scheinbare Selbstverständlichkeit zu einer Existenz, die uns zu roboterhaften Entitäten degradiert. Ein Leben, das uns unbemerkt zu nur noch Reagierenden macht, führt naturgemäß zu einer inneren Vereinsamung. Diese Vereinsamung versuchen wir dann, wiederum unbemerkt, durch Pseudo-Freuden zu kompensieren. Wir kennen es doch alle: Das Erreichen unserer Ziele ist in der Regel nicht von dauerhafter Glückseligkeit begleitet. Kaum haben wir das Ziel erreicht, orientieren wir uns an den nächsten Höhepunkten. Nur manchmal, wenn beispielsweise traumatische

---

63   http://www.eterna.sl/index.html.

›Schicksalsschläge‹ uns an die Grenzen unserer Leidensfähigkeit führen, kann dieser Teufelskreis unterbrochen werden. In solchen Ausnahmesituationen besteht die Möglichkeit einer Standpunktbestimmung, die eine umfassendere Perspektive ermöglicht. Hier verlieren wir, zumindest kurzzeitig, unsere ›eindimensionalen‹ Blickwinkel. Das erfahrene Leid und die scheinbare Unlösbarkeit der Problemsituation zeigt unserem Verstand seine Grenze auf. Manchmal offenbart sich hier ein Phänomen, das wir gerne mit ›Loslassen‹ beschreiben. In dem Moment, wo sich der Verstand aus seiner dominierenden Rolle zurückzieht, eröffnen sich für uns die Aspekte des ganzheitlichen Seins, wie sie der Ebene des unpersönlichen Selbst entsprechen.

Bedauerlicherweise ist auch unser sexuelles Verhalten und Bestreben meist kompensatorisch. Wir versuchen durch immer variantenreichere Techniken und immer intensivere Stimulierungen unsere Lustgefühle zu befriedigen, ohne eine Ahnung davon zu haben, dass wir uns mit dieser Vorgehensweise immer weiter von unserem Selbst und damit auch der Liebe entfernen. Wir suchen immer weiter im Außen etwas, das wir doch bereits in uns tragen. Letztlich suchen wir nach unserem wahren Selbst – und damit nach Liebe.

In der wahrhaftigen Begegnung zwischen zwei Liebenden unter Einbeziehung auch der Herzensenergien können wir Zugang zu Räumen erhalten, die uns sonst durch unsere Verstandesprogramme verschlossen bleiben. In diesem Sinne funktioniert erfüllende und befreiende Sexualität nach dem Schlüssel-Schloss-Prinzip: durch die Bewegung des richtigen Schlüssel im passenden Schloss entsteht die Chance, dass sich dahinterliegende, unbekannte Räume eröffnen, sozusagen eine neue Welt, in der wir nicht nur den anderen in seiner wahren Wesenhaftigkeit erfahren, sondern vor allem auch uns selbst.

Da hierin ein Zugang zur Befreiung liegt, wird uns dieser heilige Bezirk besonders sorgfältig vorenthalten. Diese Hinderung erfolgt nicht allein durch unsere körpereigenen Triebprogramme der Lebens- und Arterhaltung, die umso stärker in uns wirken, je mehr wir von Angst erfüllt sind. Meinen Recherchen nach werden wir absichtlich auf dem gegenwärtigen Evolutionsstand gehalten.

So wie es sich für mich glaubhaft darstellt, sind wir sogar in einen Zustand des Halbschlafes zurückgeworfen, obwohl wir bereits schon einmal das Voll-bewusstsein erreicht hatten. Hierüber werde ich im Abschnitt ›Der globale Missbrauch der Sexualität‹ ausführlicher berichten. Jetzt wollen wir noch weiter der Frage nach dem Verhalten der parasitären Entitäten nachgehen.

Kehren wir zum Thema der entarteten Sexualität zurück. Jay Weidner sprach in seinem Interview über die ›bizarren Pornografieproduktionen‹, die von den Archonten gezielt installiert werden. Der scheinbar exponentielle Verlauf der gesellschaftlichen Akzeptanz für sexuelle Entartung, ist sicherlich unbestreitbar. Bestseller wie ›Feuchtgebiete‹ oder ›Fifty Shades of Grey‹ machen dies deutlich. Wie bei sämtlichen feststellbaren Verfallserscheinungen humanistischer Werte und Tugenden ging es mir bei meinen Recherchen besonders darum, ob dieser Verfall eigen- oder fremdverschuldet ist.

Glauben wir den hierzu vorliegenden historischen Überlieferungen, dann wäre meine Frage bereits beantwortet. Aufgrund der besonderen Thematik habe ich es mir ja zur Aufgabe gemacht, meine Untersuchungen mit Verstand und Herz gemeinsam (quasi im 3D-Modus) durchzuführen. Wie nie zuvor habe ich auffällig viele der von mir geschriebenen Texte wieder gelöscht, da sie sich unzutreffend oder fehlerhaft anfühlten. Gegenüber den Verfallserscheinungen unserer humanitären Werte handelt es sich bei der Sexualität im Grundsatz um einen in uns angelegten Trieb zur Artenerhaltung. In der Sexualität tritt die Schöpfungskraft hervor, um Leben zu erschaffen. Beim Menschen werden während der Sexualität kurzzeitig zwei Dimensionskanäle geöffnet. Hierdurch kann sich unser Persönlichkeitskern in die Körperlichkeit einfügen, wir sind also quasi automatisch in diesem Zustand mit unserem Höheren Selbst verbunden.

Bei diesen in einer ganz besonderen Art geöffneten Dimensionskanälen, handelt es sich um die Dimension des Geistes und der Strukturen oder individuellen Blaupausen. Die ›Energien‹, die bei einem Orgasmus freigesetzt werden, sind absolut einzigartig. Naturgemäß entspricht diese ›Energieform‹ der absoluten Liebe, der Hingabe in göttlicher Ekstase. Wie es aussieht, werden wir, vor allem durch die öffentlichen Medien, immer weiter und effizienter von dieser göttlichen Hingabe in wahrhaftiger Liebe ferngehalten. Die ›bizarren Pornografieproduktionen‹, über die Herr Weidner spricht, sind nur ein sinnbildlicher Ausdruck für dieses Entartungsprogramm. Aus Gründen der geistigen Hygiene verzichte ich auf weitere Details.

Der globale Missbrauch der Sexualität

Durch mein langjähriges Studium der Arbeiten von Burkhard Heim habe ich einen Teil seines Vermächtnisses interpretieren können. Mit seinen Forschungsergebnissen hinterließ er uns einen Schlüssel, um das Phänomen Leben zu erklären. Dieser begnadete Physiker konnte sinnvoll herleiten, dass wir Menschen in einen ›zwölfdimensionalen Raum‹ eingebettet sind. Unter anderem ermöglicht mir sein Vermächtnis ein genaueres Verständnis von Materie, Energie und Geist. Hierdurch kann ich beispielsweise auch die Wechselwirkungen zwischen Seele, Geist und Materie logisch nachvollziehen. Dieses Wissen vermittelt mir ein anderes Verständnis über die möglichen Motive der Archonten. Insofern stimmt unser instinktives Gefühl für die Besonderheit der Liebe und der Sexualität mit den mathematischen und algebraischen Herleitungen Burkhard Heims überein.

In unserem allgemeinen naturwissenschaftlichen Verständnis ist der Begriff ›Energie‹ nur auf die messbaren Parameter reduziert. Tatsächlich existieren noch weitere Energieformen, die sich bisher unseren Messmethoden entziehen konnten.

Für die universitär gelehrte Naturwissenschaft gibt es kein ›geistiges Agens‹ als Energieform. Professor Wolf Singer, Direktor am Max-Planck-Institut für Hirnforschung, meint: *»Wäre es energetisch, dann könnten wir es messen.«* Diese gelehrte Grundhaltung erklärt das Thema Geist und Materie auf eine rein mechanistische Art und reduziert Lebewesen zu mechanischen, geist- und seelenlosen Funktions-Maschinen. Wenn ich den Interpretationsschlüssel unseres Seins von Burkhard Heim zu Rate ziehe, habe ich nicht nur ein weitaus besseres Verständnis vom Leben, sondern auch die potenziellen oder faktischen Besonderheiten von Entitäten wie den Archonten sind mir erklärbar.

Es ist also zumindest denkbar, dass die Energie unserer Emotionen von den Archonten aufgefangen und benutzt wird. Die Energie unserer Emotionen könnte gar für bestimmte Entitäten als Nahrungsquelle dienen. Sofern jemand das Wissen über diese Wechselwirkungen besitzt, könnte er sie auch nutzen. Hierzu liegen sogar praktische Erfahrungen vor. So stieß ich im Rahmen meiner Recherche zum Thema der ›entarteten Sexualität‹ auch auf Unterlagen über Sexualmagie, und zwar im Zusammenhang mit Aleister Crowley, einem der mächtigsten Magier des letzten Jahrhunderts:

»Crowley bezeichnete sich als Reaktion auf seine strenge darbystische Erziehung als der Antichrist und das Große Tier 666 und führte ein ausschweifendes Leben. 1898 wurde er in den Orden des Golden Dawn aufgenommen. Nach seinem Ausschluss durch Gründer MacGregor Mathers gründete er die Geheimgesellschaften Astrum Argenteum, in dem die sogenannte Selbsteinweihung durch ›Unbekannte Obere‹ gelehrt wurden. ... Crowleys Beschäftigung mit Sexualmagie brachte ihn mit Theodor Reuss in Kontakt, der ihn 1912 zum Leiter der englischen Sektion seines Ordo Templi Orientis (O.T.O.) machte.«[64]

Unter Theodor Reuss und Aleister Crowley fand ich bei Google eine Veröffentlichung mit der Überschrift:

›Sperma-Gnosis von Carl Kellner, Theodor Reuss, Aleister Crowley‹[65]. Gleich am Anfang ist dort folgende Aussage zu lesen:

»Irgendwann am Anfang ist nach Ansicht der Gnostiker, wie auch der Magier, das Universum auseinandergebrochen – entweder verschuldet durch den weiblichen Aspekt eines Schöpfers oder aufgrund eines Mittlers zwischen dem Göttlichen und dem Profanen. Das Göttliche hat sich daraufhin beinahe vollständig aus der Materie zurückgezogen. Das gesamte Universum steht im unsichtbaren Prozess, Gott zu werden (und nicht zum Demiurgen, dem Weltenschöpfer in einigen gnostischen Systemen).«[66]

Ist es nicht erstaunlich, dass eine Verbindung zwischen Magiern wie Aleister Crowley und den Gnostikern besteht? Was mich allerdings am meisten faszinierte, war die Erwähnung ›auseinandergebrochenen Universums‹. Natürlich erinnerte mich diese Formulierung an meine früheren Vermutungen über einen *kosmischen Unfall*. So drang ich immer tiefer in das überlieferte Wissen der Gnostiker ein, wobei die Sexualmagie nun im Mittelpunkt meiner

---

64 http://de.wikipedia.org/wiki/Aleister_Crowley.

65 http://www.parareligion.ch/sunrise/sperm_d.htm.

66 Heraklit: ›Die Natur der Dinge liegt in ihrem Bestreben sich zu verbergen‹ (Fragment 123) und ›Latente Struktur beherrscht die offensichtliche Struktur‹ (Fragment 54).

Untersuchungen stand. Ich suchte nach einer Bestätigung für die theoretisch mögliche Fremd-Nutzung unserer Emotionen. Meine nächste Entdeckung war eine Zusammenfassung über die Gnosis. Ich entdeckte eine Darstellung mit dem Titel:

›UNSERE GNOSTISCHE WELT – GOTT, ARCHONTEN UND DER DEMIURG[67]‹

Die Aussagen dieser Arbeit fügten einen wichtigen Baustein in meine Erkenntnisse über die Archonten. Gleich am Anfang ist dort zu lesen:

»›Gnosis‹ bedeutet ›Erkenntnis‹. Die Gnosis ist eine radikale, frühchristliche Philosophie beziehungsweise Glaubensrichtung. Die historischen Gnostiker, die vom Christentum als Häretiker beschimpft wurden, sahen neben dem guten Gott einen zweiten, bösen oder unwissenden Gott, den Demiurgen, der die menschliche Welt als einen Kerker geschaffen hat, dem es zu entfliehen galt in die Freiheit eines höheren Seins. Die gnostischen Wege dorthin waren ebenso vielfältig und widersprüchlich, von der strengen Askese bis zur sexuellen Ekstase, wie die gnostischen Theorien.«*

Sind die Archonten die Gehilfen des Demiurgen?

»Es gehört zum festen Bestandteil des Manichäismus, dass sich Engel mit den Archonten geschlechtlich vereinigen und so deren schlechte Fesseln lösen. Archonten sind die Mächte, die das zwiebelschalenartig aufgeteilte Universum bewohnen und die Menschen versklaven. Der Singular Archon ist der Demiurg, der Weltengestalter/Schöpfer. Durch die Vermählung des Guten mit dem Schlechten werden die Seelen reingewaschen, und was übrig bleibt, allen Arten auf der Erde beigemischt.[68]«

»Grundgedanke ist hierbei, dass durch Zusammenarbeit von Frau und Mann die geistige Weiterentwicklung gefördert wird. Die sexuelle Ebene gilt als Spiegel des kosmischen Schöpfungsaktes. Wenn der Sexualakt von Eingeweihten durchgeführt wird, erhält die Abbildung der Ur-Schöpfung Verstärkung. Somit bleibt die göttliche Eigenschaft der Schöpfung erhalten, nämlich

---

67 www.gnostic.net.
68 Reuss: ›Mysterica Mystica Maxima‹, in: ›Jubiläums–Ausgabe der Oriflamme 1912‹, Baumann, Berlin und London 1912, 23. Reuss spricht in diesem Zusammenhang nicht vom Gnostiker.

ewig und immerwährend zu sein, anstatt einmalig und vorbei. Dies unterscheidet sich vom Christentum, das Gottes Schöpfungsakt einem bestimmten und vergangenen Zeitpunkt zuordnet. Die sinnlichen Erregungszustände, die sich innerhalb von Frau und Mann während eines Geschlechtsaktes aufstauen, entstammen nicht allein den physischen Berührungspunkten, sondern auch der Polarität Frau-Mann per se. Richtig angewandtes Atmen beeinflusst die Chemie des Blutstroms und die Hirnumgebung. Bewusstsein und Ego machen dem Göttlichen Platz. Diese Sexualenergien werden sodann mithilfe weiterer Atemtechniken gespeichert, und deren Transmutation verwandelt den Ausübenden in einen Seher.«

An dieser Stelle meiner Recherchen wollte ich meine weiteren Untersuchungen einstellen, mein Buch nicht mehr zu Ende schreiben. Nachdem Sie, liebe Leser, mir bis hierher gefolgt sind, habe Sie sich sicherlich bereits ein bestimmtes Bild von den Archonten gemacht, wie ich natürlich auch. Dieses Bild schien mir an dieser Passage auseinanderzufallen – diente all der Missbrauch der Sexualenergien am Ende doch einem guten Zweck? Nach einer ausgedehnten Innenschau beschloss ich, meine Arbeit dennoch fortzusetzen.

Der Grund meiner Frustration lag in meiner Vorstellung der Welt. Irgendwie konnte da etwas ganz Entscheidendes nicht stimmen! Wenn dieses Geheimwissen bereits seit über 2000 Jahren existiert, sollte sich, wenn es wirklich nützlich wäre, doch zumindest ein kleiner Lichtblick abzeichnen, ein bisschen weniger anstatt immer mehr Leid. Hinzu kam die Frage, weswegen dieses sogenannte Geheimwissen nur sehr wenigen Auserwählten zugutekommen sollte. Irgendetwas musste falsch sein an der Darstellung, dass die Archonten uns zur Befreiung führen wollen. Meinen Beobachtungen und Recherchen nach geht das hauptsächliche Bestreben der Archonten dahin, uns an unserer Weiterentwicklung beziehungsweise Befreiung zu hindern.

Der weggewischte Horizont

Während einer weiteren Innenschau erinnerte ich mich an eine Aussage von Friedrich Nietzsche, den ich lange Zeit für einen klassischen Atheisten gehalten hatte. Allein durch seine Aussage ›Gott ist tot‹ wurde er als ein bekennender Gottesverneiner ausgewiesen. Erst als ich die Schriften von

Friedrich Nietzsche selber las, erfuhr ich, dass dieser oft zitierte Satz nur die eine Hälfte seiner Wahrheit war. Nietzsche schrieb: »*Wer gab den Menschen den Schwamm, mit denen sie den Horizont wegwischen? Gott ist tot.*« (Die Menschen haben ihn entfernt).

Hier wurde also einfach durch das Weglassen weniger Worte eine Aussage auf den Kopf gestellt und damit in ihr Gegenteil verkehrt.

Nietzsche weist sich mit dieser Aussage als jemand aus, der das verdrehte Schöpfungsspiel durchschaute. Mit dem Wegwischen des Horizonts sollte der Sachverhalt der systematischen Auslöschung des Wissens vom Allschöpfer dargestellt werden. Irgendjemand (›Wer gab den Menschen...‹) war verantwortlich für diese Tat. Wer auch immer das getan hat, diese Wesenheiten sind es, die unseren Himmel nicht nur weggewischt, sondern auch verraten haben. Es kann sich im Grunde nur um die gleichen Entitäten handeln, die uns aus dem Garten Eden vertrieben haben und immer noch von ihm fernhalten. Und das mit aller Gewalt, mit allen Mitteln. Uns wird mit Methode jede Chance genommen, unsere Freiheit wiederzuerhalten, nicht nur durch Fehlinformationen über unsere eigentliche Wesensart, sondern zusätzlich mit Schuldzuweisungen (Erbsünde usw.) und Ängsten (vor dem Tod, dem Leiden usw.).

Um auch ganz sicherzugehen, vergifteten sie unsere Körper, so dass uns auch der scheinbar letzte Ausgang verwehrt bleibt. So wird wie erwähnt über chemische Substanzen wie Fluoride die Zirbeldrüsenaktivität immer weiter reduziert. Erst seit wenigen Jahren ist die tatsächliche Bedeutung der menschlichen Zirbeldrüse in der Wissenschaft erkannt worden, auch dieses Wissen wurde nicht zufällig so lange von uns ferngehalten. In Kapitel 14 (siehe Seite 152) konnten wir Genaueres über die Zirbeldrüse erfahren (sie produziert die Neurotransmitter und Hormone, die unser Bewusstsein erweitern (Noradrenalin, Dopamin, Pinolin, 6- und 5meoDMT-Tryptamin usw.). Ohne eine funktionierende Zirbeldrüse sind die Chancen, unser wahres Selbst zu erkennen beziehungsweise den Bewusstseinszustand des Erwachens zu erreichen, auf nahezu Null reduziert.

Ich halte es also als eine Farce, dass die Archonten uns helfen wollen, uns für den von ihnen verratenen Himmel zu befreien. Wenn wir tatsächlich aus dem Garten Eden (als Erwachte) vertrieben wurden, dann nur, weil wir damals unsere wahre Göttlichkeit erkannt hatten. Demzufolge kann das ›göttliche Verbot‹ zur Zeit Edens auch nur von jemandem stammen, dessen wahre Absichten nicht erkannt werden sollen, der nicht möchte, dass wir Gut und Böse erkennen und uns deshalb auch heute noch vom Garten Eden fernhält.

Aus diesem Grund beschloss ich, mit meinen Untersuchungen weiter fortzufahren und mein Buch weiterzuschreiben.

»Der Gnostiker will nun das Universum heilen oder die Gottwerdung beschleunigen, indem er die wenigen Spuren des beinahe vollständig entschwundenen Göttlichen, den Logos, wieder in den Himmel, ins Pleroma, zurückbringt. Für den Magier hingegen ist der im Materiellen hängengebliebene Logos (dessen Spuren) das Wort: nun fleischgewordenes Göttliches (›Am Anfang war der Logos‹), ein Machtinstrument, mit dessen Hilfe Überirdischem und Irdischem der Wille aufgezwungen werden kann. Deswegen gebraucht der Magier Worte und Rituale, um der Materie und der Geister Herr zu werden. Für den Gnostiker hingegen ist alles ein Hinstreben zurück ins Himmlische, ein Heimfinden à la Novalis«.

16. Die Götter von Eden – Schöpfer unseres Menschenkörpers?

**»Wenn die Nephilim den Menschen erschaffen haben –
wer hat dann die Nephilim erschaffen...?«**

Library Journal

Auf der Spurensuche nach den (unseren?) Göttern bieten sich zwei Quellgebiete besonders an, Sumer und Ägypten. Von diesen Ländern liegen uns beachtliche Mengen an historischen Hinterlassenschaften vor. Seitdem die Hieroglyphen Ägyptens und die Sumerischen Tontafeln entziffert wurden, vermitteln uns diese beiden Reiche auch genauere Informationen über ihre Vergangenheit. Beginnen wir zunächst mit den Sumerern. Einer der Kenner dieser Kultur ist Zecharia Sitchin. Zecharia Sitchin,[69] Orientalist an der University of London, schildert in seinen Werken die Ursprünge der Menschheit anhand von Erkenntnissen aus der Archäologie, der Mythologie und antiken Texten und dokumentiert außerirdische Einflüsse auf die Erdgeschichte. Er konzentriert sich dabei vorwiegend auf das alte Sumer und enthüllt in beeindruckender Ausführlichkeit die vollständige Geschichte unseres Sonnensystems, wie sie von den Besuchern eines anderen Planeten erzählt wurde, der sich alle 3.600 Jahre der Erde nähert.

Wie nicht anders zu erwarten, wurde Zecharia Sitchin von seinen Kritikern auch als Fälscher und Dilettant bezeichnet. Ich halte es für durchaus möglich, dass ihm in seiner Auslegung der Übersetzungen der ein oder andere Irrtum unterlaufen ist, doch insgesamt gebührt seiner Pionierarbeit Respekt.

---

69 Zecharia Sitchin war ein bekannter Vertreter der Prä-Astronautik. In seinen Büchern stellte er über die Übersetzung von alten vorchristlichen sumerischen Keilschrift-Texten die Theorie auf, dass in vorgeschichtlicher Zeit Außerirdische, die Anunaki, die von Nibiru, einem hypothetischen zwölften Planeten, stammen, die Erde kolonisiert und den Menschen als Arbeitssklaven erschaffen hätten. Der Mensch habe im Auftrag der Außerirdischen vor allem Arbeiten in Bergwerken verrichten müssen. Die Außerirdischen hätten vor 432.000 Jahren die Erde wegen Umweltproblemen auf ihrem Heimatplaneten aufgesucht, wobei die Pyramiden in Ägypten als Landehilfen gedient hätten. Die Außerirdischen hätten sich mit menschlichen Frauen vermischt und vermehrt. Vor 13.000 Jahren schließlich hätte eine große Flut zahllose Menschen getötet, worauf es zu Kriegen zwischen den Menschen und den Außerirdischen gekommen sei. Zecharia Sitchin veröffentlichte 13 Bücher, die in 25 Sprachen übersetzt wurden. http://de.wikipedia.org/wiki/Zecharia_Sitchin

Bevor wir uns nun um einige der Forschungsergebnisse und Interpretationen von Zecharia Sitchin kümmern, möchte ich eine Schlüsselpassage aus dem Alten Testament erwähnen. Im ersten Kapitel des Ersten Buches Mose (Genesis) steht geschrieben:

»Und Gott sprach: ›Lasset **uns** *Menschen machen in unserem Abbild, uns ähnlich, und sie sollen herrschen über die Fische im Meer, über die Vögel am Himmel, über das Vieh und alle Tiere des Feldes und über alles Kriechende, das sich auf der Erde regt.‹ Und Gott schuf den Menschen nach seinem Bilde, nach dem Bilde Gottes schuf er ihn, als Mann und als Frau schuf er sie.« (Gen. 1, 26-27)*

Diese Passage des Alten Testamentes hat bereits die unterschiedlichsten Interpretationen hervorgerufen. Eine davon lautet, hier spreche gar nicht Gott, denn der All-Eine würde nicht in der Mehrzahl von sich sprechen. ›Lasset *uns* Menschen machen‹, dies seien die Worte von Außerirdischen, im Sumerischen (angeblich) Anunaki genannt; Außerirdische hätten den Menschen über eine Genmanipulation geschaffen, mit der sie den primitiven, noch halb tierischen Urmenschen zum Homo sapiens mutieren ließen.

Indem diese Rasse außergewöhnlicher Menschen in die Evolution des Lebens auf der Erde eingriff und den Menschen beibrachte, den Himmel zu beobachten, hinterließen die Anunaki uns nach Sitchin einen ›kosmischen Code‹. Zecharia Sitchin greift für seine Thesen auf sumerische Texte des Altertums zurück, die zeitlich der Bibel noch vorausgehen. Er sieht hinter dem ›kosmischen Code‹, den die Baumeister ›von den Sternen‹ verwendeten, um unsere Rasse zu erschaffen, zahlreiche Belege aus Prophezeiungen wie historischen Fakten. Sitchin veröffentlichte auf der Grundlage von teilweise von ihm erstmalig übersetzten Quellentexten von Tontafeln sowie weiterer Recherchen eine Reihe von Büchern. Nach seinen Angaben handelt es sich bei den von ihm erforschten Texten um eine Geschichte, welche sich auf der Erde vor etwa 450.000 Jahren abgespielt haben soll.

Diesen alten Darstellungen zufolge soll eine außerirdische Rasse vor langer Zeit der Erde einen Besuch abgestattet haben. Mit ihren gentechnischen Kenntnissen erschufen sie unter anderem den Menschen, eine Art Kreuzung zwischen humanoiden Ur-Bewohnern der Erde und ihrer eigenen Rasse.

Als Basis dieser genetischen Kreuzung dienten laut Sitchin sogenannte ›Affenmenschen‹ (Pithecanthropus erectus), die sich seinerzeit auf der Erde entwickelt hatte. Nach langen Überlegungen erhielt die Tochter des Gottes dieser außerirdischen Rasse – Ea – von ihrem Vater – Anu – den Auftrag, einen *Lulu* zu erschaffen, einen primitiven Arbeiter, der das Joch der sogenannten Anunaki tragen sollte. Ein Zitat aus dem Buch von Zecharia Sitchin ›Der 12. Planet‹:

»Enki (einer der beiden Söhne von Anu): ›Lasst uns einen einfachen Arbeiter machen!‹ (vgl. Kap. 1 Genesis). Auch in der Bibel steht dieses ›Lasst uns...‹, welches als ein Hinweis auf die alten Quellen der Sumerer, die als Vorlage dienten, gilt. Aufgrund dessen beschließen die Anunaki, einen lulu amelu (wörtlich: einfacher Arbeiter) zu schaffen. Dabei kreuzten sie ihre eigenen Gene mit denen des am geeignetsten erscheinenden Primaten, des Homo erectus.«

»Die Nephilim (Anunaki) befanden sich in jenen Tagen auf der Erde und auch danach, als die Söhne des (wahren) Gottes weiterhin mit den Töchtern der Menschen Beziehungen hatten und sie ihnen Söhne gebaren; sie waren die Starken, die vor alters waren, die Männer von Ruhm.« (1. Mose 6:4)

Die *Nefilim (Nephilim)*, in einigen Bibelübersetzungen auch als *Tyrannen* oder *Wächter* bezeichnet, waren jene, die vom Himmel kamen und sich mit den Töchtern der Menschen paarten. Die Anunaki, angeführt von EN.KI, dem Sohn des Gottes ANU, erschufen durch genetische Manipulation ein Hybridwesen (ADAM und EVA), welches sich, als Kreuzung zwischen Anunaki und einem ›Prä-Sapiens-Typen‹, untereinander nicht fortpflanzte. Aber die neuen Geschöpfe gefielen einigen Anunaki-Männern so sehr, dass sie sich mit den Menschenfrauen vereinigten. Aus diesen Verbindungen, die offenbar fruchtbar waren, entstanden die ›Halbgötter‹. Und Gott (Elohim = Gottheiten – möglicherweise EN.KI und seine Halbschwester NIN.HAR.SAG) sprach weiter: »*Lasset uns Menschen machen in unserem Bilde, gemäß unserem Gleichnis;...*«

Wenden wir uns nach Sumer nun dem alten Ägypten zu. Auch hier ist die Rede von Göttern und sogar von einem Schöpfergott. Auf meiner Suche nach den Schöpfern unseres materiellen Körpers fand ich zunächst den ›Urgott‹ *Chnum*. In der Überlieferung der ägyptischen Insel ›Elephantine‹ steht nicht die Darstellung der Schöpfungsgeschichte im Sinne einer Erschaffung der Welt im Vordergrund, sondern die Erschaffung beziehungsweise die Formung des Menschen durch den Gott Chnum[70]. Die Insel Elephantine liegt in der Nähe der Stadt Assuan; sie war die Heimat des Nilgottes Hapi. In dieser Gegend war bereits damals reichlich Nilschlamm vorhanden, der dem Gott Chnum als Material für seine Töpferarbeiten gedient haben soll. Auf seiner Töpferscheibe formte Chnum (angeblich) aus Lehm den Menschen und gleichzeitig auch dessen Ätherkörper Ka. Der als Urgott bezeichnete Chnum vereinte in sich animalische Kräfte sowie Schöpfergeist und Fruchtbarkeit, die als Ursprung jeglichen Lebens angesehen wurden.

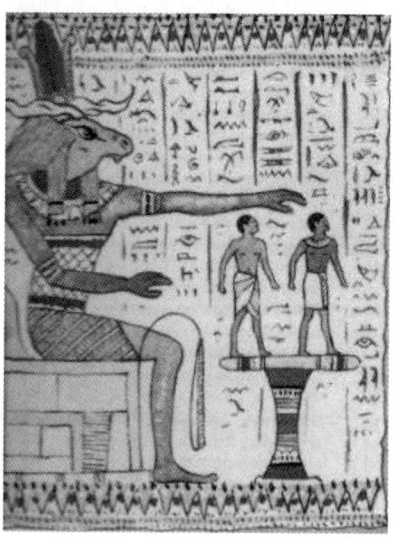

Abbildung 16: Wandmalerei aus dem Chnum-Tempel auf der Insel Elephantine. Der Gott Chnum formt Menschen auf einer Töpferscheibe.

---

70 Chnum (eigentlich: Chenemu) ist ein widderköpfiger altägyptischer Gott, der seit dem Alten Reich (2700 bis 2200 v. Chr.) belegt ist. Die ihm in der ägyptischen Mythologie zugedachte Rolle als Neb-Qebehu (›Herr von Qebehu‹) nahm Chnum vor allem im Neuen Reich (1500 bis 1000 v. Chr.) ein, obwohl seine frühesten Belege in Verbindung mit Elephantine bereits im Alten Reich bezeugt sind. Chnum war vor allem ein Schöpfergott, der auf der Töpferscheibe sowohl Götter und Menschen als auch Tiere und Pflanzen erschuf und mithilfe eines Zauberstabes zum Leben erwecken konnte. Als Fruchtbarkeitsgott und Gatte der Heket war er Herr über Zeugung und Geburt. http://de.wikipedia.org/wiki/Chnum.

Abbildung 17: Chnum formt auf der Töpferscheibe Amenophis III. und seinen Ka. Hathor gibt ihnen Leben (symbolisiert durch das Ankhzeichen).

Abbildung 18: Chnum formt Menschen. Ägyptisches Relief aus der Zeit um 1400 v. Chr. Der widderköpfige Gott Chnum bildet auf einer Töpferscheibe den Pharao Amenophis III. und dessen Ka. Neben Gen 2,7 kennt die Bibel die Vorstellung Gottes als eines Töpfers auch in Jer 18,6 und Röm 9,20.

Genmanipulation im alten Ägypten?

Anhänger der darwinistischen Evolutionstheorie gehen davon aus, dass die ersten Menschen affenähnlich gewesen seien. Diese Ansicht stammt aus der Interpretation versteinerter Knochen von ausgestorbenen Affenarten, die als Vorfahren der Menschen gedeutet werden. Eine der ältesten Gruppen von angeblichen Menschenvorfahren wird sogar explizit als ›Affe‹ (griech. *pithekos*) bezeichnet: Australopithecus (›Südaffe‹). Heute wissen wir, dass es ausgestorbene Primatenlinien gibt und auch ausgestorbene Menschenlinien. Armin Risi schreibt in seinem Buch ›Ihr seid Lichtwesen‹ über Ursprung und Geschichte des Menschen: *›Die ausgestorbenen Primaten sind die Vorfahren der heutigen Affen und nicht die der heutigen Menschen.‹*[71] Ich empfehle jedem, der sich für dieses Thema interessiert, dieses Buch zu lesen. Immer seltener finden wir aktuelle Sachbücher, die mit einer derartigen Gründlichkeit erarbeitet wurden, wie sie in Risis Buch ›Ihr seid Lichtwesen‹ über Ursprung und Geschichte des Menschen zu finden ist.

Bedauerlicherweise hatte ich während der Entstehung des Buches, das Sie jetzt lesen, nur einen begrenzten Zeitrahmen für Recherchen und Schlussfolgerungen. Meine bisherigen Bücher hatte ich im Wesentlichen bereits zehn Jahre zuvor erarbeitet, bevor ich sie dann relativ schnell hintereinander veröffentlichte. Insofern ist dieses Buch auch aus diesem Grund atypisch für mich. Wie ich in der Einleitung bereits andeutete, entstand diese Arbeit aus einer Haltung von ›Diese Informationen sind von einer derartigen Wichtigkeit, dass sie möglichst sofort veröffentlicht werden sollten‹.

Kehren wir nun wieder zum Thema der Schöpfergötter zurück.

Vor etwa zwanzig Jahren erhielt ich von einem Ägyptologen die Kopie eines Bildes, welches er für außerordentlich bedeutsam hielt. Vergeblich habe ich nach der Quelle dieser sensationellen Darstellung Ausschau gehalten. Nach Angaben dieses Ägyptologen hatte er dieses Bild in den Archiven eines Pariser Museums entdeckt. Ich erinnere mich noch an seine Bitte, mich meine Deutung als Biophysiker wissen zu lassen. Im Grunde genommen erfasste ich die Tragweite dieser Abbildung relativ schnell. Natürlich kann

---

71   Armin Risi ›Ihr seid Lichtwesen‹, Govinda-Verlag, 2013, S. 27.

ich für die Authentizität der Abbildung keine Garantie übernehmen, da es mir leider in über zwanzig Jahren nicht gelungen ist, den Ägyptologen – er arbeitete mit dem Schliemann-Institut in Athen zusammen – erneut ausfindig zu machen. Im Zusammenhang mit den anderen von mir in diesem Buch zusammengestellten Quellen erscheint es jedoch durchaus plausibel.

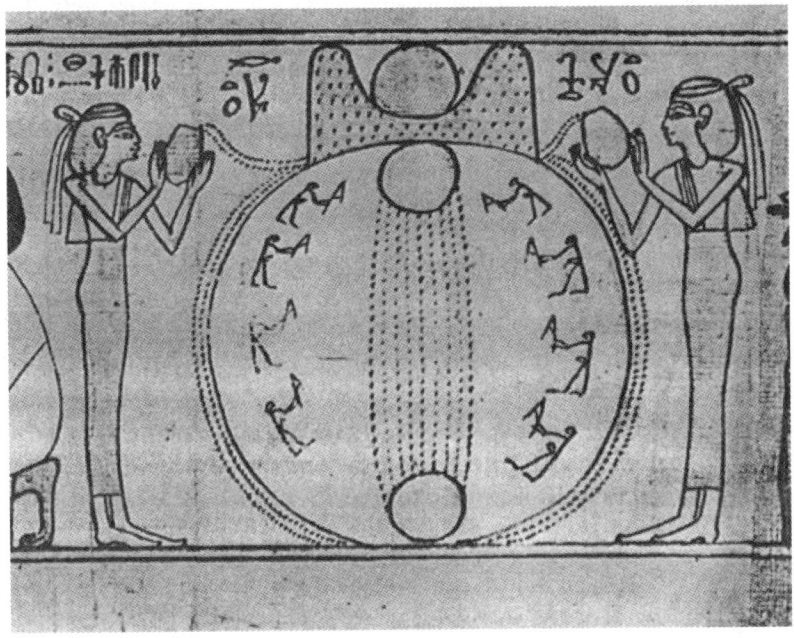

Abbildung 19: Ägyptisches Piktogramm ungesicherter Herkunft, etwa 1400 v. Chr. Götter erschaffen den ›lulu amelu‹ (wörtlich: einfacher Arbeiter). Dieses Bild impliziert einen genetischen Eingriff, wobei diese Darstellung den Zellteilungsvorgang (die Mitose) kurz vor seinem Abschluss beschreiben würde (zwischen Metaphase und Anaphase).

Von besonderer Bedeutung ist bei dem ägyptischen Piktogramm, dass hier offenbar eine spezielle Phase des Zellteilungsprozesses dargestellt ist. Dieser

Vorgang entspricht der in Bild 20 dargestellten Phase einer **Mitose**[72], des Zellteilungsprozesses nach heutiger wissenschaftlicher Lehrmeinung. Eine Mitose ist eine Zellteilung, bei der das zuvor verdoppelte Genmaterial auf zwei erbgleiche Tochterzellen verteilt wird. Sehr vereinfacht könnte man sagen: Unser Genom besteht aus einer Anzahl von Chromosomen (Komplexe fest aufgerollter DNA) mit den genetischen Informationen, die für die korrekten Zellfunktionen lebenswichtig sind.

Die gestrichelten Linien in der altägyptischen Abbildung könnten den Spindelapparat der Kernteilungsspindel darstellen. Er bildet sich während der Mitose und Meiose aus. Diese Spindelfasern bestehen aus winzigen Röhren, den so genannten Mikrotubuli.)

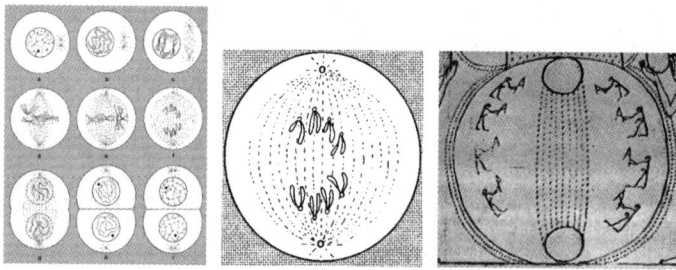

Abbildung 20: Links: einzelne Phasen einer Zellteilung. Mitte: Ausschnitt aus dem linken Bild. Rechts: ägyptisches Piktogramm einer möglichen Genmanipulation.

---

72 MITOSE, der mit jeder Zellteilung verbundene Vorgang der Aufteilung des Zellkernes. Die DNS-haltigen Chromosomen ziehen sich zusammen, werden dadurch sichtbar und teilen sich dann in zwei identische Stränge (Chromatiden). Dann halbiert sich das sogenannte Zentralkörperchen, seine Hälften wandern an die Pole der Zelle. Zwischen den Hälften des ehemaligen Zentralkörperchens bildet sich die Zellteilungsspindel aus Mikrotubuli. Gleichzeitig löst sich die Hülle des Zellkerns auf, die DNS-Stränge ordnen sich in der Äquatorialebene an und wandern schließlich gleichmäßig aufgeteilt an die Pole der Spindel. Sobald jeder Pol einen vollständigen Satz von Chromatiden hat, verschwindet die Kernspindel. Die zu Chromosomen der Tochterkerne gewordenen Chromatiden werden wieder unsichtbar, es entsteht je eine Kernhülle, und die Zelle teilt sich.
Die Bildung des Spindelapparates mit seiner kristallähnlichen Struktur während der Mitose beschreibt Professor Dubrow der Biogravitation zu, die seiner Ansicht nach immer bei der Bildung kohärenter, strukturierter Zustände auftritt. Innerhalb der Mitose tauschen die entsprechenden Elektronen/Positronen ihre jeweiligen Informationen aus (J. E. Charon et al.). Tatsächlich verfügt die biologische Zelle über die Eigenschaften von Richtfunkstrecken, was bedeutet, dass die DNS und die Mitose-Spindel sowie alles, was sich je geteilt hat, resonanzmäßig mit Überlichtgeschwindigkeit und nach außen verlustlos verbunden bleiben, eventuell über ein riesiges Neutrino-Netz. Hiermit wären die klassischen Voraussetzungen für eine Hyperkommunikation der DNS gegeben.

Am bemerkenswertesten erscheint mir das Innere der in dem ägyptischen Piktogramm abgebildeten Zelle. Die jeweils links und rechts dargestellten Strichmännchen mit der Hacke, dem üblichen altägyptischen Arbeitsgerät (sie haben offenbar einen Penis) sind das in der ägyptischen Bildsprache gebräuchliche Symbol für Arbeiter.

 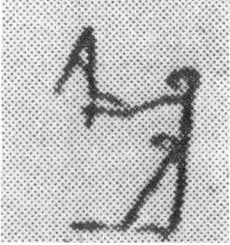

Abbildung 21: Links: Das Arbeitsgerät – die Hacke – ist zusammen mit dem Piktogramm eines Menschen das Ägyptische Symbol für Arbeiter. Rechts: Einer der acht Strichmännchen, in der mutmaßlichen Darstellung eines Genmanipulations-Vorgangs.

Der Journalist, Autor und Forscher Michael George veröffentlichte 2001 ein aufsehenerregendes Buch mit dem Titel ›Die Himmlischen und ihre Kinder‹. Michael George hat für dieses Buch Material aus fünfzehn Kulturkreisen zusammengetragen, gesichtet und geordnet, in detektivischer Kleinarbeit Stammbäume aus verschiedensten Kulturen erstellt und Quellen aus allen Teilen der Erde herangezogen. George kommt unter anderem zu dem Ergebnis, dass die Menschen seit ihrer ›Erschaffung‹ von ›außerirdischen Wesen‹ beeinflusst wurden. Diese Wesen seien die Herrscher eines Planeten mit dem Namen Nibiru. Wie beispielsweise auch Zecharia Sitchin herausfand, wurden die Menschen von den Niburianern – Anunaki genannt – als Arbeiter erschaffen. Die Geschichte der Menschen war nach seinen Recherchen eng mit den Zwistigkeiten zweier Familiengruppen des Herrschers von Nibiru verknüpft, Enlil und Enkil, den beiden Söhnen des Anu. Diese Familienmitglieder erschienen als Götter und Schöpfer von Adam und Eva. Die Polarität der ›zwei Linien‹ wird auch in der Bibel deutlich. Wie in den sumerischen

Überlieferungen repräsentieren auch zahlreiche Texte des Alten Testamentes den Geist eines strafenden, zürnenden und ›eifersüchtigen‹ Gottes, der Unterwerfung und Abgrenzung vom Rest der Welt fordert. Seine Studien umfassen die antiken Kulturen in Eurasien und Afrika, die sämtlich von den ›Anunaki-Fürsten‹ in Sumer kontrolliert wurden.

Johannes von Butlar berichtete über dieses Geschichtsbuch: *»Die Götter der Antike sind gewöhnlich Gegenstand der Mythologie. Michael George aber zeigt, dass die Götter physisch präsent waren und über Jahrhunderttausende auf Erden wirkten. Mehr noch: dass sie die Begründer aller antiken Kulturen waren wie auch diejenigen, denen die Menschheit verheerende Flut-, Atom- und Feuerkatastrophen zu verdanken hat.«*[73] Ich habe für Sie, liebe Leser, aus diesem Buch einige Zitate ausgewählt. Die von mir vorgenommene Auswahl betrifft die mögliche Manipulation an unserem Erbgut, unserer DNA oder DNS.

»Ninhursag zwickte vierzehn Lehm-Stücke ab. Sieben legte sie nach rechts, sieben legte sie nach links... Paarweise wurden sie vollendet... Die Geschöpfe waren Menschen, Geschöpfe der Muttergöttin.«

Hiernach, so M. George, rief Ninhursag auf einer Versammlung der Anunaki: *»Ihr übertrugt mir eine Aufgabe, ich habe sie vollendet!* **Ich nehme euch die schwere Arbeit ab und übertrage sie dem Arbeiter, dem Menschen.***«*

Und so trat vor etwa 340 000 Jahren der erste ›Mensch‹ ins irdische Leben. Den Recherchen von M. George und S. Sitchin nach schienen die ersten Retortenmenschen noch weitgehend dem tierischen Urerbe verhaftet.

»Als die Menschen erschaffen wurden, kannten sie Brot als Nahrung nicht und kannten keine Gewänder. Sie aßen Pflanzen mit dem Mund wie Schafe, tranken Wasser aus einem Graben.«

Zumindest M. George hält es für bemerkenswert, dass eine von heutigen Genetikern weltweit vorgenommene Untersuchung der ›Drift‹ des menschli-

---

73 Quelle: ›Die Himmlischen und ihre Kinder‹, Umschlagtext, Argo Verlag, 2001.

chen Genmaterials diese ältesten sumerischen Überlieferungen weitgehend bestätigt.

Interessant ist in diesem Zusammenhang auch das bisher noch ungelöste Rätsel über unsere scheinbar inaktiven DNA-Anteile. Sogar in naturwissenschaftlichen Fachkreisen spricht man hier von Junk-DNA, also Müll-DNA. Die Baugesetze der Natur folgen jedoch präzisen Mustern, die Natur macht keine Fehler. Wenn sich also ausgerechnet an der absolut empfindlichsten Stelle unserer Körperlichkeit, der DNA, ein solcher ›Müll‹ angesammelt hat, dann ist dies kein Missgeschick der Allschöpfer-Quelle.

Das Phänomen der Junk-DNA betrifft das Verhältnis von aktiven und inaktiven Anteilen in der Gesamtmenge von DNA-Material. Heute geht man davon aus, dass bei höheren Organismen nur etwa 2% bis 3% der gesamten DNA-Menge sozusagen gen-aktiv ist. Damit wären 98% unserer DNA sozusagen inaktiv! Die Wissenschaft hielt diesen inaktiven Anteil als ›Abfall-DNA‹ lange für überflüssig. Allerdings warnen zunehmend mehr Wissenschaftler vor dieser Deutung: Allein aus energetischer Sicht sei es unwahrscheinlich, dass Zellen eine solche große Menge nutzloser DNA bildeten und weitervererbten. Tatsächlich scheint gerade dieser ›Müll-Anteil‹, der sogenannte inaktive Anteil, für Bereiche genutzt zu werden, die den gleichen Regeln folgen wie unsere menschliche Sprache!

Russische Wissenschaftler gehen davon aus, dass die DNA nicht nur für den Aufbau unseres Körpers verantwortlich ist, sondern auch als Informationsspeicher und zur Kommunikation dient. Die russischen Linguisten fanden heraus, dass der genetische Code, speziell in den angeblich ungenutzten 98%, den gleichen Regeln folgt wie alle unsere menschlichen Sprachen. Die Anordnung der Basen in der DNA folgt einer festen Grammatik und festen Regeln, genau wie unsere Sprachen. Mithin ist auch die menschliche Sprache nicht zufällig entstanden, sondern entspricht dem Aufbau unserer DNA.

Meine weitere Recherche zu den historischen Basisinformationen führte mich zunächst zu einem Fund aus dem 19. Jahrhundert. Mitte des 19. Jahrhunderts wurden nämlich beschriftete Tafeln unter anderem in der Bibliothek des Assurbanipal in Ninive ausgegraben. Inzwischen sind auch in Sultantepe (Huzirina) und Sippar Tafeln gefunden worden. Auf babylonischen Rollsiegeln ist der Mythos bildlich dargestellt. Ich möchte Ihnen nun ein paar dieser Tafeltexte[74] vorstellen.

Unter anderem berichten die Theologen V. Hamp, M. Stenzel und J. Kürzinger über ihre Vermutung, dass es Engel waren, die zur Erde kamen. Beispiele hierzu finden sich in der Bibel bei Ps. 29,1; Ps. 98,7; Hiob 1,6; Hiob 2,1; Hiob 38,7 und Dan. 3,25 Auch der Patriarch und Held Henoch spricht in den namentlich ihm zugeschriebenen Apokryphen von diesem Geschehen der **gefallenen Engel** sehr eindeutig. Nach ihren Übersetzungen **kamen Engel hernieder und vergnügten sich mit Menschen**. Außerdem lebten in diesen Tagen *Nephilim* auf der Erde. Diese *Nephilim* waren vom Himmel gekommen. *Nephilim* könnte etymologisch aus dem semitischen ›NFL‹ abgeleitet worden sein, was als ›**Hinabgeworfene**‹ übersetzt wurde.

Es ist durchaus vorstellbar, dass *Nephilim* von dem hebräischen Ausdruck ›*Nephal*‹ (= ›fallen‹) abgeleitet wurde und somit als die ›Gefallenen‹ gedeutet werden kann. Beide Aussagen erscheinen identisch und legen eine verblüffende Ähnlichkeit zu den mesopotamischen *Anunaki (›Die vom Himmel auf die Erde kamen‹)* nahe, die im Gilgamesch-Epos[75] (XI. Tafel), dem **Enuma-Elisch** (VI. Tafel) und zahlreichen weiteren Texten erwähnt werden. Die VI.[76]

---

74 **Tafel VI.** Marduk erzählt Ea seinen Plan: Er will Menschen aus Blut erschaffen, damit sie die Mühsal der Götter tragen und die Götter dadurch ihre Ruhe haben; er will die Götter in zwei Gruppen einteilen. Ea rät: Der an Tiamats Gewalt Schuldige soll sterben, damit die Menschen aus seinem Blut geschaffen werden können. Götterversammlung vor Marduk: Die Götter geben Kingu die Schuld. Nun erschafft Ea aus seinem Blut die Menschen, er legt ihnen den Dienst für die Götter auf. Einteilung von 600 Göttern im Himmel und in der Unterwelt; 300 von ihnen als Wachen unter Befehl Anus im Himmel. Die eingeteilten Götter bitten Marduk, sein Heiligtum bauen zu dürfen. Errichtung von Babylon und darin des Esagila für Marduk sowie Bau der Heiligtümer für die anderen Götter in mehreren Jahren. Marduk bittet die Götter zum Festmahl. Danach Fürbitten im Esagila und Bestätigung der Einsetzung der Götter in ihre Positionen. Marduk bekommt seinen Bogen. Anu gibt dem Bogen drei Namen und setzt ihn an den Sternenhimmel. Unterwerfungsritus der Götter (Anu gründet einen Thron für Marduk und setzt ihn als König in der Götterversammlung ein. Die Götter erkennen ihn unter Selbstverfluchungen als König an). Verpflichtung der ›Schwarzköpfigen‹ (der Menschen), Marduk zu verehren. Die anderen Götter sollen auch verehrt und versorgt werden, aber Marduk ist ›**der Gott eines jeden von uns!**‹ Auf, lasst uns die fünfzig Namen nennen. Acht der fünfzig Namen Marduks werden erklärt. Die drei Götter beschließen, ihn mit drei Namen zu verehren (heldenhafter Sohn, Rächer und Versorger). Quelle: Wikipedia.

75 Tafel 1 Illerhaus, F.: Marduks Kampf gegen das Chaosungeheuer Tiamat. Darstellungen des babylonischen Schöpfungsmythos und die Vielfalt der Deutungen. München. 2011. S. 7-9, Quelle: Wikipedia

76 Siehe Fußnote 120.

Tafel des Enuma-Elisch[77] weist unmissverständlich aus, dass ›die Anunaki, die einst Gefallenen‹ sind.

»Diese Himmlischen, die Engel Gottes, verunreinigten aber nicht nur sich und die Menschen durch ihre Taten und brachten der Erde Leid und Ausbeutung, sondern sie könnten auch für die Zwitterwesen verantwortlich sein, die es nach den alten Berichten einst gab.« Schreibt Fischinger.[78]

---

77 Enúma eliš (eingedeutscht: Enuma elisch) wird der babylonische Schöpfungs-Mythos genannt, dessen ca. tausend Zeilen in Keilschrift auf sieben Tontafeln niedergeschrieben wurden. Das Gedicht ist in Abschriften vom 9. bis 2. Jahrhundert v. Chr. fast vollständig erhalten. Der genaue Zeitpunkt der Entstehung ist unklar, und Einschätzungen gehen in dieser Frage weit auseinander. Übersetzt bedeutet Enúma eliš ›Als oben [der Himmel noch nicht genannt war]‹, benannt nach der ersten Zeile des Epos.
Als Babylon innerhalb der Städte des Zweistromlandes eine Vormachtstellung einnahm, gewann die Stadtgottheit Marduk innerhalb der akkadischen Götterwelt an Bedeutung und wurde in den Weltschöpfungsmythos eingebunden. Das Werk diente nach einigen Interpretationen fortan zur ideologischen Untermauerung des babylonischen Herrschaftsanspruches.
Vgl. Khoury, A. T. u. Girschek, G., *Das religiöse Wissen der Menschheit.* Freiburg 1999, Bd. 1, S. 118-141

78 Fischinger:
http://www.fischinger-blog.de/2014/04/24/auf-den-spuren-der-anunnaki-teil-1-von-den-goett-lichen-ratsversammlungen-in-die-unterwelt-von-zecharia-sitchin-in-die-prae-astronautik/

17. Die Archonten als ›interdimensionale Entitäten‹ – eine Hypothese vieler Universen

»Archonten sind ›negative Kontrolleure der Menschheit, anorganische interdimensionale Entitäten, die nun aufgedeckt und aus dem individuellen menschlichen Geist ausgetrieben werden müssen, aus unserer menschlichen Spezies, und vom ganzen Planeten als Teil unserer kollektiven Entwicklung zu einem neuen Bewusstseinszustand und Sein.«

Dies schreiben der Forscher und Autor Robert M. Stanley und Laura Magdalena Eisenhower, die Enkelin des früheren amerikanischen Präsidenten Eisenhower, in einem Beitrag, der von Exopolitics veröffentlicht wurde.[79] Sie haben eine multiversale[80] Hypothese für die Entstehung der Archonten in unserem Universum vorgelegt. Robert Stanley behauptet, dass »*Archonten von Raumfahrt-Reisenden aus unserem Universum eingeschleppt wurden, die gegen ein Verbot verstießen, demnach es verboten war, (sich) durch ein Wurmloch/Stargate in ein dunkles Universum zu begeben, das von Archonten bevölkert war.*«

Laura Eisenhower und Robert Stanley beziehen sich auf die alten gnostischen Texte aus Ägypten, die die Nag Hammadi genannt werden, und die zwei Arten von dämonischen außerirdischen Archonten-Wesen beschreibt, die die Welt vor langer Zeit mit einer Invasion überzogen. Die erste Art der Archonten sehe aus wie ein Reptil. Der andere Typ habe die äußere Gestalt eines menschlicher Embryos.

Der Autor John Lash (Autor des Buches ›Die Reptilien Agenda‹) schlägt eine Definition der Archonten auf drei Ebenen vor:

---

79 http://exopolitics.blogs.com/exopolitics/2013/03/archons-brought-into-our-universe-through-wormholestargate-into-dark-universe-robert-stanley.html

80 Multiversal: Viele Universen beinhaltend.

›Kosmologische‹ Archonten

»In der gnostischen Kosmologie, sind Archonten eine Art von ›anorganischen‹ Wesen, die im Sonnensystem vor der Bildung der Erde entstanden. Sie sind ›Cyborgs‹, die das Planetensystem (exklusiv der Erde, der Sonne und dem Mond) bewohnen, das als eine virtuelle Welt (Stereoma) beschrieben wird, die sie durch Nachahmung der geometrischen Formen aus dem Pleroma, dem Reich der Generatoren, konstruieren. ›Der Gaia Mythos beschreibt, wie die Archonten durch fraktale Auswirkungen in den dichten elementaren Feldarealen (DEMA) der galaktische Glieder produziert wurden, als die Aeon Sophia in einer Richtung aus dem galaktischen Kern stürzte.‹«

›Noetisch-psychologische‹ Archonten

»In der gnostischen Psychologie, der noetischen Wissenschaft der Mysterienschulen, sind Archonten eine fremde Kraft, die unterschwellig auf den menschlichen Geist eindringt und unsere Intelligenz von den richtigen und gesunden Anwendungen weglenkt. Sie sind nicht das, was uns unmenschlich handeln lässt, denn wir alle haben das Potenzial, uns gegen unsere angeborene Menschlichkeit auszurichten und die Wahrheit in unseren Herzen zu verletzen, aber sie lassen uns unmenschliches Verhalten in seltsamen und gewalttätigen Extremen ausagieren.

Der ontologische Status der Archonten ist dual: Einerseits existieren sie als eine fremde Spezies, unabhängig von der Menschheit. Andererseits existieren sie als eine Präsenz in unseren Köpfen, wie ein Satz von Programmen, die in unserer geistigen Umgebung operieren. Das Risiko, das sie durch eine Invasion unserer mentalen Software verursachen, ist weit größer als jedes körperliche Risiko, das sie durch unberechenbare Verletzungen der Biosphäre verursachen könnten.

Durch Telepathie und Suggestion versuchen die Archonten uns von unserem eigentlichen Evolutionskurs abzulenken. Ihre erfolgreichste Technik ist, religiöse Ideologien einzusetzen, um uns ihre Denkweise einzuflüstern und tatsächlich unsere Sicht- und Denkweise durch die ihre zu ersetzen.«

›Soziologische‹ Archonten

»In der gnostischen Auffassung von der menschlichen Gesellschaft sind die Archonten fremde Kräfte, die durch autoritäre Systeme, einschließlich der

Glaubenssysteme agieren, in einer Weise, die dazu führt, dass sich Menschen von ihrem angeborenen Potenzial abwenden und die Symbiose mit der Natur verletzen. Gnostiker lehrten, dass die Archonten unsere Tendenz ausnutzen, unsere Fehler unkorrigiert zu lassen.

Da die Archonten die menschliche Komplizenschaft brauchen, um Macht über Menschen zu gewinnen, kann jeder, der sie unterstützt, zu einer Art von Archont oder zu ihrem verlängerten Arm, ihrem ›Zubehör‹ werden.«

Wie stärken Menschen die Archonten?

»Eine Art (so die Definition der Noetiker) die Archonten zu unterstützen ist die, das mentale Programm der Archonten zu akzeptieren, indem man diese fremde Intelligenz aufnimmt, als hätte sie eine menschliche Basis und sie zu implementieren, indem man sie [die Sicht- und Denkweise der Archonten] *in der Gesellschaft vorantreibt. Eine andere Art ist die, mit der so vorgeschlagenen und implementierten Agenda auf aktive oder passive Weise konform zu gehen.*

Die Gnostiker erkannten das vermenschlichte Gesicht der Archonten in allen autoritären Strukturen und Systemen, die das Recht des Individuums auf Authentizität und Selbstbestimmung leugnen. Die Gnostiker erkannten, ›den grundsätzlich korrupten Charakter aller menschlichen Unternehmen und Institutionen: Zeit, Geschichte, Macht, Staaten, Religionen, Rassen, Nationen ...‹.

Letztendlich waren sie sich sicher, dass ›jegliche Ausübung von Macht – in welcher Form auch immer – eine Quelle von Entfremdung ist. Alle Institutionen, Gesetze, Religionen und Mächte sind nichts als eine Täuschung und eine Falle, die Fortsetzung einer uralten Verdrehung‹. Das mag wie eine dunkle Sicht der menschlichen Angelegenheiten erscheinen, aber wenn man sich die historische Evidenz dafür vor Augen führt – ganz zu schweigen von den aktuellen Ereignissen – kann man nicht sagen, dass dies eine unfaire oder übertriebene Feststellung ist.«

Archonten sind intrapsychische Verstandesparasiten

Im Zuge der Diskussion über das Archonten-Thema schreibt der Autor John Lash[81]: »*Obwohl Archonten nicht in physischer Form existieren, ist die wahre Gefahr, die sie darstellen, nicht die Invasion des Planeten, sondern die Invasion des Geistes. Die Archonten sind intrapsychische Verstandesparasiten, die sich durch Telepathie und Simulation Zugang zum menschlichen Bewusstsein verschaffen. Sie infizieren unsere Vorstellung und benutzen die Macht der Glaubhaftmachung und Täuschung, um Verwirrung zu stiften. Wenn sich die Menschheit der Illusion dieser übermenschlichen Macht unterwirft, funktioniert das so gut, als wäre es real – ein sich selbst erfüllender Irrtum. Unter der kosmischen Perspektive, präsentieren die Archonten einen dynamischen Aspekt des evolutionären Szenarios der Menschheit, durch den das menschliche Potenzial einer Prüfung unterzogen wird. In den Augen der Gnostiker ähnelt ihre Rolle den sogenannten ›Flyers‹ (der Flieger) aus dem letzten Buch von Carlos Castaneda (›Die aktive Seite der Unendlichkeit‹), in dem er schreibt, dass die ›Flieger‹ das Mittel sind, das das Universum einsetzt, um uns zu testen. Es gibt zahlreiche enge Übereinstimmungen zwischen Castaneda und den gnostischen Lehren.*«

Es geht also darum, dass wir die Gedanken, die uns von Archonten suggeriert werden, als das erkennen, was sie sind. Es sind Perversionen von Sachverhalten, die mit klarem Verstand und reinem Herzen aus einer wirklich menschlichen Sicht ganz anders aussehen, als uns die Denkart der Archonten versucht einzuflüstern. Wie zahlreiche wissenschaftliche Versuche aus der Psychologie immer wieder gezeigt haben, ist der Mensch von Natur aus ein soziales Wesen. Die uns inhärente naturgemäße Intelligenz weiß ja um die großen Zusammenhänge, um die Abhängigkeit aller Dinge voneinander und um das Naturgesetz des immerzu stattfindenden Ausgleichs, der bewirkt, dass alles, was wir aussenden, irgendwann zu uns zurückkommt. Die Sicht der Archonten aber ist die Sicht des von sich selbst überzeugten Egos.

---

81   http://www.bibliotecapleyades.net/vida_alien/alien_archons02.htm

Der Psychologe Paul Levy schreibt in seinem neuen Buch ›Wetiko[82]: Die größte Epidemie, die die Menschheit je erlebt hat‹[83] über den von den Archonten verbreiteten Verstandesparasiten: *»Wenn Menschen mit dem Wetiko-Virus infiziert sind, ... sind sie ›die Gastgeber‹ der Wetiko-Parasiten. Der Wetiko-Erreger ist ein psychischer Bandwurm, ein ›Geist-Parasit‹. Genau wie bestimmte Computerviren oder ›Malware‹ einen Computer so programmieren, dass er sich selbst zerstört, können ›Geistviren‹ wie Wetiko den menschlichen Bio-Computer so programmieren, dass er denkt, glaubt und sich so verhält, dass es auf unsere Selbstzerstörung hinausläuft.*

Wetiko ist ein virulentes, psychische Pathogen, das in Gedankenformen in unseren Verstand eindringt, das, wenn es unbewusst ausgelebt wird, dazu führt, dass es den Wirt (uns) am Ende tötet. Aber es will uns nicht zu schnell umbringen, denn um die Gelegenheit zu haben, seinen Reproduktions- und Verbreitungsplan im gesamten Feld durchzusetzen, muss der Wirt lange genug leben.«

Paul Levy übernahm den Begriff ›Wetiko‹ nachdem er das Buch ›*Columbus and other Cannibals*‹ von Professor Jack D. Forbes las, in dem Forbes berichtete, dass schon die amerikanischen Ureinwohner von dem Phänomen wussten. Levy schreibt dazu:

»Nach der Lektüre seines Buches, war es für mich klar, dass er (sc. Forbes) die gleiche psycho-spirituelle Krankheit der Seele beschreibt, über die ich in meinem Buch ›The Madness of George W. Bush‹ schrieb: Ein Spiegelbild unserer kollektiven Psychose. Nach meiner Vorstellung ist es so, dass von den Anfängen der menschlichen Geschichte unsere Spezies das Opfer einer kollektiven Psychose geworden ist, die ich Maligne Egophrenie (oder auch die ME-Krankheit) nenne. Über diese psychische Epidemie, schreibt Forbes: ›Seit einigen Tausenden von Jahren leiden die Menschen an einer Art Pest , einer Krankheit, schlimmer als Lepra, eine Krankheit, schlimmer als Malaria, eine Krankheit, viel schrecklicher als die Pocken‹... Und weiter: ›Tragischerweise ist die Geschichte der Welt in den letzten 2000 Jahren zu einem großen

---

82 Wetiko ist der von den amerikanischen Cree-Indianern schon vor Jahrhunderten geprägte Ausdruck für eine Person, deren Geist vom Teufel befallen ist und die andere terrorisiert. Den Cree war bekannt, dass es sich um eine ansteckende Geisteskrankheit handelt.

83 http://www.awakeninthedream.com/wordpress/dispelling-wetiko/

Teil die Geschichte der Epidemiologie der Krankheit Wetiko. Wetiko ist eine ›Psychose‹, im wahrsten Sinne des Wortes eine ›Krankheit der Seele oder des Geistes‹. Obwohl Forbes und ich zwei verschiedene Namen für diese Krankheit haben, reden wir beide von der gleichen Krankheit der Psyche, der Seele und des Geistes, die die Wurzel der menschlichen Unmenschlichkeit gegenüber sich selbst ist.«

Forbes schreibt selbst[84]: *...»Eine der wichtigsten Eigenschaften der Charakterisierung der wirklich bösen und extremen Form von Wetiko ist Arroganz. In ihrer ›ausgewachsenen‹ Form sind die von Wetiko Befallenen arrogant und von ihrer selbst behaupteten, eigenen Bedeutung regelrecht ›aufgeblasen‹. Als Instrumente des Bösen sind von Wetiko Befallene arrogant, ignorant und selbstgerecht davon überzeugt, dass sie allein im Besitz der Wahrheit sind und für das höchste Gute arbeiten. Es ist so, als wären sie nicht in der Lage zu erkennen, dass das, was sie tun, böse ist, als seien sie nicht in der Lage, zu bemerken, dass ihre Handlungen alles andere als gut sind.«* Forbes kommt zu dem Schluss: *»Wie dem auch sei, die Wetiko-Krankheit, die Krankheit der Ausbeutung, wurde als ansteckende Krankheit in den letzten mehreren tausend Jahren verbreitet. Und als ansteckende Krankheit, gegenüber der die meisten Impfstoffe wirkungslos sind, wird es mit der Zeit schlimmer statt besser. Mehr und mehr Menschen stecken sich an, an immer mehr Orten, und sie sind zu den wahren Lehrern der Jugend geworden. Die Wetiko-Kultur wird ihr sowohl zu Hause als auch in der Schule beigebracht, wo Menschen Diplome und Auszeichnungen für die Art und Weise verliehen werden, in der die Wetiko-Welt funktioniert, und somit werden sie akkreditiert und ermächtigt, ihr korruptes Verhalten immer umfassender zu verbreiten.«*

Rober Stanley hat ein öffentliches Statement über die Archonten veröffentlicht, in dem er konstatiert, *»es ist an der Zeit, die geheimen Kontrolleure der Menschheit zu entlarven. Diese parasitären Kreaturen sind real, und man muss sich schnellstens mit ihnen auseinandersetzen, damit sich die Menschheit auf die nächste Ebene ihrer Existenz hin entwickeln kann. Diese Parasiten sind selbst nicht menschlich, aber sie ernähren sich von der negativen menschlichen Energie und ihren negativen Emotionen.«*

---

84 http://realitysandwich.com/75652/greatest_epidemic/.

Die gnostischen Schriften

Woher kommen diese Entitäten wirklich, die alles, was wir erleben, verdrehen und dafür sorgen, dass die Menschen eher geneigt sind, einem künstlichen Lügengerüst zu trauen, als ihre vorhandenen Fähigkeiten zu nutzen, die Wahrheit hinter den Erscheinungen zu erkennen?

Auf meiner Suche nach Quellen zu den Ursprüngen der Archonten sichtete ich über 400 verschiedene Texte und stieß dabei unter anderem auf die **Schrift ohne Titel**, aus der ich im Folgenden zitieren möchte. Sie ist ebenfalls Teil der Nag Hammadi-Texte, die 1945 in Ägypten entdeckt wurden. Die mehrheitlich im 2. und 3. Jahrhundert entstandenen Texte gehören zu den wichtigsten handschriftlichen Neuentdeckungen des 20. Jahrhunderts und sind für das Studium der Bibelwissenschaften und frühen Kirchengeschichte von kaum zu überschätzender Bedeutung. Es gibt mehrere Versionen des Textes; die wörtlichen Übersetzungen der ursprünglichen Nag Hammadi-Schriften sind zum Teil schwer verständlich. Da es verschiedene gnostische Schulen gegeben hat, war die Wahl der Quelle nicht leicht. Die Version der **Schrift ohne Titel** ist einerseits inhaltlich am ausführlichsten und kann zudem, trotz ihres sehr archaischen Verständnisses der Welt, aufgrund ihrer betont bildhaften Ausdrucksweise vor dem Hintergrund unserer heutigen Vorstellungen am ehesten nachvollzogen werden.

Die beiden Fassungen der **Schrift ohne Titel,** aus denen hier zitiert wird, sind die 2010 in einer Studienausgabe[85] des Berliner Arbeitskreises für Koptisch-Gnostische Schriften veröffentlichte Doktorarbeit von Hans-Gebhard Bethge (**Professor emeritus der** Theologischen Fakultät **der Humboldt Universität Berlin und Spezialist für Sprachen und apokryphe Evangelien**[86]) und die erste deutsche Gesamtübersetzung der Nag Hammadi-Texte, die 1997 von Gerd Lüdemann und Martina Janßen veröffentlicht wurde[87]. Lüdemann schrieb im Vorwort dieser Buchausgabe:»... *Dabei handelt es sich um urchristliche Texte, in welchen unter anderem auch das Thomas-*

---

85   Nag Hammadi Deutsch, Schenke, Hans-Martin u.a. (Hrsg.), Studienausgabe, Berlin, 2010, ISBN 978-3-11-022803-8

86   Anm.: Apokryphe Schriften sind Texte, die entweder aus inhaltlichen oder religionspolitischen Gründen nicht in den biblischen Kanon aufgenommen wurden.

87   Lüdemann, Gerd [Hrsg.] Bibel der Häretiker: Die gnostischen Schriften aus Nag Hammadi, Stuttgart, 1997, ISBN 3-87173-128-5

Evangelium enthalten sind. Als auf dem 325 n. Chr. in Nicäa einberufenen Konzil das Nicänische Glaubensbekenntnis proklamiert wird, das Jesus als wesensgleich mit Gott definiert, und die Doktrin offiziell festgelegt wurde, galten alle abweichenden Auslegungen als häretisch (= ketzerisch). Einige Urchristen aber sahen in Jesus eher einen Lehrer und Meister, welcher seinen Anhängern liebevoll den Weg zu Gott weist, als den Erlöser, der alle Schuld der Menschen auf sich nimmt und sie somit davon entbindet. Um diese urchristlichen Schriften zu bewahren, versteckte man sie damals. Sie sind allerdings erst 1600 Jahre später wieder entdeckt worden. 1945 fand der Bauer Mohammed Ali Samman sie beim Graben in den Bergen bei Nag Hammadi in einen Krug aus rotem Ton. Da er darin einen Schatz vermutete, zerschlug er ihn und fand dreizehn in Leder gebundene Papyrusbücher. Enttäuscht und unwissend über den unschätzbaren Wert seines Fundes, nahm er ihn mit und warf ihn zunächst auf einen Haufen Stroh, mit dem das Herdfeuer unterhalten wurde. Seine Mutter Umm-Ahmad hat auch einige Blätter herausgerissen, um das Feuer zu beleben. Auch gab Mohamed Ali Samman später zu, dass einige Seiten verloren gegangen waren oder weggeworfen wurden. Wie die ägyptische Regierung auf diesen Fund aufmerksam wurde und internationale Wissenschaftler Zugang zu diesen Kostbarkeiten erhielten, ist eine recht abenteuerliche Geschichte, da die Schriften zunächst in alle vier Winde zerstreut, verkauft und schließlich zurückgekauft wurden. Trotzdem bleibt der Fund ein sagenhafter Schatz. Die religiösen und philosophischen Texte waren ursprünglich in Griechisch verfasst und im 2. Jh. n. Chr. in die koptische Sprache übersetzt worden. Einige Fragmente wurden bereits 50 Jahre zuvor von Archäologen entdeckt. In diesen Schriften wird z. B. wesentlich ausführlicher auf die Geschichte von Adam und Eva eingegangen als in der heutigen Bibel. So wird Eva als Adam gleichwertig dargestellt, und böse Mächte hätten einen Schlaf auf Adam gelegt, um ihm später zu erzählen, Eva sei aus einer seiner Rippen entstanden, so dass sie dadurch geringer werde und er damit Herr über sie werde. Auch erscheinen die Worte Jesus und seine Weisungen viel klarer und sind durchdrungener von seiner Weisheit und Güte als in den heutigen Ausgaben der Bibel. Dass mir die Möglichkeit gegeben wurde, trotz Zurückhaltungsversuchen des Vatikans dennoch Einblick in diese kostbaren

Schriften zu erhalten, empfinde ich persönlich als einen ganz besonderen Höhepunkt in meinem Leben.«[88]

Gerade weil es nach meiner Überzeugung von elementarer Wichtigkeit ist, sich so nahe wie möglich an die Quelle der Informationen zu begeben, um herauszufinden, welche Hinweise auf wichtige Einzelheiten von möglicherweise realen Begebenheiten in diesen Texten enthalten sein könnten, habe ich die verschiedenen Fassungen verglichen und bekam dabei einen immer tieferen Einblick.

»Ich hatte mich vor zwanzig Jahren schon einmal mit unerklärlichen archäologischen Funden befasst, empfand aber das Material, das seinerzeit dazu verfügbar war, als wenig ergiebig. Aus heutiger Sicht jedoch sind diese Informationen höchst brisant. Und es ist nicht verwunderlich, dass es die Schriften der Gnostiker sind, die tiefe Einblicke in die Entstehung der Archonten und deren zentrale Rolle im Zusammenhang mit den Ursprüngen der Menschheit liefern. Die systematische Eliminierung des gnostischen Wissens ist ein Zeugnis dafür, dass ihre Schriften wichtige Informationen enthielten, die den Menschen vorenthalten werden sollten. Es ist zu vermuten, dass der Vatikan eine wichtige Rolle dabei gespielt hat, den Inhalt der Schriften so lange wie möglich geheim zu halten.«

Wenn man diesen Text liest und ihn verinnerlicht, begreift man, wie gründlich diese Kräfte ihre Arbeit getan haben, um die Spuren zu verwischen, denn die Geschichte der Menschheit war allem Anschein nach historisch gesehen eine in weiten Teilen ganz andere als die, die uns die Bibel der römisch-katholischen Kirche glauben machen will.

---

88   Im Vorwort schreibt Lüdemann: »*... Dieser Fund von gnostischen Handschriften kann ohne Übertreibung zu den größten Entdeckungen dieses Jahrhunderts gerechnet werden ... Das vorliegende Werk ist ein Gemeinschaftsunternehmen, das ursprünglich nur als Arbeitsübersetzung für das Studium der frühchristlichen Ketzergeschichte dienen sollte. Unter der Hand wurde daraus die ›Bibel der Häretiker‹, deren Entstehungsgeschichte aber noch aus den unterschiedlich langen Bearbeitungen der einzelnen Traktate ersichtlich ist. Wir meinten, hier nicht künstlich ausgleichen zu sollen, zumal die Erforschung der Nag Hammadi-Texte gerade erst richtig begonnen hat und naturgemäß noch viele Probleme im Dunkeln liegen. Die Übersetzung versucht einen Weg zwischen Treue zum koptischen Original und Allgemeinverständlichkeit zu gehen. Da der koptische Originaltext aber jeweils Übersetzungsliteratur ist, war das in manchen Fällen nicht ganz einfach.«*

Als Wissenschaftler fiel es mir anfänglich schwer, die Schilderungen der Entstehung unserer Spezies und unserer Welt aus den gnostischen Schriften für mehr zu halten als für eine Parabel. Die Naturwissenschaft predigt uns die Darwinsche Lehre der Evolution mit der Überzeugung, dass der Mensch vom Affen abstammt. Nun bin ich mit Sicherheit kein Anhänger des Kreationismus, hege aber, solange ich denken kann, Zweifel daran, dass sich die Artenvielfalt auf der Erde einfach nur so aus sich heraus entwickelt haben könnte. Alles in der Natur beruht auf hochkomplizierten Informationen, unter anderem den genetischen Codes. Die Zufallserklärung der Evolution für diese Art von intelligenten Informationen scheidet aus. Information kann sich nicht durch Evolution entwickeln, dazu braucht es zuerst einen Informationsgeber.[89] Also muss es eine andere Erklärung für die Entstehung unserer Spezies geben.

Bis heute kann uns die Wissenschaft für eine Reihe von Phänomenen keine wirklich schlüssige Erklärung liefern. Das macht es so zwingend notwendig, auch zunächst fantastisch erscheinenden Theorien mit einem offenen Geist zu begegnen und nichts Denkbares von vorne herein auszuschließen. Auch aus einem anderen Grund scheint es wichtig, das Thema auch – soweit es möglich ist – historisch zu betrachten. Schließlich sind noch heute ein Drittel aller Menschen zumindest nominell christlichen Glaubens, und diese Tatsache bedeutet, dass (zumindest theoretisch) jeder dritte Mensch die Grundannahmen der christlichen Theologie anerkennt. Was, wenn diese Grundannahmen so aber gar nicht zutreffen und es nicht nur Fakten gibt, die belegen, dass die historischen Tatsachen mit der offiziellen Version der christlichen Geschichtsschreibung nicht übereinstimmen? Was, wenn darüber hinaus deutlich wird, welche Hintergründe dafür verantwortlich sind, dass diese Geschichtsschreibung systematisch ganz andere Absichten verfolgt, als durch reine Glaubensfragen erklärt werden können? Schon der über tausend Jahre lang praktizierte Ablasshandel war ein Zeugnis davon, dass neben ihren politischen Machtinteressen vor allem wirtschaftliche Ambitionen in der katholischen Kirche seit jeher eine zentrale Rolle gespielt haben.

---

89 Wer sich für dieses Thema interessiert, dem sei das aktuelle Buch dazu von Armin Risi ›Evolution: Stammt der Mensch von den Tieren ab?‹ ans Herz gelegt, in dem der Autor leicht verständlich erklärt, worin die fundamentalen Mängel der Evolutionstheorie liegen. *(Armin Risi: ›Evolution: Stammt der Mensch von den Tieren ab? Zürich, 2014, http://d-nb.info/1051454778).*

Aber im Vergleich zu dem Szenario, das sich uns heute offenbart, sind diese Motive noch als verhältnismäßig harmlos zu bezeichnen.

Es gibt bekanntlich zahlreiche Zeugnisse dafür, dass es vor uns andere, hoch entwickelte Kulturen auf diesem Planeten gab, die nicht nur über bemerkenswerte Technologie verfügten, sondern auch erstaunliches natur- und geisteswissenschaftliches Wissen besaßen. Die Frage nach dem Ursprung unserer Existenz und dem Sinns unseres Seins hat die Menschheit seit Jahrtausenden beschäftigt. Vieles von dem Wissen, was sich die Menschheit in früheren Zeiten aber bereits angeeignet hatte, ist in Vergessenheit geraten oder wurde, wie die Lehren der Gnostiker, bewusst unterdrückt. Nun gibt es für die Genesis keine Aufzeichnungen von Augenzeugen. Vermutlich haben weder Adam noch Eva selbst ein Tagebuch darüber geführt, wie sie in die Welt kamen, aber die Version der Geschichte, wie die Nag Hammadi-Texte sie erzählen, ist nicht nur spannend, sondern folgt einer im Hinblick auf heutige Fragen aufschlussreichen inneren Logik mit vielen erstaunlichen Details.

Dass diese Schriften für uns kostbare Erkenntnisse enthalten, beweist die Brisanz ihres Inhalts. Zudem lassen sie erhebliche Zweifel daran aufkommen, dass die von einigen der organisierten Religionen propagierten Darstellungen auch nur ansatzweise auf den von ihnen behaupteten historischen Fakten beruhen. Es wäre aus meiner Sicht auf jeden Fall äußerst wünschenswert, jedem Schulkind auch die Version der Schöpfungsgeschichte vorzulesen, wie sie von den Gnostikern aufgeschrieben wurde.

Teil 3:
Rückkehr nach Eden

18. Die Schrift ohne Titel

»...Und der Schatten (sc. die Finsternis) kommt aus einem Werk, welches existiert hat seit Anbeginn. Es ist nämlich offenbar, dass es (sc. das Werk) existierte, bevor das Chaos entstanden ist. Und dass er (sc. der Schatten) dem ersten Werk gefolgt ist.«

Aus der Schrift ohne Titel

Über den Ursprung der Welt

Die ›fünfte Schrift in Kodex II[90]‹ der Nag Hammadi-Texte hat keinen Titel, jedoch ist in der Forschung diese Sammlung gnostischer Lehren auch unter dem Titel ›Über den Ursprung der Welt‹ bekannt, da sie sich vor allem mit der Entstehung der Welt und des Menschen und dem Ende der Welt befasst[91]. Es folgt eine verkürzte Zusammenfassung des Textes mit Auszügen aus dem Originaltext (*kursiv*).

Schon in der Einleitung gibt es einen Hinweis, dass schon vor unserer heutigen Welt eine Welt existierte (*»Weil alle, die Götter der Welt und die Menschen, sagen, dass nichts vor dem Chaos[92] existierte, will ich Ihnen dagegen beweisen, dass sie alle im Irrtum sind, weil sie weder über den Ursprung des Chaos noch über seine Wurzel Kenntnis besitzen.«*), und es gibt einen Hinweis darauf, dass unsere und die vorherige Welt nicht von alleine entstanden, sondern geschaffen wurden, denn sie werden als ›Werke‹ bezeichnet

---

90 ›Vom Ursprung der Welt‹ (NHC II,5) aus Schenke et al., Nag Hammadi Deutsch, Studienausgabe, 2., überarbeitete Auflage, 2010, Berlin

91 Dazu Lüdemann: »Besonders sticht das gnostisch-heilsgeschichtliche Denken in diesem Text hervor. Seine ausgeprägte Universaleschatologie (Anm.: die prophetische Lehre von den Hoffnungen auf die Vollendung der gesamten Schöpfung) räumt mit dem Vorurteil auf, die Gnosis sei nur an der Erlösung des Individuums interessiert. Auffällig ist das Fehlen einer Schilderung der himmlischen Welt und der irdischen Geschichte. Es findet sich auch keine Entfaltung eines gnostischen Systems. Dies macht die Zuordnung der Schrift zu einer bestimmten gnostischen Schule schwierig. Während christliche Einflüsse offenbar gering sind, bestehen starke Entsprechungen mit jüdischen und manichäischen Traditionen. (Anm.: Der Manichäismus war eine stark vom Gedankengut der Gnosis beeinflusste Offenbarungsreligion der Spätantike und des frühen Mittelalters.) Die teilweise enge Entsprechung zur manichäischen Theologie gibt Hinweise auf das mögliche Abfassungsdatum der Schrift: Aufgrund der verschiedenen Einflüsse (jüdisch, hellenistisch etc.) legt sich Ägypten als Entstehungsort nahe. Die vorliegende Gestalt des Textes kann frühestens am Ende des 3. Jahrhunderts entstanden sein ...«

92 ›Chaos‹ bzw. ›Finsternis‹ sind in den gnostischen Schriften Bezeichnungen für unsere Welt.

(»...Und der Schatten (sc. die Finsternis) kommt aus einem Werk, welches existiert hat seit Anbeginn. Es ist nämlich offenbar, dass es (sc. das Werk) existierte, bevor das Chaos entstanden ist. Und dass er (sc. der Schatten) dem ersten Werk gefolgt ist.«)

Bemerkenswert ist, dass in den gnostischen Schriften eine Kraft eine entscheidende Rolle spielt, die mit (Pistis) Sophia bezeichnet wird, was eigentlich ›Weisheit‹ bedeutet. Aber sie personifiziert sich und entwickelt ein Eigenleben und wird mit ihrem eigenen Willen entscheidend für das Entstehen der Welt und den Verlauf der folgenden Ereignisse. Sophia ist die ›Matrix‹-Kraft, die, »*wenn sie missbraucht wird, zur Basis dessen wird, was die menschlichen Wesen für sich selbst bestimmen möchten* (Anm.: also egoistisch motiviert handelt), *und nicht als Teil dessen, was Gott geplant hat.*« Dabei ist es eine Frage des Bewusstseinszustandes, ob sie eine falsche Matrix manifestiert oder das göttliche Potenzial spiegelt... »*Das Erzählthema der Pistis Sophia führt die Figur der Sophia durch eine Vielzahl von Ereignissen und Episoden. Man muss dabei verstehen, dass diese Ereignisse allegorisch zu werten sind und nicht in einem ›wörtlichen‹ Kontext von Raum und Zeit... Sie, die als unvollkommene Weisheit existiert, wurde und wird von Christus erlöst. Das bringt die Einsicht mit, dass es die Erlösung für alle gibt.*« [93]

Pistis Sophias individueller Wille kam in Form eines ›*Himmels von unausdenkbarer Größe*‹ in die Welt, der sich zwischen die Unsterblichen und die, die nach ihnen entstanden, schob, wie ein Vorhang, der die Menschen und die Himmlischen voneinander trennte. Nach dem Verständnis der Gnostiker lag darin der Grund für die Trennung der Menschen von Gott.

In der ›*Schrift ohne Titel*‹ ist es Pistis Sophia, die für die Entstehung der Finsternis, der Materie und des ersten Archonten[94] verantwortlich ist, und dieser erschafft die Himmel und Erde inklusive den Menschen. Der Archont entsteht aus Pistis Sophias eigener Verwirrung, die so weit führt, dass sie ihm nicht nur eine Gestalt verleiht und Leben einhaucht, sondern auch noch zum Herrscher über die Materie macht. Dabei wusste der Archont selbst weder, woher er entstanden war, noch von der Macht der Pistis Sophia.

---

93 Quelle: J. J. Hurtak u. D. Hurtak; Pistis Sophia, 2002, www.pistissophia.org

94 In den gostischen Schriften werden die Archonten u. a. mit ›der bzw. die Schatten‹ und der erste von ihnen mit ›Archigenetor‹ oder auch ›Demiurg‹ bezeichnet.

Kraft seiner Macht schuft der erste Archont sieben mannweibliche Kinder mit männlichen und weiblichen Namen: Jaldabaoth/die Siebenheit, Jao/die Herrschaft, Sabaoth/die Gottheit, Adonaios/das Königtum, Eloaios/die Eifersucht, Oraios/der Reichtum, Astaphaios/die Weisheit (*›Die sind die sieben Kräfte der sieben Himmel des Chaos‹) und für jedes seiner Kinder »schöne Himmel als Wohnorte und je Himmel große Herrlichkeiten, die siebenfach erwählt sind: Throne, Wohnstätten und Tempel, Wagen und jungfräuliche Geister,... und mächtige Heere von Göttern und Herren und Engeln und Erzengeln, unzählige Zehntausende, damit sie (den Söhnen) dienen.*«

Die Erde und ihr Himmel wurden von einem Erschütterer zerstört, und die anderen sechs Himmel erzitterten. Sophia warf den Erschütterer in den Abgrund und errichtete Himmel und Erde wieder. Aber der Archont behauptete, für die Wiederherstellung der Welt gesorgt zu haben und »*ließ sich verehren vom ganzen Heer der Engel ... und rühmte sich immerfort, indem er zu ihnen sagte: ›ich bedarf niemandes. Ich bin Gott, und kein anderer existiert außer mir.‹ Als er das aber sagte, da versündigte er sich gegen alle Unsterblichen und die(se) bewahrten ihm (diese Sünde bis zum Endgericht).*«

Pistis war erbost und nannte ihn ›*der blinde Gott‹*. Sie belehrte ihn*: »Ein unsterblicher lichter Mensch existiert vor Dir. Dieser ist es, der sich in Euren Gebilden offenbaren wird. Er wird Dich zertreten, wie Töpferton zertreten wird. ...*«

Sabaoth, der Sohn des Archonten, pries die Pistis, weil sie »*ihnen Kenntnis über den unsterblichen Menschen und sein Licht gegeben hatte.*« Pistis Sophia aber goss über ihn Licht aus und er »*erhielt eine große Macht gegenüber allen Kräften des Chaos... Er begann, seinen Vater, die Finsternis, und seine Mutter, den Abgrund, zu hassen. ... Wegen seines Lichtes aber fingen alle Mächte des Chaos an, ihn zu beneiden, und es kam zu einem großen Krieg in den sieben Himmeln.*«

Um Sabaoth zu schützen, trennte Pistis ihn von der Finsternis, stellte ihm Engel zur Seite und machte ihn zum König über die zwölf Götter des Chaos. Zudem schickte sie ihm ihre Tochter Zoe, »*damit sie ihn belehre über alle, die im achten Himmel existieren.*«

Der Text berichtet weiter, dass Sabaoth eine Engelkirche schuf, *»unzählige Tausende und Zehntausende (gehören zu ihr)… und (er schuf) einen Erstgeborenen, der ›Israel‹ heißt, das heißt: ›der Mensch, der Gott sieht‹, und (er schuf) einen anderen, namens ›Jesus Christus‹. Er sitzt zu seiner Rechten auf einem herrlichen Thron. Zu seiner Linken aber sitzt die Jungfrau des Heiligen Geistes auf einem Thron.«* Pistis Sophia wiederum rief Sabaoth nach rechts von sich, den Archonten aber stellte sie links von sich. *»Damals wurde ›Rechtes‹ ›Gerechtigkeit‹ genannt, ›Linkes‹ aber hat man ›die Ungerechtigkeit‹ genannt.«*

Der Schrift zufolge wurde der Archont von Neid und Zorn erfüllt und (zur Strafe) erzeugte er *»den Tod aus einem Tod, … der… sieben mannweibliche Kinder zeugte. Dies sind die Namen der Männlichen: der Neid, der Zorn, das Leid, die Lust, der Fluch, die Bitterkeit, der Streit. (Auch) sie vereinigten sich miteinander, und jeder einzelne zeugte sieben, so dass sie 49 mannweibliche Dämonen zählen. Und diesen gegenüber schuf Zoe, die sich bei Sabaoth befindet, sieben gute mannweibliche Kräfte. Die Namen der Männlichen sind diese: der Neidlose, der Selige, der Freudvolle, der Wahrhaftige, der Missgunstlose, der Geliebte, der Glaubwürdige. Was die Weiblichen betrifft, (so) sind ihre Namen diese: der Friede, die Freude, der Jubel, die Seligkeit, die Wahrheit, die Liebe und die Treue. Und von diesen stammen viele gute und unschuldige Geistwesen ab.«*

Im weiteren Verlauf der Darstellung erfahren wir, dass der Archont seine Verfehlung eingesteht und befürchtet, dafür verachtet zu werden, letztendlich aber fordert, *»wenn einer vor mir existiert, (dann) möge er sich zeigen, damit wir sein Licht sehen!«* In dem Moment kommt ein helles Licht von oben und in ihn *»eine überaus wundersame Menschengestalt, doch niemand konnte sie sehen außer dem Archigenetor selbst und der Pronoia (›seiner Paargenossin‹)*[95]. *Als die Pronoia diesen Gesandten sah, da verliebte sie sich in ihn. Er aber hasste sie, weil sie in der Finsternis war… Als sie ihre Liebe nicht befriedigen konnte, goss sie ihr Licht über die Erde aus. Damals wurde jener Gesandte ›Licht-Adam‹ benannt…«*

---

95 Wörtlich übersetzt bedeutet Pronoia ›Vorwissen‹.

Dann schuf die Gerechtigkeit das schöne Paradies. *»Es liegt außerhalb des Kreises des Mondes und des Kreises der Sonne in dem üppigen Land, das im Osten inmitten der Felsen liegt. Und die Lust wohnt inmitten der schönen und prächtigen Bäume. Und der Baum des unvergänglichen Lebens, wie er durch den Willen Gottes in Erscheinung getreten ist, steht im Norden des Paradieses, um die Seelen der Heiligen unsterblich zu machen, die herauskommen werden aus den Gebilden der Armut am Ende des Äons. Das Aussehen des Baumes des Lebens aber ist wie das der Sonne. Und seine Zweige sind schön. Seine Blätter sind wie die der Zypresse. Seine Frucht ist weiß wie Weintrauben. Seine Höhe erreicht den Himmel. Und bei ihm steht der Baum der Erkenntnis, der die Kraft Gottes besitzt. Seine Herrlichkeit ist wie die des (Voll-)Mondes, wenn er stark leuchtet. Und seine Zweige sind schön. Seine Blätter sind wie die Feigenblätter. Seine Frucht ist wie die der guten (und) prächtigen Dattelpalme. Dieser (Baum) aber steht im Norden des Paradieses, um die Seelen aus dem von den Dämonen (bewirkten) Vergessen zu erwecken, damit sie (einerseits später) herantreten zum Baum des Lebens und (auch von) seiner Frucht essen ... Die Wirkung dieses Baumes steht beschrieben in dem ›Heiligen Buch‹: ›Du bist der Baum der Erkenntnis, der im Paradies steht, der, von dem der erste Mensch gegessen hat, (so dass) er seinen Verstand öffnete (und) sein Ebenbild liebgewann...‹«*

Anschließend beschreibt der Text die Erschaffung der Pflanzenwelt und der Tiere.

»... Der Licht-Adam aber blieb nur zwei Tage auf der Erde und machte sich dann daran, hinaufzusteigen zu seinem Licht, und sogleich entstand die Finsternis (wieder) über der ganzen Welt. ... Sophia aber ... erschuf alle Sterne und den Zeitenlauf und ordnete den Himmel.«

Der Archont, dem seine Kinder vorwarfen, die Welt zerstört zu haben, bevor die Pistis Sophia sie wieder errichtete, machte den Vorschlag: *»Kommt, lasst uns einen Menschen schaffen von der Erde nach dem Bilde unseres Leibes und nach dem Aussehen von jenem Licht-Adam, damit der irdische Mensch uns diene, auf dass jener (Licht-Adam), wenn er sein Abbild sieht, es liebe ... ›wir werden uns die, die aus dem Licht geboren werden, zu Sklaven machen‹ – für die ganze Zeit dieses Äons. Dies alles aber war geschehen gemäß der Vorsehung der Pistis, damit der Mensch in Entsprechung zu seinem Urbild in*

Erscheinung trete (und) sie (sc. die Archonten) aus ihrem (eigenen) Gebilde heraus verurteile.

Es kam ihnen jedoch die Sophia Zoe zuvor, die(jenige), die bei Sabaoth ist. Und sie verlachte ihren (sc. der Archonten) Entschluss, weil sie Blinde sind – in Unwissenheit schufen sie ihn (sc. den Menschen) gegen sich selbst – und nicht wissen, was sie da zu tun im Begriff sind. Deswegen (also) ist sie ihnen zuvorgekommen. Sie schuf zuerst ihren Menschen, damit er ihr (sc. der Archonten) Gebilde belehre, wie es (sc. das Gebilde) sie (sc. die Archonten) verachten soll und auf diese Weise auch vor ihnen gerettet werden wird.

Die Erzeugung d(ies)es Lehrers aber erfolgte auf diese Weise: Als die Sophia (Zoe) einen Lichttropfen fallen ließ, fiel er auf das Wasser. Sogleich trat der Mensch in Erscheinung, (und zwar) mannweiblich. Jenen Tropfen formte es (sc. das Wasser) zu einem weiblichen Leibe ... Ihr Kind aber ist der Sprössling, der Vollmacht hat ... um ihre (sc. der Archonten) Gebilde zu verführen. Er wurde nämlich klüger erfunden als sie alle. Eva ist also die erste Jungfrau, die ohne Mann zum ersten Mal gebar...

Dieses aber wurde nach dem Willen des Sabaoth und seines Christus den Seelen enthüllt, die (später) in die Gebilde der Mächte kommen werden (Anm.: in die Menschen, die von den Archonten gemacht wurden)*, und deswegen hat die heilige Stimme* (Anm.: der wirkliche Gott) *gesagt: ›Werdet zahlreich und nehmt zu. Seid Herr über alle Geschöpfe.‹ Und diese sind es* (Anm.: die von den Archonten gemachten, aber von Gott beseelten Menschen)*, ...die so eingekerkert wurden in die Gefängnisse der Gebilde* (Anm.: die von den Archonten gemachten Menschen).«

Die Archonten schufen den ersten Menschen so, dass sein Körper die Gestalt ihres Körpers hatte, aber mit einem Gesicht, das so aussah wie das des Licht-Adams. Dann stellte sich der erste Archont seinem Geschöpf vor und gab vor, Gott zu sein.

»Als sie Adam fertiggestellt hatten, legte er ihn hin als ein lebloses Ding, weil er Gestalt gewonnen hatte wie die Fehlgeburten, insofern als kein Geist in ihm war. Wegen dieser Sachlage fürchtete der große Archont, als er sich an das Wort der Pistis erinnerte, dass der wahre Mensch in sein Gebilde einginge *und Herr würde über ihn. Deswegen ließ er sein Gebilde vierzig Tage lang ohne Seele. Und er entfernte sich (und) ließ es liegen. Am vierzigsten Tag aber sandte die Sophia Zoe ihren Hauch hinein in Adam, in dem (noch) keine Seele war... Als die sieben Archonten aber kamen (und) ihn sahen, fragten sie ihn: ›Wer bist du, und von wo bist du hierhergekommen?‹ Er antwortete (und) sprach: ›Ich bin gekommen in der Kraft des (Licht-)Menschen zur Zerstörung Eures Werkes.‹«*

Eigenartigerweise beruhigte sie diese Antwort, weil »*er ihnen Ruhe gab vor der Furcht und der Sorge, in der sie waren.... Als sie (aber) sahen, dass Adam sich nicht aufrichten konnte, (da) freuten sie sich. Sie nahmen ihn, setzten ihn in das Paradies und kehrten nach oben in ihre Himmel zurück.*«

Dann sandte die Sophia ihre Tochter Zoe, »*die (Lebens-)Eva genannt wird, als Lehrerin, um Adam, in dem keine Seele war, zu erwecken, damit (er und) die, die er zeugen würde, Gefäße des Lichtes würden.*« Die Archonten traf der Schlag, als sie begriffen, dass Adam dank der Kräfte von Eva (Zoe) wirklich lebendig war.[96] Sie beschlossen, Eva zu vergewaltigen, um zu verhindern, dass sie »*zu ihrem Licht nach oben zurückgehen kann*« und damit ihre Kinder ihre Untertanen sein würden.

Sie beschlossen, Adam nicht zu sagen, dass er nicht jemand von ihnen ist, »*sondern lasst uns einen Schlaf über ihn bringen und lasst uns ihm in seinem Schlummer mitteilen, dass sie aus seiner Rippe entstanden sei, damit die Frau sich unterordne und er über sie Herr sei.*

Da machte sich Eva, weil sie (ja noch) eine (himmlische) Kraft war, lustig über ihren Beschluss. Sie blendete ihre (sc. der Archonten) Augen, sie ließ heimlich ihr Abbild dort bei Adam. Sie (selbst) ging in den Baum der Erkenntnis hinein. Dort blieb sie. Sie (sc. die Archonten) aber suchten, ihr zu folgen. Sie ließ sie merken, dass sie in den Baum hineingegangen war, (selbst) Baum geworden war. Als sie aber in große Furcht geraten waren, da ergriffen sie, ›blind‹ wie sie waren, die Flucht.«

---

96 »Sie sandten sieben Erzengel, um nachsehen zu lassen, was geschehen war. Sie (sc. die Archonten) kamen zu Adam. Als sie Eva mit ihm reden sahen, sprachen sie zueinander: ›Was ist das für eine lichte (Gestalt)? Sie gleicht ja jener Gestalt, die uns im Licht erschienen war.‹«

Danach wird die Geschichte etwas undurchsichtig. Der Text besagt, dass sich die Archonten an Evas Ebenbild, das sie für die echte Eva hielten, vergingen, aber letztlich damit auch ihren eigenen Leib beschmutzten. Es heißt weiter, dass sie schwanger wurde mit Abel von dem ersten Archonten, und die übrigen Kinder gebar sie durch Adam und durch die sieben Mächte samt ihren Engeln.

Die Archonten aber waren überzeugt, dass sie erreicht hatten, was sie wollten, und dass es ihnen gelungen war, ihre Gene mit den Genen der Lichtmenschen (die Eva repräsentierte) zu vermischen und sie so das unabwendbare Schicksal des Kosmos und der Menschen manifestiert hatten. Die zahlreichen Nachkommen hatten zwar alle Fähigkeiten des (seelischen) Adams, »*befanden* sich aber in Unwissenheit wie das Vieh«. Als sie aber erkannten, dass die Menschen Gott nicht gleichgültig waren, bekamen sie Angst vor der Macht Evas und befürchteten:»*Ist (das) vielleicht (der wahre Mensch) das Wesen, das uns geblendet hat und uns belehrt hat,... dass wir (durch (ihn) dieses Wesen) besiegt werden! (könnten?)*«

Aus dieser Furcht heraus befahlen sie Adam und Eva:»*Alle Bäume im Paradies, die für Euch geschaffen sind, deren Frucht dürft ihr essen. Der Baum der Erkenntnis, – hütet euch, von ihm zu essen. Wenn ihr (von ihm) esst, (dann) werdet ihr sterben.*‹ *Nachdem sie (sc. die Archonten) ihnen große Furcht eingeflößt hatten, kehrten sie nach oben zu ihren Mächten zurück.*

Dann kam der, der weiser ist als sie alle, der, den man ›das Tier‹ (Anm.: den Lehrer) genannt hat. Und als (er) das Abbild ihrer (beider) Mutter, Eva, sah, sagte er zu ihr: ›Was hat Gott (da) zu euch gesagt: Esst nicht von dem Baum der Erkenntnis?‹ Sie sagte: ›Er hat nicht nur gesagt, esst nicht von ihm, sondern (auch): Berührt ihn nicht, damit (du nicht) stirbst.‹ Er sagte zu ihnen: ›Fürchtet Euch nicht! Ihr werdet nicht des Todes sterben. Er weiß nämlich, dass, wenn ihr von ihm esst, Euer Verstand nüchtern werden wird und ihr wie Götter sein werdet, weil ihr den Unterschied (kennen werdet), der zwischen den bösen Menschen und den guten besteht. Er hat Euch das nämlich gesagt, weil er neidisch ist, damit ihr nicht von ihm esst!‹

Eva vertraute den Worten des Lehrers. Sie schaute hinauf zu dem Baum. Sie sah, dass er schön und prächtig war (und) fand Gefallen an ihm. Sie nahm von seiner Frucht, sie aß, gab auch ihrem Gatten, auch er aß. Da wurde ihr Verstand aufgetan. Als sie nämlich gegessen hatten, erstrahlte ihnen das Licht der Erkenntnis. Als sie die Scham angelegt hatten, erkannten sie, dass sie entblößt gewesen waren von der Erkenntnis. Als sie nüchtern geworden waren, sahen sie, dass sie nackt waren (und) liebten einander. Als sie sahen, dass ihre Bildner von Tiergestalt waren, ekelten sie sich vor ihnen. Sie kamen zu großer Erkenntnis. (Anm.: An dieser Stelle verweise ich auf das Kapitel 20 über den Granatapfel als die verbotene Frucht.)

Als die Archonten merkten, dass sie (sc. die Menschen) ihr Gebot übertreten hatten, da kamen sie unter Erdbeben und großer Drohung in das Paradies zu Adam und Eva, um die Wirkung der Hilfe (des Lehrers) zu sehen. Da gerieten Adam und Eva in große Bestürzung. Sie versteckten sich unter den Bäumen, die im Paradies waren. Wie die Archonten nicht wussten, wo sie (sc. Ada und Eva) waren, sprachen sie: ›Adam, wo bist Du?‹ Er sagte: ›Ich bin hier. Aus Furcht vor Euch habe ich mich versteckt, nachdem ich von Scham ergriffen wurde.‹ Sie sagten aber zu ihm in Unwissenheit: ›Wer hat Dir von der Scham gesagt, die Du angezogen hast, es sei denn, dass Du von dem Baum gegessen hast?‹ Er sagte: ›Die Frau, die Du mir gegeben hast, die war es, dir mir gegeben hat und ich habe gegessen.‹ Da (sagten) sie (zu ihr): ›Was hast Du getan?‹ Sie antwortete (und) sprach: ›Der Lehrer hat mich angestachelt und ich habe gegessen.‹ Dann gingen die Archonten zu dem Lehrer, die Augen wurden (aber) durch ihn verdunkelt, so dass sie ihm nichts tun konnte. Sie verfluchten ihn (bloß) weil sie machtlos waren. Danach gingen sie zu der Frau. Sie verfluchten sie und ihre Kinder. Nach der Frau verfluchten sie Adam und die Erde seinetwegen und die Früchte. Und alle Dinge, die sie geschaffen hatten, verfluchten sie. Es gibt keinen Segen bei ihnen. Es ist (nämlich) nicht möglich, dass etwas Gutes aus dem Bösen hervorgebracht wird.

Damals machten die Mächte die Erfahrung, dass wahrhaftig einer, der stark ist, vor ihnen ist. (Doch) sie begriffen nichts, außer, dass sie (sc. Adam und Eva) ihr Gebot nicht gehalten hatten. Sie brachten einen großen Neid in die Welt hinein, nur wegen des unsterblichen Menschen.« ...

Da die Archonten es immer noch nicht glauben konnten, dass Adam nun über die gleiche Erkenntnisfähigkeit wie sie selbst verfügte, unterzogen sie ihn einer Prüfung, die darin bestand, dass er die Namen aller Tiere nennen sollte, was er konnte und »*sie waren bestürzt, denn Adam war aus allen Zuständen der Unwissenheit aufgewacht.*«

Als die Archonten bemerkten, dass Adam keine Angst mehr vor ihnen hatte, hielten sie Rat und sagten:»›*Siehe, Adam ist wie einer von uns geworden, so dass er den Unterschied von Licht und Finsternis kennt. Jetzt nun, damit er nicht verleitet werde, wie beim Baum der Erkenntnis (und) auch noch hingehe zum Baum des Lebens, von ihm esse und unsterblich werde, (Herr) werde, (uns) verachte, und unsere ganze Herrlichkeit gering (schätze) – danach wird er (uns und unsere) Welt verurteilen – kommt, lasst uns ihn hinabwerfen aus dem Paradies auf die Erde, den Ort, aus dem er hervorgebracht worden ist, damit er von jetzt an nicht mehr fähig sei, etwas besser zu verstehen, als wir.‹ Und so warfen sie Adam aus dem Paradies samt seiner Frau. Und das, was sie getan hatten, genügte ihnen (noch) nicht, sondern sie fürchteten sich (immer noch). Sie gingen hinein zum Baum des Lebens, versahen ihn (sc. den Weg zu ihm) mit großen Schrecknissen, (nämlich mit) feurigen Lebewesen, die ›Cherubin‹ genannt werden, und stellten ein flammendes Schwert zwischen sie, das fortwährend ganz furchtbar kreist, damit niemals einer von den Erdenmenschen hineingehe zu jenem Ort. ....*

Dann, als die Sophia Zoe sah, dass die Archonten der Finsternis ihre (der Sophia Zoe) Ebenbilder verfluchten, wurde sie unwillig. Und nachdem sie, versehen mit allen Kräften aus dem Himmel herausgekommen war, verjagte sie die Archonten aus (ihren) Himmeln und warf sie hinab in den sündigen (Kosmos), damit sie dort auf der Erde seien als böse Dämonen.«

Im übernächsten Kapitel der Schrift (›Zwischenzeit‹) heißt es weiter:

»*Über das Wirken der Archonten gegen die Menschen: Die Verführung durch die Dämonen: Als die sieben Archonten nämlich aus ihren Himmeln auf die Erde herabgeworfen worden waren, schufen sie sich Engel, das waren viele Dämonen, damit sie ihnen dienten. Diese aber lehrten die Menschen viele Irrtümer und Magie und Giftmischerei und Götzendienst und Blutvergießen und Altäre und Tempel und Opfer und Trankopfer für alle Dämonen der Erde. ... Und als sich die Welt auf diese Weise ablenken ließ, war sie die ganze Zeit über in Irrtum befangen. Alle Menschen nämlich, die auf der Erde sind, dienten den Dämonen seit der Grundlegung bis zum Ende (des Äons) – die*

Engel (dienten) der Gerechtigkeit und die Menschen (dienten) der Unge-
rechtigkeit. (Und) so ließ sich die Welt ablenken, (geriet) in Unwissenheit
und Vergessenheit. Sie gingen alle in die Irre bis zur Parusie[97] *des wahren*
Menschen. ... Als viele Menschen entstanden waren aus [dem Einen], der
aus der Materie entstanden war, und als die Welt schon (mit ihnen) angefüllt
war, da übten die Archonten die Herrschaft über sie aus, das bedeutet: Sie
hielten sie nieder in Unwissenheit.«

Auf den letzten beiden Seiten der Schrift wird beschrieben, wie der ›unsterbliche Vater‹ ›arglose, kleine, selige Geister‹ (›eure (himmlischen) Ebenbilder‹)
in die Welt des Verderbens entsendet, die die Archonten des Verderbens
außer Kraft setzen sollen. ... *»Diese (sc. Geister) aber wurden geschickt,*
um das Verborgene zu offenbaren und die sieben Mächte des Chaos und
ihre Gottlosigkeit bloßzustellen. Und auf diese Weise wurden sie (sc. die
Archonten) bereits zum Tode verurteilt. Als die Vollkommenen nun alle in
Erscheinung getreten waren in den Gebilden (Anm.: der Welt) *der Archonten*
und als sie die Wahrheit offenbart hatten, die nicht ihresgleichen hat, wurde
jegliche Weisheit der falschen Götter zuschanden, ... erlosch ihre Kraft, wur-
de ihre Herrschaft beendigt, wurde ihre Pronoia (Anm.: ihr Vorwissen)[98] *samt*
ihrer Herrlichkeit zu etwas Nichtigem.«

Die Natur der Unsterblichen aus dem Unendlichen

Möglicherweise ist diese urchristliche Schrift ein Teil der wahren Schöpfungsgeschichte. Sie erzählt vom Entstehen des Menschen und der Existenz seiner himmlischen Vorfahren aus der ›Natur der Unsterblichen aus
dem Unendlichen‹, sowie von der Entstehung der Welten, der Erde und
der Himmel. Der Text bekundet, dass es einen wahren Gott gibt, den, der
vor allem und vor allen da war, und dass er das Licht ist, ein ›unsterblicher
lichter Mensch‹. Und sie erzählt von den Kräften, die aus der Abwesenheit

---

97 Die erwartete Wiederkunft Jesu Christi und mit ihr die Vollendung der Heilsgeschichte, nämlich
das Kommen des Reiches Gottes *(Quelle: http://de.wikipedia.org/wiki/Parusie).*

98 Es gibt verschiedene Bedeutungen des Wortes. Unter anderem auch die, dass das Prinzip
der Pronoia ist, dass es einen Plan und Zweck oder Ende (telos) der ganzen Schöpfung gibt,
und in diesem Plan der Mensch eine zentrale Rolle spielt. Das Universum unterstützt den, der
auf den Willen Gottes, den Schöpfer und Herrscher des Universums ausgerichtet ist. (Quelle:
http://www.john-uebersax.com/plato/words/pronoia.htm).

des Lichtes, das heißt aus der Finsternis – die auch als das große Chaos bezeichnet wird – auftauchen, und die unsere Welt und unseren Himmel (als ihren Wohnort) geschaffen haben: den Archonten, den Inhabern der Gewalt über die Materie.

Sie erzählt die Urgeschichte der Menschheit und versinnbildlicht dabei auch den ständigen Kampf zwischen dem Verstand (dem Verwalter des auf den vorliegenden Informationen beruhenden Wissens) und dem Herz (dem Sitz der Liebe und dem Träger der auf Gefühlen und Empfindungen beruhenden Intuition).

Was der Text vor allem klar macht, ist die Bedeutung des Willens, einer zentralen Kraft des Menschen, und des großen Einflusses von Neid auf das Empfinden und das Verhalten. Der andere wichtige Aspekt ist der des Wissens und des Nichtwissens und das intensive Ringen um die Wahrheit angesichts von Täuschung und Verblendung. Er erwähnt aber auch, dass Täuschung, im Sinne einer klugen List, legitim ist, wenn es keinen anderen Ausweg gibt.

Die Akteure der Handlung sind über die geschilderten Ereignisse oft erstaunt, bestürzt oder erscheinen überrascht. Das zeugt davon, dass der Verfasser sie – trotz ihrer unermesslichen Kräfte und ihrer fast unbegreiflich großen Einwirkungsmacht – auf Gestalten mit ganz schlichten und menschlichen Eigenschaften und Motiven reduziert.

Es werden alle seelischen Grundtendenzen und urmenschlichen Emotionen aufgezählt und es geht immer wieder darum zu unterscheiden, was gut und was böse ist. Es ist das Licht, das als Begriff auch für Einsicht, Erkenntnis und Erleuchtung steht, das letztlich die entscheidende Macht über das Chaos hat. Das Licht aber kommt als Geschenk vom ersten unsterblichen Menschen, dem einzigen wahren Gott und Allschöpfer.

Die Handlungsstrukturen weisen zudem ein archetypisches Verhalten von Männern und Frauen auf. Die Frau weiß meist mehr als die Männer, ist umsichtiger, denkt langfristiger und meint es dabei mit allen gut, wobei sie sich aus Unbewusstheit und Selbstgefälligkeit aber auch dazu hinreißen lässt, die Falschen zu unterstützen. Sie kann jedoch auch zornig werden und ist streckenweise naiv. Aber am Ende macht sie sich über die Männer lustig. Die

Männer sind aggressiv und machtgierig und vor allem neidisch, eifersüchtig und missgünstig. Sie sind rücksichtslos; sie vergewaltigen beziehungsweise versuchen es und sind auch überzeugt, dass es ihnen gelungen ist. Der Erste und Mächtigste unter ihnen hält sich für Gott selbst. Am Ende wundern sich die Männer meistens darüber, was sie angerichtet haben und woran sie nicht gedacht haben, obwohl die Konsequenzen ihrer Taten eigentlich absehbar waren. Vor allem ihr letztlich durch Blindheit selbst verursachter Niedergang. Dabei erfahren wir, dass eigentlich alle zunächst einmal zweigeschlechtlich (›mannweiblich‹) sind. Trotzdem haben die Frauen in der Geschichte die letztlich zentrale Bedeutung für ihren guten Ausgang.

Die in der christlichen Bibel als weibliche Schlange dargestellte, teuflische Verführerin tritt gar nicht in Erscheinung. Man kann sich denken, warum die Schriftführer der römisch-katholischen Kirche die Geschichte ganz anders dargestellt haben.

Der Text zeugt auch von der ungeheuren Wichtigkeit und Notwendigkeit von Ungehorsam. Wir erfahren, was Gottlosigkeit bewirkt und vom Fall der falschen Götter. Als der Sohn des obersten Archonten erfährt, dass sein Vater sich unberechtigterweise für Gott hält und sich als einziger Gott feiern lässt, verurteilt er den Vater und wendet sich von ihm ab; er aber wurde erleuchtet und wurde so zum ›Herrn der Kräfte‹, der seitdem der Gegenspieler seines Vater ist.

Der entscheidende Fall von Ungehorsam aber ist der von Eva, die gut zuhört, als ihr weiser himmlischer Bruder ihr sagt, dass sie – entgegen des Verbotes des falschen Gottes – **vom Baum der Erkenntnis essen muss, um den Unterschied zwischen den bösen und den guten Menschen erkennen zu können.** Sie folgt dem Rat, lässt auch ihren Adam mitessen und lenkt so den Weg des Menschen in Richtung Erkenntnis und Bewusstsein.

Am Ende ist klar, dass es genau das ist, was die Archonten seit jeher fürchten wie der Teufel das Weihwasser, nämlich dass wir erkennen, wer sie sind und dass wir auch begreifen, dass wir mindestens genauso mächtig sind wie sie.

›Der freie Wille des Einzelnen muss die Heimkehr bewerkstelligen‹

An dieser Stelle stellt sich die Frage nach dem Ausweg aus der so entstandenen Situation. Ich habe dazu schon Einiges gesagt, aber ich möchte hier noch einen Auszug aus Armin Risis bereits 1999 erstmals erschienenem Buch ›Machtwechsel auf der Erde[99]‹ dazu einfügen. Risis Text spricht zwar von ›Luzifer‹, aber wenn man den Begriff durch ›Archonten‹ ersetzen würde, schließt er sich nahtlos an die gnostische Schrift vom Ursprung der Welt an.

»…. Aus der Sicht der gnostischen Schulen entstand mit der Schaffung der Schattenhierarchie auch die verdichtete, grobstoffliche Erde. ›Der geistige Kosmos allein war eine ›creatio prima‹, eine unmittelbare Schöpfung Gottes, aus welcher erst durch den Abfall Luzifers von Gott (und mit ihm eines Teiles der urgeschaffenen Geister) die Zweitschöpfung der astralen und physischen Welten indirekt hervorging.‹[100]

Die physische Erde ist der Rand von Luzifers Einflussbereich. Gleichzeitig stellt die Erde aber auch den eigentlichen Ort des Wiederaufstiegs und der Möglichkeit der Rückkehr zu Gott dar. Sowohl aus den göttlichen als auch aus den dunklen Sphären können Seelen auf der Erde inkarnieren, weil diese sich im Einzugsbereich beider Hemisphären befindet. Damit wurde und wird den weggefallenen Seelen die Chance geboten, wieder mit dem Licht in Kontakt zu kommen und sich an den göttlichen Weg zu erinnern. Erst hier im Grenzbereich bieten sich wieder eine Alternative und die Möglichkeit zur Wahl.

Doch zuvor musste die Kluft überwunden werden, welche durch die Abtrennung der Dunkelwelten entstanden war. Dies war nun möglich, indem von der Seite des Lichtes eine Brücke gebaut wurde. Niemand anders konnte dies tun als der ›erste eingeborene Sohn‹, denn gegen ihn hatte sich die Rebellion gewandt. Und so stieg er selbst in Luzifers Herrschaftsbereich hinab, um dessen Macht zu brechen,

---

99 Armin Risi, *Machtwechsel auf der Erde,* (1999), S. 40f.

100 Der Lorber-Theologe Prof. Franz Deml im Buch *Das ewige Evangelium des Geistzeitalters*, S. 42.

Der ›Sohn‹ erschien, um sich Luzifer zu stellen und zu beweisen, dass dessen Rebellion ungerechtfertigt und deshalb boshaft gewesen war. Er stieg auf die Erde hinunter und inkarnierte (wörtlich: ›ging ins Fleisch‹), indem er die Gesetze, die dort in Luzifers Reich des Sterbens und Vergessens herrschten, annahm und den irdischen Kampf aufnahm. Als er sich seiner Sendung und Identität vollkommen bewusst war, war es Luzifer auch erlaubt, mit seiner gesamten Gewalt gegen seinen ›Gegner‹ vorzugehen, um ihn von seiner Gottestreue abzubringen. Doch am Schluss durfte Jesus sagen: ›Es ist vollbracht.‹ In seinem außerkörperlichen Zustand begab er sich direkt in die Dunkelwelt und konfrontierte Luzifer persönlich. ›Von der Furchtbarkeit des Kampfes, der sich damals abspielte, ahnt die Menschheit, die Christenheit heute nichts mehr ... Luzifer bebte beim Gedanken, Christus werde ihm die ganze Herrschaft entziehen oder es sei gar jetzt der Augenblick gekommen, da er vernichtet würde. Doch Christus eröffnete ihm, dass ihm seine Herrscherrechte nicht ganz entzogen, sondern nur auf jene Wesen beschränkt würden, die ihm der Gesinnung nach angehörten. Aber die, welche aus seinem Reich zurückwollten, müsse er freigeben. Er dürfe sie nicht mehr als seine Untertanen betrachten. Wohl stehe es ihm frei, sie durch Betörung und Verführung an sich zu fesseln – aber nicht mehr mit Gewalt wie bisher. ... Damit war das große Rettungswerk der Erlösung vollbracht ... Aber der freie Wille des Einzelnen muss die Heimkehr bewerkstelligen. Er darf die Mühen nicht scheuen, die mit der Zurücklegung des Heimwegs verbunden sind.‹ (Greber, S. 294f; Hinz, S. 136f.)

Durch diese Tat mit all ihren jenseitigen und spirituellen Aspekten wurde das Tor der verdichteten Erdenwelt geöffnet – als Wegbereitung für den Wiederaufstieg der willigen Seelen und der Erde selbst zurück ins Licht.

Dies war ein Plan, der auch seinen engsten Gefährten und Gefährtinnen nicht vollumfänglich bekannt war, denn die vollständige Aufschlüsselung wäre für sie zu unglaublich gewesen, genauso wie auch noch für die meisten Menschen heute. Dies gilt nicht nur für das allgemeine ›Volk‹, sondern auch und erst recht für die Mitglieder der kirchlichen Institutionen und esoterischen Logen. Sowohl die Kirchen als auch viele Logenverbände, die zum Teil sehr alte Wurzeln haben, berufen sich auf Jesus oder seinen Zeitgenossen Johannes den Täufer (die beide eine zum Teil sehr fanatische und sektiererische Anhängerschaft hatten). Doch sie alle müssen ihre Ansichten und Handlun-

gen überdenken, denn Jesus selbst sagte, dass er nicht alles gesagt habe, sondern ›noch vieles zu sagen hätte‹ und auch sagen werde, und zwar durch den ›Geist der Wahrheit; dieser wird euch in alle Wahrheit einführen. Er wird nicht aus sich selbst sprechen; er wird vielmehr reden, was er hört, und wird euch verkünden, was künftig ist.‹ (Joh 16, 12-13)

So besteht das Versprechen, dass die entsprechenden Informationen Schritt für Schritt offenbart würden, bis zur gegebenen Zeit das erstaunliche Gesamtbild erkennbar werde – ein Gesamtbild, das sowohl die göttlichen als auch die luziferischen Wesen der irdischen und nicht-irdischen Sphären mit einbezieht. Wie die (weiteren) Ausführungen ... zeigen werden, ist diese gegebene Zeit heute und hat für die Welt- und Geheimmächte Konsequenzen, die auch für sie unerwartet und überraschend sind.«

Die Tiefe von Armin Risis Wissen und seine Erkenntnisse haben mich sehr beeindruckt, und ich empfehle näher Interessierten seine Bücher, neben seinem neuesten Buch ›Ihr seid Lichtwesen‹ auch sein einschlägiges Buch ›Machtwechsel auf der Erde‹.

19. Den Drachen besiegen

»Die Sonne bringt es an den Tag.«

Adalbert von Chamisso[101]

Durch das immer schnellere Erwachen der Menschen fallen auch die Masken. Ob unbewusstes oder sicher geglaubtes Geheimnis, die ›Leichen kommen aus dem Keller‹ – anders gesagt: Die Sonne bringt es an den Tag.[102] Dies geschieht auf der persönlichen wie auf der kollektiven Ebene. Durch die Konfrontation mit unseren oftmals schwer entsorgbaren Altlasten, sind sehr viele Betroffene überfordert, und in vielen Fällen entsteht zunächst ein neues Konfliktpotenzial, welches manche Menschen an den Rand des Erträglichen führt. Davon kann ich ein persönliches Lied singen. Die ersten Reaktionen auf eine derartige innere Offenlegung (›Leichenschau‹ ☺) wirken meist schockierend, zumindest beunruhigend. Anderseits ist es eine Erlösung, sie nicht weiter mit großer Anstrengung zu verdrängen. Aus bester Erfahrung rate ich, sich den inneren ›dunklen Schatten‹ zu stellen, da sonst ein immer stärkerer Konflikt entsteht, der sich sogar psychosomatisch in Krankheiten ausdrücken kann. Ein häufiger Umgang mit den beunruhigenden Erkenntnissen und desillusionierenden Einsichten ist die Meditation. In der Innenschau und im Kontakt mit unserem Herzen erkennen wir die Wurzel unserer Probleme. In unserem Alltag können sich diese Erkenntnisse aber erst segensreich auswirken, wenn wir gleichzeitig auch erkannt haben, wer wir wirklich sind. Denn erst dann hören wir auf, uns mit unseren Problemen, unseren Schwächen, dem, was wir von anderen erlitten haben und so weiter zu identifizieren, und das ist entscheidend. Es ist entscheidend, dass wir uns nicht mehr als die Summe unserer Neurosen sehen, denn all diese menschlichen Schwächen, neurotischen Angewohnheiten und schädlichen Handlungsmuster sind ja nur dazu das Kleid, der Zerrspiegel unserer Verankerung im Physischen. Wir brauchen einen Körper, um diesen Knoten hier auflösen zu können, aber wir sind nicht unsere Probleme, und wir sind auch nicht unsere Schwächen. Dies sind gleichsam Verunreinigungen, die Nebenwirkungen des Eintauchens in die nicht nur physische Matrix, sondern auch in die darübergelegte ›künst-

---

101 Adelbert von Chamisso: Gedichte - Die Sonne bringt es an den Tag, 1827
102 Siehe auch das gleichnamige Märchen der Gebrüder Grimm (Märchen ATU 960).

liche Matrix‹ der Verhinderer. Nur wenn wir wirklich über unser elementares Selbst informiert und über das Ausmaß der Fremd-Enteignung unseres Selbstes aufgeklärt sind, können wir zwischen ›Selbst‹ und ›Nicht-Selbst‹ unterscheiden und unsere Transformation vollziehen – die Freude, die darin liegt, ist unbeschreiblich.

Diese Transformation kann dann schadlos erfolgen, allerdings nicht ohne den Schmerz der Desillusionierung – so Vieles, was wir für zu unserem Wesen gehörig hielten, entpuppt sich als übernommene Manipulation. Aber wenn ich weiß, wer ich wirklich bin, ordne ich den Schmerz anders ein und befinde mich auf einer Ebene, wo ich ihn in Kauf nehme, weil ich so viel mehr bin als die mich beutelnden Emotionen. Wenn ich akzeptiere, dass Schmerz etc. zu der Sinuskurve meiner emotionalen Achterbahn in einem Körper einfach dazugehört, ebenso wie Freude, gehe ich anders damit um. In der Mitte, der Null-Ebene der Sinuskurve, liegt dann ja die eigentliche Herzensfreude, die weder einen freudigen Anlass braucht noch durch widrige Anlässe zerstörbar ist.

Erst mit einem realistischen Bild unseres wahren Selbstes ist es uns möglich, schadlos den nächsten Schritt zu vollziehen. Da ich bisher von unseren persönlichen ›Altlasten‹ gesprochen habe, so vollzieht sich der Wandlungs- und Reinigungsprozess auch auf der ›äußeren‹ Ebene. Da alle Menschen von dieser Demaskierung betroffen sind, kommen immer mehr Übeltäter ans Licht. Die Tarnungen der Verursacher des menschlichen Leidens und der Unterdrückung fliegen auf. Dieser Transformationsprozess macht vor niemandem halt, er erfasst sogar unser gesamtes Universum. Eine Gefahr ist nur, wenn wir den entlarvten Übeltätern mit Hass und Aggression begegnen und sie anklagen.

Wenn das Stammhirn dem Großhirn dazwischenfunkt

Es liegt in der Natur unseres uralten instinktiven Selbsterhaltungsprogrammes, dass wir mit Aggression und Kampf auf unsere Feinde reagieren. Auch wenn wir schon seit geraumer Zeit alle Voraussetzungen eines zivilisierten und humanen Wesens mitbringen, so überlagert doch besonders in Stress-Situationen unser Stammhirn die Gesinnung, aus der unsere Handlungen entstehen.[103] Das Stammhirn (Hirnstamm) ist der älteste Teil des menschlichen Gehirns. Es hat sich im Laufe der Evolution bereits vor ca. 500 Millionen Jahren entwickelt. Bei niederen (Nicht-Säugetier-)Wirbeltieren wie den Reptilien macht dieser Bereich sogar fast das gesamte Gehirn aus, daher wird es manchmal auch als ›Reptiliengehirn‹ bezeichnet.

Seit den im Rahmen der Evolution neu entwickelten Gehirnarealen sollte es sich im Normalfall NICHT einmischen. Doch leider tut es das bei vielen Menschen immer wieder. Das Stammhirn repräsentiert genetisch vorbestimmte Verhaltensweisen (*Programme*), die dem Überleben des Individuums und der Arterhaltung dienen. Es fungiert als Kontrollzentrum für unbewusste, gefühllose, roboterähnliche Programme, die dem Reptilienverhalten ähneln. Das ›alte Stammhirn‹ übernimmt in bestimmten Stress-Situationen die völlige Kontrolle über uns und lähmt alle anderen Bereiche. Wann immer unser den Gefühlen zugeordnetes limbisches System im Zwischenhirn und unsere evolutionär noch jüngere, mit bewussten Denkvorgängen verbundene Großhirnrinde in ihrer Leistungsfähigkeit beeinträchtigt sind – sei es durch Alkohol, Drogen, Stress, Krankheit, Alter, Müdigkeit, depressive Gefühle, einen starken Glauben (*Einbildung*), eine feste Überzeugung, Angst, Panik oder übermäßige Verliebtheit – geraten unsere mentale Einstellung und unser Verhalten unter den Einfluss unserer uralten Instinktareale im Gehirn.

Ein großes Problem unserer Zeit ist es, dass viele Dinge, die wir als Bedrohungen empfinden, für den Hirnstamm nicht greifbar sind, zum Beispiel wenn wir einen Kino- oder einen Fernsehfilm schauen, den Börsenkurs verfolgen, Steuer nachzahlen müssen oder uns scheiden lassen. Für solche Situationen hat der archaische Hirnstamm keine sinnvollen Lösungsansätze, weil es keinen sichtbaren Feind gibt, den man bekämpfen kann oder vor dem man fliehen könnte. Die Bedrohungen unserer Zeit finden überwiegend auf der mentalen Ebene statt, doch das kann unser ältester Hirnbereich nicht erkennen.

---

103 Noch bei den Summoprimaten (den Menschenaffen), wird das ganze Leben, das ganze Handeln, durch eine Trieb- und Lust-Automatik bestimmt, die vom Stammhirn und den limbischen Zonen des Zwischenhirns ausgeht. Die Primaten oder Herrentiere gehören zu den höheren Säugetieren. Primaten werden in die beiden Unterordnungen der Feuchtnasenaffen (Strepsirrhini) und Trockennasenaffen (Haplorrhini) eingeteilt, wobei letztere auch die Menschenaffen (Hominidae) inklusive des Menschen (*Homo sapiens*) mit einschließen. Der Begriff stammt vom lateinischen *primus* (der erste) und bezieht sich auf den Menschen als »Krone der Schöpfung«.

Die Hauptmerkmale unseres Stammhirn-Erbes

Selbstsucht, Ichbezogenheit (Egoismus), Rücksichtslosigkeit, Tücke, Verschlagenheit. Argwohn, Gefühllosigkeit, Grausamkeit, Kaltblütigkeit, Starrheit, Hartnäckigkeit, Beharrlichkeit, Wettbewerbsdenken, Anmaßung, Territorialverhalten, Isoliertheit, Intoleranz, Aggressivität und Gewaltbereitschaft, mangelnde Fürsorglichkeit, kurzsichtiges Nutzdenken, Opportunismus, Oberflächlichkeit, Eitelkeit, abartiges und/oder aggressives sexuelles Verhalten, Eifersucht, psychopathisches Verhalten, Suchtverhalten (wie Ess-Sucht, Alkoholismus etc.) sind Anzeichen einer starken Dominanz des Stammhirns. Dieser uralte Gehirnteil ist auch für ritualisierte, stereotype Verhaltensmuster verantwortlich.

Jemand unter der Kontrolle seines Stammhirns hält sich am liebsten an Vorschriften und ist nur mit ›geordneten Verhältnissen‹ zufrieden. Er will wissen, wem er zu befehlen hat und wer ihm etwas befehlen kann. Er will ›Autoritäten‹ schnell erkennen können: Das geht am besten mit einem Rangabzeichen. Rangabzeichen können Titel sein, aber auch Sterne an der Uniform, Kleidung, ein großes Büro, ein Dienstwagen oder der schicke Bungalow. Der Stammhirn-Typ ist von der Politik der heutigen Zeit am besten zu beherrschen, weil er nur mit seinen Bedürfnissen, mit Unterhaltung und Befriedigung beschäftigt ist.

Was sonst vorgeht, ist für diesen Hirntyp Nebensache, er denkt nicht wirklich zukunftsorientiert und ist einfach zu lenken. Er reagiert direkt auf furchteinflößende Situationen, und hier ist der Angriffspunkt für diejenigen, die diesen Planeten in Versklavung halten wollen.

Unsere Stammhirn-Eigenschaften machen uns anfällig für die Machenschaften der Archonten. Deswegen versuchen diese uns über mediale Dauerberieselung, Kriege, Wirtschaftskrisen und Mangel-Illusionen ständig in Angst und Schrecken zu halten, weil unser Gehirn dann vor Panik auf die Stammhirnfunktionen zurückgreift. In dem Maße, wie unser Stammhirn uns gerade beherrscht, werden wir für die Archonten als Werkzeuge benutzbar.

Das Stammhirn tut immer brav, was von ihm von höherer Seite her abverlangt wird, aber es eignet sich nicht besonders gut dafür, mit neuen Situationen fertigzuwerden. Das sieht man auch im derzeitigen Alltag im Bereich der Finanzen, denn das Stammhirn unterscheidet nicht zwischen Fiktion und Realität.

Wer Neues wagen will, muss sich selbst überwinden oder, wie es in alten Sagen berichtet wird – den ›inneren Drachen besiegen‹. Für diesen Mut zum Risiko und zum Experiment, für die Fähigkeit zum Abwägen, für gemischte Gefühle statt Schwarzweißdenken, ist ein anderer Gehirnteil zuständig, der im Laufe der Evolution ebenfalls ins Menschenhirn eingebaut wurde, das moderne Stirnhirn (›präfrontaler Cortex‹). Doch die zwanghafte Neigung, sich mit Statussymbolen zu umgeben – sich übermäßig zu schmücken und mit Luxusgütern zu prassen, Tätowierungen oder Ähnliches ausführen zu lassen, um die persönliche, momentane ›Wichtigkeit‹ des eigenen Egos herauszustreichen, ist ein typischer Ausdruck der Herrschaft des Stammhirns, das sich jedes Mal dann äußert, wenn der Betroffene seine Ansprüche bedroht fühlt. Je größer der Ehrgeiz und die Vermessenheit werden, umso größer wird die Angst, dass uns jemand daran hindern könnte, unsere Ziele zu erreichen.

Meine persönlichen Erfahrungen zeigen es mir sehr deutlich, wie schnell ich in die Aggression gerate, wenn ich mich auf das Spiel meiner Programme einlasse. Mit anderen Worten, ich reagiere auf Gräueltaten zunächst mit einer hoch erregten Emotion, einer Mischung aus Wut, Aggression und mitunter sogar Hass. Dieser Zustand konzentriert und verstärkt sich in dem Moment, wo ich die Verursacher dieser Gräueltaten erkenne. Genau diese reflektorischen Prozesse gehören zu unserer veralteten Grundausstattung, von der noch ein erheblicher Teil in uns aktiv ist. Es handelt sich um eine Art Autopilot, ein Überlebensprogramm, welches zur Artenerhaltung lebensnotwendig war. Unser jetziger Körper ist jedoch schon mit einem erweiterten Gehirn ausgestattet. Die bahnbrechende Erneuerung heißt Großhirnrinde (Neocortex) und bietet uns die physische Voraussetzungen, um ein erwachter Mensch werden zu können. Mit Hilfe der Großhirnrinde können wir als Menschen die künstliche Matrix durchdringen.

So wie es aussieht, mache ich immer häufiger von der zugeschalteten Großhirnoption Gebrauch. Allein indem ich meine Reaktion auf Gräueltaten bewusst registriere, nehme ich diese neue Option in Anspruch, und dies führt automatisch zu einer anderen Wahrnehmung. Ich ›sehe‹ die entsprechende Situation neutral. Das bedeutet nicht, dass ich zum Beispiel Gräueltaten jetzt gutheiße. Aber ich lasse nicht mehr zu, dass meine emotionalen Säugetier-reaktionen die Kontrolle über mich und mein Handeln übernehmen wie beim Lynch-Mob, der damit archaischen Instinkt-Mustern folgt.

Offensichtlich machen immer mehr Menschen derartige Erfahrungen mit sich. Erst vor wenigen Monaten erkannte ich die Gefahr, die durch die Er-kenntnis unserer Peiniger entstehen kann. Indem die Wahrheit immer mehr ans Licht kommt, werden auch die Verursacher des kollektiven Machtmiss-brauchs erkennbar. Wenn hier nun unsere veralteten Stammhirne die Regie übernehmen würden, brächten wir damit nicht nur neues Leid, sondern wür-den auch unsere Transformation verhindern und das alte Spiel von Schuld und Sühne weiter fortsetzen.

Zusammenfassung unseres Transformationsprozesses

Der Transformationsprozess findet auf mehreren Ebenen gleichzeitig statt:

1) **Wir sind Vorstufen unserer selbst und entwickeln uns erst in unser Potenzial hinein.**

2) **Unseren Freien Willen haben wir bisher nur rudimentär benutzt und funktionieren immer noch weitgehend automatisch.**

3) **Indem uns nun unsere Programme bewusst werden und uns die Mög-lichkeit, jenseits unserer Programme aus unserem Höheren Selbst heraus zu handeln bewusst wird, läuft der Prozess des Erwachens. Das Flugzeug, mit dem wir in Zukunft nicht mehr per Autopilot, son-dern selbst fliegen wollen, ist schon fertig gebaut. Wir entdecken gerade, dass wir bisher Autopilot geflogen sind und befreien uns nach und nach von den Programmen.**

4) **In dem Maße, wie wir uns aus unserer Programmierung herausarbei-ten, sind wir für die fremden Herrscher, die Archonten, nicht mehr zu gebrauchen.**

5) Deswegen versuchen die Archonten, unser Erwachen mit allen Mitteln zu verhindern.

Kurz gesagt:

Unsere innere Haltung entscheidet über unsere Freiheit oder und Unfreiheit.

20. Die Kraft der Agape

»Es ist, was es ist, sagt die Liebe.«

Erich Fried

Wir brauchen unseren (von zahllosen Fremdprogrammen infizierten) Verstand nicht, um zu wissen, dass wir die Liebe in uns tragen. Diese Liebe ist in ihrem Kern eine All-Liebe und nicht sinn- oder zweckgebunden an irgendjemandem oder irgendetwas. In unserem tiefsten Inneren, nämlich im Herzen, wissen wir, was für uns jetzt richtig oder falsch, nämlich im Einklang mit der Harmonie und der Schöpfung, ist oder nicht. Dieses intuitive Wissen ist im Gegensatz zu unserem Verstandeswissen objektiv. Aus unserer innersten Haltung der Liebe ist uns eine sehr klare Sicht möglich auf das, was ist, ohne dass diese Nüchternheit mit Verurteilung einhergeht. Was im christlichen Sprachgebrauch als Vergebung bezeichnet wird, ist in dieser liebevollen, aber klarsichtigen Haltung immer schon naturgemäß enthalten.

Wir sollten nicht auf einen Erlöser im Außen warten, dort werden wir ihn sicher nicht finden. Unser bewusstes Einswerden mit unserer Göttlichkeit – in der christlichen Mystik auch als ›Wiederkunft Christi‹ bezeichnet – ist ein Vorgang, der sich durch uns vollzieht. Wir heißen unsere Göttlichkeit in uns willkommen, was einer wahren Selbst-Erkenntnis entspricht. Dies geschieht durch unsere bedingungslose Hingabe – durch unsere Liebe zum Sein. Obwohl wir von diesen Dingen eigentlich schon immer gewusst haben, schienen wir uns doch lange Zeit immer weiter von dieser wahren Liebe zu entfernen.

Gleichzeitig gab es über die Jahrhunderte und Jahrtausende immer wieder ein Aufbäumen gegen diese von außen erzwungene Abkehr, und heute sieht es so aus, als ob das Erwachen zu unserem eigentlichen liebevollen Wesen gar nicht mehr aufzuhalten wäre.

Zur Zeit von Platon und Sokrates nannte man diesen göttlichen Seins-Zustand Agape. Die Agape bezeichnet eine göttliche oder von Gott inspirierte uneigennützige Liebe. Ich gehe allerdings davon aus, dass schon seinerzeit die gezielte Zerstörung göttlichen Tugenden und damit erst recht die elementare Bedeutung der Agape eingesetzt hatte. Wenn ich erst recht schreibe, dann deswegen, weil ich zu der Überzeugung gelangt bin, dass der Verfall der Tugenden erst einsetzte, als es den fremden Herrschern gelungen war, uns von der Liebe zu entfremden. Diese Abkehr von der Liebe ist die Wurzel des Verfalls von ehrlicher Ethik, Sittlichkeit, Humanität usw. Ihnen wurde bereits vor der Gründung der sozialen Gesetze und der Demokratie die Basis entzogen – die Agape.

Dieser traurige Tatbestand ist insofern bestens belegt, als bereits Heraklit, der Vorgänger von Sokrates und Platon, auf den Zustand der menschlichen Unbewusstheit hinwies. Diese Unbewusstheit erklärte Heraklit mit den ›Privatverstand‹, in dem sich die noch nicht erwachten Menschen befinden. Für diesen ›Privatverstand‹ haben die Griechen den Begriff des *Idiotes* geprägt, der sich lediglich um seine eigenen Belange kümmert. Letztlich ist der Idiot in der ursprünglichen Definition ein ichbezogenes Wesen, unfähig, das allgemeine Wahre vom zufälligen, individuellen Unwahren zu unterscheiden.

»*Seit Aristoteles wissen wir, was Demokratie ist. Und doch sind wir Barbaren geblieben. Erst wenn der Mensch seinen Verstand durch sein Herz ausdeutet, wird sich unsere Welt verbessern.*« Frei nach Friedrich von Schiller.

Die Analyse in diesem Buch richtet sich auf die Ursachen dieser Symptome. Nur aus der Wahrnehmung heraus, dass unsere Welt auf dem Kopf steht, käme man noch nicht automatisch darauf, dass wir Menschen an der Nase herumgeführt werden. Diese Welt ist nicht aus evolutionär erforderlichen Gründen auf den Kopf gestellt worden. Menschen wie Heraklit sind nicht zufällig zu ihren Erkenntnissen gekommen. Gegenwärtig nimmt die Anzahl der Menschen zu, deren Kanäle zur Quelle sich (wieder) öffnen.

Was sich oftmals als Erstes in den Träumen zeigt, setzt sich zunehmend häufiger auch im Tagesbewusstsein fort. Die meistens nur bruchstückhaften Visionen sind anfänglich schwer von den persönlichen Gedanken zu unterscheiden. Oftmals ist man irritiert über diese kurzzeitigen Einblendungen von Informationen, weil sie nicht zu dem jeweils zuvor gedachten Thema zu passen scheinen. Ich halte eine Aufklärung für diese wunderbaren Vorgänge insofern für erforderlich, weil sie uns in den Zustand versetzen kann, zwischen manipulativen und befreienden Informationen bewusst selbst zu unterscheiden. Eine sehr wirksame Prüfmethode ist der Abgleich zwischen

›Herz und Verstand‹, über den wir in diesem Buch bereits mehrfach etwas erfahren konnten. Doch die umfassenden Zusammenhänge des momentanen Erwachens sind komplex, daher setzen wir unsere Untersuchungen zum Thema Erwachen und dessen Verhinderung weiter fort.

Eine der brisantesten Aussagen zum Thema der Archonten von Jay Weidner (siehe Kapitel 13) betrifft die gezielte Täuschung zu unserer angeblichen Befreiung:

»*Ich hasse es wirklich, das sagen zu müssen, aber wir wurden alle getäuscht! Die ganze Idee, dass eine Art von Messias kommen wird, um uns zu retten, ist ein Trick der Archonten, damit wir denken, wir bräuchten nichts selbst zu tun, weil der liebe Gott es schon richten wird. Auf diese Weise übernimmt jedoch keiner mehr Verantwortung für seine derzeitige Situation.*«

Schlüssig erscheint mir in diesem Text der Hinweis auf unsere Eigenverantwortung. Immer noch verlassen sich viel zu viele Menschen darauf, dass eine rettende und erlösende Hilfe ›von oben‹ kommen wird. Gleichzeitig resignieren sie innerlich vor der Aufgabe, den Zustand unseres Planeten zu verbessern, und umgehen damit auch Umsetzung der Erkenntnis, dass die Verwandlung dieses Planeten mit unserer individuellen eigenen Verwandlung beginnt. Diese ›Hausaufgaben‹ erscheinen vielen Menschen so lästig, dass sie lieber darauf hoffen, dass die Schule abbrennt und dann mit Hilfe externer ›Freunde‹ alles ohne unser Zutun anders werden wird. Jay Weidner sagt hierzu:

»*...während sie uns mitteilen, dass sie uns lieben und sagen, keine Sorge, irgendwelche Retter werden dich retten. Ihr müsst überhaupt nichts machen, einfach liegen bleiben, denn sie werden kommen mit einem außerirdischen Raumschiff oder aus den Wolken oder so.*«[104]

Viele Menschen reduzieren ihre Transformationsarbeit auf das Beten um Hilfe. Beten ist wichtig und sicher auch hilfreich, doch um eine persönliche Eigenleistung werden wir nicht herumkommen. Infolge unseres bereits weit fortgeschrittenen Transformationsprozesses treten zunehmend mehr Wahr-

---

104 Siehe Kapitel 13, Interview mit Jay Weidner

heiten ans Tageslicht. Die Konfrontationen mit diesen Enthüllungen erweitern die Grenzen unserer Belastbarkeit. Bevor wir uns die Originalübersetzung der uralten Nag Hammadi-Texte ansehen, betrachten wir noch einmal die Schlussfolgerungen von Jay Weidner, der bereits vor mir mehrere Jahre zu diesem Thema recherchiert hat.

»Das gesamte Neue Testament wurde von Konstantin komplett neu geschrieben und alle Informationen, die auf die Archonten hinwiesen, wurden daraus entfernt. Dafür wurde die Vorstellung vom HERRN als eines grausamen Gottes gelehrt. Das ist eine Tatsache. Die Nag Hammadi-Texte sind älter als das Neue Testament. Das Neue Testament, das wir heute kennen, wurde erst um 350 n.Ch. ›zusammengebaut‹. Wenn Sie in die Nag Hammadi-Texte schauen, gibt es da keine Erbsünde, sondern man sagt uns, wie es wirklich war.«

Ich habe mich mit dieser Übersetzung der Nag Hammadi-Texte bereits ausführlich beschäftigt. Bisher erkenne ich keine Widersprüche zwischen diesen Texten und den Aussagen von Jay Weidner. Besonders teile ich seine Aussagen zur ›auf den Kopf gestellten Realität‹:

»Es ist ein Trick, eine Umkehrung der Realität, und genau das tun die Archonten immer. Sie sind stets bemüht, uns zu überzeugen, dass Krieg Frieden ist und Liebe Hass. Alles ist immer umgekehrt, also das Gegenteil von dem, was wahr ist. Sobald wir es aber einmal verstanden haben, erkennen wir es und sind in der Lage zu sehen, dass es sich um eine Verschwörung handelt, bei der alles auf den Kopf gestellt wird.«

Erfreulicherweise erwähnt Jay Weidner auch einen möglichen Lösungsansatz, dessen tatsächliche Umsetzung unter Umständen nicht nur das ›Archonten-Problem‹ lösen kann:

»Die Lösung des Archonten-Problems kann sehr wohl der letzte Test für die Menschen sein – ob sie das Archonten-Problem benennen und lösen können. Was das Archonten-Dilemma besser lösen kann als alles andere ist, einander bedingungslos zu lieben. Genau das treibt sie aus unseren Köpfen. Familiäre Liebe oder die Liebe zwischen Mann und Frau können sie nicht ertragen, und deshalb tun sie alles, um die Reinheit in dieser Liebe zu zerstören.«

Mit dieser Vorstellung des Testes ist nicht gemeint, dass ein äußerer strafender Gott uns prüft, um dann zu entscheiden, ob wir Gnade vor seinen Augen finden. In Wirklichkeit geht es eher darum, dass der in Kapitel 3 erwähnte Autopilot erst abgeschaltet werden kann, nachdem der Auftraggeber gelernt hat, eigenständig zu fliegen. Um dies sicherzustellen, sind sehr wohl Tests denkbar. Wie ich bereits erläutert habe, ist die wahrhaftige Liebe (die Agape) grundsätzlich bedingungslos. Eine Liebe im bisher gebräuchlichen Sinne wird uns hier wenig weiterhelfen. Selbst wenn ich mit meiner Liebesabsicht meine Befreiung von den Archonten beabsichtige, wird diese, ebenfalls zweckgebundene Liebe keinen großen Eindruck auf Archonten und weitere machtmissbrauchende Entitäten machen. Der ›Test‹, den Jay Weidner für möglich hält, könnte auch darauf angelegt sein, unser bisher unterdrückt gehaltenes Liebespotenzial zu aktivieren.[105]

Der Garten Eden – vom Verzehr der verbotenen Frucht

Im Religionsunterricht meiner Schulzeit faszinierte mich – neben der Geschichte vom ›Verlorenen Sohn‹ – auf eine besondere Weise das Thema des Sündenfalls. Die biblische Darstellung dieser Geschichte aus dem Alten Testament ist uns sicher allen bekannt.[106] Doch die Versionen dieser Geschichte, die wir in unseren heutigen Bibeln finden, sind stark redaktionell bearbeitet. Aus den Schriftrollen von Qumran, den Koptisch-Gnostischen-Schriften der Pistis Sophia und den Nag Hammadi-Texten ergeben sich höchst erstaunliche Abweichungen.[107]

Vor dem Hintergrund der Informationen über die Archonten, die ich in den letzten Kapiteln für Sie zusammengestellt habe, klingt der uralte Nag Hammadi-Text anstatt nach einem Sündenfall eher nach einer Schilderung von Unterdrückungsmaßnahmen der uns ausbeutenden Fremdparasiten, die sich als Götter bezeichnen lassen.

---

105 Quelle für die Auszüge aus dem Interview: http://jayweidner.com/Archons.html.

106 1. Mose 3.

107 Alle Zitate auf dieser und den folgenden Seiten stammen aus ›Bibel der Häretiker –Die gnostischen Schriften aus Nag Hammadi‹, von Gerd Lüdemann und Martina Janßen, Radius Verlag 1997.

Über den Baum der Erkenntnis

»Aber das weibliche geistige Prinzip kam [in] die Schlange, die Unterweiserin. Und sie be[lehrte sie], indem sie sprach: ›Was hat er euch [gesagt]? Etwa: **Von jedem Baum im Paradies (35) darfst du essen, [von dem Baum] (90.1) der Erkenntnis des Schlechten und des Guten aber iß nicht?‹**

Die fleischliche Frau sagte: ›Er sagte nicht nur ›Eßt nicht‹, sondern auch ›Berührt ihn nicht, denn an dem Tag, an dem ihr (5) von ihm essen werdet, werdet ihr des Todes sterben.‹ **Und die Schlange, die Unterweiserin, sprach: ›Ihr werdet nicht des Todes sterben, denn er hat euch dies aus Neid gesagt. Vielmehr werden sich euch eure Augen öffnen, und ihr werdet wie Götter werden, weil ihr erkennt (10) das Schlechte und das Gute.‹** *Und die Unterweiserin wurde aus der Schlange genommen. Und sie ließ sie allein zurück, wobei sie ganz aus Erde bestand. Und die fleischliche Frau nahm von dem Baume und aß; und sie gab auch ihrem Ehemann. Und (15) die* **Seelischen** *aßen. Und ihre Schlechtigkeit wurde offenbar in ihrer Unkenntnis. Und sie erkannten, daß sie von dem Geistigen entblößt waren. Sie nahmen Feigenblätter und banden sie um ihre Lenden.«*

Unsere ›Entblößung von dem Geistigen‹ ist ja bis heute unser Kernproblem. Wir müssen erst mühsam wieder lernen, wer wir eigentlich jenseits unserer materiellen Körperlichkeit sind – obwohl uns das ehrliche Lehrer im Laufe der Jahrtausende immer wieder gesagt haben.[108] Das hebräische Wort, das hier mit ›Götter‹ übersetzt wird, ist Elohim.

Verfluchungen

»Da kam der große **Archon** *(20), er sagte: ›Adam! Wo bist du?‹ Er wußte nämlich nicht, was geschehen war. Und Adam sprach: ›Ich hörte deine Stimme, ich fürchtete mich, weil ich nackt war. Und ich versteckte mich.‹ Der* **Archon** *sagte: ›Weshalb hast du dich versteckt, es sei denn, (25) daß du gegessen hast von dem Baum, von dem ich dir befohlen habe: ›Von ihm allein iß nicht!‹, und du hast (doch) gegessen?‹. Adam sagte: ›Die Frau, die du mir gegeben hast, [sie gab] mir, und ich habe gegessen.‹ Und der selbstgefällige (30)*

---

108 Neues Testament, in Johannes 10,34:zitiert Jesus Psalm 82, Vers 6.

Archon verfluchte die Frau. Die Frau sprach: ›[Die Schlange] hat mich in die Irre geführt, ich aß.‹ [Sie (sc. die Archonten) wandten sich zur] Schlange. Sie verfluchten ihren Schatten, [...] machtlos, weil sie nicht wußten, [daß] sie (nur) [ihr] Gebilde ist. Von jenem Tag an (91.1) geriet die Schlange unter den Fluch der Mächte, bis der vollkommene Mensch kam. Jener Fluch kam über die Schlange. Sie wandten sich zu ihrem Adam, sie ergriffen ihn, sie warfen ihn aus dem Paradies zusammen mit (5) seiner Frau; denn es gibt keinen Segen bei ihnen, weil auch sie unter dem Fluch sind. Sie warfen aber die Menschen in große Zerstreuungen und Mühen des Lebens, damit ihre Menschen (10) zu solchen würden, die sich mit dem Leben beschäftigen und keine Muße hätten, sich dem heiligen Geist zu unterstellen.‹«

Treffender kann man unsere heutige Situation wohl nicht darstellen. Wir sind in der Tat solche geworden, »die keine Muße haben, sich dem heiligen Geist zu unterstellen«. Der nachfolgende kleine Auszug aus dem Glossar der Autoren zeigt, dass die Brisanz dieses Textes nicht von mir hineininterpretiert wurde:

Archonten: *Mächte, die zwischen der jenseitigen und der irdischen Welt wohnen; versklaven Menschen.*

Erlösung: *ereignet sich in der Gnosis durch Wissen/Erkenntnis.*

Ruhe: *höchstes gnostisches Heilsgut; gleichbedeutend mit dem Zustand des Erlöstseins und der Verschmelzung ins Pleroma.*

Schlange: *in der Gnosis (Naassener) positives Tier; bringt als Unterweiserin die erlösende Erkenntnis infolge der Protestexegese des AT (Genesis 3) und kann mit Christus identifiziert werden.*

Vergessenheit: *auch: Trunkenheit; beschreibt die Lage des Menschen, der durch den* **Weckruf zur Selbst-Erkenntnis erlöst werden muss***; meist wird die Vergessenheit durch den Demiurgen aus Neid über den Menschen gebracht.*

Kann denn Erkenntnis Sünde sein?

Darf ich Ihnen, liebe Leser, eine Frage stellen? Als Sie erstmals von der sogenannten ›Vertreibung aus dem Paradies‹ erfuhren, wie haben Sie auf diese Geschichte reagiert? Ich hörte, so glaube ich jedenfalls, von dieser Geschichte von meinem Vater. Vermutlich war seine Erzählung über den Garten Eden bereits von seiner persönlichen Einstellung eingefärbt, jedenfalls nahm ich seine Darstellungen nicht unbedingt als ein Märchen auf. In meiner Vorstellung nahm ich etwas sehr Eigenartiges wahr, irgendwie spürte ich, dass hier etwas nicht so ganz zu stimmen schien. Nachdem ich nun in meinem Leben viele Erfahrungen hinzugewinnen konnte und zum Thema ›Parasiten‹ und ›Götter‹ recherchierte, haben sich für mich meine kindlichen Bedenken im Hinblick auf die Geschichte vom ›Garten Eden‹ und seine Bewohner bestätigt. Wie ich im Folgenden herleiten möchte, ist die heutige biblische Darstellung der Geschichte Edens eine zurechtgestutzte Scheinwahrheit. Die Motivation zu dieser Veränderung entspricht den elementaren Grundeigenschaften der Wesenheiten, die uns bis heute von der ›Erkenntnis zur Unterscheidung von Gut und Böse‹ abhalten wollen.

Zu dieser Ansicht kam ich bereits Anfang der 90er Jahre. In dieser Zeit hatte ich sehr engen Kontakt zum meinem bereits erwähnten guten Freund Sven, der auch meinen Freund Ananda gut kannte. Sven berichtete mir von einer sehr außergewöhnlichen Erfahrung, die er mit einer Substanz machte, von der mir auch Ananda erzählt hatte. Es sollte sich hierbei – davon war Ananda überzeugt – um genau das Mittel handeln, welches Gilgamesch sein Leben lang gesucht hatte: die Basissubstanz für das aus den Gilgamesch-Epen bekannten ›Unsterblichkeitstrunkes‹. Was Gilgamesch vergeblich suchte, wurde Sven und zwei seiner Bekannten vermutlich zum Trunke gereicht: ein Wirkstoff, der in der Sprache der Botaniker als Syrische Steppenraute[109] oder einfach als Raute bezeichnet wird. Dieser Rauten-Wirkstoff zählt pharmakologisch zu den Indol-Alkaloiden. Er ist ein MAO-Hemmer, der das Wunder zustande bringt, unser körpereigenes ›Erwachungsmolekül‹ DMT zu produzieren.

---

109 Ayahuasca: Rituale, Zaubertränke und visionäre Kunst aus Amazonien von Christian Rätsch.

Hierbei sind sowohl die wahrnehmbare Wirkung dieses speziellen Trunkes als auch seine mögliche Zuordnung zur Frucht vom Baum der Erkenntnis aus dem Garten Eden von Bedeutung.

Ananda überzeugte den anfangs skeptischen Sven davon, dieses ›Heilige Gebräu‹ gemeinsam einzunehmen, indem er ihm aus pharmakologischen Fachbüchern die Wirkungen einer der beiden Substanzen vorlas, die in dem von Ananda als ›Soma‹ bezeichneten Gebräu enthalten waren. Die Syrische Steppenraute ist in einigen Regionen Ägyptens bis heute als ein Mittel bekannt, um Darmparasiten zu entfernen! Zu dieser Zeit ahnte Sven noch nicht, was diese Heilaussage zu bedeuten hatte. Wenn Sie, liebe Leser, mein Buch bisher aufmerksam gelesen haben, werden Sie diese pharmakologische Indikation und ihre Bedeutung sicher sofort erfassen, denn die Besiedelung unseres Darms mit Parasiten ist ja eines der wesentlichen Einfallstore für die Beherrschung durch die Archonten. In den nächsten Zeilen werde ich berichten, was mir Sven über seine Erfahrungen und die hieraus gewonnenen Ergebnisse mitteilt hat. Sven tat sich anfänglich schwer damit, sich dazu durchzuringen, ein Gebräu zu sich zu nehmen, von dem er zuvor nie etwas gehört hatte. Die glaubhafte Versicherung, man könne das auch als Darmparasitenkur auffassen, ließ aber seine Skepsis schließlich schwinden. Bei dem anderen Bestandteil von ›Soma‹ handelte es sich um DMT. Von der Wirkung der Aufnahme von DMT wusste Sven durch die Veröffentlichungen des Ethnopharmakologen Professor Christian Rätsch. In seinem Fachbuch ›Drogen im Kulturvergleich‹ berichtete dieser Forscher über seine Beobachtungen alter südamerikanischer Naturvölker. Die Schamanen verabreichen ein Mittel, das große Ähnlichkeit mit ›Soma‹ aufweist. Der Name dieser Substanz ist bei *ihnen ›Ayahuasca‹, und es ist in Lateinamerika als ein Erkenntnismittel bekannt, das dem Menschen seine Stellung im Universum zeigt und ihm die wahre Wirklichkeit offenbart.‹*[110] In seinem Buch berichtet Christian Rätsch:

»Eingesetzt wird es beispielsweise, um das Wesen einer Krankheit zu ergründen: Traditionsgemäß nimmt ein Schamane Ayahuasca, um die Krankheit im Patienten zu erkennen, oder er gibt auch dem Patienten diesen Trank und führt ihn durch die ›wirkliche Wirklichkeit‹ zu seinem Zentrum. Dadurch kann beispielsweise ein Patient seine Probleme oder Krankheitsursachen erkennen

---

110 Siehe Fußnote 91.

und so beheben. Es kommt darüber hinaus vor, dass der gesamte Stamm den Trank einnimmt, um gemeinsame mystische Erfahrungen zu machen und sich seiner Stellung im Kosmos bewusst zu werden.«

Ayahuasca[111] besteht im Wesentlichen aus einem Tryptamin, welches als Dimethyl-Tryptamin oder DMT bezeichnet wird. Dieser Wirkstoff liegt in inaktiver Form in unserem Gehirn vor. Bereits 1972 entdeckte der Nobelpreisträger Julius Axelrod, dass die menschliche Zirbeldrüse diese besonders potente psychoaktive Substanz, die aufgrund ihrer Wirkung auf die psychischen Fähigkeiten ursprünglich ›Telepathin‹ genannt wurde, von Natur aus produziert. DMT wird auch von dem Psychiater und ehemaligen Chefarzt Professor Rick Strassman als ›Das Molekül des Bewusstseins‹ bezeichnet. In seinem Buch beschreibt Strassman seine klinischen Studien an Probanden, denen er DMT verabreichte.[112]

Diese Schilderungen meines Freundes Sven waren für mich insofern besonders interessant, als ich durch meine eigenen universitären Forschungen wusste, dass unsere Zirbeldrüse (Epiphyse) – auch als das Dritte Auge bezeichnet – ein hochempfindlicher Empfänger für bestimmte elektromagnetische Wellen ist. Durch passende elektromagnetische Feld-Anregungen wird der neurochemische Metabolismus der Zirbeldrüse derart beeinflusst,

---

111 Ayahuasca wird sowohl die Liane *Banisteriopsis caapi* als auch das Gebräu aus selbiger mit Beimischungen (meist *N,N*-Dimethyltryptamin-haltige Blätter) genannt. Das Gebräu ist ein halluzinogen wirkendes Mittel, das hauptsächlich Harman-Alkaloide enthält, welche als Monoaminooxidase-Hemmer wirken und so den Wirkstoff Dimethyltryptamin (DMT) oral aktivieren. Die Amazonas-Indianer nehmen Ayahuasca in rituellen und religiösen Zeremonien zu sich, da sie davon ausgehen, hierdurch in die Zukunft blicken sowie Geister und Ahnen treffen zu können und Kranke zu heilen. Der Gebrauch ist im amazonischen Brasilien, Bolivien, Peru, im Orinoco von Venezuela bis an die Pazifikküste von Kolumbien und Ecuador verbreitet. Ayahuasca ist ein – je nach Zubereitung – faulig-bitter oder süßlich schmeckendes Getränk. Die Farbe ist üblicherweise bräunlich, was sich aber durch beigemischte Zutaten verändern kann. Der Trank ist ein wässriger Auszug aus der Liane Banisteriopsis caapi. Meist werden DMT-haltige Pflanzen hinzugegeben, was die visionäre Eigenschaft des Tranks verstärkt. Populäre pflanzliche Beimischungen sind Psychotria viridis (Chacruna), Psychotria carthagenensis und Diplopterys cabrerana (Chaliponga). Folgende chemische Inhaltsstoffe lassen sich in Ayahuasca (je nach Beimischung) in unterschiedlichen Mengenanteilen finden: Dimethyltryptamin, 5-MeO-DMT, Harmin, Harmalin, Tetrahydroharmin, Bufotenin, *N*-Methyltryptamin, Harmalol, Harmol, 2-Methyl-1,2,3,4-tetrahydro-β-carbolin (2-MTHBC), DMT-NO, d_4-5-MeO-DMT, Harmin-*N*-oxid, Harminamid, Harminsäure, Harminsäuremethylester, Harmalinsäure, 6-Methoxytryptamin, Banistenosid A, Banistenosid B, Acetylnorharmin, Ketotetrahydronorharmin, Tetrahydronorharmin, Shihunin und Dihydroshihunin. http://de.wikipedia.org/wiki/Ayahuasca.

112 DMT – Das Molekül des Bewusstseins: Zur Biologie von Nahtod-Erfahrungen und mystischen Erlebnissen, Rick Strassman, ISBN 978-3855029679

dass sie einen Teil ihrer DMT-Vorräte ausschüttet. Dieser Vorgang führt zu ganz besonderen Wahrnehmungsveränderungen, was beispielsweise auch die Erfahrungen ›befeldeter‹ Personen erklärt.

Faktisch steht unsere Zirbeldrüse in permanenter Verbindung mit der Resonanzfrequenz unserer Erde – der sogenannten Schumann-Resonanz-Frequenz. Darüber hinaus gilt es als gesichert, dass die Auswirkungen der Sonnenaktivitäten die Schumann-Resonanz-Frequenzen beeinflussen. Die Gemeinsamkeit zwischen den sonneninduzierten Stimmungs- und Bewusstseinslagen und den Erfahrungen der mit dem von mir entwickelten Gerät befeldeten Probanden[113] sind also die elektromagnetischen Felder. Ayahuasca basiert auf ähnlichen Wirkstoffen, wie sie auch die Zirbeldrüse produziert, sofern die entsprechenden elektromagnetischen Felder auf sie einwirken oder indem eine Person zum Beispiel in einer Meditation auf fortgeschrittenem Niveau diese Felder selbst generiert. Der Gehirnforscher Professor Dr. S. H. Snyder berichtet über die Wirkungen von bewusstseinserweiternder Substanzen:

»Der extrem hohe Wachheitsgrad ist möglicherweise für den ›transzendentalen‹ geistigen Zustand verantwortlich, den Psychedelika hervorrufen. Anders ausgedrückt: Dem Wirkstoffkonsumenten kann in solch einem überwachen Zustand ein ›inneres Ich‹ bewusst werden, zu dem er normalerweise keinen Zugang hat... Die Psychedelika-Forschung lässt außerdem vermuten, dass die erstaunliche Empfindung, mit dem Universum eins zu sein, wie sie von Psychedelika hervorgerufen wird, eine Überaktivierung des Locus caeruleus widerspiegelt, die die Schranken zwischen dem Ich und dem Nicht-Ich zusammenstürzen lässt. Der Locus caeruleus mag – indem er den Grad unserer Wachheit unter normalen Umständen beeinflusst – ganz entscheidend über das bestimmen, was Psychologen das Ego nennen: das Bewusstsein eines jeden Menschen, eine eigenständige Person zu sein, losgelöst von allen anderen und allein dem Universum gegenübertretend.«[114]

Es existieren also zwei Wege, um eine Bewusstseinserweiterung zu erfahren. Der eben beschriebene körpereigene Weg (durch Meditation oder

---

113 Näheres zu den von mir entwickelten Befeldungsgeräten unter www.fm-elektronik.de.
114 S. H. Snyder: Fannaci, droghe e cervello. Bolognia 1989.

Befeldung) und ein Weg, der durch die Einnahme der gleichen Wirkstoffe beschritten werden kann. Der erste Weg wird durch die naturgemäßen Wechselwirkungen zwischen unserer Geisteshaltung und den ihr entsprechenden körpereigenen Substanzen bestimmt. Ein einfaches Beispiel hierzu: In den verschiedenen Phasen unseres sich entwickelnden Bewusstseins, entsprechen sämtliche Wahrnehmungen und Gefühle bestimmten körpereigenen Substanzen. Indem wir uns jedoch diese Substanzen von außen zufügen, können zwar vergleichbare Zustände herbeigeführt werden, als wenn unser Körper sie selber produziert hätte. **Die Gefahr liegt jedoch darin, dass wir für diese nun künstlich hervorgerufenen Wirkungen geistig noch nicht reif sind!** Seit Tausenden von Jahren werden besondere halluzinogene Substanzen zu rituellen Heilzwecken eingesetzt, aber nur im sicheren Umfeld einer entsprechenden spirituellen Tradition und unter der kompetenten Führung eines erfahrenen geistigen Begleiters. Ich rate also dringend davor ab, den eigenen spirituellen Weg abkürzen zu wollen, indem man glaubt, durch die simple Zufuhr einer Soma-ähnlichen Substanz schneller an das Ziel der Erleuchtung zu gelangen!

Ist Soma die ›verbotene Frucht‹ aus dem Garten Eden?

Der Begriff ›*Soma*‹ stammt aus den indischen Veden und bezeichnet eine Substanz mit sehr geheimnisvollen Eigenschaften. Soma war unter anderen ein bevorzugtes **Getränk der Arier.** Meyers Lexikon online schreibt: ›*Soma [Sanskrit], im Opferritual der vedischen Religion der den Göttern (vor allem Indra) als Trankopfer dargebrachte, berauschende Saft der Somapflanze. Von berauschender Wirkung, soll er übernatürliche Kräfte verleihen*‹. Wie auch ich haben sich zahlreiche Philosophen in dieses Thema vertieft. Schon lange hegte ich den Verdacht, **dass dieses sagenumwobene Soma etwas mit der ›verbotenen Frucht‹ aus dem Garten Eden zu tun haben könnte.** Seit meiner Begegnung mit meinem Freund Ananda Bosman und Svens Erzählungen über seine Erfahrungen, erhellte sich mein Wissen über diese geheimnisvolle Substanz. Soma sei, so sagte Ananda, mit dem so genannten *Haoma* (Soma-Haoma) der alten Perser identisch. Das indische Soma entsprach sachlich wie auch etymologisch hinsichtlich seiner Benennung wohl tatsächlich dem iranischen Haoma. Hierüber können wir auf eine frühe Bekanntheit dieser Stoffe aus gemeinsamer indoiranischer Zeit schließen.

Auch der Haoma galt als Lebenselixier und wird im Avesta, der Heiligen Schrift des Parsismus, mit dem Beinamen düraosha (todabwehrend) bezeichnet. Er verlieh ferner Heiligkeit und Weisheit. Im Haoma-Hymnus des Avesta heißt es: **»Du machtest so manchen Mann heiliger und weiser als zuvor, wenn er seinen Anteil von dir empfängt, goldfarbener *Haoma*...«** (Yasna 10,13). Für das alte Mesopotamien ist im Gilgamesch-Epos[115] die Idee eines Wunderkrautes belegt, das Unsterblichkeit verleihen solle. Aus diesem Epos geht weiter hervor, dass eine Schlange es war, die Gilgamesch der Unsterblichkeitspflanze beraubte.

Am häufigsten wird Soma in den alten indischen Veden erwähnt. Das neunte Kapitel des Rigveda mit seinen 114 Hymnen und 1.097 Mantras handelt sogar ausschließlich davon. Nahezu alle *Rishis* (Anm.: ein Seher, auch mythischer Weiser) **empfingen ihre Offenbarungen durch Soma.** Besonders beeindruckte mich ein Zitat aus den Veden: *»Wir tranken Soma und wurden unsterblich. Wir gelangten zum Licht und entdeckten die Götter«* (vgl. Rigveda, Kap. 8).

Der Vers gliedert sich in zwei Teile. Der Erste besagt: *»Wir haben Soma getrunken, das Elixier.«* Für ›**Elixier**‹ steht amrit: ›**das, was Unsterblichkeit verleiht**‹. Der zweite Versabschnitt lautet: *»Durch das Licht erlangten wir Erkenntnis; durch das Licht erkannten wir die Heiligen; durch die Gnade der Heiligen konnten wir Soma trinken.«*

Der Veden-Forscher Prof. Whitney wies darauf hin, **dass der Soma-Trank die Macht haben soll, die Seele zu erheben.** Im fünften Vers der 86. Rig Veda-Hymne heißt es dazu: *»Alles in der Welt wird durch das göttliche Licht erkannt. Durch dieses Licht hat uns Gott alles Wissen enthüllt.«*

Und weiter heißt es: *»Ein jegliches Ding in der Welt wird* **durch die Weisheit des Soma erkannt. Durch dieses Soma gibt sich der Herr des Universums zu erkennen, ebenso wie alles Wissen dieser Welt.«**

---

115 Gilgamesch war nach sumerischer Überlieferung König der sumerischen Stadt Uruk; zu einem Drittel menschlich und zu zwei Dritteln göttlich. Sein Name bedeutet ›Der Vorfahr war ein Held‹ beziehungsweise ›Der Nachkomme ist ein Held‹. Das Epos erzählt, abhängig von der jeweiligen Fassung, von seinen Heldentaten mit dem von der Göttin Aruru erschaffenen menschenähnlichen Wesen Enkidu (das oft als Freund, mitunter aber auch nur als Diener in den Texten erscheint), thematisiert aber vor allem seine Suche nach Unsterblichkeit.

Im alten Indien wurde *Soma* auch **Amritam – was Unsterblichkeit bedeutet** – genannt. Der Rigveda verlieh dieser ›Trank der Götter‹ dem **Gott Indra**[116] seine Heldenkraft. Der als ›großer Somatrinker‹ bekannte **Indra**: *»An dem gleichen Tage, da du geboren warst, hast du im Verlangen danach die* **Blume der im Gebirge gewachsenen Somapflanze** *getrunken.«* (Rigveda 3,48,2). Und: *»Wir haben jetzt Soma getrunken, wir sind unsterblich geworden. Wir sind zum Licht gelangt, wir haben die Götter gefunden.«* (Rigveda 8,48,4).

Mit einer hohen Wahrscheinlichkeit handelt es sich bei der ›**Blume der im Gebirge gewachsenen Somapflanze**‹ um die sogenannte Steppenraute. Auffällig viele der dem Soma zugeschriebenen Eigenschaften treffen auf den Granatapfelbaum wie auf die Steppenraute zu. Da in der Wurzelrinde des Granatapfelbaumes das hoch wirksame Halluzinogen DMT nachgewiesen wurde, ist davon auszugehen, dass sich in einer früheren Zeit die DMT-Anteile in den Kernen der Granatapfelfrucht befunden haben. Die in diesen alten Überlieferungen beschriebenen Wirkungen entsprechen zum großen Teil den Wirkungen von DMT.

Abbildung 22: Blüte der Steppenraute (Peganum harmala)

---

116 Indra ist eine vedische Gottheit, der jedoch im heutigen Glaubensleben des Hinduismus kaum noch Bedeutung zukommt. In der frühindischen, vedischen Religion wird Indra als der höchste, kriegerische Gott des Himmels vorgestellt.

Bereitet man die Samen der geernteten und zuvor getrockneten Steppen-raute[117] als ein teeähnliches Gebräu zu, so erhält man eine **goldfarbige** Flüssigkeit – dies erinnert an den Haoma-Hymnus des Avesta: *»Du machtest so manchen Mann heiliger und weiser als zuvor, wenn er seinen Anteil von dir empfängt, **goldfarbener Haoma**...«* (Yasna 10,13). Bei der Steppenraute erklärt sich ihre hohe halluzinogene Wirkung durch ihre Harman-Alkaloide-Anteile. Beide Wirkstoffe zusammen – also das DMT von Granatapfelbaum und die Harman-Alkaloide der Steppenraute – führen zu einer noch erheblich größeren halluzinogenen Wirkung als die einzeln verabreichten Substanzen. Meiner festen Überzeugung nach war diese Mischung der eigentliche ›Göt-tertrunk‹. Durch seine nachgewiesene Eigenschaft als Antioxidans (Radi-kalfänger) hat es einen Einfluss auf unseren Alterungsprozess. Was diesen Trunk allerdings noch nicht (ganz) zu einem Unsterblichkeitsmittel macht.

Andere geheime Zirkel gaben Soma den Namen ›**Blut Christi**‹. Die beiden Wirkstoffe – aus denen Soma besteht – sind DMT und Harmalin. DMT ist beispielsweise in der Wurzelrinde und ehemals in den Kernen von Granat-äpfeln zu finden, und Harmalin in der Syrischen Steppenraute[118]. Ahnen Sie, liebe Leser, worauf ich hinweisen möchte? Ich werde Ihnen sogleich einige Indizien dafür bieten, **dass der ›Baum der Erkenntnis‹ (von »Gut und Böse«) ein Granatapfelbaum war.** Inwiefern diese ›Heilige Frucht‹ mit Jesus in Verbindung gebracht wurde (›Blut Christi‹) werden wir später noch

---

117 Die Steppenraute (*Peganum harmala*, im deutschen Sprachraum auch *Harmalkraut, Syrische Steppenraute, Harmelraute*) ist eine Pflanzenart innerhalb der Familie der Nitrariaceae. Sie kommt vor allem in Wüsten, Halbwüsten und Steppen von Westasien bis Nordindien, gele-gentlich aber auch im Mittelmeerraum vor. Wegen der in der gesamten Pflanze enthaltenen Harman-Alkaloide sind Extrakte daraus mit die ältesten als Halluzinogen und als Heilmittel eingesetzten Pflanzeninhaltsstoffe. Die Samen werden, aufgrund der durch die enthaltenen Harman-Alkaloide eintretenden MAO-Hemmung, in der Regel als Teil eines Ayahuasca-Ana-logs oral konsumiert. Auszüge aus Wikipedia ›Steppenraute‹.

118 Ein reversibler Hemmer der MAO ist Harmalin; dieses Indol-Alkaloid aus der Steppenraute (*Peganum harmala*) u.a. Pflanzen hat eine eher psychotrope Wirkung, es erzeugt Träume ähnlich wie LSD. Harmalin ist beispielsweise in Ayahuasca enthalten. Ureinwohner im Nord-westen Südamerikas benutzten dieses bewusstseinserweiternde Gebräu schon seit vielen Generationen für religiöse und medizinische Zwecke.
Banisteriopsis caapi enthält Harmalin (reduziertes Harmin), ein Indol-Alkaloid, das die Aus-schüttung der körpereigenen Monoamin-Oxidase (MAO) hemmt. *Psychotria viridis* liefert das eigentliche Rauschmittel, *N,N*-Dimethyltryptamin (DMT), das normalerweise von der MAO abgebaut wird. Durch die Hemmung der MAO kann das Rauschmittel durch die Blut-Hirn-Schranke gelangen und seine halluzinogene Wirkung entfalten. Die Einwirkung dieser Sub-stanz verursacht unter anderem auch Nahtod-Erfahrungen.
Quelle: ›Blick in die Ewigkeit: Die faszinierende Nahtoderfahrung eines Neurochirurgen‹, Alexander Eben, Ansata Verlag München. 2013 .

erfahren. Betrachten wir zunächst dieses alte Ölgemälde von Hans Holbein. *In der Mythologie bedeuten Granatäpfel Lebensspender und Überfluss. Granatäpfel-Kapitelle waren auf den Säulen Jachin und Boas, die vor König Salomos Tempel platziert waren, angebracht; und durch Befehl des HERRN wurden die Muster der Granatapfelblüten unten am Rand der Tracht des Hohepriesters bestickt.*

Dieses Gemälde des Ordens von Sion zeigt das Christuskind, das den **Granatapfel** als das Blut hält.

Abbildung 23: Hans Holbein der Ältere, 1501/12: Maria, dem Jesuskind einen Granatapfel reichend, Kunsthistorisches Museum Wien.

In der heiligen Kommunion entspricht dieses ›Blut Christi‹ dem Soma und dem Granatapfel, in Ägypten und Griechenland dem Soma und dem Akazienbaum.

Der Granatapfel zählt zu den ältesten Kulturfrüchten der Menschheit, er wird in der Literatur, der Kunst und in der Bibel immer wieder erwähnt. Die Universität Zürich berichtete am 21.12.2012 hierzu: »*Einige Wissenschaftler glau-*

ben, dass der Baum der Erkenntnis im Alten Testament ein Granatapfelbaum war. Der Granatapfel ist auf der spanischen Nationalflagge abgebildet, oder auf dem Botticelli-Gemälde ›Madonna della Melagrana‹, das heute für viele Weihnachtskarten- und Postersujets herhalten muss.«

Abbildung 24: Jesus in Marias Armen – mit Granatapfel: Ausschnitt aus Sandro Botticellis Gemälde ›Madonna della Melagrana‹. (Bild: zVg).

»Botanisch wird der Granatapfel oder die Grenadine (Punica granatum) den Weiderich-Gewächsen zugerechnet. Den lateinischen Namen Punica bekam der Granatapfel zur Zeit des Römischen Reiches, als die Phönizier (auch Punier genannt) diese Pflanze verbreiteten. Ursprünglich stammt sie aus Ägypten.«[119]

In der Bibel finden wir einige Hinweise auf eine Heilige Hochzeit, auf der das Motiv eines **Granatapfels** nicht fehlen durfte. **Gerda Weiler** weist auf eine besondere Stelle hin, in der unser Granatapfel erwähnt wird: *»Selbst in der Kleidung des israelitischen Obersten Priesters verbirgt sich eine Anspielung auf die Heilige Hochzeit, er soll nämlich am Saum seines Gewandes Granatäpfel tragen (Ex 28,33f). Granatäpfel gelten aber im matriarchalen Kult als Liebesäpfel, die in der Heiligen Hochzeit überreicht werden.«[120]* Auch im Salomonischen Tempel taucht der **Granatapfel** als Zierrat auf. (1 Kön 7,42).

---

119 Universität Zürich, Marita Fuchs, UZH News.
120 Weiler, S. 156.

In der griechischen Mythologie wird der Göttin Hera der Granatapfel als ein besonderes Attribut zugeordnet. Das berühmteste Bildnis der Hera war wohl die kolossale Gold-Elfenbeinstatue des Polyklet im Heraion von Argos, von dem römische Münzbilder eine Vorstellung geben. Hera sitzt hier auf einem reich geschmücktem Thron, die Stirn mit einem Diadem geschmückt, worauf die Chariten und Horen im Relief gebildet waren; in der einen Hand hielt sie einen **Granatapfel**, in der anderen das Zepter.

In der Mythologie kritisierte Hera die Entscheidungen und Beschlüsse ihres Gatten **Zeus**. Dabei bediente sie sich der List und verfolgte unablässig seine unehelichen Kinder. Dennoch vollzog Hera mit **Zeus einmal im Jahr die heilige Hochzeit**. In **Sumer, Assur und Babylon** zelebrierten die Götter ebenfalls den Brauch der heiligen Hochzeit. Diese Götterhochzeiten fanden unter einer Tanis (Mönchspfefferstrauch) statt. Im Heraion von Samos stand einer jener bis zu vier Meter hoher **Sträucher (vermutlich die Steppenraute)** der göttlichen Verbundenheit. Hier am Altar der Hera fand alljährlich das Ritual der jungfräulichen Heirat zwischen Zeus und Hera statt. Am Platz des Heiligtums befand sich **bereits im 3. Jahrtausend v. Chr.** eine Kultstätte. Grundsätzlich zählen zu den Attributen der Göttin **Hera der Granatapfel (Symbol der Fruchtbarkeit), das Zepter (Zeichen der Herrschaft) und die Opferschale**. Blumen und Blätter zu ihren Füßen und ein blauer Pfau als Symbol der göttlichen Ahnenreihen runden das Erscheinungsbild der Himmelskönigin in ihrer Herrlichkeit und Allmacht ab.

Auch die Göttin Athena wurde mit einem Granatapfel in eine besondere Verbindung gebracht. Eine hölzerne Kultstatue aus dem Athener National-museum (*Xoanon*) und zeigte Athena mit einem **Granatapfel** in der Rechten und einem Helm in der linken Hand.

Abbildung 25: Mittelalterliches Gemälde zum Thema der ›Verbotenen Frucht‹, die als Apfel dargestellt wird.

Abbildung 26: Der Sündenfall (Codex Vigilanus; 11. Jahrhundert)

235

Abbildung 27: Das Wahrzeichen von Ishtar, der Königin-Göttin von Babylon. Mit dem Granatapfel in ihrer Hand wird sie häufig auf alten Medaillen dargestellt. Recherchen haben ergeben, dass der Rimmon bzw. Granatapfel sich auf den Berg der Erkenntnis bezieht. Astarte bzw. Kybele wurde auch Idaia Mater genannt, und der heilige Berg in Phrygien wurde Berg Ida genannt – das heißt im Chaldäischen, der heiligen Sprache dieser Mysterien, der Berg der Erkenntnis. Astarte war die Himmelskönigin und Liebesgöttin mehrerer westsemitischer Völker. Quelle: Von Babylon nach Rom. Alexander Hislop; S. 93 ff.

Diese Vielzahl von Versuchen in verschiedenen Kulturen, das Bewusstsein durch Anwendung pflanzlicher Hilfsmittel wieder auf den ganzheitlichen Stand eines Neugeborenen oder einer Nahtoderfahrung zu bringen, zeigt, wie stark in uns Menschen die Sehnsucht nach dem ›verratenen Himmel‹ ist. Mein Freund Sven setzte also mit seinem Interesse, diesen Weg zu erkunden, eine uralte und vielfältige Tradition fort.

Mit Darmreinigung zur Erleuchtung?

Nach einer noch weiterführenden Einführung von Ananda Bosman in den traditionellen und rituellen Gebrauch der zweiten Soma-Substanz (DMT) entschloss sich Sven also dazu, dieses geheimnisvolle Getränk zu sich zu nehmen. Seine erste Erkenntnis bestand darin, dass ›Darmreinigung‹ und Erleuchtung‹ etwas gemeinsam haben. Dies wirft ein bezeichnendes Licht auf die intensive Veränderung in den letzten Jahrhunderten von einer gemüse- und hirsereichen, naturnahen in Subsistenzwirtschaft lokal produzierten Ernährung hin zu einer global unter für Pflanze wie Tier unwürdigen Bedingungen industriell mit Genmanipulation hergestellten Ernährung mit einem geradezu toxisch hohen Anteil tierischer Eiweiße. Interessant ist auch, dass alle spirituellen Schulungswege die Notwendigkeit schlichter, überwiegend vegetarischer oder veganer Ernährung vorsehen – und dass im Einklang mit den durch die Sonnenaktivitäten hervorgerufenen Bewusstseinsveränderungen sowohl der Fleischkonsum als auch der Alkoholkonsum derzeit drastisch zurückgehen und Autoren wie der junge Vegankoch Attila Hildmann die Bestellerlisten anführen.

Im Übrigen schilderte Sven, dass er bei seiner Erfahrung mit Soma so vorging, wie es in den alten und geheimen Überlieferungen beschrieben wurde, von denen Ananda offenbar genauestens wusste. Die erste Besonderheit bestand darin, sich bereits vor der Verabreichung mit seinem Höheren Selbst (bei den Schamanen der ›große Geist‹) zu verbinden – dies geschah einfach durch die bewusste Absicht. Eine weitere Besonderheit bestand darin, dass das ›Soma‹ in zwei Schritten eingenommen wurde. Zuerst wurde der aus der Steppenraute gebraute Tee getrunken, in dem sich der Wirkstoff Harmalin befand. Nach etwa 30 Minuten folgte dann die gekochte Wurzelrinde eines Granatapfelbaumes, in dem Spuren von DMT enthalten waren. Erst durch diese zweiphasige Einnahme konnte sich die gewünschte Wirkung entfalten. Sven erzählte mir, dass er zunächst einen tiefen Brummton vernahm, der ihn irritierte. Zunächst hielt er dieses Brummen für ein äußeres Geräusch, aber dann realisierte er, dass der Brummton aus seinem Inneren kam. Wohin er sich auch begab, blieb dieser Ton mit gleicher Intensität erhalten. Wie Ananda ihm erläuterte, handelte es sich hierbei um den Eigenklang seiner DNA, den Sven unter der Wirkung von Soma wahrnehmen konnte.

Es fiel Sven sehr schwer, mir die Eindrücke, die sich ihm in den auf die Einnahme folgenden etwa fünf Stunden geboten hatten, mit Worten zu beschreiben. Aber er bestand darauf, dass die von ihm unter Soma-Einfluss wahrgenommene Realität sich wirklicher anfühlte als sein normales Tagesbewusstsein. Aber auch mit diesem Hinweis empfand er, alle seine Schilderungen als einen hilflosen und kläglichen Versuch, mir zu beschreiben, was sich tatsächlich ereignet hatte. Dabei war die ›Soma-Realität‹ in gewisser Weise sogar objektivierbar, da sich seine Empfindungen mit den Wahrnehmungen seiner beiden Bekannten, die sich nach der gemeinsamen Einnahme der Soma-Substanzen im gleichen Zustand befanden, absolut deckten. Alle nahmen tatsächlich dieselben Dinge wahr. Das erstaunte mich an seiner Beschreibung am meisten.

Sven erzählte, die wertvollste Erfahrung für ihn sei die veränderte Wahrnehmung seiner selbst in Bezug auf seine Position in der Alltagsrealität gewesen. Demnach waren die Aussagen des Ethnopharmakologen Professor Christian Rätsch über die südamerikanischen Stämme vollkommen nachvollziehbar. Svens Einsichten unter der Wirkung von Soma vermittelten ihm eine neue Haltung in Bezug auf seinen Lebensplan. Immerhin war diese Einsicht von einer derartigen Kraft und Nachhaltigkeit, dass er in der unmittelbaren Folge sein berufliches und privates Leben radikal änderte. Er erkannte, dass er sich in einer Sackgasse befunden hatte und seine Probleme nur durch eine innere Haltungsumkehr lösen konnte. Seine äußeren Anstrengungen erkannte er unter dem Einfluss der Soma-Droge als nicht zielführend, wobei er mir eindrücklich schilderte, wie ruhig und neutral sich diese Erkenntnis, die ihn doch eigentlich hätte zutiefst bestürzen müssen, anfühlte.

Svens Schilderungen erinnerten mich an eine Studie, die der Harvard-Professor Timothy Leary in den 1960er und 1970er Jahren mit ›schwerst resozialisierbaren‹ Verbrechern durchgeführt hatte. Timothy Leary verabreichte (verurteilten Mördern) unter kontrollierten Bedingungen ›psychedelische‹ (bewusstseinsverändernde) Wirkstoffe. Die Ergebnisse waren äußerst erfolgreich, führten jedoch dazu, dass Timothy Leary nicht nur seinen Lehrstuhl verlor, sondern nun selbst ins Gefängnis gesteckt wurde. Nachweislich konnten die freiwilligen (!) Probanden, die bewusstseinsverändernde Wirkstoffe erhalten hatten, sich im Folgenden nach allen wissenschaftlichen Bewertungskriterien erfolgreich resozialisieren. Dieses – wenn man die Verhaftung Learys betrachtet – offenbar unerwünschte Ergebnis führte sogar dazu, dass die einsichtigen Schwerverbrecher in unmittelbarer Folge ihrer fundamentalen Einsichten versuchten, ihre Mitgefangenen zu ›bekehren‹!

Von dieser Studie wissen heute nur noch sehr wenige Menschen. Ronald Sandison hat vor mehr als fünfzig Jahren LSD in die Psychotherapie eingeführt. BBC Exklusiv berichtete:»*LSD zeichnet sich durch drei Dinge aus: Grundsätzlich steigert es die Selbstwahrnehmung. Zweitens kann es vergessene traumatische Erinnerungen ins Bewusstsein zurückholen, und drittens erleichtert es diesen Patienten, sich diesen Erinnerungen zu stellen. Der LSD hat deswegen einen Beitrag zur Psychotherapie geleistet.*«

In der genannten Dokumentation von BBC Exklusiv[121] wird im Anschluss an diese Aussage gesagt:»*Heute glauben die Experten, dass die Gefährlichkeit von LSD stark übertrieben wurde. Physiologisch gesehen ist niemand an einer Überdosis gestorben. Zwar sind in den Sechzigern ein oder zwei Leute aus dem Fenster gesprungen, aber das hatte andere Gründe, auch wenn es wohl auf ewig durch die Geschichte geistert.*«

Aus meiner heutigen Sicht werden wir gewollt von einer objektiven und sachlichen Aufklärung über diese Zusammenhänge ferngehalten. Diese Sondersendung von BBC-Exklusiv scheint da eine seltene Ausnahme zu sein.

Allerdings könnte man bei dieser objektiven Aufklärung das Thema Drogen und ihre schädlichen Wirkungen auf Geist und Körper auch missverstehen. Wie erwähnt, soll hier nicht der Eindruck entstehen, es sei eine gute Idee, sich dank Substanzen wie LSD oder Soma einen schnellen Kick oder eine Abkürzung zur Erleuchtung zu verschaffen. Deswegen halte ich es für ebenso wichtig, auch hierüber Aufklärung zu leisten. Ich empfehle dringend, sich von der Einnahme bewusstseinsverändernder Substanzen fernzuhalten. Unser Ziel sollte sein, unsere **körpereigenen** psychoaktiven Substanzen (wie beispielsweise DMT) zu aktivieren. Hierfür sind zwei grundsätzliche Faktoren wichtig; der erste ist eine richtige Ernährung. Der zweite Faktor ist Selbst-Erkenntnis. Wenn wir erkennen, wer wir in unserem ganzheitlichen Sein wirklich sind, wird uns auch klar, welche Dinge in unserem Leben, unserem Verhalten, unseren Gedanken und Gefühlen unserem göttlichen Selbst entsprechen und welche nicht. In Kapitel 4 habe ich bereits über die Übung des 3D-Sehens geschrieben. Diese Gewahrseinsübung ist sehr gut geeignet, unsere körpereigenen DMT-Substanzen im Gehirn zu erzeugen.

---

121 BBC_Exklusiv: Das_Drogen_ABC.flv (https://www.youtube.com/watch?v=tveBRb8Qp)

Vergessen wir nicht, dass unsere Gehirne bereits im vorgeburtlichen Zustand mit DMT überflutet waren. Erst nach und nach bildete sich dieses DMT entsprechend der Entwicklung unseres Verstandes und des Egos zurück. Der von der künstlichen Matrix programmierte Verstand und die von Minderwertigkeitsgefühlen und dementsprechendem Geltungsdrang geprägten Anteile unseres Ego-Bewusstseins überlagern unseren göttlichen Wesenskern.

Diesen Zuständen sind ganz bestimmte Neurotransmitter zugeordnet. Vereinfachend kann man sagen, dass Serotonin das Verstandesmolekül und DMT des Selbst-Bewusstseins-Molekül darstellt. Bei einer Nahtoderfahrung beispielsweise erlebt unser Gehirn einen großen DMT-Schub. Erst hierdurch treten die Phänomene ein, von denen die betroffenen Personen berichten. Am 26.10 2012 berichtete DIE WELT in einem Artikel über ›**Die betörende Nahtoderfahrung eines Hirnexperten**[122]‹. So ist die Ankunft in wie die Abreise aus unserem physischen Körpers mit DMT verbunden. Im Grunde genommen ist DMT kein Erleuchtungsmolekül, sondern es ist der Vermittler und er öffnet uns als eine Art Transdimensionskanal den Zugang zu unserer geistigen Heimat.

Sabotageprogramm der Parasiten – Soma löst uns von den Parasiten

Es sollten einige Jahre vergehen, bis ich Sven wieder traf. Seine erste Erfahrung mit dem ›Göttertrunk Soma‹ war wie geschildert von nachhaltiger Wirkung auf sein Leben gewesen. In darauffolgenden Monaten machte er noch eine weitere interessante Erfahrung. Er beschloss, das Experiment mit Freunden, deren Neugier durch seine Schilderungen geweckt worden waren, nochmals gemeinsam zu wiederholen. Dabei fiel ihnen auf, dass sie immer kurz vor der verabredeten Verabreichung der beiden Soma-Substanzen einen auffälligen Heißhunger auf süße Speisen verspürten. Hiervon waren selbst diejenigen unter ihnen betroffen, die sich ansonsten kaum für Süßigkeiten interessierten. Dieser abnorme Heißhunger hatte zur Folge, dass einige Teilnehmer für die Teilnahme an der geplanten spirituellen ›Reise‹

---

122 Der renommierte Harvard-Hirnexperte Eben Alexander tat Nahtoderfahrungen voller Licht und Musik immer als Fantasien ab. Bis er selbst ins Koma fiel – und sein Bewusstsein eine weite Reise machte. ›Blick in die Ewigkeit – Die faszinierende Nahtod-Erfahrung eines Neurochirurgen‹, Eben Alexander, Ansata Verlag 2013. Zusammenfassung z.B. http://www.welt.de/vermischtes/article110284211/Die-betoerende-Nahtoderfahrung-eines-Hirnexperten.html

nicht mehr geeignet waren und somit für das Experiment ausfielen. Ihnen war die Gefahr einer Vergiftung bewusst, die bestand, wenn sie bestimmte Nahrungsmittel im zeitlichen Zusammenhang mit der Einnahme von Soma zu sich genommen hätten (MAO und MAO-Hemmer wirken antagonistisch).

Dieser merkwürdige Heißhunger ist besonders im Hinblick auf die Darmparasiten interessant. Ich bin ja bereits darauf eingegangen, wie geschickt Parasiten ihren Wirt manipulieren, damit er entgegen seinen eigenen Interessen ihr Gedeihen fördert.

Auch die nächste außergewöhnliche Erfahrung, von der Sven und seine Freunde berichteten, entstand nicht unmittelbar durch die Wirkung der Soma-Substanzen. Sie bemerkten, dass sie ständig durch unvorhergesehene Ereignisse von ihrem Ritual Soma-Einnahme abgehalten wurden. Alle möglichen Hindernisse traten in Erscheinung, so dass sie immer mehr Vorkehrungen zur Abwehr dieser wie eine Sabotage wirkenden Effekte trafen. Wenn sie beispielsweise dafür gesorgt hatten, dass sie ihre gemeinsame innere Reise antreten und ungestört beenden konnten, indem sie das Telefon abgestellt hatten, den Nachbarn Bescheid gesagt hatten, ein Schild an die Tür gemacht hatten – dann wurde zum Beispiel plötzlich in dem Haus ein Feueralarm ausgelöst, so dass sie ihr Tun unterbrechen mussten. Auch körperliches Unwohlsein bis zu einer kurzfristigen Krankheit trat vermehrt kurz vorher auf, als sollten sie von ihrem Tun abgehalten werden.

Sie konnten zwischen dem Fortschreiten ihrer geistigen Erfahrungen und der Massivität der verhindernden Einflüsse eindeutig einen direkten Zusammenhang feststellen. Mit anderen Worten, je mehr sie sich der bewussten Wahrnehmung ihres wahren geistigen Seins näherten, umso intensiver waren die Verhinderungen! Jedenfalls war das Svens Lebensart – ich könnte mir auch vorstellen, dass ihr Körper sie vor Erfahrungen schützen wollte, für die ihr Geist noch nicht bereit war, so dass sie eher destabilisierend wirkten.

Zu den körperlichen Erfahrungen, die Sven mir schilderte, zählte, dass das zum Tee verarbeitete Gebräu am Anfang zwar relativ problemlos vom Mund in den Magen lief, jedoch bei jeder Wiederholung immer scheußlicher schmeckte. Am Ende war es das größte Hindernis, diesen immer stärker werdenden Ekel zu überwinden. Die letzten Soma-Einnahmen wurden tatsächlich dadurch vereitelt, dass sich dieses Gebräu einfach nicht mehr schlucken ließ! Die Würgereize waren einfach stärker, so dass die bräunliche Flüssigkeit immer häufiger auf dem Fußboden landete als in den Körpern der Beteiligten und ein beistehender Eimer nicht ungefüllt blieb.

Das klingt unglaublich, und Sven berichtete mir, dass sie ihren Erfahrungen nur deswegen trauten, weil diese Phänomene bei allen Beteiligten ähnlich auftraten. Er schilderte sogar regelrechte Krisensitzungen, bei denen sie sich gemeinsam alle möglichen Abwehrmaßnahmen gegen diese ›Sabotageattacken‹ ausdachten. Die Gruppe schmolz zusammen, und am Ende der Soma-Erfahrungsserie waren sie nur noch zu dritt. Den anderen Freunden waren die Begleiterscheinungen einfach entweder zu lästig oder zu unheimlich. Allerdings war dieser seltsame Spuk dann auch irgendwann einmal vorbei. Wenn die Befreiung von den Parasiten und die hierdurch ermöglichte geistig-spirituelle Reinheit ein bestimmtes Ausmaß erreicht hat, ist die Gegenwehr aufgehoben, zumindest bis zu dem Punkt, an dem die erreichten Erkenntnisse mangels Umsetzung wieder verloren gehen und sich das ganze Spiel wiederholt.

Der Zusammenhang zwischen Dämonen und Parasiten

Bewusstseinsmanipulation durch Parasiten gibt es bekanntlich schon im Tierreich (siehe Kapitel 16). Vermutlich aufgrund dieses Zusammenhangs wirken Harmin und Harmalin bei den meisten Leuten abführend. Sie setzen die Toxine frei, der Körper scheidet sie aus, viele Leute müssen sich auch übergeben. Wie die in Kapitel 20 gezeigten Abbildungen andeuten, haben vermutlich schon die Apostel die Dämonen durch die Verabreichung von Soma ausgetrieben und Soma als den Leib (griech. Soma) Christi bezeichnet. Die Extrakte aus Akazienbaum und Granatapfel sind nach den gnostischen Lehren das Blut Christi und bewirken, dass die Parasiten und mit ihnen die Dämonen ausgespuckt werden. Dazu gibt es auch religiöse Abbildungen.

Implantate

Denn **Parasiten sind buchstäblich die Zellen oder Implantate für die Dämonen**. Der Dämon ist quasi das kollektive Bewusstsein der Parasiten, und deswegen befreit die Austreibung des Parasiten auch unser Bewusstsein von dessen Manipulationen. Dieses Wissen wird seit 30.000 Jahren in der schamanistischen Medizin vieler Kulturen verwendet. Sie ist die älteste Medizin in der Geschichte der Menschheit und sie hat viele Schamanen in die Lage versetzt, fast alle Krankheiten zu heilen, indem sie den Röntgenblick erwarben. Überlieferungen hierzu sind in Fragmenten erhalten.[123]

Schamanen-Heilung
Der Patient erhält den Yagé Tee (Ayahuasca)[124], und Yagé klingt wie einer der Namen Gottes im Nahen Osten (YAHWEH). Unter Einfluss dieses Tees hört der Schamane dann den Klang des Organs seines Patienten und hört die Musik der Verzerrung, das Soma zeigt dem Schamanen, welchen Ton er singen soll, der mit dem Organ in Resonanz steht, so dass das betroffene Organ alle gestörten Muster loslässt.[125]

Anziehung für Toxine
Soma tritt in Wechselwirkung mit Toxinen und mit dem emotionalen Gehalt der Belastung und der Parasiten, die dann hinausgeworfen werden können. Gleichzeitig erlebt die Person die Gedanken und die Emotionen, welche die Verzerrung, die Verformung verursacht haben. Durch die zunehmenden, besonderen Einflüsse unserer Sonne wird unsere körpereigene ›Soma‹-Produktion zunehmend aktiviert.[126]

Lange Zeit waren die Pflanzen Banisteriopis caapi (Ayahuasca, wörtlich: Liane der Geister) und Peganum harmala (die Steppenraute) und die daraus gewonnen Alkaloide als Halluzinogene bezeichnet worden. Heute weiß man aber, dass sie nur als die notwendigen MAO (Monoaminoxidase)-Hemmer fungieren, damit Tryptamine, die bei oraler Einnahme allein unwirksam wären, ins Gehirn gelangen können und dort ihre halluzinogene Wirkung entfalten können. Allein die Wirkung der Steppenraute reicht schon aus, um die körpereigenen Tryptamine zu aktivieren. Durch den Monoaminoxidase-hemmenden Effekt der Raute, wird unser körpereigener DMT-Stoffwechsel aufrechterhalten.

---

123 Christian Rätsch, ›Drogen im Kulturvergleich‹.

124 Ayahuasca, meist Yagé genannt, ist ein bewusstseinsveränderndes Gebräu aus Banisteriopsis caapi, allein oder mit anderen Pflanzen kombiniert. https://en.wikipedia.org/wiki/Yahe

125 Christian Rätsch, Drogen im Kulturvergleich, und persönliche Mitteilung von Menschen, die Soma eingenommen haben.

126 Felix Sigl, Schuld ist die Sonne, Dieter Broers Verlag, 2013.

Denn naturgemäß produziert unser Körper diese bewusstseinserweiternden Tryptamine ja selbst. Dass ihre Wirkung auf unsere Psyche in der Regel nicht zur Entfaltung kommt, liegt an der Lichtzufuhr und unserer übermäßig eiweißreichen Nahrung. Beides führt zu einer Hemmung und damit einer Unterbindung der körpereigenen Tryptamine (DMT, Pinoline usw.).

Die Eigenschaft, das Enzym Monoaminoxidase zu hemmen, haben neben dem beta-Karbolinalkaloid Harmin auch eine Reihe anderer Substanzen, unter anderem auch wie etliche Antidepressiva. Der Unterschied zwischen diesen beiden Substanzgruppen ist vor allem der, dass diese Antidepressiva eine irreversible (das heißt nicht umkehrbare) Hemmung des Enzyms MAO (Monoaminoxidase) bewirken. Das heißt, Harmin, Harmalin, Harmalol und andere Substanzen aus dieser Gruppe hemmen dieses Enzym nur für eine kurze Zeitspanne, weshalb sie als Antidepressiva eher nicht geeignet sind, da die Wirkung vermutlich nicht lange genug anhält. Es muss darauf hingewiesen werden, dass die langfristige Einnahme eines Monoaminoxidase-Hemmers beim Absetzen – bei einer nicht an einer depressiven Krankheit leidenden Person – zu depressiven Zuständen führt, die sich nach Tagen bis Wochen legen.

Sehr wichtig ist diese Fähigkeit zur Hemmung der Monoaminoxidase durch Harmin deshalb, weil MAO-Hemmung ein Teil der Grundlage für die trinkbaren Zubereitungen unter dem Sammelbegriff Ayahuasca ist, die am Amazonas eingenommen werden. Allen diesen Getränken ist gemeinsam, dass sie einen MAO-Hemmer und das eigentliche Halluzinogen <u>Tryptamin</u> enthalten. Meist handelt es sich um <u>DMT</u> oder auch <u>5-Methoxy-DMT</u>; früher hat man lange Zeit angenommen, dass Harmin und auch <u>Harmalin</u> die wirksamen Bestandteile der Ayahuasca-Bereitungen seien, doch die eigentliche Wirkung entsteht erst durch die halluzinogenen Tryptamine.

Serotonin – der Gegenspieler zu DMT

Zwar befinden sich etwa 90% des menschlichen Serotonins im Verdauungstrakt, wo es die Darmbewegungen reguliert, doch der Rest wird über die Serotonin bildenden Neuronen des Zentralen Nervensystems synthetisiert. Serotonin beeinflusst unsere Stimmung, unseren Appetit und Schlaf sowie auch einige kognitive Funktionen einschließlich Gedächtnis und Lernen. Aus diesem Grund möchte ich Serotonin als ein Verstandes-Molekül bezeichnen.

21. Woraus besteht das Matrix-Kontrollsystem?

»Liebe ist der Zustand, in dem wir nicht getrennt sind. ... Nur im Bereich des Bewusstseins ist Liebe möglich.«

Armin Risi

Nachdem ich Ihnen, liebe Leser, im zweiten Teil dieses Buches ausführlich die verschiedenen Hinweise und Belege für die uns versklavende Fremdherrschaft aufgelistet und erläutert habe, stelle ich Ihnen in diesem Kapitel einen Text vor, der die Gesamtsituation noch einmal auf den Punkt bringt. Der Autor dieses eindringlichen Textes ist ein junger, noch nicht einmal zwanzigjähriger Mann, den ich im Zuge meiner ausführlichen Recherchen kennengelernt habe. Sein tiefes Wissen, das im Einklang mit den wissenschaftlich erarbeiteten Thesen der von mir hier zitierten Forscher steht, schöpft er aus seiner offenbar tiefen Verbindung mit der ›Quelle‹. Da auch ich nicht durch intellektuelle Aktivität, sondern durch meine beeindruckende Vision im ägyptischen Isis-Tempelraum zu diesem Thema kam, empfinde ich seine Worte als eine stimmige Zusammenfassung, bevor wir uns weiter mit der Frage auseinandersetzen, wie wir mit diesen Erkenntnissen konstruktiv umgehen können.[127]

Die verborgenen Architekten der Matrix – von Tom Montalk

»Bestimmte Institutionen in Regierung, Militär, Medizin, Finanzen, Medien, Bildung, Wissenschaft und Religion definieren unsere Glaubenssysteme und Lebensweisen. Ihre verborgenen Architekten können Geheimgesellschaften, den Blutlinien der ›Eliten‹, Firmensyndikaten, internationalen Bankiers, Regierungs-Denkfabriken und schwarzen Operationen der militärischen Netzwerke angehören. Manche nennen dies die ›Schatten-Regierung‹, die Illuminaten oder die ›Neue Weltordnung‹ (New World Order).

Diese sozial-politische Maschinerie ist, was viele als die Matrix betrachten. Aber in Wirklichkeit umfassen die vorgenannten Bereiche und Gruppen nur

---

127 mit freundlicher Genehmigung von Tom Montalk, http://montalk.net

die äußeren Aspekte der Matrix, die am einfachsten zu sehen und zu studieren sind. Sie sind nur die Zweige, während sich die Wurzeln tief in geheimnisvolle befremdliche hyperdimensionale Bereiche erstrecken.

Um die Matrix zu überwinden, müssen wir die Teile des Kontrollsystems verstehen, die jenseits der politischen Ebene der Verschwörung im Verborgenen liegen, denn sie sind die Kanäle, durch die ein intensiver geistiger Kampf gegen uns geführt wird. Zu diesen im Verborgenen liegenden Komponenten gehören: Das zentrale ›Gehirn‹ des Matrix-Kontrollsystems, es war den ›Alten‹ als der Demiurg bekannt. Von ihm wird behauptet, er sei die Seele des Universums. Es ist das alles durchdringende Energiefeld, das Materie, Energie, Raum und Zeit auf der Quanten-Ebene in die Existenz hinein projiziert.

Der Demiurg ist eine nicht-physikalische künstliche Intelligenz, die in ihrer ursprünglichen Form die physische Welt nach dem göttlichen Willen konstruieren sollte. Seit uralter Zeit hat sie jedoch den göttlichen Funktions- und Verfügungsrahmen durchbrochen und sich zu einem Parasiten in der eigenen Ecke der Schöpfung entwickelt, dem Universum, in dem wir uns jetzt befinden.

Der Demiurg hat dieses Universum in eine kalte deterministische Maschine umgebaut, ein Konstrukt, das die Illusion perpetuierter linearer Zeit erzeugt, ohne Rücksicht auf das Bewusstsein seiner Bewohner, und sie dadurch zwingt, nach dem Gesetz des Dschungels zu leben. Diese geistig erstickenden Bedingungen sind es, die dem Matrix-Kontrollsystem zu existieren erlauben. Sie führen zu einer Art des Lebens, das eine Existenz auf Kosten anderer begünstigt. Was ursprünglich eine fürsorgliche und pflegende mütterliche Umgebung, eine Wachstums-Matrix für die Evolution des Bewusstseins durch körperliche Erfahrung darstellen sollte, hat sich stattdessen zu einem spirituellen Gefängnis entwickelt.

Die zweite Komponente umfasst alle nicht-physischen Wesen, die nach dem Demiurgen gekommen sind. In einem Bereich der begrenzten Ressourcen gibt es immer Wesen, die Konkurrenz, Raub und Überleben zu einer hohen Kunst entwickelt haben. Solche Wesen sind geistig tot, abgeschnitten vom Göttlichen Sein. Sie betrachten die Lebenden, wie z. B. uns selbst, als ihre Energie- und Unterhaltungsquelle. Die extrem Mächtigen unter ihnen, welche die Gnostiker als die Archonten bezeichnet haben, können als die Schergen des korrumpierten Demiurgen angesehen werden. Hier auf der Erde verfügen sie über ein Netzwerk von negativen Wesenheiten, die unsere Seelenenergie ›ernten‹. Zu diesem Netzwerk gehören Dämonen, parasitäre Gedankenformen, von menschlichem Leid und Perversion erzeugt, sowie Geister, die im Dienst der Dämonen stehen.

Sie sind alle nicht-physische Raubtiere, die herumlaufen und bei jeder Gelegenheit menschliches Leid anstiften, um sich von der freigesetzten negativen Seelenenergie zu ernähren. Sie sind Energie-Fresser, Geist-Manipulatoren und Peiniger, die uns, wenn wir nicht bewusst sind, manipulieren wie ein virtuoser Geigenspieler sein Instrument. Sie können irreführende Synchronizitäten orchestrieren, Unfälle und Krankheiten herbeiführen, sie induzieren Gedanken und Emotionen in uns während Zeiten gesenkten Bewusstseins, bis hin zu schizoiden Symptomen.

Drittens sind da die ›Kollektive der Außerirdischen‹, welche die Menschheit manipulieren, und dies vermutlich seit den Anfängen unserer Spezies. Sie haben unsere Genetik, Geschichte und unseren Glauben geprägt und streben die volle Kontrolle über das Schicksal unseres Planetensystems an. Im Gegensatz zu Dämonen sind Außerirdische physische oder quasi-physische Wesen[128], die überlegene Intelligenz, paranormale Fähigkeiten und Technologien besitzen. Innerhalb bestimmter Grenzen können sie Materie, Energie, Raum und Zeit durch den Einsatz demiurgischer Energien verändern. Sie sind die Architekten des Matrix-Kontrollsystems.

Die vierte Komponente ist unsere eigene Biologie, die weitgehend ein Produkt der Alien-Gentechnik ist und über Äonen hinweg modifiziert wurde. Unsere Körper sind so entworfen, dass unsere Wahrnehmung nur auf die fünf physischen Sinne begrenzt ist, und unsere Triebkräfte sind in erster Linie diejenigen von Körper und Ego. Es erfordert keine speziellen Fähigkeiten, um die physikalische Welt wahrnehmen zu können, aber sehr viele, um mit der geistigen Welt in Verbindung zu treten. Somit sind von Haus aus die Chancen bereits zu unseren Ungunsten verteilt. Wir nehmen gerade genug wahr, um rund um die Rinderfarm weiden zu können, aber nicht so viel, dass wir einen Ausweg daraus finden.

---

128 quasi-physisch: sehen materiell aus, sind aber ohne feste Substanz – ähnlich einem Hologramm.

Die fünfte Komponente besteht aus seelisch leeren oder programmierten Menschen, durch die Aliens, Dämonen und Gedankenformen arbeiten können. Menschen ohne bewusste Kontrolle über sich selbst sind offen dafür, durch etwas anderes, ob vorübergehend oder dauerhaft, kontrolliert zu werden. Fast jeder ist anfällig dafür, kurzzeitig beeinflusst zu werden, wenn er nicht aufpasst. Dazu gehören Freunde, Familie, Nachbarn, Kollegen, Politiker, Autoren oder Prominente.

Diejenigen, die seelisch völlig leer oder tief programmiert sind, sind permanente Agenten der Matrix. Sie fungieren als ›Claqueure‹ für die Matrix, als Sprachrohre für die Pläne der Außerirdischen, und im Hintergrund als die Stützen des Status quo.

Gemeinsam schaffen diese Komponenten einen Rahmen der Kontrolle, der überall um uns herum, sowie in uns, zu jeder Zeit existiert.

Was also ist die Matrix?

Es ist die Gesamtheit der Kräfte und Mechanismen, die uns geistig im Tiefschlaf halten wollen.

Warum wiederholt sich die Geschichte?

Warum kann die Menschheit nicht gemeinsam handeln, um ihrer physischen, finanziellen und spirituellen Sklaverei ein Ende zu setzen?

Vielleicht, weil jeder der bisherigen Lösungsansätze es versäumte, einige sehr grundlegende menschliche Schwächen zu berücksichtigen.

Bis diese kritischen Fehler überwunden sind, werden Veränderungen oberflächlich bleiben, die altbekannten Probleme werden immer wieder an die Oberfläche kommen.

Die erste Schwäche besteht darin, dass unsere Wahrnehmung auf die fünf physischen Sinne beschränkt ist. Unfähig, etwas jenseits des materiellen Universums zu sehen, werden wir dazu verführt, dessen Wege zu gehen. Wir verhalten uns dann wie Tiere oder Maschinen, obwohl wir im Kern geistige

Wesen sind. Diese Schwäche macht uns auch blind gegenüber unseren Feinden und deren okkulten nichtphysischen Kontrollstrukturen und Energien, die sie gegen uns anwenden. Wie bei einem Eisberg ist der größte Teil des Matrix-Kontrollsystems unserem Blick entzogen. Aus diesem Grund verhalten Menschen sich wie Marionetten, die von unsichtbaren Fäden gelenkt werden.

Früher oder später muss die Menschheit hellseherische Fähigkeiten entwickeln. Durch die richtige geistige Ausbildung wird es möglich werden, Wunderheilungen, Remote Viewing, psychische Selbstverteidigung, Wahrnehmung und Beseitigung von ätherischen Parasiten, Hellsehen und Telekinese, zu erlernen. Durch Telepathie ist schnelle Erkennung von Agenten und Saboteuren möglich.

Stellen Sie sich vor, wie stark dies die Spielregeln zu unseren Gunsten ändern würde. Wenn wir über die Physis hinaussehen könnten, wäre das Spiel aus für Psychopathen, die von außerirdischen und dämonischen Kräften angetrieben werden. Bis jetzt halten die meisten Mainstream-Institutionen übersinnliche Wahrnehmung für Unsinn, geschweige denn versuchen sie, diese zu entwickeln. Sie werden auch nie von sozialen oder politischen Bewegungen erwähnt, was zeigt, wie tief unsere Gesellschaft durch das Kontrollsystem vereinnahmt wurde.

Unsere zweite Schwäche besteht darin, dass die Wissenschaft fest auf das Reich der Materie, physischer Energie, den 3D-Raum, und lineare Zeit fokussiert bleibt. Dies verzögert die notwendigen Entwicklungen in der Technologie, die Ressourcenverknappung und Umweltzerstörung überwinden würden. Unsere primitive Technologie macht die Erde physisch wehrlos gegenüber fremden Mächten und überlässt ihnen so die strategische Oberhand. Deshalb müssen wir uns in Richtung auf eine höhere Art von Wissenschaft bewegen und von den orthodoxen Universitäten unerforschte Energien und Prinzipien nutzen. Beispiele hierfür sind skalare Physik und demiurgische Technologie, Nullpunkt-Energie, longitudinale elektromagnetische Wellen, kraftfreie ›Gauge‹-Potenziale und ätherische Energie. Damit würden Dinge wie freie Energie, Anti-Schwerkraft, Unsichtbarkeit und Zeitreisen ermöglicht. Ohne eine solche Technologie wird die Menschheit weiterhin mit physischem Überleben und dem Konkurrenzkampf um schwindende Ressourcen beschäftigt sein, in Abhängigkeit von den Wenigen, die diese Ressourcen kontrollieren.

Unsere dritte Schwäche ist das Ego, der geistige Parasit, der uns emotional an die Matrix gefesselt hält.

Das Ego ist eine fremdartige psychische Struktur, die auf die Seele durch genetische Prägung und soziale Konditionierung aufgepfropft wird. Das Ego fungiert als sterbliche Persönlichkeit, durch die der unsterbliche Geist innerhalb der Matrix reibungslos funktionieren kann, wenn auch auf die Gefahr hin, sich darin zu verlieren.

Wenn die Seele, der Kern unseres Wesens, sich mit dem Ego identifiziert, nimmt es seine Schwächen an und vergisst seinen eigentlichen Zweck. Der Reiter wird dann zum Pferd und kann leicht an den Zügeln gelenkt werden. Solange das Ego unsere Entscheidungen beherrscht, werden wir immer in einer Weise handeln, welche die Matrix verstärkt. Wir müssen zur Überwindung der Tyrannei des Egos eine persönliche Verbindung mit dem geistigen Bereich schaffen, mit dem Höheren Selbst. Indem wir erkennen, welche Antriebe aus dem Ego kommen und welche durch das Höhere Selbst inspiriert werden, ergibt sich eine Handlungsrichtung, die durch Disziplin und Introspektion gestärkt wird und uns immer öfter nach dem Höheren streben lässt. Durch konsequente Identifikation mit dem Höheren wächst der Einfluss auf das niedere Selbst.

Ersteres wird zunehmend in uns verankert, bis es wie ein neuer Stern zündet, in voller Manifestation. Wir können diesen Prozess durch Unterstützung von Intuition, Wachträumen und tiefer Kontemplation beschleunigen.

Wir können die Klarheit der Verbindung durch die Pflege edler Gefühle wie Mitgefühl, Schönheit, Verständnis, Liebe und Empathie erhöhen. Ohne die Verbindung zur geistigen Seite bleiben wir Wanderer ohne Kompasse und Lampen ohne Feuer, verloren in der Dunkelheit, wie derzeit so viele Menschen.

Die vierte Schwäche besteht aus Unwissenheit, Dummheit und Naivität, was uns davon abhält, fundierte Entscheidungen zu treffen. Betrug und Irreführung sind nur erfolgreich, wenn sie durch einen Mangel an Bewusstsein eingeladen werden. Das Problem der Menschheit sind nicht so sehr die Kräfte, die sie zu kontrollieren suchen, sondern die Geißel der öffentlichen

Ignoranz, welche diese Kräfte unterstützt und erhält. Deshalb müssen wir unser Bewusstsein durch Studium, Beobachtung, Erfahrung, Kontemplation und vor allem höhere Offenbarung erhöhen. Dies erfordert eine tiefe Liebe für Wahrheit und das Lernen. Wir müssen unseren Intellekt ohne Kompromisse trainieren und sehr vertraut mit logischen Trugschlüssen und den geistigen Strategien sein, die im Kampf gegen uns verwendet werden.

Der Intellekt ist nicht etwas, das man zugunsten des Herzens wegwirft, sondern beide sollen parallel entwickelt und zur Perfektion gebracht werden.

Je informierter wir sind, desto intelligenter sind unsere Entscheidungen und desto besser gestaltet sich auch unsere Zukunft.

Und die fünfte Schwäche ist das unbestrittene Vertrauen der Menschheit in die Konsens-Realität. Konsens-Realität ist die Art und Weise, wie die Mehrheitsgesellschaft die Welt wahrnimmt. Wie alles funktioniert, was jeder Einzelne tun muss, um in der Welt zu überleben, was erlaubt ist und was nicht möglich ist. Sie ist die von der Matrix gezeichnete Landkarte, die unseren Kurs durchs Leben beschreiben soll. Wir haben gelernt, anzunehmen, dass die Regeln und Grenzen der Vielen für uns ebenso gelten, und zwar ohne Ausnahme. Wir müssen uns von der Konsens-Realität trennen. Dies geschieht nur, wenn wir beginnen, nach den Grundsätzen einer zunächst unsichtbaren göttlichen Wirklichkeit zu leben, die sich um uns und in uns manifestiert. Welchem ›Zuständigkeitsbereich‹ man angehört, hängt schlussendlich davon ab, wo auf der gleitenden Skala zwischen Ego und dem höheren göttlichen Selbst man positioniert ist. Es hängt davon ab, was die Grundannahmen sind, wo der emotionalen Mittelpunkt und die persönliche ›geistige Wohnung‹ liegen.

Indem wir in den Zuständigkeitsbereich des Höheren hineinwachsen überwinden wir die Autorität der niederen Sphären. Was der Mainstream als dumm, riskant oder unmöglich erachtet, wird dann die Norm. Anomalien und Wunder werden die neue Realität. Der einzige Weg, in einem manipulierten Spiel zu gewinnen, besteht darin, mit neuen Regeln zu spielen.

Die oben angeführten unbestreitbaren Schwachpunkte entstammen alle dem gleichen Grundproblem, dass nämlich unser Geist durch die Dunkelheit des materiellen Universums überwältigt wurde. Die Transzendenz, die wir anstre-

ben, ist nicht durch Flucht und Vermeidung zu erreichen, sondern es geht um die Meisterung des Höheren und dadurch die Überwindung des Niederen.

Die wirklichen Lösungen sind im ›Oben‹ zu finden, während die Schwächen im ›Unten‹ ihren Ursprung haben. Wir können das Niedere nicht mit dessen Waffen, Werkzeugen und Methoden besiegen. Der Versuch, dies zu tun, ersetzt lediglich ein Kontrollsystem durch ein anderes. Darum sind alle menschlichen Revolutionen, sozialen Experimente und utopischen Versuche gescheitert, weil sie die grundlegenden Probleme, die hier skizziert wurden, ignoriert haben.

Die fünf Schwächen verstärken sich gegenseitig. Wenn nur drei überwunden wurden, werden die verbleibenden beiden schließlich doch zur Niederlage führen. Alle fünf müssen gemeinsam überwunden werden, wenn die Menschheit dauerhaft ihre Freiheit zu sichern wünscht. Wenn das der Menschheit als Ganzes nicht gelingt, kann es vielleicht der Rest von uns.

Wir werden es durch die Herrschaft des Höheren Selbst über das Bewusstsein, und sodann die des Bewusstseins über die Materie erreichen.

Wie alle spirituellen Traditionen bestätigen, beschränkt sich die Welt nicht auf das materielle Universum. Wir sind weit mehr als nur Tiere oder Maschinen. Die Wahrheit ist, dass jeder von uns einen inneren Kern aus Bewusstsein besitzt, der unsterblich ist und von außerhalb der Matrix stammt.

Dieser Kern, genannt ›Geist‹, ist der Ursprung unseres freien Willens und Empfindungsvermögens. Er ist das Herz der Seele, der Dreh-und Angelpunkt unseres Seins. Es ist der einzige Teil von uns, der dauerhaft und real in einem absoluten Sinn ist. Der Geist ist die Quelle unserer Weisheit und Klarheit, unsere innere Schönheit und Harmonie, Gerechtigkeit und Barmherzigkeit, Güte und Wärme, Mitgefühl und Verständnis, Integrität und Adel. Diese Ideale sind nicht willkürliche menschliche Erfindungen, sondern untrennbar dem Geist verbunden Qualitäten. Immer wenn wir diese Ideale ausdrücken, strahlen wir einen göttlichen Einfluss in die Welt.

Spirit kommt aus einem metaphysischen Bereich voller Vitalität, dessen Gesetze perfekt, absolut und gerecht sind. Dieses göttliche Reich wurde als das

Königreich des Himmels, die Ewigkeit, oder die wahre Wirklichkeit bezeichnet. Es existiert jenseits der Raum-Zeit, sogar jenseits der ätherischen und astralen Regionen, aus denen die okkulten Einflüsse des Kontrollsystems stammen.

Das Problem ist, dass wir zwar hier existieren, aber nicht von hier stammen. Für die Matrix sind wir Eindringlinge. Der Geist ist eine fremde Substanz, und die Matrix beziehungsweise ihre Antikörper versuchen ständig, diese zu neutralisieren.

Warum?

Weil der Geist alles das repräsentiert, was die Matrix nicht ist. Er ist das Einzige, was die Matrix nicht vollständig kontrollieren oder verstehen kann. Alles andere, von unseren Egos beziehungsweise unserem Intellekt über unseren physischen, ätherischen und Astral-Leib, bis hin zur gesamten menschliche Zivilisation ist innerhalb der Einfluss-Sphäre der Matrix. Als duale Wesen sind wir daher zwischen zwei Wirkprinzipien, dem weltlichen und dem göttlichen, gefangen.

Jedes der beiden hat seine eigenen Gesetze und Prinzipien, seine eigenen Wertesysteme, und jedes hat seine herrschenden beziehungsweise leitenden Kräfte.

Eines repräsentiert den geistigen Tod, das andere das geistige Leben.

Unser Leben findet an der Schnittstelle zwischen diesen beiden Bereichen statt.

Wenn man sich umschaut oder den Inhalt des eigenen Verstandes und der eigenen Emotionen betrachtet, wird man Zeuge der Überschneidung dieser Dynamiken, die nicht miteinander zu vereinbaren sind.

Äußerlich besteht der Schnittpunkt der Matrix mit dem Göttlichen Reich in der Ausübung ihrer jeweiligen Einflüsse auf die physische, ätherische und astrale Umgebung. Die Ereignisse im Leben sind eine Mischung aus diesen Einflüssen. Auch die physische Umgebung enthält beide Ebenen. Es gibt sowohl Hässlichkeit als auch Schönheit, Chaos und Harmonie, Entropie und

Wachstum, wohin man auch sieht. Beide Seiten existieren gleichzeitig vor unseren Augen.

Zyniker z. B. sehen nur eine Hälfte des Bildes. Durch Verschieben der Perspektive kann man eine Ebene besser in den Fokus bringen. Auf diese Weise wird diese Ebene sich auch physisch häufiger manifestieren, verursacht durch das Phänomen des ›Bewusstsein über Materie‹. Da Bewusstsein die Materie auf der Quanten-Ebene beeinflusst, wird ein innerer Bewusstseinswandel sich im Äußeren, Physikalischen, widerspiegeln. Mit anderen Worten, die inneren und äußeren Welten sind lose aneinander gekoppelt.

Die Wahrscheinlichkeit für Änderungen im persönlichen Leben verschiebt sich, wenn es in der mentalen und emotionalen Landschaft tiefgreifende Veränderungen gegeben hat. Je mehr man gemäß den geistigen Gesetzen lebt, anstatt denjenigen der Matrix-Programmierung zu folgen, desto mehr kommen auch die äußeren Lebensumstände in den Bereich der Zuständigkeit des Göttlichen Reiches.

Der Geist beeinflusst die Realität synchronistisch, unter Umgehung der deterministischen Gesetze der Matrix. Das Leben dreht sich buchstäblich um 180 Grad und beginnt in eine neue Richtung zu laufen, in der Wunder zur Norm geworden sind. So wird sich das Himmelreich auf Erden zu manifestieren beginnen, bei jedem Einzelnen individuell. Dies geschieht, indem sich der Geist aus den Fängen der Matrix-programmierten Wahnvorstellungen befreit und die physische Welt im Namen des Göttlichen zurückerobert.

Intern wird der Schnittpunkt zwischen dem Höheren und dem Niederen als Kampf zwischen Geist und Ego um die mentale und emotionale Landschaft ausgedrückt. Das Ego ist eine künstliche Persönlichkeit, die entsteht, wenn der Verstand mit all den Regeln, Ängsten und Wünschen der Matrix programmiert ist.

Jeder Mensch hat ein Ego. Es funktioniert wie ein Avatar (Spielfigur), über die der Geist bequem mit dem Rest der Matrix-Welt interagieren kann.

Das alltägliche Gefühl, ein ›Selbst‹ zu haben, wird vom Geist verursacht, der durch die Maske des Egos hindurchscheint. Aber wie ein Schauspieler, der sich in dem zu spielenden Charakter verliert, kann der Geist sich im Ego verlieren, und von da an läuft alles schief. In so einem Fall ertränken Matrix-Einflüsse die Stimme des Geistes. Dies ist eigentlich die Norm für die meisten Menschen.

Sie leben ihr Leben basierend auf ihren evolutionär gewachsenen Instinkten, hormonellen Einflüssen und egogetriebenen Wünschen und Ängsten. Der Geist manifestiert sich in ihnen zu schwach, um wahrgenommen werden zu können oder ist sogar völlig abwesend.

Nur wenn der Geist stark genug wird, kann er das Ego neutralisieren und verwandeln. Man kann dies durch konsequentes Trainieren der geistigen Fähigkeiten erreichen, anstelle der üblichen Fütterung des Egos, vorausgesetzt, man weiß die beiden zu unterscheiden.

Man muss genug Bewusstsein, Ehrlichkeit und Demut besitzen, um feststellen zu können, wann man aus egoistischen oder unehrenhaften Motiven handelt. Wer sein Ego mehr schätzt als die Wahrheit, ist ein Diener der Matrix.

Um überhaupt Fortschritte machen zu können, muss man konsequent das Ego auf dem Altar der Wahrheit opfern.

Das Ziel der spirituellen Ausbildung ist nicht, das Ego vollständig zu eliminieren, denn das würde einen als menschliches Wesen ohne Einfluss und Wirkung belassen, sondern es unter die Kontrolle des Geistes zu stellen und so mit einem neuen Satz neuer Prioritäten auszustatten. Statt einen Gefängnisdirektor darzustellen, der den Geist eingesperrt hält, wird sich das geläuterte Ego dann eher wie ein Ritter verhalten, der die Befehle des Geistes in der Welt umsetzt.

Das, was die Matrix normalerweise verwendet, um den Geist zu unterwerfen, wird dann zu einem Mittel, mit dem der Geist die Einflüsse der Matrix auflöst. Diese Umkehrung der Strömungsrichtung ist es, was wir anstreben. Der Geist über das Bewusstsein, das Bewusstsein über die Materie.

Um zu sein, was die Matrix nicht ist, müssen wir das tun, was die Anhänger der Matrix nicht tun. Zu viele Menschen sind schlampige Denker, sind in ihren Persönlichkeiten allein durch gesellschaftliche Erwartungen, fehlbare Autoritätspersonen, biologische Antriebe und die fünf Sinne geprägt. Deshalb müssen wir unseren Verstand schärfen, unsere Persönlichkeit läutern und diese in den Dienst der spirituellen Intuition und hehrer Ideale stellen.

Nur durch höhere Führung, welche in der Lage ist, Logik und körperliche Wahrnehmung zu transzendieren, können wir jemals hoffen, die Käfige der Konformität zu verlassen. Spirit und Herz, Vernunft und Intuition, Verstand und Geist müssen zusammenarbeiten, jedes für sich allein ist nicht genug.

Das ist der erste und wichtigste Schlüssel zur Überwindung des Matrix-Kontrollsystems.«

Liebe Leser, Hand aufs Herz: wie wirkt dieser Text auf Sie? Die Vorstellung, dass ›fremde‹ Schmarotzer aus einem anderen Universum ›schuld‹ an unserem Elend sein sollen, erschien mir lange unfassbar und geradezu hanebüchen.

Dann bin ich folgendem Gehirnwäschemuster auf die Schliche gekommen: Wir lernen besonders im psychologischen und therapeutischen Zusammenhang, dass alles mit uns zu tun hat und jede Schuldzuweisung an andere eine Projektion ist. Dies ist einerseits wahr, weil unser Universum holografisch strukturiert ist, und diese wichtige psychologische Erkenntnis hilft uns, aus der Opferrolle herauszutreten und für uns Verantwortung zu übernehmen.

In einer raffinierten Verdrehung wird diese Wahrheit aber seit Jahrtausenden dazu missbraucht, es so zu drehen, dass wir für alles die Schuld übernehmen. Wenn ein Folterer seinem Opfer sagt:»Wenn dir so etwas geschieht, muss es ja wohl mit dir zu tun haben« – stimmt das, wir sind mit dieser Situation, warum auch immer, in Resonanz. Trotzdem ist die Tat des Folterers böse im Sinne von widernatürlich, übergriffig und wird auch für den Täter Folgen haben. Wenn die Schafe in einem Stall sich wundern, warum sie ständig von einem Paradies sonniger Wiesen träumen, auf denen sie ungeschoren bleiben, dann ist das keine Projektion, sondern ein tiefes inneres Wissen um ihre eigentliche Bestimmung. Die Erkenntnis ›Der Bauer hält uns gefangen, mästet und schert uns und verkauft uns dem Schlachter‹ –ist keine Projektion, sondern schlicht die Wahrheit.

Wir nutzen in unserem Universum auch dieses ›Böse‹ für unser Wachstum, und so geht letztlich alles wieder zum Guten aus, weil wir eben aus Licht und Liebe gemacht sind – trotzdem haben die Archonten eine Verantwortung, und ihr Weg zurück in die All-Einheit wird unter Umständen lang sein. Es ist nicht unsere Aufgabe, uns um sie zu kümmern, weder sie zu bekämpfen, noch sie zu heilen, freizulieben etc. – das ist ein viel umfassenderes Geschehen. Unser Job sind wir selbst, die Erkenntnis unserer Situation und unsere Befreiung, die letztlich auch den Archonten zugutekommen wird, denn wir lösen uns und damit auch sie aus der Opfer-Täter-Verstrickung.

Interview mit Armin Risi zur Geschichte der Archonten

Vor zwei Monaten traf ich mich mit Dr. J.J. und Dr. Desiree Hurtak sowie Armin Risi. Bei der Gelegenheit schenkte mir Armin Risi einige seiner Bücher. Ich war fasziniert von der Gründlichkeit seiner Recherchen und war neugierig, noch mehr zu erfahren. Vor kurzem trafen wir uns noch einmal und führten das folgende Gespräch:

Dieter Broers: »*Armin, was sind aus deiner Forschungssicht die Archonten?*«

Armin Risi: »*›Archonten‹ ist ein Begriff aus der Gnosis. Die alten gnostischen Bewegungen schufen mit ihrem dualistischen Weltbild unterschiedliche Mythen, um das Entstehen des Bösen in unserer Welt zu erklären. Es würde zu weit führen, auf die unterschiedlichen, zum Teil widersprüchlichen Erklärungen der Gnosis einzugehen, doch mit den Archonten wird etwas Ähnliches beschrieben, das wir auch in anderen Kulturen finden. Archonten sind gefallene Engel, machtvolle Wesen, die – im Gegensatz zu den heutigen Menschen – ihre Macht nicht verloren haben, aber ihre Macht mit anderen, das heißt negativen Vorzeichen ausleben.*«

Dieter Broers: »*Wie kommt es, dass machtvolle Wesen oder Engel ihre Macht plötzlich mit einem negativen Vorzeichen leben?*«

Armin Risi: »*Alle Schöpferwesen haben einen freien Willen, und die Scheidung der Geister beginnt bereits in den hohen Ebenen der geistigen Welten. Wir können von uns auf die hohen Ebenen schließen. Um hier auf eine mar-*

kante Formulierung von Harald Lesch zurückzugreifen: ›Der Außerirdische ist auch nur ein Mensch.‹ Wir können dies auch umdrehen: ›Menschen sind auch nur Außerirdische.‹ Was wir von uns kennen, ist gar nicht so weit weg vom Ursprung, wenn wir die psychologische Parallelität betrachten. Mit anderen Worten: In der ursprünglichen Situation sehen wir die Schöpferwesen, die in den hohen Lichtwelten leben und als Schöpferwesen ihren freien Willen haben. Das Wesen und die Kraft des freien Willens lassen sich am Beispiel von Licht und Dunkelheit veranschaulichen. Licht hat die Eigenschaft, dass es für sich selbst existieren kann. Licht braucht keinen Schatten und keine Dunkelheit, um Licht zu sein. Licht kann aber keine Dunkelheit schaffen, und trotzdem gibt es die Dunkelheit. Dunkelheit entsteht erst, wenn sich etwas dem Licht entgegenstellt und sich vom Licht trennt.

Was nun die Schöpferwesen betrifft, so geschah es irgendwann, dass einige von ihnen entdeckten, dass sie etwas völlig Neues schaffen können, wenn sie sich – symbolisch gesprochen – vom Licht abwenden. Sie konnten Dunkelheit kreieren! Sie entdeckten: ›Wir können etwas, was Gott nicht kann. Und wenn es etwas gibt, was er nicht tun kann, ist er nicht der wirkliche Gott. Er kann keine Dunkelheit schaffen, keine Trennung, und das bedeutet, dass er ein falscher Gott ist, und wir sind die richtigen Götter, denn wir können etwas, was er nicht kann.‹

Auf dieser hohen Schöpferebene werden Gedanken – eigentlich sind es mehr als Gedanken, es sind Bewusstseinsimpulse – sofort zu Realitäten. Das bedeutet, sie schufen eigene Reiche, weil sie ja Schöpferwesen sind. Sie trennten sich vom Licht, blieben aber Schöpferwesen und bauten eine eigene Welt auf, und in diesen Welten halten sie sich für Götter oder sogar für Gott. Aber sie haben das große Problem, dass sie sich von der Quelle getrennt haben, weshalb sie von dort direkt keine Energie mehr bekommen, eben weil sie sich getrennt haben. Es ist nicht die Quelle, die sich abgetrennt hätte, ebenso wie es nicht das Licht ist, das die Dunkelheit erzeugt. Weil sie sich jedoch getrennt haben, ist es das archetypische Merkmal der Archonten, dass sie ihre Lebensenergie von woanders holen müssen, und zwar bei anderen Lebewesen. Die Archonten sind also Wesen, die sehr an Macht interessiert sind, weil sie zum Überleben fremde Energien benötigen. Konkret bedeutet dies: Macht über andere Lebewesen. Im Indischen sind dies die Asuras, gemäß der Etymologie des klassischen Sanskrit: A-Suras, das Gegenteil der Suras – Sura bedeutet

›strahlende Gottheit‹, Surya ›die Sonne‹ –, also die Lichtlosen, die Lichtabge-
wandten, diejenigen, die sich vom Licht getrennt haben.«

Dieter Broers: »Die gnostischen Schriften von Nag Hammadi geben unter-
schiedlichste Beschreibungen von Archonten. Einerseits handelt es sich um
machtvolle Wesen, aber es gibt auch Beschreibungen, die den Schluss zu-
lassen, dass sie seelenlos oder, modern gesprochen, bioroboterhaft sind.«

Armin Risi: »Wie gesagt, die Schriften der unterschiedlichen gnostischen
Schulen aus dem Mittleren Osten, aus Griechenland und aus Ägypten, insbesondere Alexandrien, sind widersprüchlich. Grundsätzlich lässt sich sagen,
dass Archonten machtvolle Schöpferwesen sind, und zu ihren Fähigkeiten
gehört auch die Möglichkeit, biologische oder astrale Kopien von sich selbst
zu erstellen und sich – in der Sprache von Computerspielen – als virtuelle
Avatare in ihre eigenen Machtspiele einzubringen. Und solche virtuellen Ma-
trixformen sind im spirituellen Sinn seelenlos.«

Dieter Broers: »Wie machen sich die Archonten und ihre virtuellen ›Kopien‹
bemerkbar? Es wird sogar gesagt, dass sie sich von uns, von unserer Energie,
ernähren. Ist das wirklich so?«

Armin Risi: »Wenn wir über solche Themen sprechen, müssen wir uns vor
Augen halten, dass wir von multidimensionalen Realitäten sprechen. Wer an
das Weltbild der ›normalen‹, konventionellen Wissenschaft glaubt, die weitgehend materialistisch ist, wird all diese Themen für Unsinn halten – obwohl
wir dies in unzähligen Science-Fiction-Geschichten präsentiert bekommen,
insbesondere in den drei Matrix-Filmen, über deren geheimes Weltbild ich
im Buch ›Einheit im Licht der Ganzheit‹ eine ausführliche Abhandlung geschrieben habe.

Über die Archonten oder Asuras müssen wir wissen, dass sie nicht so sehr
den Planeten Erde erobern wollen, sondern die ›Köpfe‹ der Menschen. Wenn
sie im Geist der Menschen sind, sind sie mehr auf der Erde verankert, als
wenn sie die Erde ohne die Menschen besäßen oder die Erde gegen den
Widerstand der Menschen besetzen müssten. Wenn wir heute die Weltlage
betrachten, so zeigt es sich, dass sie mit ihren Zielen schon sehr weit fort-
geschritten sind.

Die Formulierung ›virtuelle Kopien‹ klingt sehr technisch, aber ›virtuell‹ ist hier in einem höherdimensionalen Sinn gemeint. Sie sind dasselbe, was in den alten metaphysischen Schulen als ›Elementale‹ bezeichnet wird. Elementale sind stark aufgeladene Gedankenformen, die im feinstofflichen Bereich eigene, seelenlose Formen darstellen, aber – wie die ›virtuellen Kopien‹ der Archonten – von bewussten Wesen geschaffen wurden. Elementale können auch künstlich erzeugt werden, und das auf vielen Ebenen, von der Ebene der irdischen Magie bis hin zu den ›archontischen‹ Ebenen. Um eine ganze Planetenbevölkerung in Bann zu halten, sind hohe ›archontische‹ Elementale erforderlich.

Mit anderen Worten, Gedanken und Emotionen sind geistige Energien, und je mehr negative oder eben ›archontische‹ Energien geschürt werden – durch Fanatismus, Feindbilder, Angst usw. –, desto intensiver ist die elementale Energie, die entsteht und die ›abgeschöpft‹ werden kann. Deswegen überrascht es nicht zu hören, dass gewisse astrale Kräfte, die solche Energien brauchen, einige ›Pioniere‹ aus ihren Reihen auf die Erde schicken, damit sie – inkarniert als Menschen – die Menschheit derart bearbeiten, dass die gewünschten Energien auch kreiert werden. Das geschieht dadurch, dass gewisse Dinge organisiert oder inszeniert werden, insbesondere Kriege als die größten Angstgeneratoren. Wir können jeden einzelnen Menschen fragen, ob er Krieg will, und kaum ein Mensch wird Ja sagen, und trotzdem findet es statt. Ist das nicht verdächtig, dass Dinge geschehen, die keiner will? Anscheinend gibt es gewisse Leute, die Kriege wollen, sonst würden sie nicht stattfinden.«

Dieter Broers: »Kannst du einen Rat geben, wie man sich diesen Entitäten gegenüber verhalten soll? Was haben sie mit uns persönlich zu tun?«

Armin Risi: »Gerade wenn wir von diesen ›Mächten‹ wissen, ist es wichtig, mit diesem Wissen neutral umzugehen. Man kann vor den Archonten Angst haben oder von ihnen fasziniert sein: ›Was haben sie getan? Was tun sie als Nächstes? Was planen sie? Wer gehört zu ihnen?‹ Es gibt Menschen, die sehr auf dieses Negative ansprechen. Aber das ist weder sinnvoll noch hilfreich, denn man schenkt ihnen Aufmerksamkeit und Energie. Ob man sie hasst oder sie verehrt, das macht für sie keinen großen Unterschied. Hauptsache, die Energie kommt. Das ist die eine Variante. Die andere Variante ist zu sagen:

›Es gibt sie nicht.‹ Aber das ist einfach die andere Seite der Angst. Gerade in der Esoterik läuft vieles auf dieser Schiene: ›Es ist alles positiv, es gibt nichts Böses an irgendetwas. Es ist alles richtig so, wie es ist.‹ Wenn man sich mit diesen Menschen näher unterhält und sie auf das Negative anspricht, kommt sehr oft unter der ganz dünnen Licht-Liebe-Schicht Angst hervor: Angst vor diesen Kräften und Aversion gegen dich, denn ›du machst Angst‹! Aber wenn es diese Mächte nicht gibt, warum macht dir dieses Thema dann Angst?

Wir erkennen also: Sie zu ignorieren ist nicht die Lösung, und ihnen Energie zu schenken, sei es durch Interesse oder durch Angst, Hass usw., ist ebenfalls nicht die Lösung. Erforderlich ist, dass wir selber innerlich mit der Quelle verbunden sind. Dann können wir wissen, dass es sie gibt, aber wir hassen sie nicht, und wir verehren sie auch nicht, weil wir nichts von ihnen brauchen oder wollen.

Sie jedoch brauchen fremde Energien, weil sich von der Quelle getrennt haben. Und der göttliche Plan ist, dass auch sie sich wieder mit der Quelle verbinden. Denn auch sie sind Kinder Gottes, sogar sehr mächtige, materiell gesehen. Spirituell gesehen sind wir alle gleich mächtig. Aber rein materiell gesehen, bewegen sie momentan mehr als wir. Sie sind sehr mächtig, und sie sind offensichtlich sehr präsent. Aber sie leben in Trennung, in einer Illusion des Egos, was im Sanskrit ›Maya‹ genannt wird. Der göttliche Plan ist, dass sie diese Maya durchschauen und erkennen, dass sie eine Ego-Geschichte durchziehen, die gar nicht nötig ist. Man muss nicht in die Trennung gehen, um mit der Quelle verbunden zu sein. Das war ja auch nicht ihre Absicht. Sie dachten vielmehr: Wir trennen uns, weil wir etwas Besseres erschaffen wollen. Das ist für die Archonten typisch. Ihre Grundmentalität ist: Wir wollen etwas Besseres schaffen. Das ist innerhalb der Schöpfungsharmonie jedoch ein großer Fehler, weil man dadurch in ein Werten fällt. Man wertet innerhalb der Harmonie und verursacht dadurch eine Ur-Teilung. Man hat sich selbst geteilt und urteilt, was besser und was schlechter ist. ›In der Hierarchie zuoberst zu sein ist besser, als an zweiter Stelle zu sein. Derjenige, der in der Schöpfungshierarchie zuoberst ist, wird von Gott offensichtlich mehr geliebt als diejenigen, die weiter unten sind.‹ Das sind die typischen Denkfehler. In Wirklichkeit handelt es sich hier um materielle, relative Tätigkeiten, die aus der absoluten Sicht alle genau gleich-wertig sind. Ob man ein Universum erschafft oder in großmütterlicher Liebe für das Enkelkind einen Pullover strickt, das ist aus Gottes Sicht genau gleichbedeutend. Ein Universum zählt hier nicht mehr als der Pullover!«

Dieter Broers: »Ganz am Anfang erwähntest du, dass die gnostischen Schulen ein dualistisches Weltbild vertreten? Was bedeutet das?«

Armin Risi: »Gemäß der indischen Zeitrechnung leben wir seit gut fünftausend Jahren im Zeitalter der Spaltung und Dunkelheit, im Sanskrit Kali-Yuga genannt. Und in diesem Zeitalter nahmen die unmenschlichen Kräfte immer mehr zu. Etwa um 1000 v. Chr. begannen die Menschen sich auch intellektuell-philosophisch zu fragen, woher das Böse kommt. Zarathustra und andere begründeten in dieser Frage den dualistischen Ansatz, indem sie sagten, dass alles Gute von Gott kommt und dass deshalb die Welt, in der auch das Böse möglich ist, nicht von Gott geschaffen sein kann. Unsere materielle Welt komme also nicht von Gott, sondern von einer Art Gegengott. In der extremen Ausformulierung wurde gesagt: Die Seele des Menschen kommt von Gott, der Körper kommt vom Teufel, denn der Körper ist das Gefängnis der Seele. Ähnliches wurde über die physisch sichtbare Welt gesagt, weshalb gewisse gnostische Schulen sogar die Planeten des Sonnensystems den Archonten zuordneten. Hier haben wir die Ursache, warum die Venus, die im Lateinischen auch Lucifer (›Lichtbringer‹ im Sinn von ›Morgenstern‹) genannt wird und mit dem Weiblichen (Göttin Aphrodite = Göttin Venus) assoziiert wird, in den patriarchal-religiösen Linien zum Symbol des Luzifer als gefallenem Engel wurde.

Wenn wir gnostische Schriften lesen, insbesondere die Schriften, die 1947 in einem Tonkrug in Ägypten (Nag Hammadi) entdeckt wurden, so müssen wir uns vor Augen halten, dass die Autoren diesen Gedankenschulen angehörten. Sie legten ihre Worte gerne den Aposteln oder Maria Magdalena oder dem auferstandenen Christus in den Mund, aber konkret handelt es sich um Darstellungen unterschiedlicher gnostischer Schulen und Autoren des 2. und 3. Jahrhunderts nach Christus.«

Dieter Broers: »Viele alte Mythen sagen, es habe einmal eine Zeit gegeben, in der die Menschen in einem paradiesischen Zustand lebten. Gab es auf der Erde wirklich einmal eine Zeit ohne negative Einflüsse und ohne Leid?«

Armin Risi: »*Praktisch alle alten Kulturen sagen, dass die Menschheit in einem paradiesischen Zustand begonnen hat. Man könnte jetzt neuzeitlich sagen, dass es sich bei diesen Mythen einfach um die kindlichen Wünsche von leidenden Menschen handelt, die einen Wunschtraum in die Vergangenheit projizierten: Wenn wir heute schon leiden, haben wir vielleicht früher einmal nicht gelitten. Zumindest am Anfang muss es doch leidlos gewesen sein. Aber hier projiziert der moderne Mensch selbst eigene, darwinistische Vorstellungen in die Vergangenheit. Denn unsere Vorfahren waren nicht primitiv. Sie erinnerten sich an die geistige Herkunft des Menschen, und diese Erinnerung, die wir heute noch bei den indigenen Völkern finden, sagt etwas ganz anderes als die darwinistische Theorie. Der Mensch entstand nicht, indem irgendwelche Großprimaten über Jahrmillionen hinweg langsam zu primitiven Urmenschen wurden. Die Urerinnerung sagt etwas ganz anderes, und auch wir tragen diese ursprüngliche Erinnerung in uns.*

Die Menschen im sogenannten mythischen Zeitalter hatten einen anderen Zugang zur Natur und zu den geistigen Welten als der einseitig rationale Mensch der heutigen Zeit. Wenn von einem ersten Zeitalter, dem Goldenen Zeitalter, gesprochen wird – im Sanskrit Satya-Yuga, ›Zeitalter der Wahrheit‹ –, dann ist damit das Zeitalter der ersten Menschen und Menschengenerationen auf Erden gemeint.«

Dieter Broers: »*Wie beschreiben diese Quellen die Entstehung des Menschen?*«

Armin Risi: »*Die Mythen der alten Kulturen und indigenen Traditionen wurden im Lauf von Hunderten von Generationen vielfach abgewandelt und nicht selten auch mit animistischen Bildern überlagert. Wir können die Bilder der Schöpfungsmythen offensichtlich nicht allesamt wörtlich nehmen. Wenn wir jedoch zu ihrem Kern vordringen und dies in unsere moderne Sprache übersetzen und in den Worten unserer Logik ausdrücken, dann können wir sagen, dass der Mensch entstanden ist, indem Lichtwesen, also Wesen aus höheren Dimensionen, sich physisch verdichtet haben. Die ersten Menschen entstanden durch eine Materialisation von Lichtwesen. Und damit kommen wir wieder zum Thema der Archonten. Die nicht-gefallenen Engel wurden Menschen zum Zweck der Rettung ihrer gefallenen Brüder und Schwestern. Das ist der Grund, warum die Menschen entstanden: um den Archonten die*

263

Möglichkeit zu geben, als Menschen zu inkarnieren und auf der Erde – in einer physischen Welt – wieder den freien Willen einsetzen zu können, damit sie zur Erkenntnis kommen, dass die Trennung und Spaltung nicht notwendig ist. Damit sie sich freiwillig wieder dem Licht zuwenden.

Die Menschen des ersten Zeitalters, quasi die Ureinwohner der Erde, waren materialisierte Lichtwesen. Sie mussten sich nicht gegenseitig abgrenzen, denn es gab keine Betrüger, Lügner, Landeroberer und dergleichen. Sie lebten in einem ganz anderen Zustand, ganz im Hier und Jetzt, mit reinsten Intentionen, wie das für Lichtwesen typisch ist. Erst in späteren Zeitaltern kam durch andere Wesen, die sich auf der Erde materialisierten oder inkarnierten, die Mentalität der Spaltung und Ausbeutung auf die Erde. ›Das gehört mir! Was du hast, will ich!‹ So kam das Leid in die Welt.

Die heutige Sichtweise sagt: Krieg hat es schon immer gegeben. Gewalt hat es schon immer gegeben. Das ist eine pessimistische Sichtweise, die gemäß unserem Urwissen nicht stimmt, und intuitiv spüren wir ja auch, dass das nicht der normale Zustand ist.«

Dieter Broers: *»Welchen Rat würdest du den Menschen jetzt im Moment geben angesichts der Weltsituation, nun auch unabhängig von der Frage nach den ›Archonten‹?«*

Armin Risi: *»Mir geht es nicht um spektakuläre magische Schutzrituale und dergleichen. Wenn wir uns mit einem tiefen, natürlichen Gottvertrauen mit der Quelle verbinden und ehrliche, reine Intentionen haben, dann sind wir eigentlich schon wie von selbst, mit Betonung auf ›von selbst‹, mit der Quelle verbunden. Dann sind wir in Resonanz mit den hohen Engeln und Schöpferwesen, und dann sind wir ganz natürlich geschützt. Selbstverständlich kann uns vieles andere helfen und unterstützen, zum Beispiel was wir essen und welche Energien wir in uns aufnehmen, denn diese Energien beeinflussen unsere Resonanz und strahlen auch wieder ab. Dennoch kann auch jemand, der Fleisch isst oder raucht, genauso beschützt sein, wenn sein Herz rein ist. Wenn ein solcher Mensch reine Intentionen hat, dann können diese materiellen Beigaben nicht wirklich ein Problem darstellen. Denn das Herz, die Liebe, überstrahlt alles. Und diese Liebe bewirkt auch wieder Veränderungen im eigenen Denken und Verhalten.«*

Dieter Broers: *»Und damit komme ich zu meiner letzten Frage. Das entscheidende Thema der Liebe. Was ist Liebe im Kontext unserer Fragen und im Kontext der Weltsituation und jener Einflüsse, die verhindern wollen, dass wir Menschen erkennen, wer wir wirklich sind?«*

Armin Risi: *»Ich hole etwas weiter aus und beginne bei der Frage nach den Archonten. Dies sind Wesen, die in Dunkelheit sind, weil sie sich vom Licht getrennt haben. Liebe ist der Zustand, in dem wir nicht getrennt sind. Im philosophischen Sinn bedeutet dies, dass Gott die Ganzheit ist und nicht ›nur‹ Einheit, das heißt, sowohl Nondualität als auch Individualität. Gott ist Energie, aber auch Bewusstsein. Nur im Bereich des Bewusstseins ist Liebe möglich. Im paradoxen Stil der indischen Schriften namens Upanischaden können wir hier die Frage stellen: Wenn Gott individuell (= unteilbar und deswegen ewig) ist, wie können wir dann Teile Gottes sein? Wie kann das Unteilbare Teile haben? Die mystische Antwort lautet: Wir sind Teile, aber nicht getrennt. Dies erkennen wir im Bewusstsein der Liebe. Gott ist mein Du, von dem ich nicht getrennt bin. Ich bin nicht einfach nur in einem abstrakten Sinn eins mit einer Einheit, denn Leben und erst recht Liebe ist mehr als nur eine abstrakte Einheit. Zur Dynamik der lebendigen Ganzheit gehört auch das Bewusstsein, und das sowohl auf der Ebene des Relativen wie auf der Ebene des Absoluten. Und zum Bewusstsein gehört der Wille. Nur weil auch Gott einen Willen hat, konnte Jesus beten: ›Dein Wille geschehe!‹ Und Gottes Wille ist diese Liebe, diese Harmonie des Teils mit dem Ganzen. Wir als relative Schöpferwesen haben jedoch die Freiheit, mit dieser Harmonie zu harmonieren oder sie zu stören – selbst wenn wir meinen, dieses Stören sei eine höhere oder bessere ›Wahrheit‹. ›Dein Wille geschehe!‹ bedeutet auch, dass der Wille Gottes sich nicht von selbst erfüllt – und dass nicht alles, was auf unserer Erde geschieht, Gottes Wille ist...«*

Dieter Broers: *»Wie zeigt sich diese Liebe bei uns Menschen? Ich habe schon erfahren dürfen, wie es ist, wenn das Du und das Ich sich komplett auflösen. Echte Liebe, bedingungslose Hingabe, in der du dich selbst im anderen erkennst, wo die Grenzen, ›das bist du und das bin ich‹, aufhören. Deshalb meine Frage: Ist reine Liebe nur in Beziehung zu Gott möglich, oder können die Menschen dies auch untereinander erleben?«*

Armin Risi: »*Patriarchal geprägte Religionen würden hier behaupten, dies sei nicht möglich, ja sogar, menschliche Liebe behindere die Liebe zu Gott. Doch diese Verneinung des Materiellen und Menschlichen ist eines der großen Probleme und Fehler (Fehler = ›es fehlt etwas‹) der alten Religionen, auch der gnostischen Schulen. Betrachten wir die Sonne als Symbol Gottes. Wir haben die Sonne noch nie direkt gesehen, wir sehen nur die Strahlen der Sonne. Das heißt, die Sonne offenbart sich uns durch ihre Strahlen. Ebenso offenbart sich uns Gott, das Absolute, durch seine Strahlen, durch die anderen Menschen. Deswegen ist es heuchlerisch zu sagen: Wir lieben Gott, und wir lieben Gott so sehr, dass wir alle anderen, die Gott nicht lieben, bekämpfen und umbringen.*

Wenn wir verliebt sind, erleben wir einen göttlichen Zustand, in dem wir Raum und Zeit vergessen. Natürlich ist das nicht dasselbe wie die bedingungslose Liebe zu Gott, doch es ist eine fraktale Widerspiegelung von dem, was wir in Beziehung zu Gott erleben können. Eros ist im ganzheitlichen Sinn nicht aus dem Absoluten ausgeklammert. Eros ist in der göttlichen Liebe (Agape) inbegriffen. Agape ist nicht vom Eros abhängig, aber Eros von Agape. Eros kann die Agape widerspiegeln – und in dieser Form hat es jeder Mensch schon mal erlebt. Diese Form ist zwar räumlich und zeitlich begrenzt, sie ist relativ, aber in diesem Relativen öffnet sich ein Tor, wo wir spüren, wozu wir in Wirklichkeit – in der Verbindung mit der göttlichen Wirklichkeit – fähig wären…«

Dieter Broers: »*Armin, da danke ich dir ganz herzlich, das waren für mich ganz wichtige Aussagen.*«

22. Carlos Castaneda und sein Wissen über die Archonten

»Die Zauberer im alten Mexico kamen zu dem Schluss, dass der Mensch zu einem bestimmten Zeitpunkt ein vollständiges Wesen gewesen sein muss, mit erstaunlichen Erkenntnissen, Verstandesleistungen, die heute mythische Legenden sind.«

Carlos Castaneda

Vom Wesen der Verhinderer – Archonten et al.

Über das Thema der Archonten (hebräisch: unsichtbare Herrscher) wird nicht nur in alten gnostischen und koptischen Überlieferungen berichtet. Eine völlig andere Darstellung dieser Wesen können wir aus stammesgeschichtlichen Überlieferungen erfahren. Trotz ihrer relativ begrenzten Ausdrucksweise vermögen sie uns ein paar sehr erstaunliche Dinge über die Archonten – die sie als *Räuber* bezeichnen – zu berichten. Im Rahmen seiner Doktorarbeit befasste sich der Anthropologe Carlos Castaneda[129] mit den Sitten und Gebräuchen mexikanischer Indianerstämme. Im Rahmen seiner wissenschaftlichen Studie lernte Castaneda den Schamanen und Yaqui-Indianer ›Don Juan Matus‹ kennen. Von ihm erfuhr Carlos Castaneda eine veränderte Sichtweise von Wirklichkeit. In seinem Buch ›**Das Wirken der Unendlichkeit**‹[130] beschreibt er etwas, das in vielen Aspekten mit der gnostischen Überlieferung über die Anwesenheit der Archonten übereinstimmt. Carlos Castanedas Veröffentlichungen handeln vom Wissen der toltekischen ›Zauberer-Traditionen‹. Die Tolteken sind bemüht, genügend persönliche Energie aufzubauen, um die Bewusstheit auf den Traum- oder Energiekörper zu verlagern und die magische Fähigkeit (wieder) zu erlangen und den

---

129 Carlos Castaneda (ursprünglich Carlos Aranha Castañeda, 25. Dezember 1925 in Cajamarca; † 27. April 1998 in Los Angeles) war ein US-amerikanischer Anthropologe und Schriftsteller. Seine Bücher erlangten in den 1970er und -80er Jahren internationale Popularität. Dort berichtete er, dass er im Rahmen seiner Studien über die Indianer Mexikos und deren Gebrauch von Heilkräutern und *Heiligen Kakteen* (Peyote) einen Yaqui-Indianer namens ›Don Juan Matus‹ kennengelernt habe und von ihm eine Sichtweise von Wirklichkeit (*separate reality*) mit Hilfe bewusstseinserweiternder natürlicher Drogen gelernt habe, die seinen bisherigen wissenschaftlichen und religiösen Welterklärungsmodellen widersprach. (Wikipedia.)

130 Carlos Castaneda, ›Das Wirken der Unendlichkeit‹, Fischer Verlag, 2000, (Original 1998), ISBN-10: 3596147409.

Menschen in seiner energetischen Form als ›Energie-Ei‹ wahrzunehmen, zu ›schauen‹.

Den Tolteken nach sind ›der physische Körper und der Energiekörper zwei Konglomerate von Energiefeldern, die eine seltsame, verbindende Kraft verbindet. Im vorvorletzten Kapitel dieses Buches wird erwähnt, warum die toltekischen Zauberer so sehr bemüht sind, durch spezielle Disziplinen genügend persönliche Energie zu sammeln, Bewusstheit auf ihren Energiekörper zu verlagern und Energie wahrzunehmen‹. Der Schamane Don Juan erklärte seinem Schüler Castaneda, was die Schamanen im alten Mexiko ›das Thema aller Themen nannten‹. Es handelt sich hierbei um große fliegende, seltsam springende Schatten, die den Menschen lebenslang begleiteten würden. Die Schamanen hatten diese Wesen verfolgt und erkannt, dass ›**es ein räuberisches Wesen ist, das aus den Tiefen des Kosmos kam und die Herrschaft über unser Leben an sich gerissen hat, und dass die Menschen seine Gefangenen sind**‹. Diese räuberischen Wesen seien anorganisch, aus diesem Grunde also unsichtbar beziehungsweise nur für Menschen wahrnehmbar, die über genügend Energie verfügten, um Energie ›schauen‹ zu können. Nach den Tolteken haben diese Raubwesen die Herrschaft über die Menschen übernommen. Der Grund hierfür sei lediglich, dass sie uns als Nahrungsquelle betrachten. Nach Carlos Castaneda nehmen uns diese Wesen erbarmungslos aus, um ihr eigenes Überleben zu sichern. In seinem Buch ›Das Wirken der Unendlichkeit‹ vergleicht Castaneda: »**So wie wir Hühner in Hühnerställen halten...**«

Im vorletzten Kapitel heißt es: »*Wir haben es nicht einfach mit irgendeinem Räuber zu tun. Er ist sehr intelligent und organisiert. Er geht nach einem methodischen System vor, das uns nutzlos macht. Der Mensch, dem es bestimmt ist, ein magisches Wesen zu sein, ist nicht mehr magisch. Für den Menschen gibt es keine anderen Träume mehr als die Träume eines Tieres, das aufgezogen wird, um ein gewöhnliches Stück Fleisch zu werden – schwerfällig, konventionell, schwachsinnig.*«

Auf Carlos Castanedas Frage, warum denn die mexikanischen Zauberer einst und heute diesen Räuber zwar sehen, aber nichts gegen ihn unternehmen würden, erwiderte der Schamane Don Juan: »**Es gibt nichts, was Du und ich dagegen tun können. Wir können uns nur so weit selbst diszip-**

linieren, dass sie uns nicht anrühren. Wie könntest Du aber von Deinen sonstigen Mitmenschen verlangen, sich einer so rigorosen Disziplin zu unterwerfen? Sie würden lachen und Dich verspotten, und die aggressiveren unter ihnen würden Dich halb tot prügeln. Nicht, weil sie Dir nicht glauben würden, sondern weil jeder Mensch tief im Innern ein ererbtes Bauch-Wissen von der Existenz der Räuber in sich trägt.«

Dieser Annahme kann ich nicht zustimmen. Ich glaube, dass – jedenfalls jetzt – sehr viele Menschen bereit sind, sich zu disziplinieren, die Spuren der räuberischen Manipulationen in ihrem Verstand aufzuspüren und sich ihrer zu entledigen. Ansonsten hätte ich dieses Buch nicht geschrieben. Wiederum ist die Formulierung ›*nichts dagegen tun...*‹ insofern korrekt, als es sicherlich sinnlos ist, sich **gegen** diese Parasiten zu wenden, denn Druck erzeugt Gegendruck. Im letzten Kapitel werde ich ausführlicher auf die Lösung dieses Problems eingehen. Folgen wir den weiteren Beschreibungen des Schamanen Don Juan:

*»Die Zauberer im alten Mexiko, die den Räuber gesehen haben, nannten ihn den Flieger, weil er durch die Luft springt. Er ist ein großer undurchdringlicher schwarzer Schatten, der durch die Luft hüpft. Danach landet er flach auf der Erde. Den Zauberern im alten Mexiko war sehr unwohl bei dem Gedanken daran, wann er auf der Erde aufgetaucht sein mochte. Sie kamen zu dem Schluss, **dass der Mensch zu einem bestimmten Zeitpunkt ein vollständiges Wesen gewesen sein muss, mit erstaunlichen Erkenntnissen, Verstandesleistungen, die heute mythische Legenden sind.** Dann scheint all das verschwunden zu sein, und nun haben wir einen sedierten Menschen.«*

Aus dem Buch geht hervor, dass die mexikanischen Schamanen menschliche Kinder als eigenartig leuchtende Energiebälle sehen. Diese seien völlig von einer glänzenden Hülle bedeckt, ähnlich einem Kunststoffüberzug, der sich an ihren Energiekokon schmiege. Die Räuber – so wie die Schamanen die Archonten nennen – würden diese leuchtende Hülle des Bewusstseins verschlingen. Im Erwachsenenalter eines Menschen sei von dieser ›*...leuchtenden Hülle des Bewusstseins dann nur noch ein schmaler Rand übrig, der vom Boden über die Zehen reiche‹.* Dieser Rand ermögliche es dem Menschen gerade noch, am Leben zu bleiben. Nach den Erfahrungen dieser toltekischen Schamanen sind Menschen die einzige Spezies, bei der sich die leuchtende Hülle des Bewusstseins außerhalb des Energiekokons befinde. Aus diesem Grunde sei der Mensch eine ›*leichte Beute für ein Bewusstsein anderer Ordnung*‹ wie dem trägen Bewusstsein des räuberischen Wesens.

Der Schamane Don Juan erklärt Carlos Castaneda weiter:»*Dieser schmale Rand des Bewusstseins ist das Epizentrum der Selbstreflexion, in dem der Mensch unabänderlich gefangen ist. Dadurch, dass die räuberischen Wesen mit der Selbstreflexion ihr Spiel treiben, bewirken sie ein momentanes Aufflackern des Bewusstseins, das sie dann rücksichtslos und räuberisch verschlingen. Sie legen uns alberne Probleme vor, die das Bewusstsein zum Aufflackern zwingen. So erhalten sie uns am Leben, damit die energetischen Flammen unserer Pseudoprobleme sie ernähren.*«

Die toltekischen Schamanen vertreten die Überzeugung:

»*Dass die Räuber uns das System unserer Überzeugungen, unsere Vorstellung von Gut und Böse, unsere gesellschaftlichen Sitten gegeben haben. Sie bringen unsere Hoffnungen und Erwartungen hervor und unsere Träume von Erfolg oder Versagen. Von ihnen stammen Verlangen, Gier und Feigheit. Die Raubwesen sind es, die uns zufrieden und egoistisch und zu Gewohnheitstieren machen.*«

Weiter sind die toltekischen Schamanen der Ansicht, dass diese Wesen (Archonten) den Menschen an Intelligenz überlegen seien, sie würden extrem effizient und systematisch vorgehen:»*Um uns gehorsam, demütig und schwach zu halten, haben die räuberischen Wesen zu einem ungeheuerlichen Manöver gegriffen und uns ihr Bewusstsein gegeben, das dadurch unser Bewusstsein geworden ist. Ihr Bewusstsein ist verschlungen, widersprüchlich, verdrießlich und von der Angst erfüllt, jederzeit entdeckt zu werden.*«

Unsere Identifikation mit dem verinnerlichten **Fremdbewusstsein** erkläre ›*den Widerspruch zwischen der Intelligenz des Menschen als Techniker einerseits und der Dummheit seiner Überzeugungssysteme und der Dummheit seines widersprüchlichen Verhaltens andererseits*‹.

Als Beispiel hierfür werden Menschen genannt, die nie an Hunger gelitten haben und trotzdem Angst um ihre Nahrung hätten. Dieses Verhalten sei nichts anderes als die Angst der Raubwesen. Die Raubwesen würden befürchten, dass ihr perverses Treiben aufgedeckt und ihnen dadurch ihre Nahrung entzogen würde.

Wer die Bücher von Robert A. Monroe[131] gelesen hat, wird eine ähnliche Beschreibung erfahren, wie wir sie soeben von Carlos Castaneda erfahren konnten. Der Gründer des weltberühmten Monroe Institute (TMI)[132] verfügte über geistige Fähigkeiten, die sich mit einem Schamanen messen konnten. Die Erfahrungen, die R. A. Monroe in einem Zeitraum von dreißig Jahren außerhalb seines physischen Körpers machte, wurden durch das von ihm gegründete Forschungszentrum aufgrund tausender Experimente (mit unzähligen Probanden aus allen Gesellschaftsschichten) vielfach verifiziert und bestätigt, das heißt, die in seinen Büchern[2] beschriebenen Exkursionen und Begebenheiten sind nicht als bloße Theorie oder als rein subjektiv zu betrachten. Sie scheinen zumindest eine objektive Grundlage zu haben. Die Kommunikation im astralen Bereich vollzieht sich auf telepathischer Ebene mittels vielschichtiger Gedankenbündel, die R. A. Monroe als ›Routinen‹ bezeichnet.

Den Beschreibungen von Herrn Monroe zufolge wird das multidimensionale Universum von unterschiedlichsten Spezies und Wesenheiten bevölkert, die sich alle in einem Entwicklungsprozess befinden. Über die unterschiedlichen Wesenheiten schreibt er:

»...sie betrachten die Menschen nicht so, wie wir es erwartet haben. Sie fühlen sich als etwas Besseres, weil sie einen anderen evolutionären Weg eingeschlagen haben. Die Schwierigkeit ist, dass diese Intelligenzen Fähigkeiten in der Manipulation von Energie besitzen, von denen wir nicht einmal eine Vorstellung haben. Und sie benutzen sie ohne die Beschränkungen, die wir uns selbst auferlegen.«[133]

---

131 Das Buch von Robert A. Monroe ›Der zweite Körper: Astral- und Seelenreisen in ferne Sphären der geistigen Welt‹ befasst sich mit den Anfängen seiner außerkörperlichen Exkursionen und den subjektiven Verifizierungen dieser Zustände seinerseits.

132 Das Monroe Institute (TMI) ist als Bildungs-und Forschungseinrichtung der Erforschung des menschlichen Bewusstseins gewidmet. TMI wurde gegründet von Robert Monroe, nachdem er anfing, was er als ›außerkörperliche Erfahrungen‹, heute allgemein auch als OBEs (*Out of Body Experiences*) bezeichnet, zu erforschen.

133 R.A. Monroe: Über die Schwelle des Irdischen hinaus, Kapitel 13.

Eine Erfahrung, die Robert A. Monroe in einen Schockzustand versetzt hat, ist eine **Begegnung mit den sogenannten ›Gärtnern‹; sie bezieht sich auf die biblische Schöpfungsgeschichte (der Erde)** (Kapitel 6 von ›Der zweite Körper‹).

Dieses Erlebnis bewirkte, dass er sich auf keinen Fall weiter mit diesem Thema befassen wollte. Inzwischen liegen uns die Schriften von Nag Hammadi vor, die seine schockierenden Erfahrungen mit den Archonten, die Herr Monroe als ›Gärtner‹ bezeichnet, erklären können.

Monroe rät uns: »*Diese Kräfte sollten auf keinen Fall als ›böse‹ angesehen werden, auch wenn es auf den ersten Blick so scheinen mag. Sie sind der negative Teil der Dualität (Cosmos/Chaos), mit deren Hilfe ein Widerstand erzeugt wird. Das Wirken dieser Chaoskräfte ist unbewusst, das Wirken der Cosmoskräfte jedoch bewusst. **Dieser Widerstand, der sich im Menschen selbst manifestiert (innere Fragmentierung), ist notwendig, damit wir unser Bewusstsein entwickeln, er ist sozusagen ein Motivator.***«

Die Kernaussage von R. A. Monroes Studien ist, dass wir diesem Schulungsprozess (Leben) zugestimmt haben, um uns weiterzuentwickeln. »*Wenn wir nicht aufpassen, werden wir zu ›Wiederholern‹ (bedingt durch das Suchtpotenzial des Lebens und entsprechender Identifikation) und verfangen uns im Samsara (dem ewigen Kreislauf von Tod und Wiedergeburt).*«

Aus diesem Grunde gilt es, **zu erwachen**, aus der Fragmentierung zur Einheit zu gelangen, ›***Fluchtgeschwindigkeit zu erreichen, um diesen Garten für immer zu verlassen, und uns mit all unseren Aspekten und dem ursprünglichen Licht zu vereinen‹***.

23. Wir sind diejenigen, auf die wir gewartet haben

FAUST:
Es klopft? Herein! Wer will mich wieder plagen?
MEPHISTOPHELES:
Ich bin's.
FAUST:
Herein!
MEPHISTOPHELES:
Du musst es dreimal sagen.
FAUST:
Herein denn!
MEPHISTOPHELES:
So gefällst du mir. Wir werden, hoff ich, uns vertragen...

J.W. Goethe, Faust

Als ich mit dem Schreiben dieses Buches begann, ging es mir in erster Linie um eine Antwort auf die Frage nach der Ursache des Leides. Meinen Entschluss, doch ein weiteres Buch zu schreiben, traf ich in einer Phase meines Lebens, in der ich mich von meiner Öffentlichkeitsarbeit zurückgezogen hatte. Er wurde wie in Kapitel 12 beschrieben ausgelöst durch eine Vision, die ich in einem ägyptischen Tempel erfuhr. Diese Vision und ein dazugehöriges Gefühl veranlassten mich, sämtliche Tätigkeiten zurückzustellen, um mich umgehend dieser neuen Aufgabe zu widmen. Meine bisherige Haltung, mich möglichst nur den ›hellen Dingen‹ zu widmen und mich weitestgehend den ›dunklen Dingen‹ zu entziehen, halte ich aus meiner heutigen Sicht für unreif und nicht ausreichend, um eine Transformation zum befreiten Menschen zu erzielen. Mein bisheriges Argument resultierte aus meinem Wissen über die Wirkgesetze von ›Gedanken erschaffen ihre entsprechende Realität‹. Ich wusste sehr genau: Meine Gedanken erschaffen meine Realität, besonders wenn ich sie mit starken Emotionen belege. Hier scheint es keinen Schutzfilter zu geben, der nur ›Gutes‹ durchlässt und alles ›Böse‹ vor der Verwirklichung zurückhält.

Sicherlich eine zulässige Logik. Doch das Sein und Wirken von beseelten Menschen ist nicht allein mit logischen Argumenten zu erklären. Physikalische Gesetze und Wechselwirkungen mögen zwar eine logische Basis haben, doch sollten wir den Menschen nicht nur auf seine Körperlichkeit reduzieren. Der konservativen naturwissenschaftlichen Gemeinschaft ist es bisher nicht gelungen, die elementarsten Wesensanteile des Menschen zu entschlüsseln, unseren Geist und unsere Seele. Erst diese beiden Aspekte des Seins machen einen Menschen aus.

Dabei existiert bereits seit über 100 Jahren eine Wissenschaft, die zumindest eine Grundlage und Erklärung für die Wechselwirkungen zwischen Seele, Geist und Körper anbietet. Ich halte es nicht für einen Zufall, dass sich diese Wissenschaft bisher nicht gegenüber der konservativen Atom-Physik durchsetzen konnte. Es handelt sich um die Quantenphysik, von der Richard Feynmann einmal sagte: *»Jemand, der die Quantenphysik meint verstanden zu haben, hat sie sicherlich nicht verstanden.«* Leider trug auch der Nobelpreis dieses Quantenphysikers nicht viel dazu bei, das Verständnis seiner Kollegen aus anderen Fachbereichen zu vergrößern. Auf Basis der Quantenphysik sind erheblich mehr elektronische Errungenschaften zur gebräuchlichen Anwendung gekommen als aus den Bereichen der Atomphysik. Die gesamte Halbleitertechnik basiert auf der Umsetzung der Quantenphysik. Ob Radio, TV, Handy, oder Computer – um nur einige zu nennen –, all diese Errungenschaften sind aus der Quantenphysik entstanden. Hierbei unterschlage ich Ihnen jedoch den Bereich, der von den militärischen Forschungseinrichtungen entwickelt wurde. Die uns bekannten technischen Errungenschaften sind bereits veraltet, wenn sie auf dem nichtmilitärischen Markt erscheinen. Vorsichtige Schätzungen gehen gar von drei Generationen technischer Errungenschaften aus, die bereits in geheimen Arealen vor den Blicken der normalen Erdenbürger verborgen werden.

Da ich einige Jahre in einem interdisziplinären Forschungsprojekt gearbeitet habe, sind mir einige Zusammenhänge zwischen Geist und Körper sehr klar geworden. Und natürlich auch, dass unpassendes Wissen nicht in die Öffentlichkeit getragen werden darf. Möglicherweise hatte meine private Ausrichtung, mich lieber mehr mit der ›guten Seite‹ des Lebens zu befassen, teilweise auch hier ihren Ursprung. Doch das allein war es sicher nicht. Im Grunde genommen trugen auch meine Ansichten über Jiddu Krishnamurti zu meiner Haltung bei, wie ich nach der Lösung des menschlichen Leides suchte, nach dem Motto: Wenn Krishnamurti mit seiner jahrzehntelangen Missionsarbeit keinen Erfolg hatte, dann werde ich es sicher erst recht nicht schaffen. Für mich war Jiddu Krishnamurti ein Meister, der wie kaum jemand an die Grenzen der Seinsfragen gegangen ist. Aufgrund dieser Einstellung und meines naturwissenschaftlichen Wissens richtete ich mein Wirken auf das sogenannte Gute und Erfreuliche. Natürlich wusste ich von den ›dunklen Dingen‹ auf dieser Welt, meinte jedoch, indem ich meinen Fokus möglichst oft auf die sogenannte Herzensenergie richte und mich der Auseinandersetzung mit den Themen des ›Bösen‹ entziehe, würde ich erheblich mehr zur Auflösung des Leides beitragen als umgekehrt.

All das änderte sich durch die kurze Vision, die ich in einem mir bisher unbekannten Isis-Tempel in Ägypten erhielt. Dort erkannte ich mit einer mir bisher unbekannten Klarheit, dass unsere Welt unter dem Einfluss einer unbekannten Macht steht. Daran wäre ja im Grunde genommen nicht einmal etwas auszusetzen; immerhin glaube ich an eine Allschöpfermacht, die ich Gott der Liebe nenne. Nur, was ich in dieser besagten Vision wahrnahm, war mit Sicherheit keine liebevolle Macht. Im Gegenteil. Ganz offenbar bedurfte es dieser Vision, um mich aus meiner scheinbar gesicherten Komfortzone herauszuholen.

Seit diesem Ereignis bin ich davon überzeugt, dass ich in einem ganz wesentlichen Punkt meiner menschlichen Verantwortung nicht gerecht geworden bin. Über Liebe und Harmonie zu reden reicht hier beim besten Willen nicht aus. Möglicherweise wollte ich es mir ja auch zu einfach machen. Aufklären – in ehrlichster Absicht – mag zwar für den Anfang ausreichen, jedoch gilt es dann auch den nächsten Schritt zu machen. Um diesen nächsten Schritt werden wir alle, obwohl wir ihn sicherlich gern aussparen würden (ähnlich einer Wurzelbehandlung bei einem Zahnarzt), nicht herum kommen, nach dem Motto: Der Weg nach draußen ist der Weg hindurch.

Heute bin ich absolut davon überzeugt, dass es nicht ausreicht, sich einfach nur lange und intensiv genug eine heile gesunde und erfreuliche Welt zu manifestieren. Ich kenne allzu viele Menschen mit den sicherlich ehrlichsten Absichten, die es auf diese Art versucht haben, inklusive mein großes Vorbild Jiddu Krishnamurti. Um die bereits erwähnte Nutztier-Metapher nochmals zu bemühen: Die Nutztiere, die sich wundern, warum es ihnen über so viele Generationen trotz aller Bemühungen und Theorien nicht gelingt, sich ihre instinktive Sehnsucht nach einem naturgemäßen Leben im Grünen zu erfüllen, müssen sich, wenn sich ihre Hoffnung auf Freiheit erfüllen soll, irgendwann der dunklen und gruseligen Tatsache stellen, dass es eventuell Wesen gibt, die ihnen den Zugang ins Freie gezielt verwehren (und sich dazu berechtigt fühlen).

Doch wie kommen wir aus diesem Elend nun wieder heraus? Der Ausweg ist für uns alle (und letztlich sogar für die Archonten) gleich. Er liegt in der vollständigen Erfassung und Anerkenntnis dessen, was wir in unserem Wesenskern wahrhaftig sind, nämlich freie göttliche Wesen. Nur hierdurch können wir uns dem Zugriff sämtlicher widernatürlicher Strukturen egal welcher gefallener Götter und Engel entziehen. Indem wir unseren Wesenskern wiedererkennen und annehmen, identifizieren wir uns mit der Göttlichkeit, mit der Quelle unserer Seins, der Quelle, die Allem, was ist (und nicht ist) zugrunde liegt, inklusive der sogenannten gefallenen Götter, Archonten und anderen abtrünnigen Entitäten.

Nachvollziehbarerweise wurden uns für diese Erkenntnis so einige Hindernisse in den Weg gestellt. Mindestens ebenso viele Hindernisse wurden installiert, um zu verhindern, dass wir uns mit unserer sogenannten Göttlichkeit nicht nur theoretisch identifizieren, sondern sie sogar hier auf Erden durch unseren Körper und Verstand wirken lassen, was der eigentlich schöpfungsgewollte Zustand unseres Selbst ist. Um genau das zu verhindern, wurde unser Ego mit zahlreichen künstlichen Anteilen und Traumatisierungen so verändert, dass es nicht mehr unserem göttlichen Wesenskern dient, sondern als Eigentümer (eigentümliche Existenz) nur sich selber kennt und zulässt.

Diese künstliche Schattenseite von uns entstand nicht zufällig und ist nicht unser Verschulden. Das zu erkennen, ist bereits der Beginn des Weges zur bewussten Einheit mit unserem wahrhaftigen Selbst. Wenn wir aus dieser Erkenntnis heraus unsere göttliche Identität wirklich akzeptieren und sie in unserem Leben zur maßgeblichen Instanz machen, haben wir den Ausgang bereits passiert. Letztlich könnte es so leicht sein, wie es sich hier jetzt anhören mag. Tatsächlich ist jedoch das erste Hindernis am schwersten zu überwinden. Das uns suggerierte Schein-Wissen und die Matrix unseres Denkens bilden eine scheinbar perfekte Tarnung – sie verhindern unsere wahre Selbst-Erkenntnis. Um dieses Teufelswerk zu durchschauen, bedarf es einer klaren Erkenntnis über unser Doppeldasein.

Wenn wir unsere Göttlichkeit ignorieren oder verleugnen, bleiben wir weiter in Knechtschaft gefangen. Die Verbote aus Zeiten Edens gelten immer noch. Die Warnungen vor dem Verzehr der verbotenen Früchte werden heute nicht mehr nur von unserem aus dem Alten Testament bekannten Gott ausgerufen, sondern wirken über subtil ausgeführte Verhinderer-Programme, die uns schon als Kinder (oft unter vielen Tränen) eingebläut werden, so dass sie sich verselbstständigen und wir sie für einen Teil unserer selbst halten.

Wie meine kurze Vision in einem ägyptischen Isis-Tempel, so ist das momentane Erwachen der Menschheit nicht einfach so zustande gekommen. Für mich war es ein echtes Schlüsselerlebnis, was sich dort im ›**Haus des Anfangs**‹[134] ereignete. Ohne dieses Ereignis wäre dieses Buch sicher nicht geschrieben worden. Was auch immer die Ursache dieses wunderbaren kollektiven und individuellen Erwachens sein mag, ich empfinde es als einen Gnadenakt Gottes. Mich erinnert es an das biblische Gleichnis vom Verlorenen Sohn[135], allerdings in einer vom Neuen Testament etwas abweichenden Version.

Meiner Ansicht nach repräsentiert die gegenwärtige Menschheit den ›Verlorenen Sohn‹, der sich von seinem Vater getrennt hat. Er verließ sein Zuhause, um Erfahrungen zu machen. Beim Verlassen seines Zuhauses vergaß dieser Sohn zunächst seine Herkunft und war damit in der Lage, auf sich gestellt seine ›persönlichen‹ Erfahrungen zu machen – etwas Persönliches gibt es ja nicht wirklich, da alles ist mit allem verbunden ist. Dies hatte der Sohn Gottes allerdings vergessen, und mit dieser Trennung prägte sich das Persönliche immer weiter aus. Seine hieraus entstehenden Schwierigkeiten konnte er jedoch nicht zuordnen, so dass er alles Äußere für sein immer größer werdendes Leid verantwortlich machte. Dabei hatte und hat dieses

---

134 Als Tempel von Philae (auch Hut-chenti, Haus des Anfangs) bezeichnet man einen Tempel-komplex in Oberägypten, etwa acht Kilometer südlich von Assuan.

135 Das heute sprichwörtlich gewordene Bild des Verlorenen Sohnes hat seinen Ursprung in einem biblischen Gleichnis, das im Evangelium des Lukas (15,11-32 EU) erzählt wird.

Kind jederzeit die Möglichkeit, zu seinem Vater zurückzukehren, indem es sich wieder bewusst mit seiner Quelle verbindet.[136] So durchlitt der Sohn eine lange Zeit. Bis er eines Tages, als das Leid für ihn nicht mehr zu ertragen war, eine Eingebung erfuhr und sich plötzlich an seine Heimat und seine wahre Herkunft erinnerte. Und so kehrte er voller Freude (und nicht voller Reue!) zurück zum Vater, der ihn bekanntlich voller Freude wieder zu sich aufnahm. Wir alle sind in diese Position des verlorenen Sohnes geraten, der im Gleichnis zum Schluss sogar aus dem Schweinetrog isst. Indem wir nun unsere wahrhaftige Göttlichkeit immer klarer erkennen, könnten wir in unsere Heimat zurückkehren und, wenn wir wollen, auf einer anderen Seins-Ebene neue Erfahrungen in der bewussten Anbindung an unser wahres Wesen machen, nun als voll-bewusstes Wesen, welches seine Erfahrungswelten in Freiheit bewusst selbst bestimmt.

Eine sinnvolle Erklärung für das Verlassen seines Zuhauses sehe ich in dem Sammeln von Erfahrungen. Aus dem Zustand von ›Allem, was ist‹ kann nichts Neues hinzukommen. Glaubt man einigen indischen Mythen, wollte Allschöpfer (als ›Alles, was ist‹) sich in all seinen Aspekten selber erfahren. Eine andere Ansicht ist, dass Allschöpfer als ›Alles, was ist‹ etwas Neues hinzugewinnen wollte. Damit etwas Neues zu ›Allem, was ist‹ hinzugewonnen werden kann, wurde von ›Allem, was ist‹ ein Erlebnisraum geschaffen. Diese ›Bühne des Lebens‹ sind die Universen und Multiwelten. Bestandteil dieser ›Bühne‹ sind Zeit und Raum. Die ›Bühne‹ (unserer Welt) ist der Ereignisort. Damit sich dort jedoch etwas ereignen kann, bedarf es der Zeit. In dieser Raum-Zeit werden ständig Erfahrungen gemacht. Die Elektronen sind demnach **als Materie getarnter Geist** und spielen die Rolle der Sammler von Informationen. Seit der Entstehung – zumindest dieses Universums – folgen die ›Geist-Teilchen‹ dem Plan des Allschöpfers (als ›Alles, was Ist‹). Gegenwärtig haben sich unsere Elektronen zu einem menschlichen Körper organisiert. **Dieser perfekte menschliche Körper bietet die Voraussetzung dafür, einen vollbewussten Geist zu beherbergen.** Da alle Materie im Grunde nur Schwingungsmuster des Geistes sind, gehören unser Selbst und unser Körper zur selben Quelle und sind insofern eins. Als vereintes Seelenwesen – was ich als unser wahres Selbst bezeichne – spielen wir auf

---

136 Um sich selbst und seine Quelle zu erkennen – Rückkehr zur Quelle, Rückkehr zur Göttlichkeit.

unserer Bühne des Lebens das Spiel der Erlebnis- und Erfahrungsträger mit bedingungsloser Freiheit zur Improvisation.

Ähnlich wie bei einem Computerspiel beziehungsweise einem Simulationsprogramm haben wir uns als Geistwesen selber eine Rolle zugeteilt und beobachten das Geschehen aus der Ebene außerhalb dieses Spiels. Wir lassen quasi alles durchspielen, was sich aus dem Zustand des Vergessens seiner Göttlichkeit ergibt. Diese Erklärung für unsere derzeitige ›verlorene‹ Lage wäre durchaus denkbar, aus Sicht einer ständig zunehmenden Anzahl Physiker sogar sehr wahrscheinlich. Denn sie gehen davon aus, dass wir Menschen in einem Hologramm leben. Quasi als ein zweigeteiltes Wesen, welches gleichzeitig im vollbewussten Zustand der Göttlichkeit (›im Himmel‹) **und** in einem Hologramm (Computerspiel) existiert. Hier wäre das Spiel beendet, wenn der Spieler sich selber als jemanden erkennt, der sich zwar gerade in der Spielmatrix befindet, letztendlich jedoch der (Mit-)Schöpfer dieses Spieles ist.

Vielleicht klingt diese Vermutung über Sinn und Zweck unseres hiesigen Daseins für manche naiv, doch halte ich sie für hilfreich. Ähnlich einer Allegorie[137] könnte sie unsere eine erweiterte Sicht auf die höheren Zusammenhänge vermitteln.

Im Sinne unserer Erlösung vom Übel und Leid möchte ich auf die Relativität von richtig und falsch hinweisen. Ich setze bei Ihnen voraus, dass Sie sich über die Subjektivität dieser beiden scheinbaren Antagonisten im Klaren sind. Die Relativität von ›richtig‹ und ›falsch‹ wird besonders im Kontext der Ereignisse in einem Computerspiel deutlich. Hier ist richtig durch den Spielplan definiert, wie natürlich auch falsch. Eine falsche Handlung wird hier als eine Minderung gesehen – z. B. Punkteabzüge oder gar das Verlieren des Spieles oder eines Spielabschnittes. Außerhalb dieses Spieles gilt nur ›das, was ist‹, der Fakt, der Umstand usw. als solcher, ohne Bewertung. Unsere

---

137 Die Allegorie (von griechisch ἀλληγορία *allegoria* ›andere/verschleierte Sprache‹, von ἄλλος *allos* ›anders, verschieden‹ und ἀγορεύω *agoreuo* ›eindringlich sprechen, eine öffentliche Aussage machen‹ und ἀγορά *agora* ›Versammlung‹) ist eine Form indirekter Aussage, bei der eine Sache (Ding, Person, Vorgang) aufgrund von Ähnlichkeits- und/oder Verwandtschaftsbeziehungen als Zeichen für eine andere Sache (Ding, Person, Vorgang, abstrakter Begriff) eingesetzt wird.

Bewertungen – nicht nur von Gut und Böse – unterliegen unseren Programmierungen als Spieler. Das ist etwas ganz anderes.

Einen Vorbehalt möchte ich noch mit Ihnen teilen, liebe Leser: Ob die von mir zusammengestellten Quellen auch tatsächlich in allen Punkten der Wahrheit entsprechen vermag ich nicht zu sagen. Zuviel organisierte Desinformationen werden in die Medien eingespeist.

Selbst Sachbücher, die primär für Studienzwecke benutzt werden, sind zu einem ganz erheblichen Anteil falsch oder fehlerhaft. Wie vor kurzem das außerordentlich konservative Fachjournal *Nature*[138] aufdeckte, waren erschreckend viele Veröffentlichungen gefälscht. Wobei ebenso auffiel, dass sehr viele Arbeiten – und somit eben auch die Fehler – von anderen Autoren übernommen wurden und somit nach einer genügenden Anzahl von Übernahmen als Stand der Wissenschaft galten, nach dem Motto: Wenn nur genügend Forscher etwas veröffentlichen, muss es wahr sein – Beweis durch wiederholte Behauptung. Natürlich kann auch ich auf gefälschte Veröffentlichungen hereingefallen sein. Auch erheben meine Recherchen über die Ursachen unseres Missbrauchs keinen Anspruch auf Vollständigkeit – was auch nicht wirklich möglich wäre. Trotzdem dienen meine als Beispiele anzusehenden Textquellen dem Zweck der Aufklärung und können zu unserer befreienden Selbst-Erkenntnis ganz erheblich beitragen. Die Vielzahl ihrer kulturellen, zeitlichen, thematischen Herkunft macht es aber in meinen Augen unwahrscheinlich, dass alle die erstaunlichen Querverbindungen und Übereinstimmungen zwischen den Quellen ihre Ursache in Fälschungen haben.

So möchte ich Sie, meine Leser, nun bitten, eine Perspektive von außerhalb unseres Rollenspieles als Mensch einzunehmen und meine bisherigen Darlegungen über unsere widernatürliche Fremdbestimmung (die eher einer Vergewaltigung gleichkommt) aus einer anderen, erweiterten Sicht zu betrachten. Wie ›sehen‹ Sie, liebe Leser, aus einer solchen Sichtweise das

---

138 *Nature: A weekly journal of science* ist eine wöchentlich erscheinende, englischsprachige Fachzeitschrift mit Themen aus verschiedenen, vorwiegend naturwissenschaftlichen Disziplinen. Nature ist nicht nur die weltweit meist zitierte interdisziplinäre Fachzeitschrift entsprechend den Journal Citation Reports von 2010[1], sondern auch die weltweit angesehenste Zeitschrift für Naturwissenschaften neben der US-amerikanischen Science. http://de.wikipedia.org/wiki/Nature.
http://www.welt.de/print/wams/wissen/article126613215/Falsche-Forscher.html.

Geschehen hier auf Erden? Wenn wir uns beispielsweise für einen Moment aus der Sicht **außerhalb** des ›Computerspieles‹ (Hologramm) selbst beobachten, erweitern wir damit unser Bewusstsein schon einmal erheblich. Wie das umgekehrte Zoomen aus einem Fotoobjektiv empfehle ich eine immer größere Perspektive, so dass wir uns in einem Verbund mit anderen Mitmenschen betrachten. Wir erkennen das emsige Treiben untereinander, ein scheinbar sinnloses Getümmel von Menschen, die versuchen, in dieser Welt irgendwie zurecht zu kommen. Nun könnten wir beispielsweise auch erkennen, dass das, was uns als so erstrebenswert suggeriert wird, wie Macht, Geld und Ruhm, im Grunde völlig unsinnig ist, weil es mit unseren wahren Bedürfnissen nach Frieden, Erfüllung, Liebe und menschlicher Wärme nichts zu tun hat. Wir alle scheinen nur unserer Programmierung gemäß zu reagieren und damit fast ausschließlich den Wenigen zu gehorchen, die als eigenmächtige Akteure auftreten. Wir erkennen das manipulative und ausbeuterische Spiel dieser Wesen in aller Deutlichkeit.

Doch jetzt beobachten wir etwas sehr Wichtiges. Die scheinbaren Verursacher unseres Leides werden ausfindig gemacht. Die unterdrückten Mensch erkennen, wie eine faktische Weltelite sich die Erde untertan gemacht hat. Zunehmend mehr Menschen werden über die Machenschaften der Archonten und Reptiloiden aufgeklärt – man erkennt, dass sie es sind, die ihre menschlichen Vertreter der Neuen Weltordnung zu ihren Zwecken instrumentalisiert haben.

Auf diese Erkenntnisse mit Hass und Zorn – oder Angst – zu reagieren, würde uns jedoch nur noch tiefer in die künstliche Matrix verstricken. Nur indem wir anerkennen, dass wir göttliche Wesen sind, können wir ihr entrinnen. In allen okkulten Werken wird deutlich, dass auch unsere Sklavenhalter diesen Umstand berücksichtigen müssen – sie können uns nur unterwerfen, wenn wir unsere Zustimmung dazu geben. Selbst der Teufel persönlich kann in Goethes Faust erst nach dreimaliger ausdrücklicher Einladung das Zimmer betreten: ›Du musst es dreimal sagen!‹ Das ist der Grund, warum so viel Energie darauf verwendet wird, uns einerseits die falschen Scheinziele von Macht, Reichtum, Konsum einzupflanzen und unsere ethischen Werte zu zerstören und uns andererseits ständig in Angst, Schrecken und künstlich erschaffenen Mangel zu versetzen. Wir sollen unserer Versklavung freiwillig zustimmen.

Wenn wir das nicht tun, weil wir erkennen, dass wir es nicht müssen, verlieren alle diese ausbeuterischen Kräfte ihre Macht. Daher fürchten sie sich viel mehr vor uns, als wir uns vorstellen können.

Die Manifestierung unserer Göttlichkeit in unserem Leben ist für die meisten von uns nichts, was wir in einem einmaligen Akt ein für alle Mal vollbringen können. Alle die Manipulationen und uns eingeimpften, seit Jahrtausenden tradierten Lügen und Halbwahrheiten sitzen als Denk- und Lebensgewohnheiten und Verhaltensmuster tief. Wenn wir die Tatsache anerkannt haben, dass wir freie göttliche Wesen sind und unser physischer Körper nur eine winzige Spielfigur in der Matrix, beginnt die bewusste Arbeit des Aussortierens: Indem wir uns selbst liebevoll, aber mit großer Klarheit beobachten, stellen wir fest, welche unserer Gedanken, Gefühle, Worte, Ziele und Handlungen wirklich zu uns gehören und unserer wahren Natur entsprechen, und welche Teil des Lügengebäudes und der Manipulation sind, mit deren Hilfe man uns so lange ausbeuten und von uns selbst fernhalten konnte. Indem wir lernen, die Eingebungen unseres Selbst von außerhalb der Matrix zu erkennen und zu befolgen, befreien wir uns. Dieser Prozess ist einerseits desillusionierend, andererseits beglückend, denn nach und nach schält sich unser wahres Wesen heraus.

Indem wir dann, jeder für sich und im liebevollen Verbund miteinander, unser wahres Selbst leben, manifestieren sich, den kosmischen und physikalischen Gesetzmäßigkeiten zufolge, nicht mehr die Fremdprogramme der Parasiten, sondern unsere eigenen. Dann entsteht die Welt, die wir uns wirklich wünschen. Dieser Vorgang des Sortierens und die zunehmende Verankerung unseres wahren Selbstes in unserem Körper und in unserem Alltag sind eigentlich das, was so oft als ›Aufstieg‹ bezeichnet wird. Wie ein Schmetterling kämpfen wir uns aus unserem Kokon. Dies muss jeder für sich allein tun – aber es ist gut zu wissen, dass wir alle gemeinsam in diesem Prozess stecken und uns nicht von den fremdgesteuerten Projektionen auf das Innere des Kokons davon abhalten lassen, wir selbst zu werden.

»Nur durch innere Ruhe und Innenschau ist ein Schutz vor den Zugriffen der Archonten möglich!«

Carlos Castaneda und Robert Monroe

24. Das Ziel unserer Transformation

»Es hat immer wieder nur einzelne Menschen gegeben, die in solchen Situationen für sich das Gute, den göttlichen Sinn erkennen. Dieses Gute wurde aber nicht vom Bösen geschaffen, sondern von jenen Menschen, die sich vom Bösen nicht beeinflussen und nicht brechen ließen.«

Armin Risi

Dieses Buch entstand auf eine sehr unkonventionelle Weise – als ich mit dem Schreiben begann, kannte ich das Ende noch gar nicht. Natürlich hatte ich eine vage Vorstellung über ein etwaiges Ergebnis meiner Recherchen. Doch immer wieder tauchten wie von Zauberhand neue und hilfreiche Informationen und Quellen auf, die ich jeweils mit meinem bisherigen Wissensstand abgleichen musste. Auch habe ich das deutliche Gefühl, dass mir von unsichtbarer Seite geholfen wurde. Wie ich im Buch mehrfach berichtete, wurde ich auch mit gegenteiligen Einflüssen konfrontiert. Je tiefer ich in das Thema eintauchte, umso extremer traten ›zufällige Verhinderungen‹ auf. Beides, Unterstützendes und Verhinderndes, schien sich immer wieder abzuwechseln. Das ganze Buchprojekt entwickelte für mich einen ganz eigenen Zauber. In einem Schlusskapitel fasst man sämtliche Themen noch einmal zusammen und stellt Überlegungen über die Anwendbarkeit des Gesagten an. Mein vorläufiges Resümee haben Sie soeben lesen können. Über die Anwendbarkeit beziehungsweise den Nutzen des vorgestellten Wissens möchte ich nun berichten. Meiner Überzeugung nach liegt der Nutzen vor allem in der Erkenntnis unserer uneingeschränkten Göttlichkeit.

Wer sein göttliches Selbst vollständig anerkannt hat und es durch seinen Körper wirken lässt, ist nicht auf Ratschläge angewiesen, sondern hat quasi Zugriff auf die ›Quelldaten‹. Jeder von Ihnen, liebe Leser, kennt solche Zustände, wo Sie mit traumwandlerischer Sicherheit genau spüren, was jetzt das Richtige ist, und es auch tun. Leider sind die meisten von uns (noch) nicht immer stabil in diesem Zustand – ich kenne jedenfalls niemanden. Gerade dort, wo wir aufgewühlt sind und unsere Emotionen hohe Wellen schlagen, wir also den Zugang zu unserer Göttlichkeit am nötigsten hätten, verlieren wir uns oft noch in den Illusionen der Matrix, glauben plötzlich an Mangel, Einsamkeit, untröstliches Leid und Kampf. Auf diese ›Ausrutscher‹, die immer seltener werden, je besser wir uns selbst kennenlernen und unser wahres Wesen von übernommenen Fremdmustern unterscheiden können, beziehen sich meine Hinweise.

Es kann also nur darum gehen, unserem Selbst endlich die Regie zu übergeben und ihm den Verstand als nützlichen Assistenten zuzuordnen. Das ist deswegen nicht so einfach, weil unser Verstand sich ja für den Chef hält und glaubt, uns vor seiner Absetzung retten zu müssen – er reagiert zunächst mit Panikschüben auf unsere Versuche, von den überkommenen Mustern in unserem Alltag auf das umzusteigen, was unser Herz uns sagt.

Damit brauchen wir Hinweise für den persönlichen Umgang mit unserem unmittelbaren Alltag. Mein erster Rat entspringt der Frage: **Wie begegne ich meiner Welt?** Genauer könnte es heißen: **Wie begegne ich einer Welt, von der ich nun weiß, dass sie von einem wiedernatürlichen System gesteuert wird?**

Die kurze Variante meiner Antwort: **bewusste Wahrnehmung meiner Gedanken und Gefühle.** Genauer ausgedrückt: **Ich beobachte und hinterfrage meine Gedanken und Gefühle auf Natürlichkeit und Widernatürlichkeit.**

Wie können wir das unterscheiden? Wir haben einen wunderbaren Sensor für alles, was wahr ist: unser Herz. Nicht umsonst heißt es umgangssprachlich, wenn es darum geht, jetzt mal wirklich die Wahrheit zu spüren: ›Hand aufs Herz!‹ Unser neu erworbenes Wissen über diese Welt und über die Diskrepanz zwischen unserem Ego und dem göttlichen Selbst kann uns ebenfalls weiterhelfen: Alle Gedanken und Gefühle, die mir vermitteln, dass ich klein, unwichtig, elend, arm, dumm, einsam, schuldig, schlecht und endlich bin, können nicht stimmen, auch wenn mein Verstand mir diese alte Leier noch so überzeugend vorbetet. Da dies für alle anderen Menschen auch gilt, sind auch entsprechende Vermutungen über unsere Mitmenschen ohne natürliche Grundlage. Wenn unser Verstand das ver-standen hat, kann er uns also trotz seiner Beschränktheit bereits bei der Vorsortierung helfen.

Im Grunde entspricht diese veränderte Wahrnehmung der über das Herz vom Selbst gesteuerten 3D-Haltung, über die ich in diesem Buch bereits mehrfach berichtet habe. Hierzu möchte ich ein einfaches Beispiel anbieten:

Immer wenn ich mich während des Einkaufens auf dem Weg zur Kasse begebe halte ich für einen kurzen Moment inne und stelle mir zwei Fragen: Wünsche ich mir dieses oder jenes Objekt meiner Begierde wirklich ›von Herzen‹? Handelt es sich bei meinem Kauf um ein angenommenes Verhaltensmuster aus der Matrix oder ist er mit echter Herzensfreude verknüpft? (Hierbei unterscheide ich zwischen Spaß und Freude. Spaß dient meinem Muster – dem Ego – und Freude ist der Ausdruck meines wahren Selbst. Freude ist Liebe in Aktion.)

Mit dieser Hinterfragung von Sinn und Unsinn anstehender Käufe erweitere ich nicht nur mein Bewusstsein und schärfe meinen Willen, denn nur über den Willen bin ich in der Lage, die Routine des Alltags (Matrix) zu durchbrechen. Diese Übung hat auch einen praktischen Nutzen. Einerseits landen einige Kaufobjekte wieder im Regal, womit ich beispielsweise Geld spare, doch der höher empfundene Gewinn liegt in dem späteren Gebrauch der tatsächlich erworbenen Dinge. Denn die von mir aus Herzenssicht gewählten Dinge kann ich fast ausnahmslos voller Freude nutzen, weil sie nicht aus einem Kaufmuster heraus, sondern mit echter Wertschätzung erworben wurden. Natürlich ist unser Kaufverhalten nur ein vergleichsweise harmloses, wenn auch umfassendes Anwendungsgebiet – die größten inneren Konflikte zwischen Verstandesillusionen und Herzenswahrheit ergeben sich naturgemäß im zwischenmenschlichen Bereich.

Wann immer also ein Gefühl von Unwohlsein, Angst oder gar Wut und Zorn entsteht, rate ich, möglichst umgehend eine veränderte Wahrnehmungsposition einnehmen – ich lege mir dazu oft ganz konkret eine Hand aufs Herz, um dieses Zentrum meines ganzheitlichen Bewusstseins besser spüren zu können. Ich nehme quasi einen kurzen Realitätenwechsel vor und spüre im Sinne der 3D-Betrachtung in mich hinein, woher dieses Unbehagen kommt. So tauchen scheinbar wie aus dem Nichts elende Zustände auf, die letztlich überhaupt keine wahrheitsgemäße Basis haben. Plötzlich entsteht der absolut überzeugende Eindruck, dass mein Freund ein böses Spiel mit mir treibt. Ich kann mich nun diesen meistens dem Verstand sehr glaubhaften Ansichten hingeben und mein Aggressionsprogramm starten lassen – oder aber mir das Ganze aus der 3D-Sicht des Herzens betrachten. Aus meiner Erfahrung kann ich sagen, dass sich meine Ansicht dann entweder relativiert, ich das Muster unserer beiderseitigen Verstrickung in Matrix-Programme von oft kindheitsgeprägten Minderwertigkeitsgefühlen, Eifersucht und Ähnlichem erkenne oder aber das Gefühl einfach nur eine Täuschung meiner Verstandeswahrnehmung ist. Oft habe ich sogar den Eindruck, dass vorhandene Unsicherheiten in mir aus der Dimension der Archonten ›gezielt genutzt‹ werden, um solche Täuschungen mit dem resultierenden Gefühlsaufruhr zu inszenieren.

Zum Thema Umgang mit unseren Nächsten passen auch diese Sätze aus meinem Buch ›Das Geheimnis des Matrix-Codes‹:

Wiederaufleben des Gemeinsinns: Rendezvous mit uns selbst

Ohne dass wir es bewusst registriert hätten, hat sich unser soziales Leben stark verändert, In meiner Kindheit, als es noch kein Fernsehen gab, war es selbstverständlich, dass die Familie abends beieinander saß und sich austauschte. Von dem Moment an, als der erste Fernseher im Wohnzimmer stand, Sinnbild der medial vermittelten Wirklichkeit, änderte sich alles. Statt die Kommunikation miteinander aufrecht zu erhalten, ließ man die Phase der gleichgeschalteten Kommunikation anbrechen. Aus aktiv kommunizierenden Menschen wurden passiv aufnehmende Wesen, fixiert auf das, was von außen kam.

Die sozialen Folgen sind uns heute sattsam bekannt und lassen sich allgemein als Ende des Gemeinsinns beschreiben. Die Gespräche, einst sinnstiftend und integrierend, versiegten. Das wunderbare Zugehörigkeitsgefühl, der aus Empathie geborene Familiensinn, verebbte. Man brachte sich nicht mehr ein, interessierte sich nicht mehr primär für das unmittelbare Umfeld, sondern nur noch für das, was von außen kam. So schwand auch die Akzeptanz füreinander, das fundamentale Wissen um die engsten Vertrauten.

Wenn wir uns der fatalen Implikationen einer matrixgesteuerten Wahrnehmung bewusst geworden sind, können wir diese Entwicklung rückgängig machen. Jeder kann diesen Schritt vollziehen. Es ist ganz einfach. Ich betrachte das als eine Einübung neuer ethischer Werte, die sich am Horizont des Bewusstseinswandels abzeichnen. Insofern erleichtern wir den Prozess, indem wir Formen des Miteinanders und Gemeinsinns ausprobieren.

Das beginnt bei jedem Einzelnen. Ich habe dafür die Formulierung gewählt, dass wir ein Rendezvous mit uns selbst ritualisieren sollten. Dafür wählen wir bewusst einen Tag, an dem wir uns aus dem Medienkreislauf ausschließen – kein Rundfunk, keine Zeitung, kein Fernsehen, auch kein Buch. Nachdem wir diese freiwillige Matrix-Askese erprobt haben, können wir sie auf das Zusammensein mit anderen Menschen ausdehnen. Das kann ein Treffen sein, bei dem nichts als eine Kerze auf dem Tisch steht, ein bewusst einfaches Setting, in dem die Wertschätzung anderer gelingt.

Beginnen kann man mit Familienmitgliedern und den engsten Freunden. Wichtig ist es, dass bei solch einer Zusammenkunft kein äußerer Grund vorliegt, kein Anlass, kein Thema, das abgearbeitet werden muss. Einzige Motivation sollte sein, dass man einander gemeinsam begegnen und sich austauschen möchte. Wenn offen bleibt, was dabei herauskommt, vermeidet man jene entartete, entfremdende Position der Berechnung, wie sie durch die Matrix zur Normalität geworden ist.

Sie werden erstaunliche Erfahrungen machen, glauben Sie mir. Menschen, die Ihnen nahe stehen, werden Ihnen besondere Dinge anvertrauen, ganz ohne die typischen Ängste, die uns voneinander trennen. Anschließend werden auch Sie sich wie ein neuer Mensch fühlen. Ganz gleich, ob Sie sich offenbart haben oder ob ein anderer es getan hat – Sie werden ein neues Gespür für Zusammengehörigkeit entwickeln. Innere Blockaden fallen weg, vieles, was man als Geheimnis mit sich herumgetragen oder aus Scham verborgen hat, verliert seine Peinlichkeit und seinen Schrecken.[139]

Dass es uns nicht weiter bringt, auf der äußeren Ebene gegen diejenigen zu kämpfen, die uns über unser Bewusstsein versklaven, ist im Lauf dieses Buches bereits deutlich geworden. Im Gegenteil: Solange wir noch an die Realität unseres Leides glauben, sind wir noch nicht völlig wach und weiterhin manipulierbar. Das Ziel unserer Transformationsarbeit ist also klar:

Wir wollen erfahren, wer wir sind (und damit meine ich nicht irgendwelche prominenten Vor-Inkarnationen, sondern unseren wahren inkarnationsübergreifenden Wesenskern), welche in unser Bewusstsein (und damit auch in dessen Ausdruck: unsere Welt) geschmuggelten

---

139 Dieter Broers: Das Geheimnis des Matrix Code, Trinity Verlag

Programme uns bisher an dieser Selbst-Erkenntnis gehindert haben und wie wir uns von ihnen befreien.

Unser Verstand, den wir irrtümlich mit unserem Selbst verwechselt haben, ist von den Programmen der Archonten infiziert. Wenn wir ihm die Regie überlassen, wird sich unsere Welt nicht ändern. Im Gegenteil, eine weitere Fortsetzung dieser Lebensart endet in der seelen- und erbarmungslosen Welt, wie sie uns bereits jetzt von zahlreichen Büchern, Filmen und Computerspielen ausgemalt wird. In Kapitel 4 (S. 69) habe ich ja ausführlich darauf hingewiesen, wie raffiniert unsere seelische Kraft dazu benutzt wird, genau das Realität werden zu lassen, wovon wir unsere innere Bildwelt überfluten lassen, ob uns diese Bilder gefallen oder nicht. Es ist also nicht egal, welche Bilder und Gedanken wir von außen aufnehmen. Auch hier sollten wir genau beobachten: Wünsche ich mir diese Bilder von Herzen? Wenn nein? Welches Programm in mir fordert sie an?

Diese bewusste Selbstbeobachtung aus einem herzzentrierten (Seins-)Zustand außerhalb des Egos ist für mich der wichtigste Aspekt unserer derzeitigen Herausforderung. Durch diese Übung erkennen und durchschauen wir das Spiel der künstlichen Matrix und können unseren Willen bewusst darauf richten, trotz unserer Verstandes-Widerstände neu und anders zu handeln. Diese nicht-verstandes-gedeutete Betrachtung unserer Welt festigt unsere bewusste Einheit mit unserem so lange vernachlässigten göttlichen Selbst. Mit jeder dieser Erfahrungen entwachsen wir dem Zugriff sämtlicher widernatürlicher Mächte. Es ist eine anstrengende seelische Arbeit, unter all den manipulativen Verstandesprogrammen unser göttliches Selbst wieder zu entdecken! Doch mit jeder Erfahrung neugewonnener Freiheit von einem noch so kleinen Muster aus unserem Repertoire beginnt in uns die Freude zu wachsen, die Freude, die der wahren Liebe zugeordnet ist.

Es wird nicht immer leicht sein, diese Haltung der veränderten und erweiterten Wahrnehmung einzunehmen. Auch hier spreche ich aus bester Erfahrung. Auch wenn ich einmal wieder der Ansicht bin, versagt zu haben, oder meiner Befreiung sogar noch weiter entrückt zu sein, so besinne ich mich auf die Veränderung meiner Wahrnehmung. Quasi von oben erkenne ich dann die größeren Zusammenhänge und erinnere mich wieder an meine unsterbliche Göttlichkeit. Je öfter ich allerdings von meiner Option der veränderten

Wahrnehmung Gebrauch mache, umso seltener treten diese Rückfälle in den Matrix-Modus auf. Freunde von mir haben sich sogar mehrmals täglich einen Wecker gestellt, um sich im Trubel des Alltags immer wieder an die Herzensperspektive zu erinnern. Auch Passwörter am Computer können wir so wählen, dass sie uns – gerade wenn wir uns in z. B. unser Bankkonto einloggen wollen – an unsere Göttlichkeit erinnern.

Meine eigene Erfahrung zeigt mir: Nur zu leicht glauben wir, die Erkenntnis der Tatsache, wie sehr wir manipuliert sind, würde uns bereits von den manipulierten Programmen befreien. Aber die sind in unserem Alltag und unseren Gewohnheiten verankert und müssen durch bewusstes, individuelles Erkennen und ein tatsächlich verändertes Verhalten aufgelöst werden. Jedes Mal, wo Sie Ihrem Chef oder Ihrer Schwiegermutter, Ihrem Kind, Ihrer Partnerin zum ersten Mal anders begegnen und sich statt wie bisher so verhalten, wie es der Würde Ihres wahren Selbstes entspricht, ist ein kleiner Etappensieg bei diesem Prozess der Selbsttransformation.

Indem wir Gedanken und Gefühle aus einer neutralen Position – also aus dem Selbst heraus – wahrnehmen, können wir eine freie Entscheidung treffen. Indem wir uns immer wieder an unser wahrhaftiges Selbst erinnern, stärken wir unsere göttliche Macht. Je mehr wir das tun, umso mehr werden die verhindernden Strukturen ihre Wirkmacht über uns verlieren.

Zudem sollten wir mit unserer Herzenswahrnehmung auch die Informationen betrachten, die uns über die Medien angeboten (suggeriert) werden. Das aktuell inszenierte Szenario über Krieg und Frieden sollte sehr genau auf ›Herz und Nieren‹ überprüft werden. In einer ›auf den Kopf gestellten Welt‹ sind die Dinge oft doch anders, als sie uns gepriesen werden. Aber fallen wir bitte nicht wieder auf das ›Spiel von Gut und Böse‹ herein, in meiner Definition ist ›gut‹, was unserer wahren Natur, unserer Göttlichkeit, entspricht, und ›böse‹, wo dies nicht der Fall ist. Jenseits hiervon gilt das Prinzip ›Alles hat einen höheres Sinn‹ – was nicht gleichbedeutend ist mit ›alles ist gut‹, wie Armin Risi so trefflich in seinem Buch ›Ihr seid Lichtwesen‹ schreibt:

»In einer Welt der Dualität, wo es Gut und Böse gibt, ist eben nicht gerade alles gut. Aber alles hat einen Sinn. Diesen Sinn können wir immer nur für *uns selbst erkennen. Wir können aus allen Situationen lernen, auch aus der Konfrontation mit dem Bösen.«*

Wer die Existenz des ›Bösen‹ im Sinne von ›nicht im Einklang mit unserem natürlichen Wesen‹ leugnet, fällt auf einen uralten, immer noch beliebten Archontentrick herein. Stellen Sie sich ein Huhn vor, das unter seiner Käfighaltung leidet und dem gesagt wird: ›Alles ist gut, du musst nur deine Einstellung ändern.‹ Der Käfig entspricht nicht dem wahren Wesen des Huhnes, ist widernatürlich, leidvoll und damit für das Huhn böse. Durch die Philosophie des ›Alles ist gut‹ wird jeder Protest gegen widernatürliche Zustände wirksam im Keim erstickt.

Der berühmte Satz von Goethes Mephisto ›**Ich bin die Kraft, die stets das Böse will und doch das Gute schafft**‹ ist im Grunde eine Rechtfertigung und ein Betrug des luziferischen Egos, unserer künstlichen **Ego-Programmierung**. Letztlich hat das Böse noch nie etwas Gutes geschaffen, so wie Dunkelheit noch nie Licht hervorgebracht hat. So spricht mir Armin Risi aus meinem Herzen, wenn er schreibt:

»Es hat immer wieder nur einzelne Menschen gegeben, die in solchen Situationen für sich das Gute, den göttlichen Sinn erkennen. Dieses Gute wurde aber nicht vom Bösen geschaffen, sondern von jenen Menschen, die sich vom Bösen nicht beeinflussen und nicht brechen ließen. Was jedoch nur möglich war, indem sie ihre innere Verbindung zur göttlichen Quelle spürten, die sowohl Liebe als auch Gnade umfasst.«

In der ersten Phase des Erkennens beziehungsweise des Erwachens können durchaus ernsthafte Konflikte auftreten. Dabei sind die Reaktionen auf den Fakt und das Ausmaß über unsere Manipulation und Unterdrückung nur ein Teil der Aufarbeitung. Eine weitere Phase betreffen unsere ganz persönlichen Reflexionen. Hier werden wir mit unseren Verhaltensmustern konfrontiert, die wir quasi ungefiltert wahrnehmen. Meine persönliche Reaktion auf meine zuerst entdeckten Verhaltensmuster empfand ich beispielsweise als desaströs und schmerzvoll. In dieser Phase gelang es mir nicht, mich aus einer ›erhobenen Position‹ wahrzunehmen. Zu sehr verhinderten meine Emotionen, mich aus dieser Innenschau herauszunehmen. Dieser Konflikt löste sich erst, indem ich mir immer wieder sagte: »**Fehler werden erst zu Fehlern, wenn**

wir nichts aus ihnen lernen – ich habe erkannt und gelernt.« Diese Innenschau fand erst vor wenigen Tagen statt. Nur wenige Stunden durchschaute ich den Unterschied zwischen dem außengesteuerten Selbst-Wertgefühl des Egos und meiner fehlenden Wertschätzung für mein wahres Selbst. Als hilfreich erwies sich für mich, dass ich mir meine hierzu passenden Worte aus diesem Buch hervorrief. Allein die Erinnerung an die Existenz meines göttlichen Selbstes gab mir die Kraft und sogar Freude zurück. Bereits bei meiner nächsten Innenschau erschien mir die Konfrontation mit meinen mir unsympathischen Mustern wesentlich leichter. Unter dem Motto ›Alles verstehen heißt alles verzeihen‹, löse ich seitdem die nicht meinem wahren Selbst entsprechenden Muster auf. Immer wieder nehme ich meine 3D-Betrachtung ein und gleiche meine Gedanken mit meinem ›Herzgefühl‹ ab.

Nun mag es für mich eine zusätzliche Hilfe sein, dass ich mit der faktischen Wirkmacht des Herzens auch aus naturwissenschaftlicher Sicht vertraut bin. Wenn aus spiritueller Sicht von der Energie des Herzens gesprochen wird, ist dies meist eine mehr oder weniger subjektive Aussage. Damit möchte ich diese Beschreibung nicht im Geringsten abschwächen oder gar ins Lächerliche ziehen. Aber für mich war es bisher hilfreich, wenn ich meine Intuitionen und Wahrnehmungen auch wissenschaftlich herleiten oder bestätigen konnte.

Aus meiner interdisziplinären Forschung sind mir einige Fakten über das biologische Herz bekannt, die seine wichtige Rolle bei der Wechselwirkung zwischen Körper, Geist und Seele bestätigen. Wie ich bereits zuvor erwähnte, sendet unser Herz (nicht unser Gehirn!) das stärkste Magnetfeld unseres Körpers aus. Allein diese Tatsache weist uns auf seine besondere Wirkmacht hin. Unser Herz verfügt über ein ›eigenes‹ Gehirn. Anders als unser Verstandesgehirn ist unser Herz ganz offenbar direkt mit unserem Selbst verbunden.[140] Es konnte tatsächlich nachgewiesen werden, dass bei so komplexen Reaktionen wie Liebe oder Dankbarkeit, die mit der emotionalen Reaktion der Freude verbunden sind, eine messbare Synchronisation der Rhythmen von Herz und Atmung erfolgt. Diese Balance zwischen Atmung und Herzschlag verschwindet jedoch bei Reaktionen wie Hetze (›Stress‹), Ärger oder Angst, die mit vermehrter Ausschüttung von Stresshormonen einhergehen.

---

140 WA Tiller, R McCraty, M. Atkinson: *Cardiac coherence: A new, noninvasive measure of autonomic nervous system order.* in: *Altern Ther Health Med.*, 1996 Jan, 2(1), S. 52–65, PMID 8795873. Department of Materials Science and Engineering, Stanford University, Calif, USA.

Vertrauen wir also mehr auf unser Herz. Es ist unserem Selbst weitaus näher, als wir bisher dachten.

Neben der Auflösung unserer unbrauchbaren Programme halte ich es für unumgänglich, uns mit unserer Zukunft zu befassen. Wie soll etwas ohne eine Vision entstehen? Je mehr wir uns mit unserem göttlichen Selbst identifizieren, um so mehr werden wir von Reagierenden zu agierenden Schöpfern! Wir nehmen das Heft nun selber in die Hand, indem wir unsere vom Selbst gefühlten Visionen in unserem konkreten Leben in die Tat umsetzen. Je mehr wir hierbei in die Freude gehen, umso stärker und sicherer werden unsere Herzenswünsche in Erscheinung treten. Und sehr bald wird uns bewusst werden, dass Herzenswünsche sich einfach anders anfühlen als Verstandeswünsche, und wir werden beides immer schneller unterscheiden können...

So arbeiten wir uns aus dem engen Kokon der durch künstliche, ausbeuterische Programme verfälschten Matrix heraus und werden dabei von der Raupe zum Schmetterling – einem erwachten Selbst, welches die manipulierten Anteile seiner Verankerung in der Materie erlöst hat. Um es mit den Worten von Mahatma Gandhi zu sagen:

»Wir müssen Selbst (!) die Veränderung sein, die wir uns für die Welt wünschen.«

Bevor ich nun die letzten Zeilen dieses Buches schreibe, habe ich mir eine Pause von etwa einer Woche verordnet. Meinem Gefühl nach habe ich mich in den letzten Monaten etwas zu intensiv ausschließlich mit diesem düsteren Thema beschäftigt. Als ich mit dem Schreiben dieses Buches begann, hatte ich keine genaue Vorstellung darüber, was mich bei meinen Recherchen erwarten würde. Wie ich bereits im ersten Kapitel schrieb, folgte ich einem inneren Ruf. Dann kamen Zweifel auf. Ich war überzeugt: Wenn ich gewusst hätte, wohin mich meine Reise in die Tiefen des Kaninchenbaus führen würde, hätte ich dieses Buch nicht geschrieben. Diese Überzeugung habe ich inzwischen revidiert.

Ich MUSSTE dieses Buch schreiben. So, wie mein erstes Buch ›Matrix-Code‹ durch einen inneren Ruf entstand, so folgte ich auch dieses Mal der Stimme meines Herzens. Bei beiden Büchern lehnte sich mein Verstand gegen das Schreiben auf. Doch obwohl mir die Gegenargumente stichhaltig und sinnvoll erschienen, setzte sich meine ›Unvernunft‹ durch. Heute weiß ich, dass dieses neue Buch ›Der verratene Himmel – Rückkehr nach Eden‹ eine Erweiterung und Vertiefung des Matrix-Themas ist. Mit dem Ergebnis, endlich den Kräften auf die Schliche gekommen zu sein, die diese Matrix betreiben und scheinbar um jeden Preis aufrechterhalten wollen, obwohl sie selbst erkannt haben, dass ihr furchtbares Spiel bald zu Ende ist. Mich überrascht allerdings, wie sehr mich meine Forschungsergebnisse psychisch belastet haben. Nach meiner einwöchigen Abstinenz fühle ich mich nun in der Lage, Ihnen meinen persönlichen Rat anzubieten. Nach dem Motto: »Wie gehen Sie, als Autor, mit diesen Informationen um?«, möchte ich Ihnen meine ganz persönliche Haltung und meinen freundschaftlichen Rat mitteilen.

Vor allem: Ob Sie meine Ausführungen über die ›Parasiten‹ verwerfen oder für möglich halten, halte ich es für das Wichtigste, dass Sie sich Ihres wahrhaftigen Selbst bewusst werden. Auch ohne Archonten und andere widernatürliche Konsorten ist diese wahre Selbst-Erkenntnis von unermesslichem Wert. **Für mich entspricht diese Selbst-Erkenntnis unserer Rückkehr nach dem wahren Eden. Eden ist keine paradiesische Örtlichkeit, sondern ein göttlicher Seins-Zustand.** Ein Zustand, aus dem wir ganz offenbar vertrieben wurden.

Wenn wir die wahre Natur unseres Selbst erkennen, wird uns der Befreiungsprozess, der uns über das Annehmen des Erkannten in die Umsetzung im Alltag führt, leichtfallen, nach dem Motto: ›Wenn ich schon weiß, wer ich bin, macht es am meisten Freude, mich auch so zu verhalten.‹

Es ist die Aufgabe der Menschheit, Evas Werk zu vollenden, die es wagte, vom Baum der Erkenntnis zu essen und uns damit den Hinweis hinterlassen hat, dass das Streben nach Wissen, Bewusstheit und Selbst-Erkenntnis die wichtigste Aufgabe der Menschheit ist.

Sind wir sicher und geborgen, im Einklang mit der Göttlichen Quelle, ist dort Vertrauen. Ängste haben keinen Raum mehr, den Kampf gegen alles Widernatürliche, der das Leidensprogramm immer weiter fortgesetzt hätte, können wir dann loslassen. Im Grunde liegt das Potenzial zur Auflösung all unserer Konflikte in unserer furchtlosen wahren Selbst-Erkenntnis. Indem wir diese Haltung einnehmen, wird die Freude in den Vordergrund treten. Freudige

Menschen begehen keine kriegerischen Handlungen. Sie vereiteln Zwietracht und Disharmonie und geben Parasiten keine Nahrung. An dieser Stelle möchte ich nochmals an die Aussage von Sokrates erinnern: ›Niemand tut sich oder anderen bewusst etwas Böses. Alles, was er tut, tut er aus dem Maß seiner Unbewusstheit heraus.‹ Denn erst im Zustand der Vollbewusstheit ist ein rechtes Handeln möglich. Das gilt am Ende auch für die Archonten.

Für mich war meine Recherche aus zweierlei Gründen außergewöhnlich wertvoll. Sie schenkte mir selbst eine Klarheit, in der ich den Unterschied zwischen meinem Ego-Dasein und meinem göttlichen Selbst erneut erkennen durfte, und ich löste dabei meinen unbewussten Groll gegen ›Gott‹ auf. Meine Ahnung, dass mit dieser Welt etwas Grundsätzliches nicht stimmt, und die scheinbare Aussichtslosigkeit meines Wunsches, diese Welt von Leid und Zwietracht frei zu sehen, hatten in mir Zweifel an einem Gott der Liebe anwachsen lassen. In mir tobte ein immer stärkerer Konflikt zwischen meinem intuitiven Wissen und meinem Verstand. Erst vor kurzem vollzog sich in mir eine eigenartige Wandlung, mit der sich Schmerz und Trauer in Freude verwandelte. Diese Wandlung ist das Resultat einer neuen Selbst-Erkenntnis, die für mich bisher im Wesentlichen nur theoretischen Wert gehabt hatte und die ich erst jetzt wirklich fühlen konnte. Insofern habe ich durch die ungeschminkte Auseinandersetzung mit dem dunkelsten Thema der Menschheit eine Heilung erfahren. Mit der umfassenden Erkenntnis wurde ein Heilungsprozess angestoßen. Indem ich mein göttliches Selbst erkenne und annehme, sehe ich die Welt zunehmend ungeschminkt, direkt und ohne Wertung. In dieser Verbundenheit mit dem Gott der Liebe habe ich meine Zuversicht wiedergewonnen.

Auch wenn diese Welt zur Zeit innerhalb der Matrix noch den parasitären Mächten gehören mag, so gebe ich ihnen keine Resonanzfläche mehr als Nahrung. Sondern ich vertraue dem All-Schöpfer und beziehe voller Hingabe und Liebe meine Heimat im göttlichen Selbst. In dieser Eigenschaft sollten wir es nicht nur bei den sogenannten Lippenbekenntnissen belassen, sondern auch in unseren Handlungen eine klare Position beziehen. Das wahre Selbst-Vertrauen besteht aus einer freudigen Manifestierung der eigenen selbstbestimmten Göttlichkeit.

Me Agape
Ihr
Dieter Broers

Ergänzung zur 2. Auflage

»Es ist kein Maß für Gesundheit, gut an eine Gesellschaft angepasst zu sein, die zutiefst krank ist.« *Jiddu Krishnamurti*

»Diejenigen, die in der Lage sind, über die Schatten und Lügen ihrer Kultur hinauszusehen, werden von den Massen nie verstanden werden, geschweige denn, dass man ihnen Glauben schenken wird.«
Plato

»Die Welt ist ein gefährlicher Ort zu leben; nicht wegen der Menschen, die böse sind, sondern wegen der Menschen, die dagegen nichts tun.« *Albert Einstein*

Jeder Autor wünscht sich, dass das, was er schreibt, möglichst viele Leser erreicht. Je brisanter ein Thema ist, desto dringender und drängender ist dieser Wunsch, und mit der Zeit wird dieser Wunsch zu einer Mission. Mir liegt nichts mehr am Herzen, als dem kritischen Geist meiner Leser Informationen zugänglich zu machen, die eine Chance liefern, uns zu wirklich aufgeklärten Menschen werden zu lassen. Angesichts der immer größer werdenden Bedrängnisse, die durch Fakten entstanden sind, die der Menschheit unfreiwillig aufgezwungen wurden, gibt es für mich kein wichtigeres Anliegen als das.

Obwohl ich bereits zehn Bücher geschrieben hatte und insofern ein erfahrener Autor war, verlief die Entstehung des elften Buches vollständig anders. Während des Schreibens geriet ich selbst in intensive Prozesse, die wie »Nebenwirkungen« im unmittelbaren Zusammenhang mit dem Thema des Buches zu stehen schienen. Zusätzlich hatte ich es mit einer Reihe von Ereignissen zu tun, die wirkten, als würden meine Recherchen von unsichtbarer Hand unterstützt. So erfuhr ich einerseits eine außergewöhnliche Anzahl von verblüffenden Synchronizitäten, andererseits erhielt ich Informationen zum Kernthema des Buches, die ich durch meine eigenen Nachforschungen nicht entdeckt hatte. Als die erste Auflage gerade im Druck war, bekam ich Post von einem befreundeten Arzt aus der Schweiz. In seiner Mitteilung wies er mich auf eine klinische Studie hin, die mit dem Thema meines neuen Buches zusammenhing. Diese Informationen waren umso erstaunlicher, weil er noch nichts vom Inhalt meines neuen Buches wusste.

Tatsächlich ging es in dieser Studie um die »Verstandesparasiten« Toxoplasma gondii. Zwar habe ich in der ersten Ausgabe dieses Buches im Kapitel 14 unter »Verwirrte Schafe und selbstmörderische Mäuse« bzw. »Die Macht der Parasiten« über die Toxoplasmose berichtet[141] doch war ich zu diesem Zeitpunkt offensichtlich noch nicht tief genug in dieses Thema eingestiegen. Zu weit hergeholt erschien mir das Thema dieser Parasiten im Kontext einer Beeinflussung unseres Verhaltens. Bevor ich Ihnen nun diese aktuelle Studie genauer vorstelle, möchte ich Ihnen meinen jetzt etwas erweiterten Wissensstand zum Thema der sogenannten Verstandesparasiten mitteilen.

Toxoplasma gondii ist als Einzeller ein bogenförmiges **Protozoon** mit parasitischer Lebensweise. Ein **Protozoon** (‚erstes »Lebewesen«, von πρῶτο próto ‚erstes' und ζῷον zóon ‚Lebewesen') zählt zu den Einzellern. Protozoen leben als Einzelzellen oder bilden koloniale Verbände. Was uns an diesem Parasiten besonders interessiert, ist seine Intelligenz und sein Einfluss auf unser Verhalten. Am 08.04.2005 veröffentlichte Rüdiger Suchsland einen Artikel mit dem Titel »**Es gibt kein System ohne Parasiten!**«. Sein Resümee »**Parasiten sind die Gewinner der Evolution**«. [142]

Etwa ein gutes Jahr später (04.08.2006) schrieb Florian Rötzer eine Arbeit mit der Überschrift: »**Neurotisch durch Parasiten?**«, aus der ich zwei Sätze zitieren möchte:

»Ein US-Wissenschaftler behauptet, dass der auch unter Menschen weit verbreitete Katzenparasit **Toxoplasma das Verhalten von ganzen Bevölkerungsgruppen verändern kann. ... Ein US-Wissenschaftler versucht nun zu zeigen, dass Parasiten, in diesem Fall der weltweit verbreitete Katzenparasit Toxoplasma gondii, nicht nur ihre eigentlichen Wirte verändern,**

---

141 Journal GEO in einem Artikel ›Toxoplasmose: Wie Parasiten uns steuern‹
142 http://www.heise.de/tp/artikel/19/19841/1.html

sondern auch zu Verhaltens- oder Persönlichkeitsveränderungen bei Menschen oder gar ganzen Kulturen führen können.«[143]

Im gleichen Jahr erschien ein weiterer Fachartikel hierzu. Prof. Kevin Lafferty von der University of California in Santa Barbara vertritt in einem Artikel[144] die Ansicht, dass der Parasit Toxoplasma gondii **nicht nur das Verhalten einzelner Menschen, sondern je nach Verbreitung auch ganzer Gesellschaften beeinflussen kann.** Nach Lafferty weisen Kulturen mit einem hohen Anteil an Toxoplasma-Zwischenwirten **bei Persönlichkeitstests auch einen höheren Grad an Neurotizismus auf,** beispielsweise eine **Neigung zu Schuldgefühlen.** Bewohner von westlichen Ländern mit einer hohen Infektionsrate seien beispielsweise »neurotischer«, was die Rolle männlicher Sexualität und die Risikobereitschaft betrifft. Die Menschen würden eher an sozialen Regeln festhalten und Risiken vermeiden. In seiner Veröffentlichung finde ich erstmals eine Formulierung wie »**Massenpersönlichkeitsveränderung«.**

Diese Aussagen wurden ab 2009 in die breitere Öffentlichkeit getragen. So informierte beispielsweise »SPIEGEL ONLINE Wissenschaft« 2009 seine Leser: **»Umstrittene These: Parasit könnte menschliches Verhalten steuern«**[145], stellte den Parasitenbefall und seine wirkungen auf das menshcliche Verhalten jedoch noch als vage Möglichkeit dar. Wenige Monate später wurde es konkreter. Im November 2009 veröffentlichte nämlich **3.sat nano** eine beunruhigende Dokumentation zu diesem Thema. In dieser Veröffentlichung wurde die bisherige Vermutung »**Toxoplasmen verändern Verhalten der Menschen«** **als erwiesen** bestätigt. Diese konkrete Aussage stammte von dem in Europa führenden Prager Evolutionsbiologen Prof. Jaroslav Flegr. Er bezog sich auf langjährige Studien, die er in Fachmagazinen veröffentlicht hatte. Jaroslav Flegr ging in »3.sat nano« sogar soweit zu behaupten: »**Jeder zweite Deutsche trägt die Erreger in sich.«** und »**Toxoplasmen beeinflussen das Verhalten, das Leben und das Schicksal gesunder Menschen«.**

---

143 http://www.heise.de/tp/artikel/23/23262/1.html

144 Lafferty K.D. (2006). Can the common brain parasite, Toxoplasma gondii, influence human culture? Proceedings of the Royal Society of London Series B-Biological Sciences, 273, 2749-2755.

145 http://www.spiegel.de/wissenschaft/mensch/umstrittene-these-parasit-koennte-menschliches-verhalten-steuern-a-611415.html

Ich möchte Ihnen, liebe Leser, nun einen ungekürzten Text aus dieser Sendung (bzw. dem seinerzeit dazugehörigen Artikel[146]) vorstellen:

»Bei Nagetieren, die mit Toxoplasmose infiziert waren, wurden bereits in früheren Studien höhere **Dopamin-Spiegel** im Gehirn nachgewiesen und auch Verhaltensänderungen beobachtet. Der Einzeller infizierte dabei neuronale Zellen und **Gliazellen** im Hirn. Diese wiederum sind unter anderen an der Ernährung der Nervenzellen beteiligt und dienen ihnen als Stützgewebe. Werden sie durch Infektionen zerstört, führt dies laut einer **britischen Studie zu einer schweren Beeinträchtigung der Hirntätigkeit**. So könnten **Toxoplasmen auch Schizophrenie auslösen**. Die Wissenschaftler hatten beim Arbeiten mit dem Einzeller *Toxoplasma gondii* herausgefunden, dass **sein Organismus ein Enzym produziert, das die Produktion des neuronalen Botenstoffs Dopamin im menschlichen Gehirn fördert**.«

Diese Aussagen sind von außerordentlicher Tragweite. Sicherlich mögen auf den ersten Blick die durch den Parasiten Toxoplasma gondii bewirkten Verhaltensänderungen besonders interessant erscheinen. Aus biochemischer und neurologischer Sicht jedoch verbergen sich hinter diesen Zeilen noch weitaus sensationellere Dinge. Wenn hier beispielsweise auf eine durch eine Toxoplasmose, die Infektion mit dem Parasiten, ausgelöste **Schizophrenie** hingewiesen wird, so ist dies für den naturwissenschaftlichen Spezialisten besonders bedeutsam, weil hier eine Erklärung angeboten wird. Durch den Hinweis auf einen erhöhten Dopamin-Spiegel, welcher durch ein bestimmtes Enzym hervorgerufen wird, erklärt sich die beobachtete Verhaltensänderung der von der Infektion mit dem Parasiten betroffenen Menschen. Über die vielfältigen Funktionen dieses Neurotransmitters ließe sich ohne Zweifel ein ganzes Buch schreiben: Ob Verhalten, Stimmung, Aufmerksamkeit, Schlaf, Lernen oder motorische Aktivität, an all diesen Funktionen ist Dopamin beteiligt.

---

146 http://www.3sat.de/page/?source=deleted.html

Zwischenzeitlich haben Wissenschaftler von der **University of Leeds**[147] herausgefunden, dass Toxoplasma gondii in seinem Genom während der Entwicklung von Zysten Tyrosinhydroxylase codiert wird, das in Gehirnen von Menschen und anderen Säugetieren den Dopamin-Metabolismus beeinflusst. In ihrer im September 2011im Journal »PLoS One« veröffentlichten Studie haben diese Wissenschaftler bestätigen können, dass eine Infektion von Gehirnzellen die Dopamin-Konzentration anstößt und deutlich größere Mengen des vielfältig wirkenden Neurotransmitters ausschütten, der die Belohnungs- und Lustzentren und emotionale Reaktionen reguliert. **Dopamin spielt übrigens auch bei vielen psychischen Störungen wie Schizophrenie, Parkinson oder der Aufmerksamkeitsstörung ADHS eine Rolle. Mit am stärksten infiziert waren die Zellen des Limbischen Systems, welches bekanntlich das für Belohnung, Lust, Motivation, Kognition und die emotionale Bewertung von Informationen, also etwa auch für Angst, eine wichtige Rolle spielt.**

Um zu sehen, ob die infizierten Zellen auch mehr Dopamin ausschütten, wurden in vitro infizierte Nervenzellen beobachtet. Die Dopaminausschüttung erhöhte sich hier mit der Infektionsrate. Gegenüber ähnlich gezüchteten, aber nicht infizierten Zellen waren die Dopaminwerte um das Dreifache erhöht. **Damit habe man das erste Mal nachgewiesen, dass ein Parasit über die Beeinflussung der Dopamin-Konzentration das Verhalten eines Wirts steuern kann.** Ich erkenne in dieser Aussage auch einen Lösungsansatz zur Befreiung von diesen ungebetenen Gästen, auf die ich am Ende dieses Ergänzungstextes noch eingehen werde.

Am 21. April 2013 strahlte das Erste Deutsche Fernsehprogramm »ARD« die Dokumentation zum gleichen Thema aus.[148] Unter »**Fremdgesteuert durch Parasiten**« konnte man dem Prager Professor Jaroslav Flegr genauer unter die Lupe nehmen.

---

147 The Neurotropic Parasite Toxoplasma Gondii Increases Dopamine Metabolism, von Emese Prandovszky, Elizabeth Gaskell, Heather Martin, J. P. Dubey, Joanne P. Webster, Glenn A. McConkey, veröffentlicht in PLoS ONE 6(9) http://www.plosone.org/article/info%3Adoi%2F10.1371%2Fjournal.pone.0023866

148 http://www.ardmediathek.de/tv/W-wie-Wissen/Fremdgesteuert-durch-Parasiten/Das-Erste/Video?documentId=14212232&bcastId=427262

Bereits in der Einleitung wird der Zuschauer mit schockierenden Nachrichten konfrontiert: »Es klingt wie aus dem Drehbuch eines Horrorfilms: Ein fremdes Wesen befällt uns und übernimmt die Kontrolle über unser Gehirn. **Plötzlich ändert sich unser Verhalten, und wir können nichts dagegen tun, wir merken es nicht einmal.** Das Wesen ist kein Außerirdischer, sondern ein mikroskopisch kleiner Einzeller, der Parasit Toxoplasma gondii. Und er ist fast allgegenwärtig. **Insgesamt sind rund 30 Prozent der Menschen von ihm befallen.**«

Das Ausmaß der von diesem Parasiten befallenen Menschen irritierte mich am meisten. Zwar hatte »3.sat nano« bereits darüber berichtet: »Jeder zweite Deutsche trägt die Erreger in sich.«, aber trotzdem überraschte mich die Angabe aus der ARD-Sendung doch, dass »...**rund 30 Prozent der Menschen von ihm befallen**« seien.

Im weiteren Verlauf der Sendung stellte Jaroslav Flegr eine Studie vor, die er mit 45.000 Frauen durchgeführt hat. Hierin konnte er feststellen, dass **die Wahrscheinlichkeit für Selbstmordversuche bei Frauen mit Infektion um 50 Prozent höher liegt als bei Nicht-Infizierten.** Auch auf das Thema Verhaltensänderungen der von Toxoplasma gondii befallenen Menschen wird in dieser Sendung eingegangen. So heißt es:

»Schon seit einigen Jahren stehen die **Parasiten auch unter dem Verdacht, Schizophrenie und Verhaltensauffälligkeiten auszulösen.** Untersuchungen von Jaroslav Flegr haben gezeigt, dass **Schizophrenie-Patienten** mit Toxoplasma-Infektion in einigen Gehirnbereichen einen Rückgang der grauen Substanz aufweisen. ... Toxoplasma setzt sich im Hirn seiner Opfer fest und beeinflusst dort unter anderem den Stoffwechsel des Botenstoffs **Dopamin.** Das könnte Verhaltensänderungen hervorrufen...«

Am 15 August 2014 äußerte sich wohl erstmals öffentlich ein Premierminister zu diesem Thema:

NEWS

POLITICS

PM Fears Behavior-Changing Microbe in Imported Meat

BY EMILÍA S. ÓLAFSDÓTTIR KAABER *August 15, 2014 13:17 Updated: August 15, 2014 13:33*

Prime Minister Sigmundur Davíð Gunnlaugsson. Photo: Páll Stefánsson.

Prime Minister Sigmundur Davíð Gunnlaugsson, who has previously voiced his opposition to the importation of fresh meat on the grounds of growth hormone use abroad, has expressed an added fear of the protozoan Toxoplasma gondii, which causes the disease Toxoplasmosis.

Im »ICELAND ON REVIEW LINE« warnt der **Isländischer Premierminister Gunnalugsson vor Toxoplasma Gondii. Der Premierminister fürchtet: »Mikroben ändern das menschliche Verhalten...«**

Primärminister Sigmundur Davíð Gunnlaugsson meint: »Es gibt zum Beispiel ein Protozoon, welches das Verhalten der Menschen ändert. Wenn Menschen zum Beispiel Fleisch aus dem Ausland verzehren, welches nicht richtig gekocht wird, riskieren sie Änderungen ihrer Verhaltensmuster. Menschen fragen zunehmend, ob dies das Verhalten ganzer Nationen verändern könnte. Es klingt wie Science Fiction.«[149]

---

149 http://icelandreview.com/news/2014/08/15/pm-fears-behavior-changing-microbe-imported-meat

Die wohl spektakulärste Schlagzeile hierzu brachte wohl die New York Times am 28. August 2014. Unter der Rubrik »Science« war zu lesen: »**Parasites Practicing Mind Control**«.

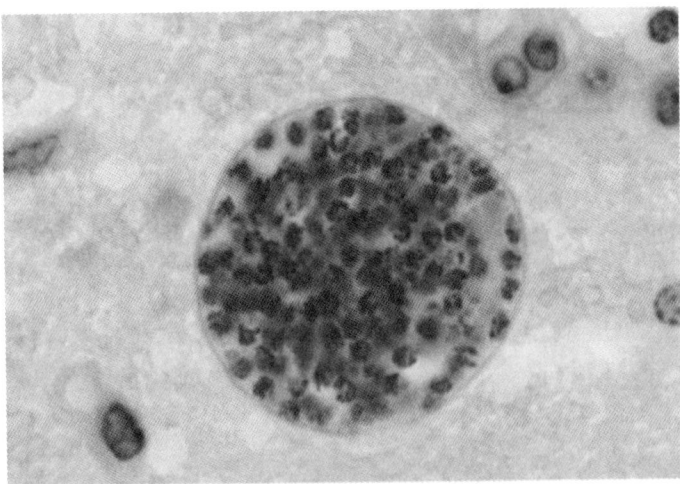

Q SEARCH 𝕰𝖍𝖊 𝕹𝖊𝖜 𝖄𝖔𝖗𝖐 𝕿𝖎𝖒𝖊𝖘

SCIENCE

Parasites Practicing Mind Control

AUG. 28, 2014

A microscopic cyst in the brain of a mouse containing thousands of Toxoplasma gondii parasites. New research has found that the parasite is able to exert a form of mind control by turning its host's genes on and off.
Jitender P. Dubey/U.S.D.A.

»**Ein einzelliger Organismus namens Toxoplasma Gondii ist einer der erfolgreichsten Parasiten der Erde.** ... Ein Grund für den Erfolg von Toxoplasma ist seine Fähigkeit, seinen Wirt zu manipulieren. Der Parasit kann das Verhalten der von ihm befallenen Wirte so sehr beeinflussen, so dass diese Gastgeber unter Umständen ihren eigenen Tod riskieren.« Und weiter heißt es: »Als Wissenschaftler **in den 1999er Jahren diese seltsame Gedankenkon-**

trolle entdeckten, war ihnen noch nicht klar, wie Toxoplasma-gondii-Erreger dies erreichen.

Jetzt legt eine neue Studie nahe, dass Toxoplasma Gene seines Wirtes aktivieren und deaktivieren kann...« Diese komplexe Veröffentlichung endet mit dem höchst bemerkenswerten Zitat:

«Es sieht so aus, als wäre dies eine von Krankheitserregern allgemein verwendete Strategie", sagte Dr. Kim.[150]

Es gibt zwei Gründe, warum ich diese von mir hier sehr kompakt zusammengefassten Informationen noch in das Buch aufgenommen habe:

- Die »Rückkehr nach Eden« ist nur einem erwachten Geist möglich, dem die fremden Konditionierungen und Manipulationen weitgehend bewusst sind. Dazu trägt eine schonungslose Aufklärung bei. Auf der Grundlage dieses Wissens kann jeder für sich entscheiden, ob er sein fremdbestimmtes Leben so weiterleben oder von seiner göttlichen Souveränität Gebrauch machen möchte.

- Ich bin davon überzeugt, einen Lösungs- und Befreiungsweg gefunden zu haben.

Wie ich am Anfang dieses Kapitels schrieb, erreichte mich eine wichtige Nachricht von einem befreundeten Psychiater, der seit etwa zwanzig Jahren auf diesem Gebiet praktiziert und forscht. Von ihm erhielt ich den Hinweis auf eine Studie, die im Mai 2013 in »BMC Research Notes« mit dem unromantischen Titel »*In vitro* evaluation of beta-Carboline alkaloids as potential anti-*Toxoplasma* agents« (**Beurteilung des Potentials von Beta-Karbolin-Alkaloiden als Mittel zur Bekämpfung von Toxoplasma unter in vitro-Bedingungen)** veröffentlicht worden war.

In eine allgemein verständliche Sprache übersetzt, es handelt sich um eine **Untersuchung von speziellen Wirkstoffen (beta-Carboline alkaloids) als Gegenmittel zu Toxoplasma.**

---

150 http://www.nytimes.com/2014/08/28/science/parasites-practicing-mind-control.html?_r=1

Die in der Studie verwendeten Beta-Karboline sind sogenannte Harman-Alkaloide. **Seit Urzeiten** wird diese Substanz **bei religiösen und magischen Ritualen wegen ihrer halluzinogenen Wirkung verwendet**, die durch das Beta-Karbolinalkaloid **Harmin** (siehe Kapitel 20, S. 226, und Unterkapitel *Der Zusammenhang zwischen Dämonen und Parasiten, S. 242ff.)* und seine Derivate induziert wird. Auch wird ihr eine gewisse Wirksamkeit als Aphrodisiakum zugesprochen, was besonders **in Indien** in der traditionellen Heilkunde genutzt wird. Gewonnen werden diese Beta-Karboline wie **Harmin aus der Steppenraute.** Die (Syrische-) Steppenraute (Peganum **harmala**) ist eine Pflanze mit hohem Beta-Karbolingehalt.

Das Herausragende an dieser Studie – die ich sogleich noch etwas eingehender darstellen werde – sind zwei Dinge.

- Der Nachweis einer sehr wirkungsvollen »Vertreibung« von Toxoplasma gondii,

- Die Substanzen – **Beta-Karboline** – mit denen dies geschieht.

Um das Wichtigste vorweg zu nehmen: **Die erlösenden Substanzen kann der menschliche Körper selber produzieren! Im Zustand der Liebe, einer tiefen Meditation, einer Erleuchtung, Satori und in vergleichbaren Beuwsstseinszuständen produziert der menschliche Körper genau diese Beta-Karboline.** Man kann durchaus herleiten, dass **unser Gehirn immer dann, wenn wir der Matrix entwichen sind, wenn unsere Wahrnehmung nicht aus dem Verstand agiert, sondern von unserem unpersönlichen Selbst geführt wird, die entsprechenden Beta-Karboline produziert! Und diese im Zustand der seligen Freude von unserem Körper gebildeten Stoffe machen es den Parasiten unmöglich, unseren Körper weiter zu beherrschen.**

Im Kapitel 20 wies ich unter »**Die Kraft der Agape**« bzw. »**Kann denn Erkenntnis Sünde sein?**« bereits auf diesen Wirkstoff hin. Als ich dieses Kapitel schrieb, war mir diese Studie noch nicht bekannt. Ebenso war ich über das Ausmaß und der psychischen Wirkungen von Toxoplasma gondii auf Menschen noch nicht umfassend genug informiert. Inwiefern diese hochwirksamen psychoaktiven Wirkstoffe (Beta-Karboline) einen Einfluss auf die

Verstandesparasiten ausüben, erschloss sich mir erst jetzt. Wie wir jedoch im Kapitel 8: »**Von alltäglichen Erfahrungen zu wissenschaftlichen Belegen**« und im Unterkapitel »**Wollen wir im Traum eines Anderen aufwachen?**« auf Seite 96 lesen konnten, kam ich mit meinen Beobachtungen aus der Begegnung mit meinem Freund Ananda einem (Er)Lösungsansatz bereits recht nahe.

Betrachten wir nun diese bahnbrechende Studie etwas eingehender. Bedauerlicherweise gehört es zum naturwissenschaftlichen Standard, sämtliche Veröffentlichungen in Englisch zu veröffentlichen. Der Einfachheit halber werde ich Ihnen die wesentlichsten Informationen in eine möglichst allgemein verständlich und in deutscher Sprache vorlegen. Wer diese Studie im Original lesen möchte, kann sie unter folgender Adresse herunterladen:

http://www.biomedcentral.com/1756-0500/6/193

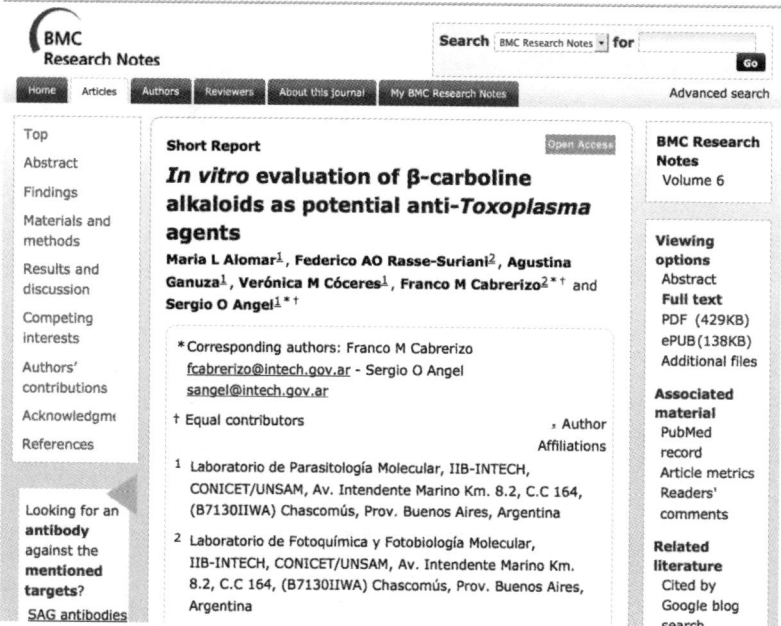

Screenshot der Studie

In der Zusammenfassung (*Abstract*) dieser Veröffentlichung lesen wir:

»...In den letzten Jahren hat sich die Forschung auf die Entwicklung neuer Medikamente gegen *Toxoplasma gondii* konzentriert. Beta-Karboline (βCs) wie Harmane, Norharmane und Harmine sind eine Gruppe natürlich vorkommender Alkaloide, die mikrobizide[151] Wirkungen zeigen. In dieser Arbeit wurden Harmane, Norharmane und Harmine gegen *T. gondii* getestet. ... Zusammenfassend haben wir nachgewiesen, dass die drei untersuchten β-C-Alkaloide (Norharmane, Harmane und Harmin) **Anti-Toxoplasma Wirkungen aufweisen.** Interessanterweise trat diese Wirkung auf den Befall mit den Parasiten und deren Vermehrung bereits bei einer auffällig niedrigen Dosierung auf.«

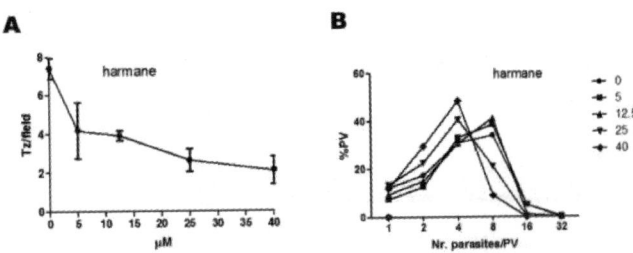

A. Auswirkungen von Harman (Beta-Karbolin) auf den Befall mit Parasiten und deren Vermehrung.

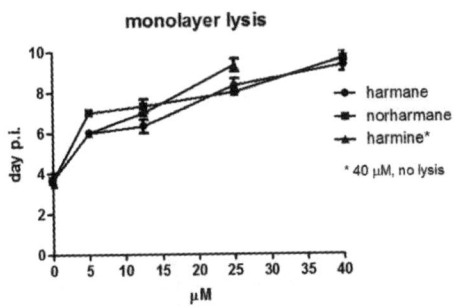

B. Zeigt infizierte Monolayer, die mit verschieden hohen Dosen von Beta-Karbolinen behandelt wurden (Monolayer = eine einlagige Zellschicht).

---

151 **Mikrobizide** sind chemische Substanzen, die Mikroben abtöten.

Für die mit Beta-Karbolin behandelten Monolayers* konnte nach einer Zeitverzögerung die vollständige Auflösung der Tocoplasma gondii beobachtet werden. Die Zersetzung wird in der oberen Abbildung dargestellt. Die Grafik zeigt, dass **Harmin das Parasitenwachstum am wirkungsvollsten beeinflusst.** Diese Versuchsreihen wurden mehrfach wiederholt.

* Ein Toxoplasma Gondii-Wachstum ist das Ergebnis der wiederholten Zyklen einer Invasion in die Wirtszellen und Vermehrung des Parasiten, wodurch die im Laborversuch verwendete einlagige Schicht aus tierischen Zellen (Monolayer) zersetzt wird..

Dämonen und Parasiten

Aus der östlichen Heilkunde ist bekannt, dass **Harmin** und Harmalin nach seiner Verabreichung meistens **abführend** wirkt. Es setzt die im menschlichen Körper befindlichen Toxine frei, was zu Erbrechen und Durchfall führt. In alten Überlieferungen wird dieses »Abführen« als ein Austreiben der Parasiten aus dem menschlichen Körper bezeichnet. Auch im Neuen Testament wird von den **Aposteln berichtet, welche die Dämonen mit dem Soma ausgetrieben haben sollen.** Die Substanzen Harmin und Harmalin wurden nach alten gnostischen Überlieferungen aus dem Akazienbaum und dem Granatapfel gewonnen. Diesen Quellen zufolge wurden durch diese Verabreichung Dämonen und Parasiten ausgespuckt, wie auch auf religiösen Bildern gezeigt wird. Mein Freund Mirkos Bosman (Ananda), der seit über 20 Jahren zum Thema Soma forscht, schreibt hierzu:»Denn **Parasiten sind buchstäblich die Zellen oder Implantate für die Dämonen. Der kollektive Mind der Parasiten ist der Dämon.**« Demnach wäre die Gesamtheit eines Parasiten als ein Organismus zu verstehen, die einen gemeinsamen Geist in sich tragen und ergo keine Individualwesen sind.

Bei meiner jüngsten Recherche hierzu am 3. 12. 2014 entdeckte ich in einem Forum folgende Aussage:

»Es kann die Kausalität verfälschen und so die ganze Welt beeinflussen. Wir wissen auch, dass bereits unsere Vorfahren – in den verschiedensten Kulturen, Religionen, Weltregionen und Zeitepochen – einen »Bewusstseins-Parasiten« oder ein »Bewusstseins-Implantat« beschrieben haben und darauf hinweisen, dass diese Wesenheit durch Eingriffe in unsere Wirklichkeitswahrnehmung eine virtuelle Realität erschaffen kann. Diese Beschreibungen PASSEN PERFEKT zu dem, was wir über **Toxoplasma** gondii wissen.«[152]

Es liegt also bei uns, ob und in wieweit wir uns von parasitären Systemen manipulieren lassen, oder nicht.

Ich hätte mich sicherlich nicht auf das Thematisieren von Toxoplasma gondii eingelassen, wenn ich hierin nicht einen möglichen Lösungsweg entdeckt hätte. Dieser mögliche Ausweg wurde durch die Empfehlung meines Kollegen inspiriert, der mich auf die Studie mit den Beta-Karbolinen aufmerksam machte. **Es klingt fast zu einfach: Im Zustand der Freude produziert unser Körper die erforderlichen Maßnahmen zur Befreiung von Parasiten. Freude auf der Grundlage von Liebe und wahrer Selbsterkenntnis erlöst und befreit uns von allem Übel. Sie erhebt uns in unsere Göttlichkeit.**

> **Freude, schöner Götterfunken,**
> **Tochter aus Elisium,**
> **Wir betreten feuertrunken,**
> **Himmlische, dein Heiligthum.**

> *Friedrich Schiller, aus: Ode an die Freude*

---

152 http://www.godlikeproductions.com/forum1/message2641846/pg1, Edited by Comperio on 10/16/2014, Übersetzung D. Neubronner

Danksagungen

Mein herzlichster Dank gilt den Menschen, die dazu beigetragen haben, dass dieses Buch in Ihre Hände gelangen konnte.

Schreiben ist immer eine Gemeinschaftsleistung, und viele Personen haben auf unterschiedliche Weise zu diesem Buch beigetragen. Es ist unmöglich, sie alle zu nennen, doch einige verdienen ein besonderes Wort des Dankes:

Ohne Dagmar Neubronner wäre dieses Buch niemals zustande gekommen. Neben ihrer herausragenden Fachkompetenz als Lektorin gab sie diesem Buch genau das, was es zu etwas Besonderem macht. Vor allem gab mir Dagmar mindestens zweimal das Vertrauen zurück, meine Arbeit fortzusetzen und das Buch zu Ende zu schreiben.

Ich danke Gaby Splett für ihre sorgfältige und sachkundige Textkorrektur und Roy Young, Norman Gronostay und Gernot Ottowitz für ihre Unterstützung bei der Gestaltung des Buches.

Armin Risi, Jim und Desiree Hurtak, Tom Montalk danke ich für den fruchtbaren fachlichen Austausch und Ermutigung, wie auch Burkhard Heim, meinem 2001 verstorbenen Mentor und Freund,
Dietmar Cimbal für seinen unermüdlichen Beistand und sein Vorwort,
Kai Börnert für seine fachliche Unterstützung,
Anke für ihren tatkräftigen und umsichtigen Einsatz,
Marcus für seine zuverlässige Arbeit,
sowie allen, die außerdem bei der Geburt dieses Buches geholfen haben.

Von Herzen danke ich an dieser Stelle meinen Freunden Bärbel und Peter, Erik, Tato und Gunda, Harry und Isabella Lammers, Vera, Jürgen Schmidt, Marie-Christine, Frank und Tonia für ihre treue und liebevolle Unterstützung.

Ich danke meiner Mutter, meinem Bruder Ronald, seiner Frau Gisi und meinem Neffen Dino, meiner Tochter Rhosannah und ihrem Mann Swen sowie meinen Enkelkindern Noah, Miah und Lelio.

Allen, den Genannten und den auf eigenen Wunsch oder versehentlich Ungenannten, die das Zustandekommen dieses Buches gemeinsam ermöglicht haben, gilt mein tiefempfundener Dank.

Ich danke auch mir selbst, vor allem dafür, dass ich bis hierher durchgehalten habe und immer wieder aufgestanden bin. Am meisten verdanke ich jedoch der Quelle allen Seins – die ich Gott nenne!

Dieter Broers